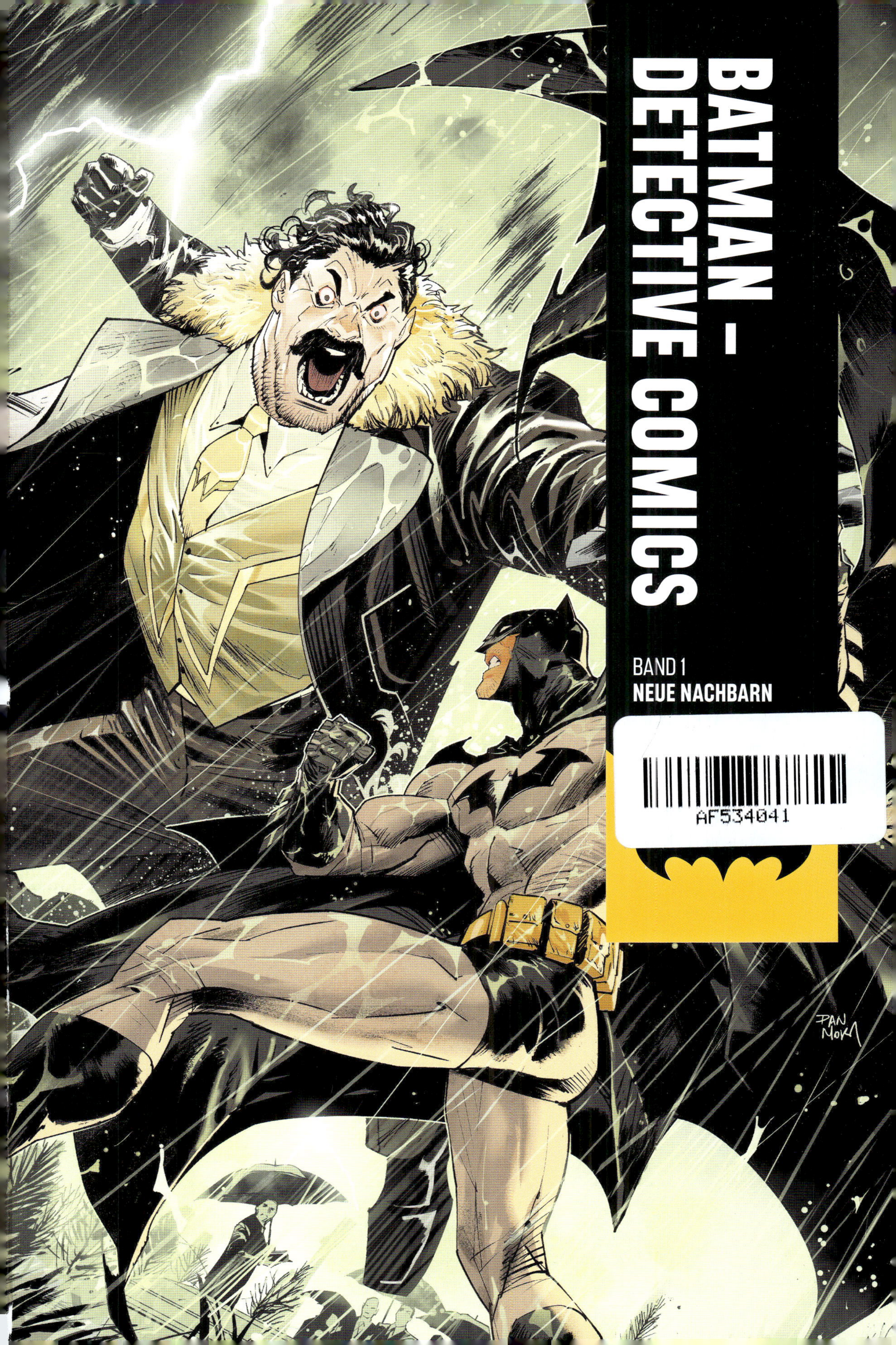
BATMAN –
DETECTIVE COMICS
BAND 1
NEUE NACHBARN
AF534041
DAN MORA

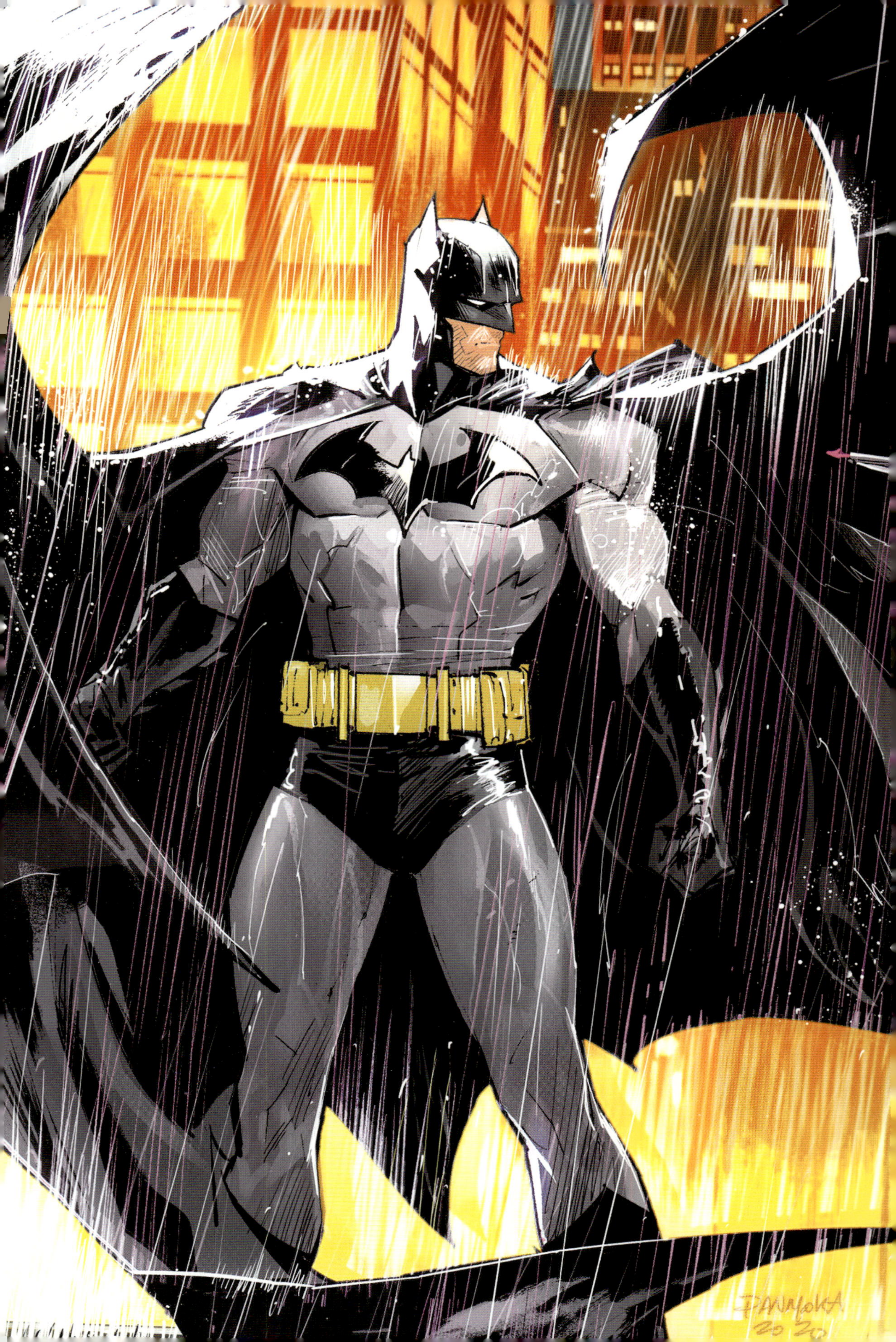

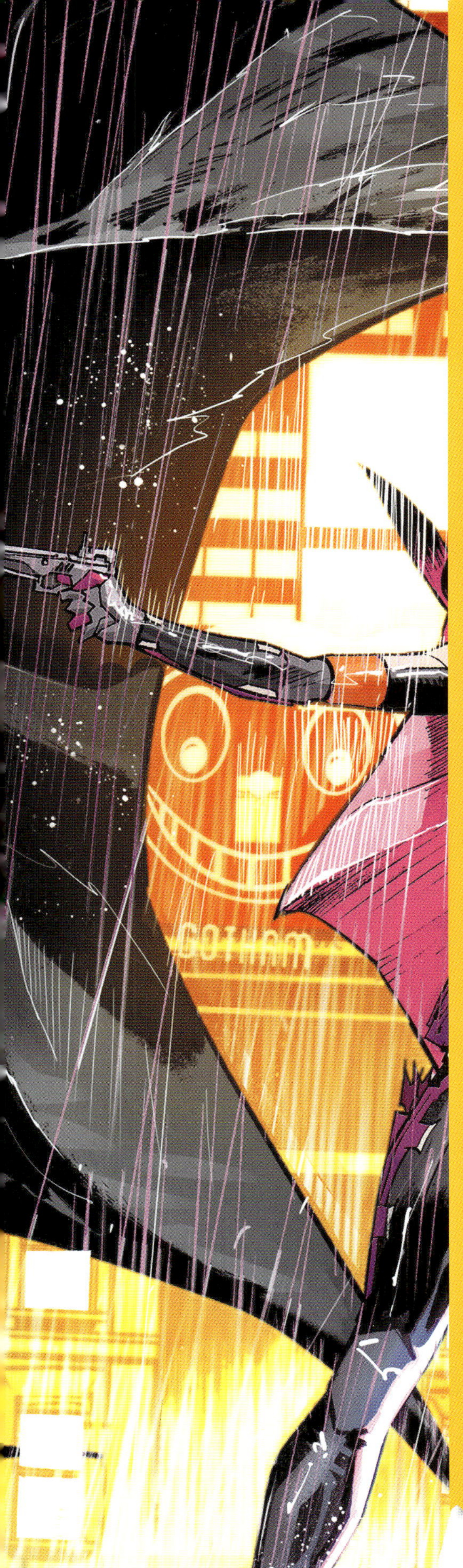

WILLKOMMEN IN GOTHAM CITY ...

In diesem Sammelband startet die **Batman**-Saga der preisgekrönten Autorin **Mariko Tamaki** im Traditionstitel DETECTIVE COMICS, wo im fernen Jahr 1939 die Karriere des **Dunklen Ritters** ihren Anfang nahm. Tamaki und internationale Top-Künstler wie **Dan Mora** oder **Viktor Bogdanovic** präsentieren einen wunderbaren Einstiegspunkt in die Welt von **Bruce Wayne** alias **Batman**, in der sich zuletzt eine Menge getan hat. Denn im **Joker War**-Event verlor Bruce einen Großteil seines Vermögens, seiner Ressourcen und seiner Ausrüstung – und die Kontrolle über seine Firma **Wayne Industries** sowie die **Bat-Höhle** unter dem alten Familiensitz **Wayne Manor**, die allesamt dem **Joker** in die Hände fielen. Am Ende konnten Batman und seine Verbündeten die Armee des Clowns zwar besiegen, doch Bruce muss fortan dennoch auf seinen früheren Wohlstand und seine üblichen Mittel verzichten. Er hat sogar Wayne Manor und die große Bat-Höhle aufgegeben und ist in die Innenstadt von **Gotham City** gezogen. Dort muss er sich nun als Bruce Wayne und als Batman neu erfinden. Allerdings herrscht in Gotham neuerdings ein feindseliges Anti-Superhelden-Klima, weil der frisch gewählte Bürgermeister und Ex-Cop **Christopher Nakano** seinen Hass auf maskierte Verbrechensbekämpfer in seine Politik einfließen lässt – der **Mitternachtsdetektiv** im Zeichen der Fledermaus wird daher sogar wie ein Verbrecher von der Polizei gejagt! Dafür steht Bruce neuerdings wieder Batgirl **Barbara Gordon** als Computer-Genie **Oracle** zur Seite, die hackt und funkt. Und auch **Helena Bertinelli** ist als knallharte Rächerin **Huntress** wieder in Gotham unterwegs. Doch es warten nicht nur alte Bekannte wie der ruchlose Gangsterboss und Batman-Widersacher **Oswald Cobblepot** alias **Pinguin**, sondern auch ein rachsüchtiger Vater – und ein neues Monster, das im leidgeplagten Gotham für noch mehr Gewalt, Tod und Finsternis sorgt. Das alles erzählen euch nun Tamaki und Co. in ihrer Haupt-Storyline und einigen Kurzgeschichten, die in vielen Fällen zur Handlung beitragen.

Christian Endres

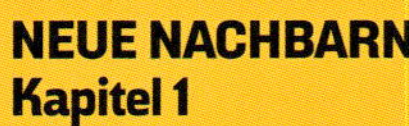

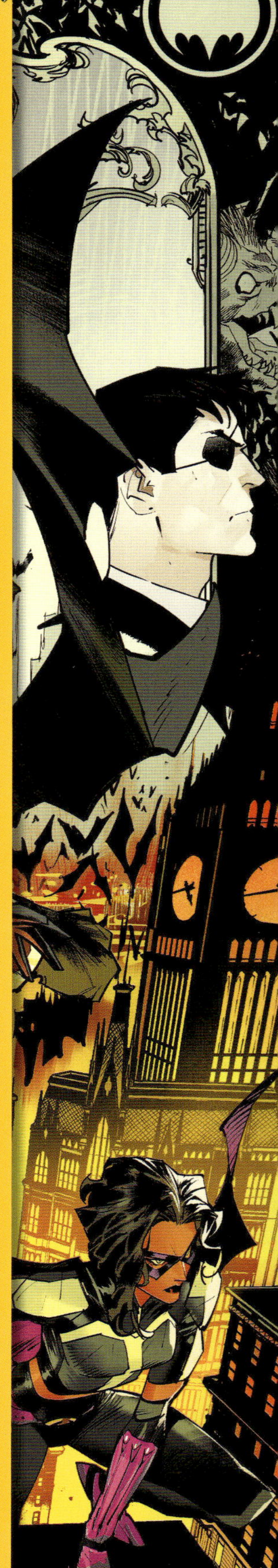

NEUE NACHBARN
Kapitel 1
The Neighborhood, Part 1
Detective Comics 1034 (I)
Mai 2021

NEUE NACHBARN
Kapitel 2
The Neighborhood, Part 2
Detective Comics 1035 (I)
Juni 2021

HUNTRESS
Kapitel 1: Mary Knox
Huntress, Part 1: Mary Knox
Detective Comics 1035 (II)
Juni 2021

HUNTRESS
Kapitel 2: Der Ex-Freund
Huntress, Part 2: The Ex-Boyfriend
Detective Comics 1036 (II)
Juli 2021

NEUE NACHBARN
Kapitel 3
The Neighborhood, Part 3
Detective Comics 1036 (I)
Juli 2021

NEUE NACHBARN
Kapitel 4
The Neighborhood, Part 4
Detective Comics 1037 (I)
August 2021

DREI MINUTEN
3 Minutes
Detective Comics 1037 (III)
August 2021

GOTHAM ZEIGT HERZ
Gotham Has Heart
Detective Comics 1037 (II)
August 2021

NEUE NACHBARN
Kapitel 5
The Neighborhood, Part 5
Detective Comics 1038 (I)
August 2021

DER WEG DES PINGUINS
March of the Penguin
Detective Comics 1038 (II)
August 2021

NEUE NACHBARN
Finale
The Neighborhood, Finale
Detective Comics 1039 (I)
September 2021

DAS LEBEN DES HUE VILE
The Life & Times of Hue Vile
Detective Comics 1039 (II)
September 2021

MARIKO TAMAKI
JOHN RIDLEY
MEGHAN FITZMARTIN
T.REX
Story

DAN MORA
CLAYTON HENRY
VIKTOR BOGDANOVIC
DUSTIN NGUYEN
KARL MOSTERT
T.REX
Zeichnungen

DAN MORA
CLAYTON HENRY
VIKTOR BOGDANOVIC
JONATHAN GLAPION
DUSTIN NGUYEN
KARL MOSTERT
DANIEL HENRIQUES
NORM RAPMUND
T.REX
Tusche

JORDIE BELLAIRE
JOHN KALISZ

SIMON GOUGH
Farben

ANDREAS KASPRZAK
RALPH KRUHM
Übersetzung

WALPROJECT
ELLETI
Lettering

DAN MORA
Original-Cover

Batman geschaffen von **Bob Kane** mit **Bill Finger**.

BATMAN – DETECTIVE COMICS PAPERBACK erscheint bei **PANINI COMICS**, Schloßstraße 76, D-70176 Stuttgart. Druck: Lito Terrazzi Industria Grafica. Pressevertrieb: Stella Distribution GmbH, D-22297 Hamburg. Direkt-Abos auf **www.paninicomics.de**. Anzeigenverkauf: BLAUFEUER VERLAGSVERTRETUNGEN GmbH, info@blaufeuer.com. Es gilt die Anzeigenpreisliste Nr. 19 vom 01.10.2021. Geschäftsführer **Hermann Paul**, Publishing Director Europe **Marco M. Lupoi**, Finanzen/Logistik **Felix Bauer**, Marketing Director **Holger Wiest**, Marketing **Thorsten Kleinheinz**, Vertrieb **Alexander Bubenheimer**, PR/Presse **Steffen Volkmer**, Publishing Manager **Lisa Pancaldi**, Redaktion **Tommaso Caretti**, **Christian Endres**, **Christian Grass**, **Ilaria Tavoni**, **Peter Thannisch**, **Monika Trost**, **Daniela Uhlmann**, Übersetzung **Andreas Kasprzak**, **Ralph Kruhm**, **Frank Rehfeld**, Proofreading **Marion Bergmann**, **Monja Reichert**, Lettering **Fabio Ciacci**, **Elleti**, **Walproject**, grafische Gestaltung **Rudy Remitti**, **Nicola Spano**, Art Director **Alessandro Gucciardo**, Redaktion Panini Comics **Annalisa Califano**, **Beatrice Doti**, Prepress **Francesca Aiello**, **Andrea Bisi**, Repro/Packager **Alessandro Nalli** (coordinator), **Anna Boselli**, **Mario Da Rin Zanco**, **Valentina Esposito**, **Luca Ficarelli**, **Linda Leporati**. Cover von **Dan Mora**, *Detective Comics* 1034. Variant-Cover von **Lee Bermejo**, *Detective Comics* 1034 Variant.

Digitale Ausgaben:
ISBN 978-3-7367-9238-8 (.pdf) / ISBN 978-3-7367-9239-5 (.epub) / ISBN 978-3-7367-9240-1 (.mobi)

Bibliografische Information der Deutschen Nationalbibliothek
Die Deutsche Nationalbibliothek verzeichnet diese Publikation in der Deutschen Nationalbibliografie; detaillierte bibliografische Daten sind im Internet über dnb.d-nb.de abrufbar.

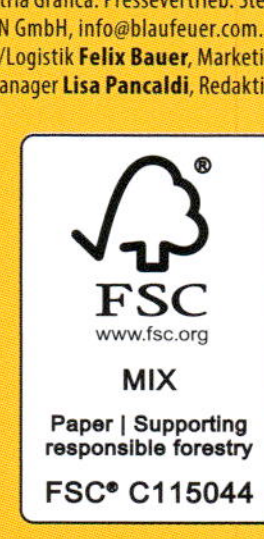

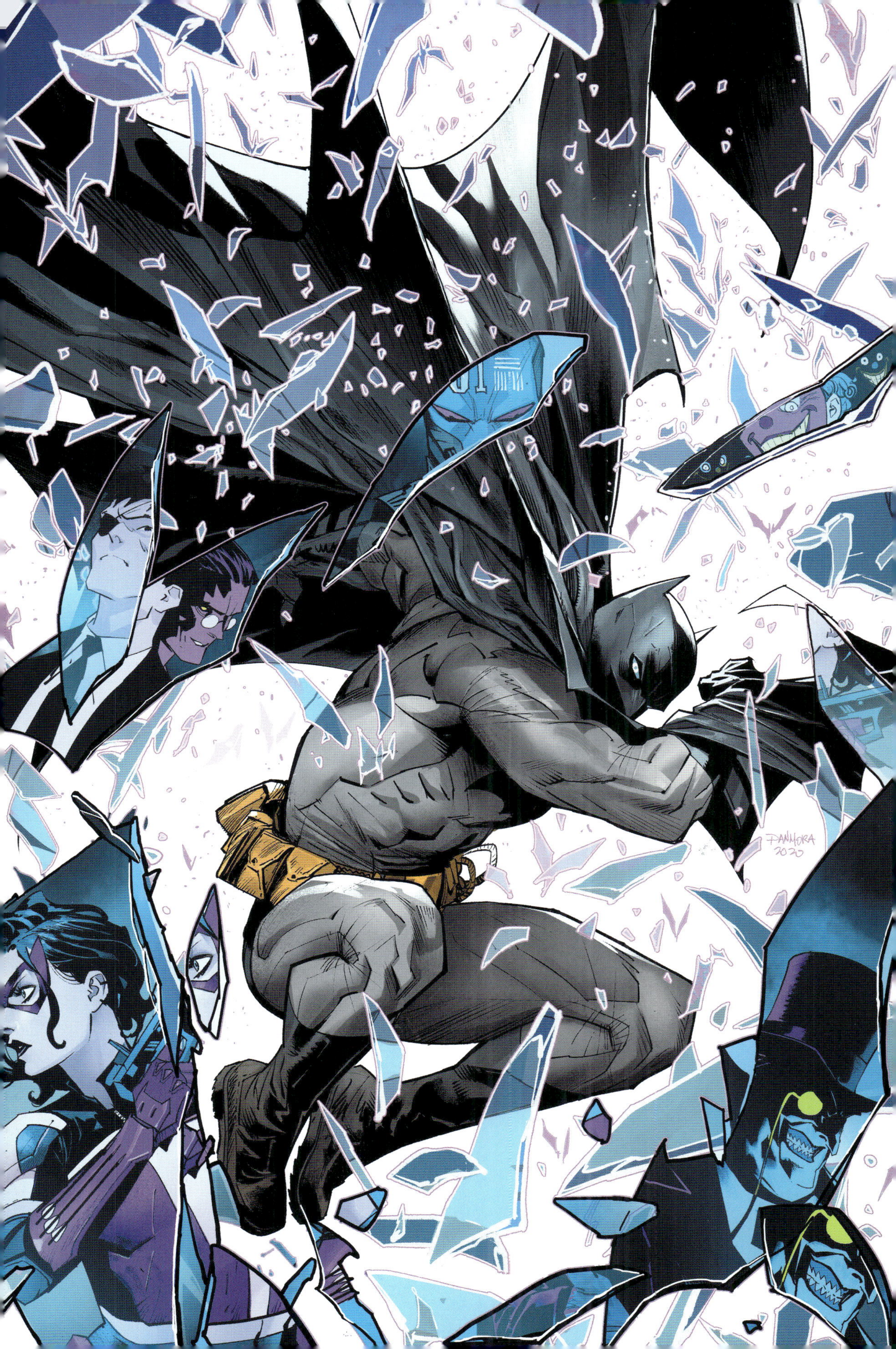
DANMORA
2020

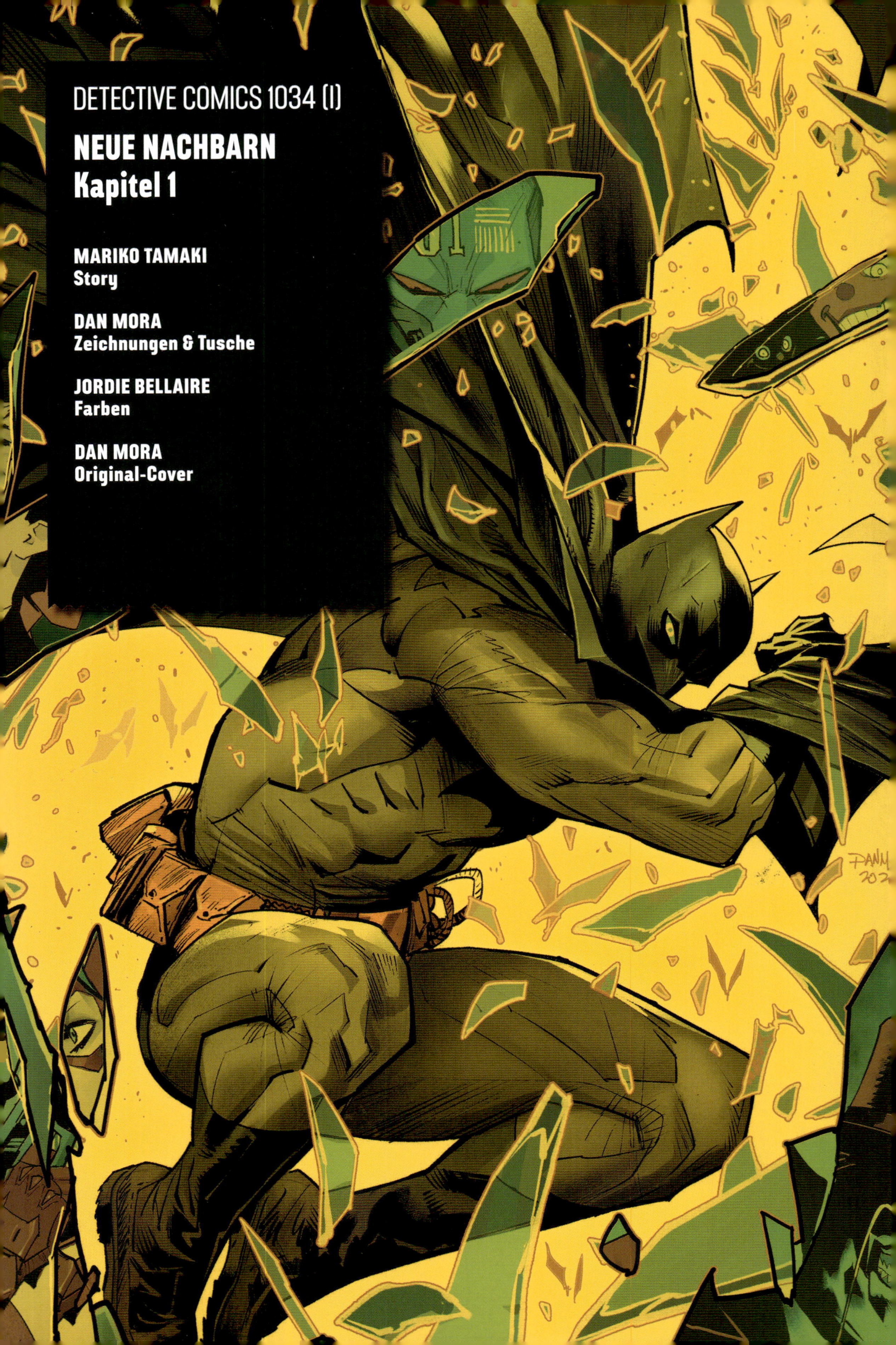
DETECTIVE COMICS 1034 (I)
NEUE NACHBARN
Kapitel 1
MARIKO TAMAKI
Story
DAN MORA
Zeichnungen & Tusche
JORDIE BELLAIRE
Farben
DAN MORA
Original-Cover

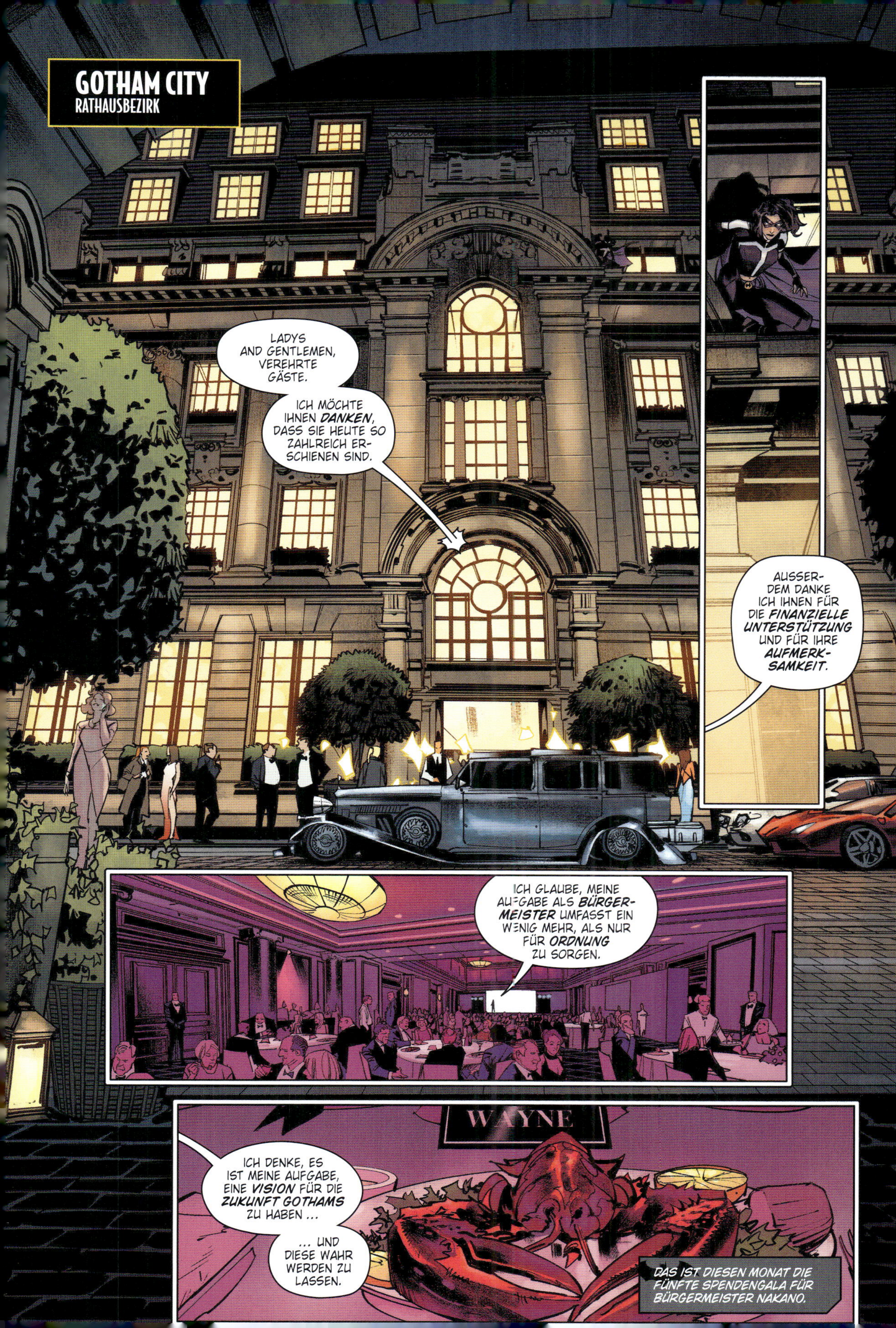
GOTHAM CITY
RATHAUSBEZIRK
LADYS AND GENTLEMEN, VEREHRTE GÄSTE.
ICH MÖCHTE IHNEN DANKEN, DASS SIE HEUTE SO ZAHLREICH ERSCHIENEN SIND.
AUSSERDEM DANKE ICH IHNEN FÜR DIE FINANZIELLE UNTERSTÜTZUNG UND FÜR IHRE AUFMERKSAMKEIT.
ICH GLAUBE, MEINE AUFGABE ALS BÜRGERMEISTER UMFASST EIN WENIG MEHR, ALS NUR FÜR ORDNUNG ZU SORGEN.
WAYNE
ICH DENKE, ES IST MEINE AUFGABE, EINE VISION FÜR DIE ZUKUNFT GOTHAMS ZU HABEN ...
... UND DIESE WAHR WERDEN ZU LASSEN.
DAS IST DIESEN MONAT DIE FÜNFTE SPENDENGALA FÜR BÜRGERMEISTER NAKANO.

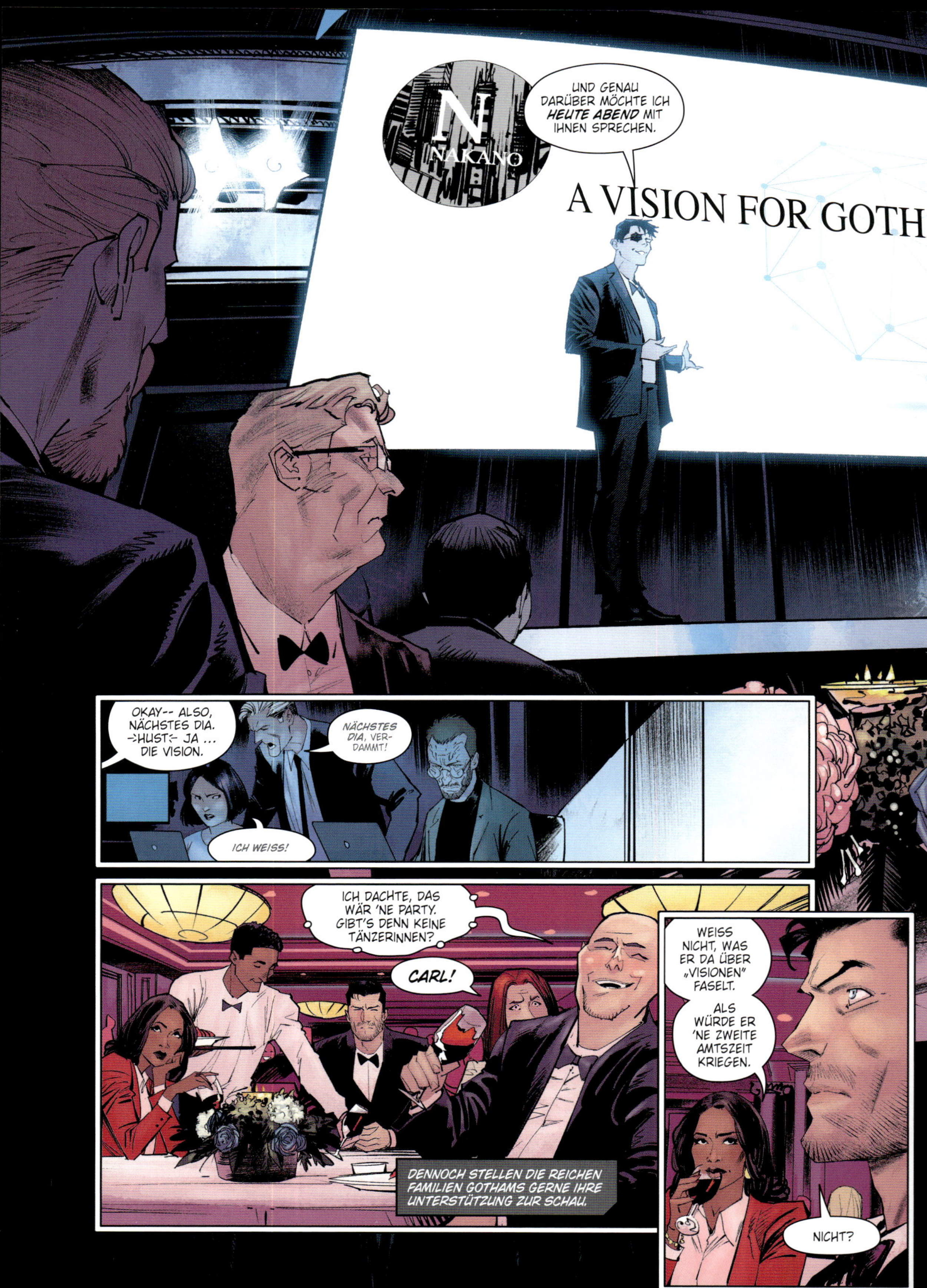
N
NAKANO
UND GENAU DARÜBER MÖCHTE ICH ***HEUTE ABEND*** MIT IHNEN SPRECHEN.
A VISION FOR GOTHA
OKAY-- ALSO, NÄCHSTES DIA. -HUST- JA ... DIE VISION.
NÄCHSTES DIA, VERDAMMT!
ICH WEISS!
ICH DACHTE, DAS WÄR 'NE PARTY. GIBT'S DENN KEINE TÄNZERINNEN?
CARL!
DENNOCH STELLEN DIE REICHEN FAMILIEN GOTHAMS GERNE IHRE UNTERSTÜTZUNG ZUR SCHAU.
WEISS NICHT, WAS ER DA ÜBER „VISIONEN" FASELT.
ALS WÜRDE ER 'NE ZWEITE AMTSZEIT KRIEGEN.
NICHT?

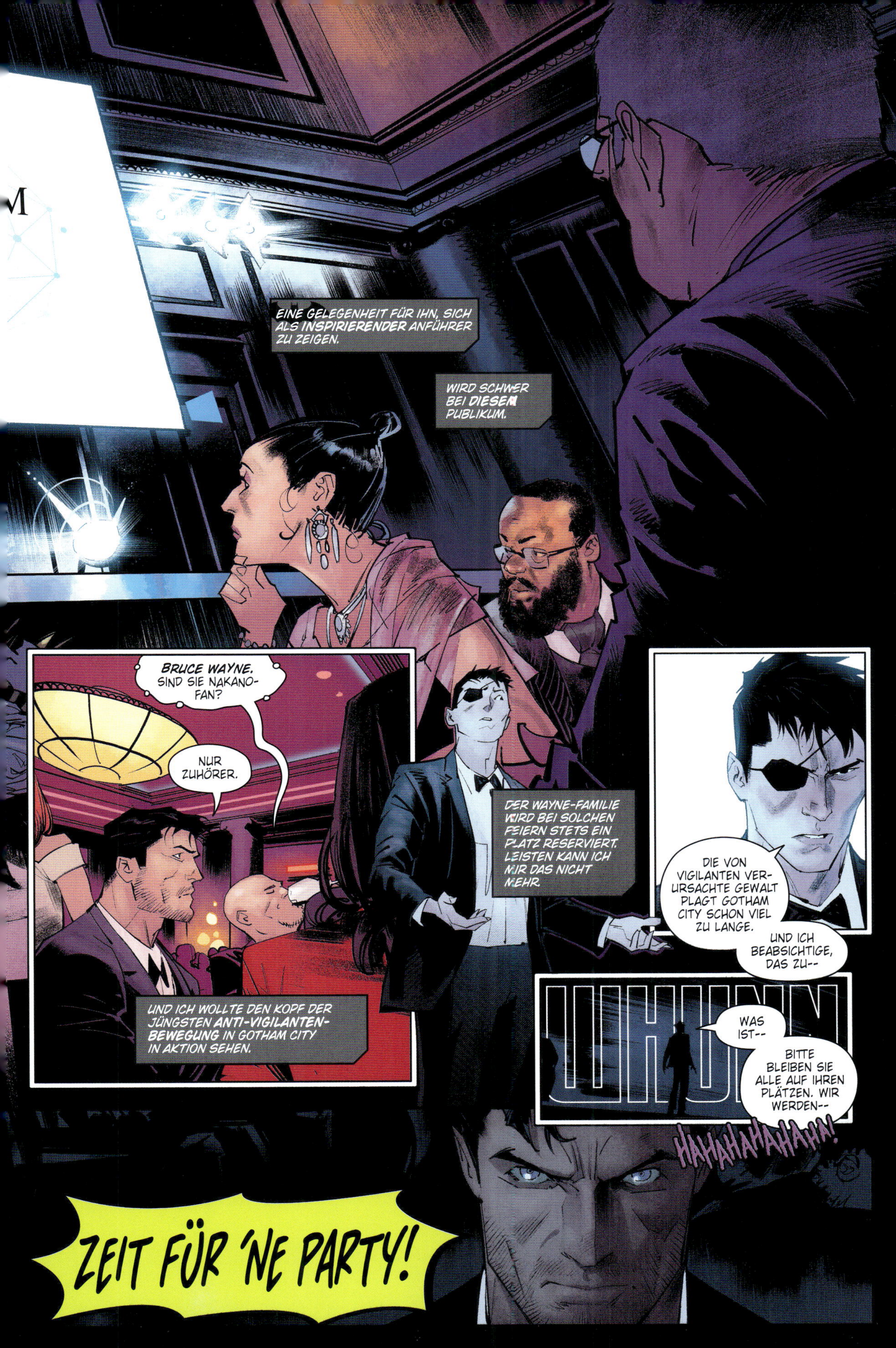
EINE GELEGENHEIT FÜR IHN, SICH ALS INSPIRIERENDER ANFÜHRER ZU ZEIGEN.
WIRD SCHWER BEI DIESEM PUBLIKUM.
BRUCE WAYNE. SIND SIE NAKANO-FAN?
NUR ZUHÖRER.
UND ICH WOLLTE DEN KOPF DER JÜNGSTEN ANTI-VIGILANTEN-BEWEGUNG IN GOTHAM CITY IN AKTION SEHEN.
DER WAYNE-FAMILIE WIRD BEI SOLCHEN FEIERN STETS EIN PLATZ RESERVIERT. LEISTEN KANN ICH MIR DAS NICHT MEHR.
DIE VON VIGILANTEN VERURSACHTE GEWALT PLAGT GOTHAM CITY SCHON VIEL ZU LANGE.
UND ICH BEABSICHTIGE, DAS ZU--
WHUNN
WAS IST--
BITTE BLEIBEN SIE ALLE AUF IHREN PLÄTZEN. WIR WERDEN--
HAHAHAHAHAHAHA!
ZEIT FÜR 'NE PARTY!

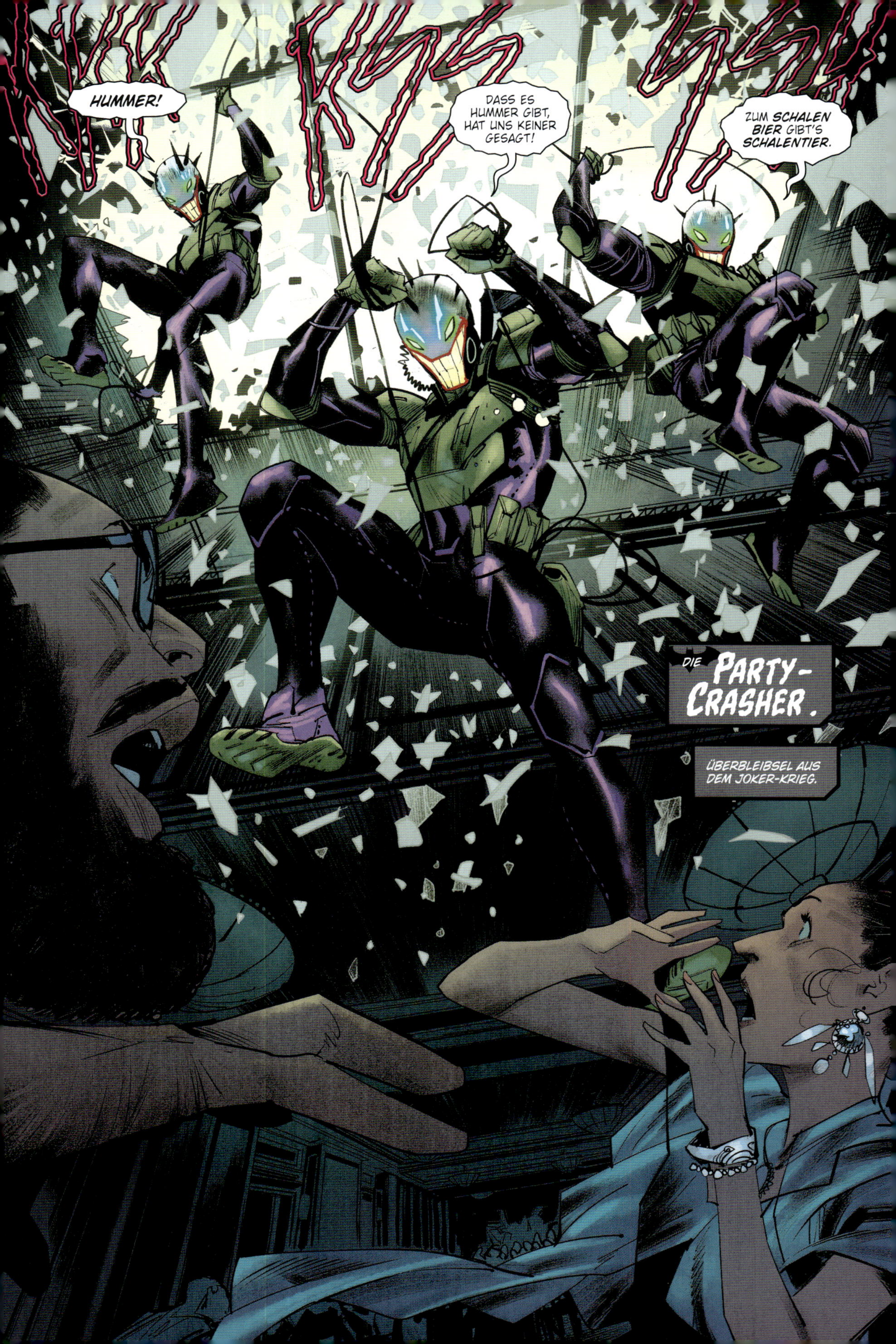
HUMMER!
DASS ES HUMMER GIBT, HAT UNS KEINER GESAGT!
ZUM SCHALEN BIER GIBT'S SCHALENTIER.
DIE PARTY-CRASHER.
ÜBERBLEIBSEL AUS DEM JOKER-KRIEG.

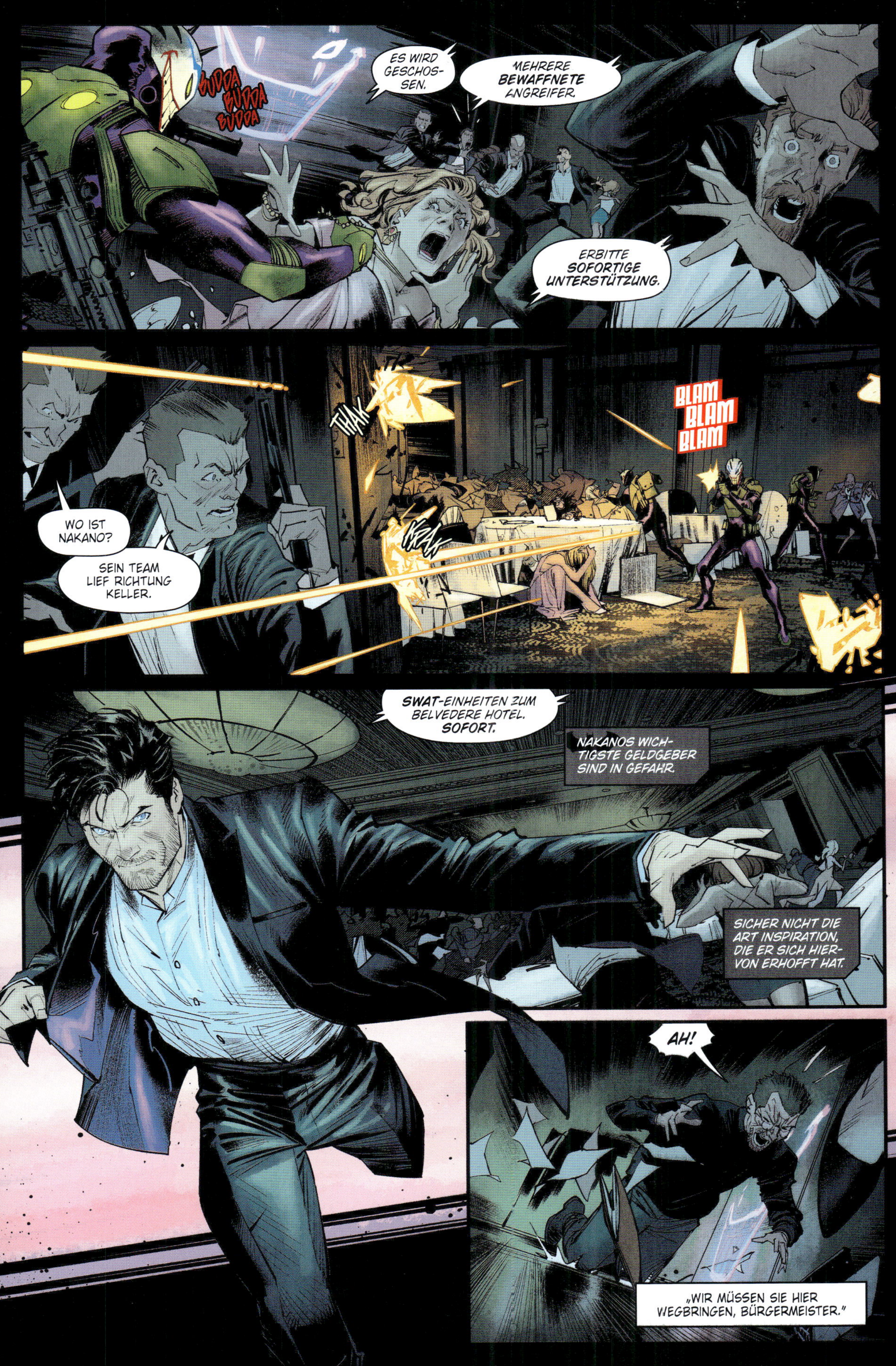
BUDDA BUDDA BUDDA
ES WIRD GESCHOS-SEN.
MEHRERE BEWAFFNETE ANGREIFER.
ERBITTE SOFORTIGE UNTERSTÜTZUNG.
THAK
BLAM BLAM BLAM
WO IST NAKANO?
SEIN TEAM LIEF RICHTUNG KELLER.
SWAT-EINHEITEN ZUM BELVEDERE HOTEL. SOFORT.
NAKANOS WICH-TIGSTE GELDGEBER SIND IN GEFAHR.
SICHER NICHT DIE ART INSPIRATION, DIE ER SICH HIER-VON ERHOFFT HAT.
AH!
„WIR MÜSSEN SIE HIER WEGBRINGEN, BÜRGERMEISTER."

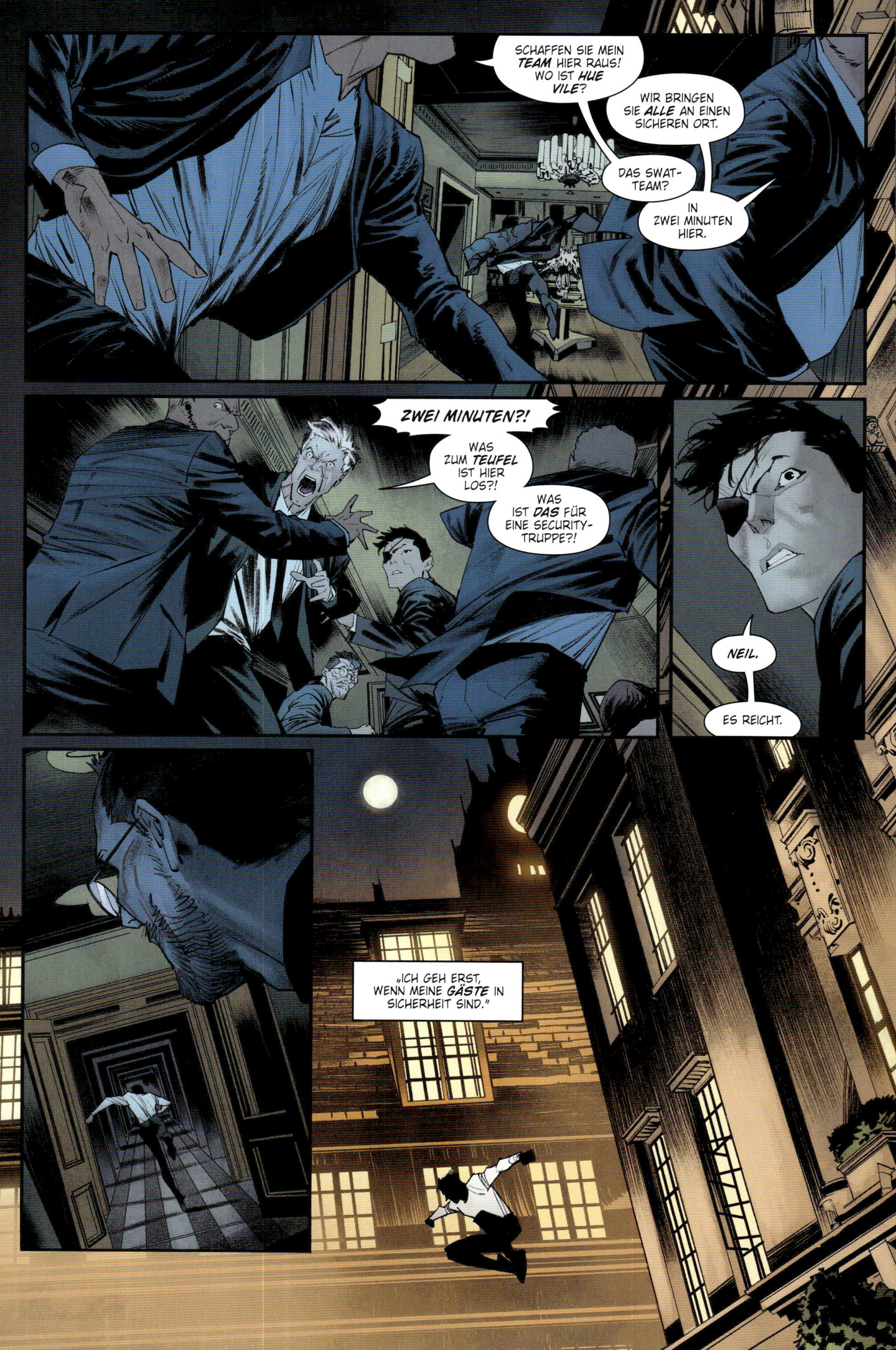
SCHAFFEN SIE MEIN TEAM HIER RAUS! WO IST HUE VILE?
WIR BRINGEN SIE ALLE AN EINEN SICHEREN ORT.
DAS SWAT-TEAM?
IN ZWEI MINUTEN HIER.
ZWEI MINUTEN?!
WAS ZUM TEUFEL IST HIER LOS?!
WAS IST DAS FÜR EINE SECURITY-TRUPPE?!
NEIL.
ES REICHT.
„ICH GEH ERST, WENN MEINE GÄSTE IN SICHERHEIT SIND."

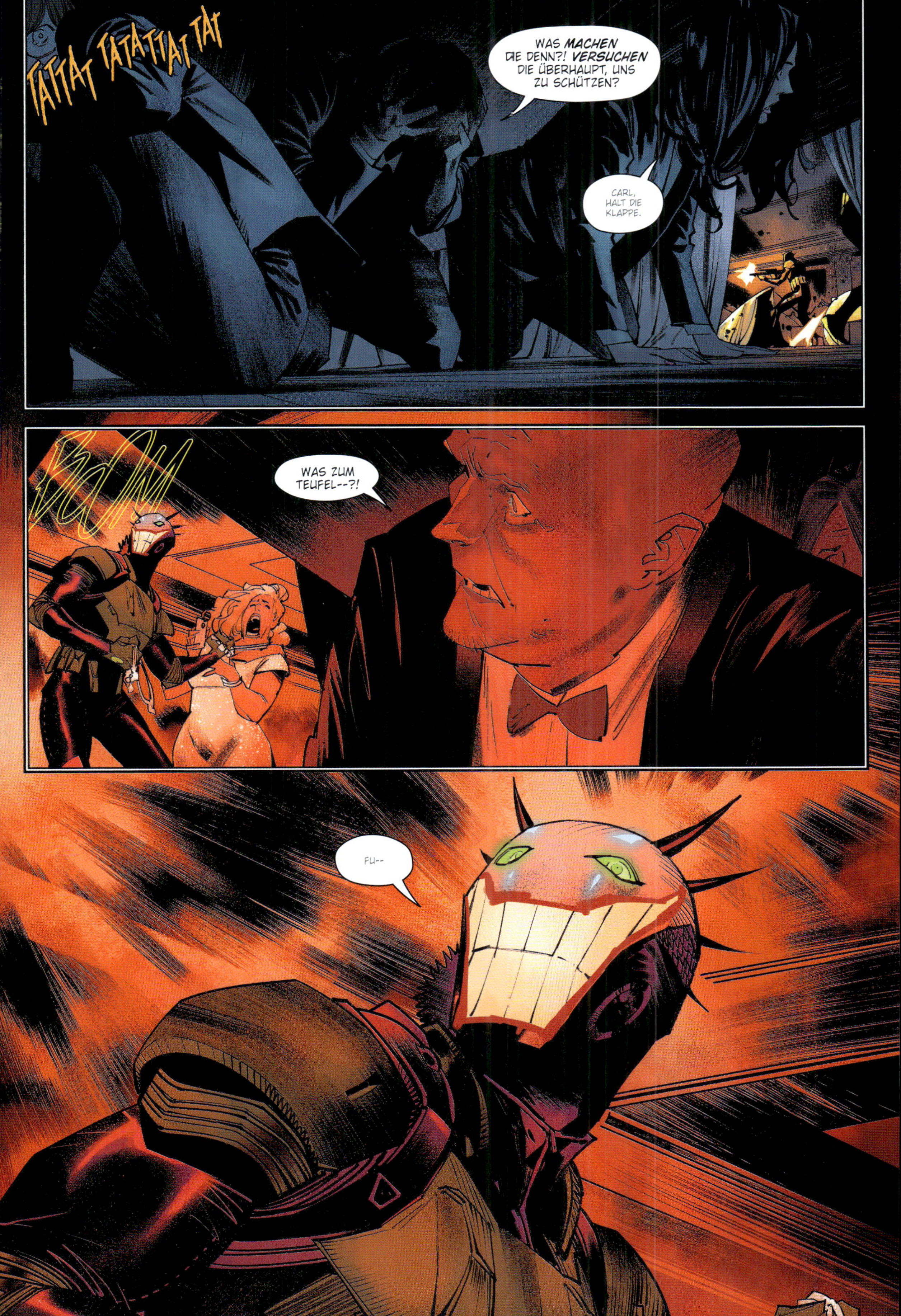
TATTAT TATATTAT TAT
WAS MACHEN DIE DENN?! VERSUCHEN DIE ÜBERHAUPT, UNS ZU SCHÜTZEN?
CARL, HALT DIE KLAPPE.
BOOM
WAS ZUM TEUFEL--?!
FU--

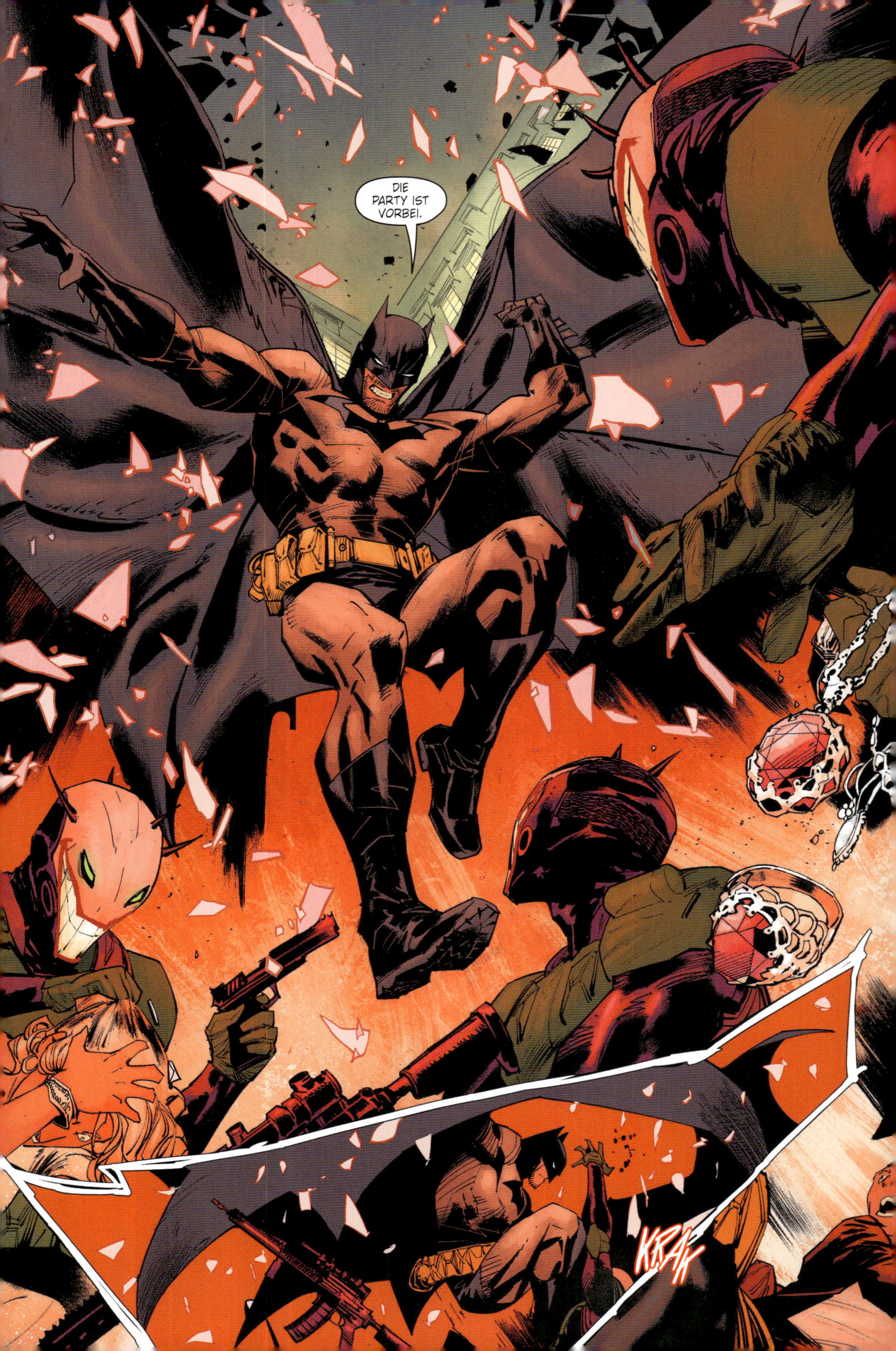
DIE PARTY IST VORBEI.
KRAK

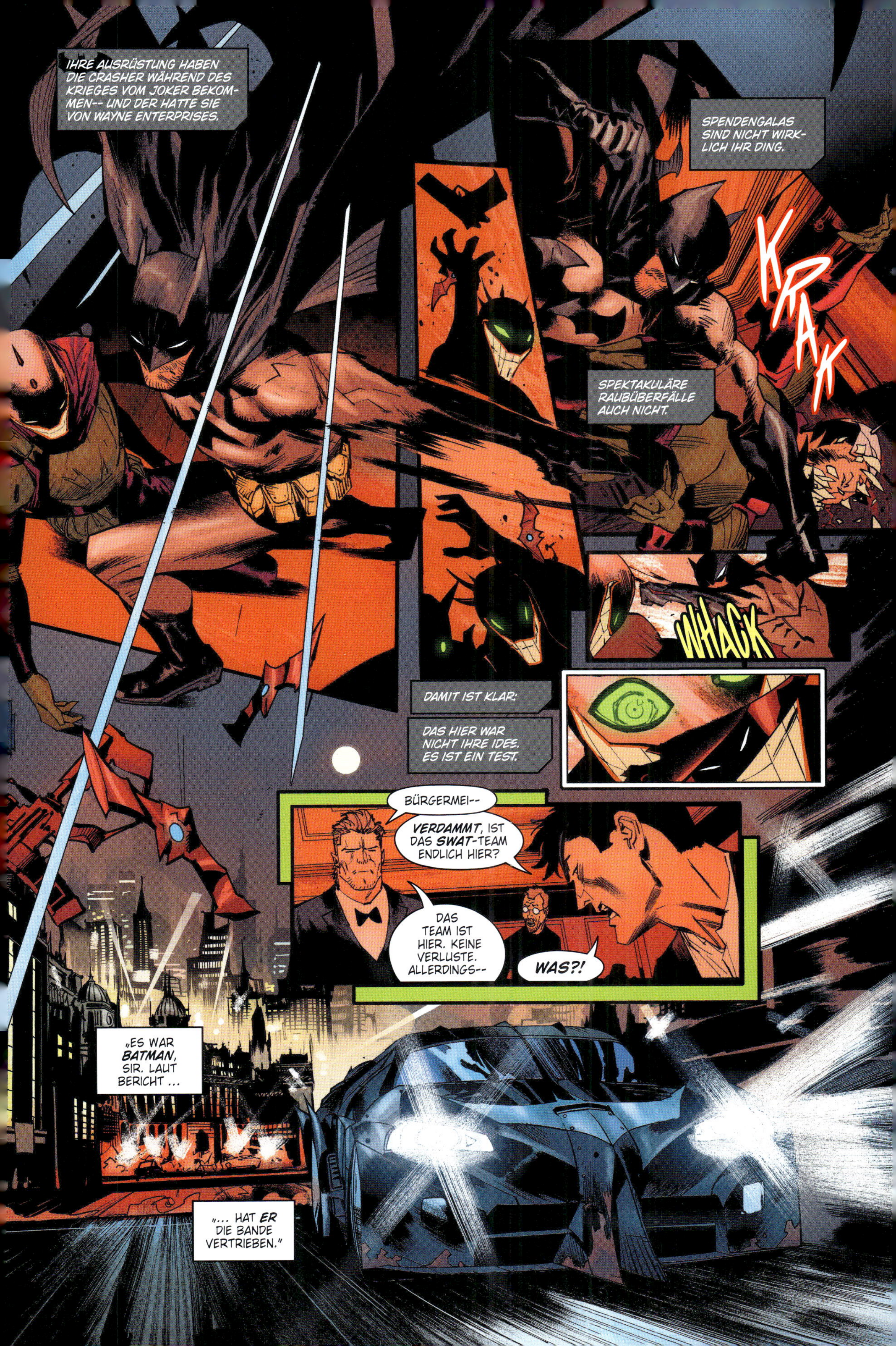
IHRE AUSRÜSTUNG HABEN DIE CRASHER WÄHREND DES KRIEGES VOM JOKER BEKOMMEN-- UND DER HATTE SIE VON WAYNE ENTERPRISES.
SPENDENGALAS SIND NICHT WIRKLICH IHR DING.
KRAK
SPEKTAKULÄRE RAUBÜBERFÄLLE AUCH NICHT.
WHACK
DAMIT IST KLAR:
DAS HIER WAR NICHT IHRE IDEE. ES IST EIN TEST.
BÜRGERMEI--
VERDAMMT, IST DAS SWAT-TEAM ENDLICH HIER?
DAS TEAM IST HIER. KEINE VERLUSTE. ALLERDINGS--
WAS?!
„ES WAR BATMAN, SIR. LAUT BERICHT ...
„... HAT ER DIE BANDE VERTRIEBEN.“

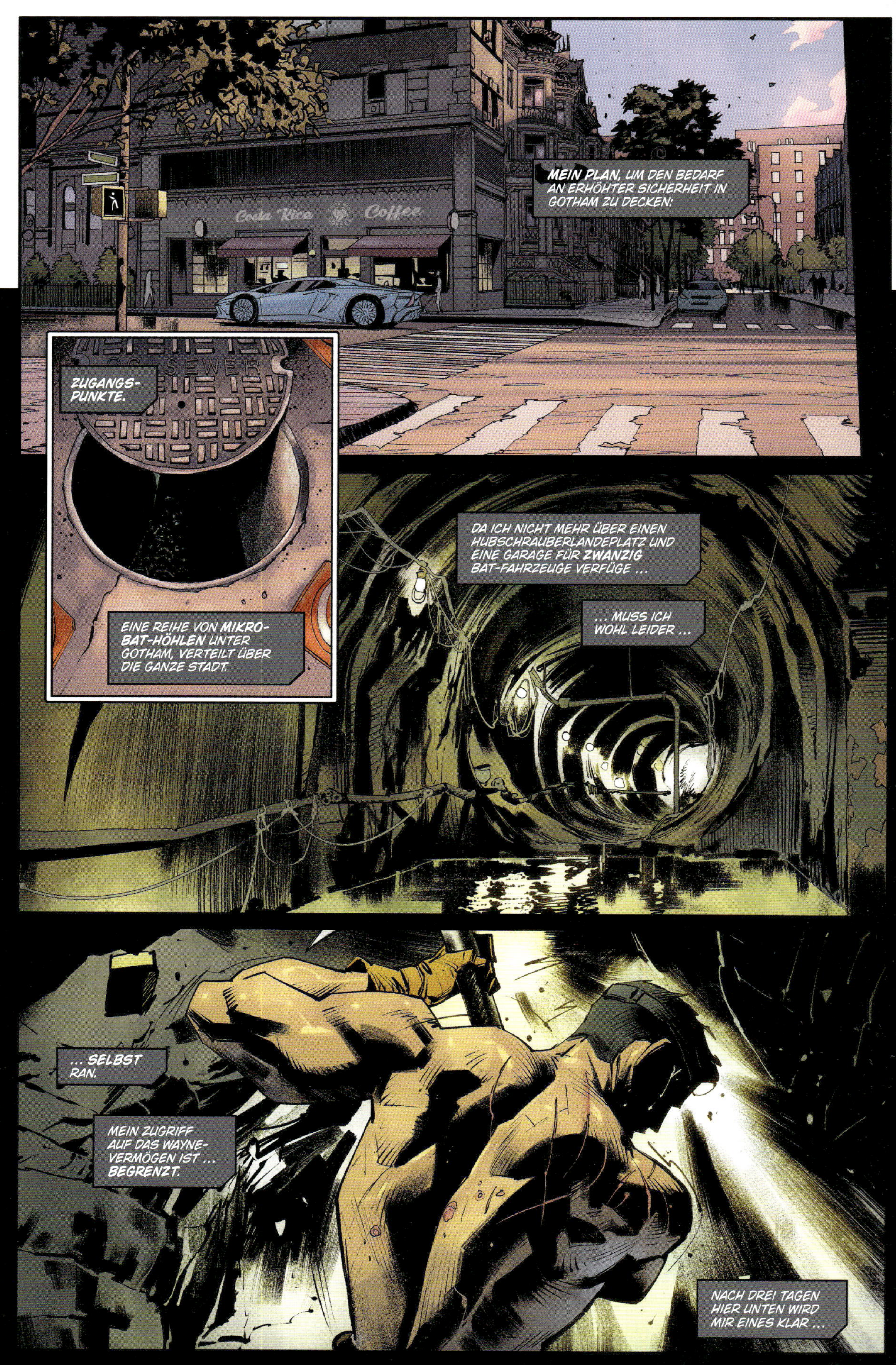
Costa Rica Coffee
MEIN PLAN, UM DEN BEDARF AN ERHÖHTER SICHERHEIT IN GOTHAM ZU DECKEN:
SEWER
ZUGANGS-PUNKTE.
EINE REIHE VON MIKRO-BAT-HÖHLEN UNTER GOTHAM, VERTEILT ÜBER DIE GANZE STADT.
DA ICH NICHT MEHR ÜBER EINEN HUBSCHRAUBERLANDEPLATZ UND EINE GARAGE FÜR ZWANZIG BAT-FAHRZEUGE VERFÜGE …
… MUSS ICH WOHL LEIDER …
… SELBST RAN.
MEIN ZUGRIFF AUF DAS WAYNE-VERMÖGEN IST … BEGRENZT.
NACH DREI TAGEN HIER UNTEN WIRD MIR EINES KLAR …

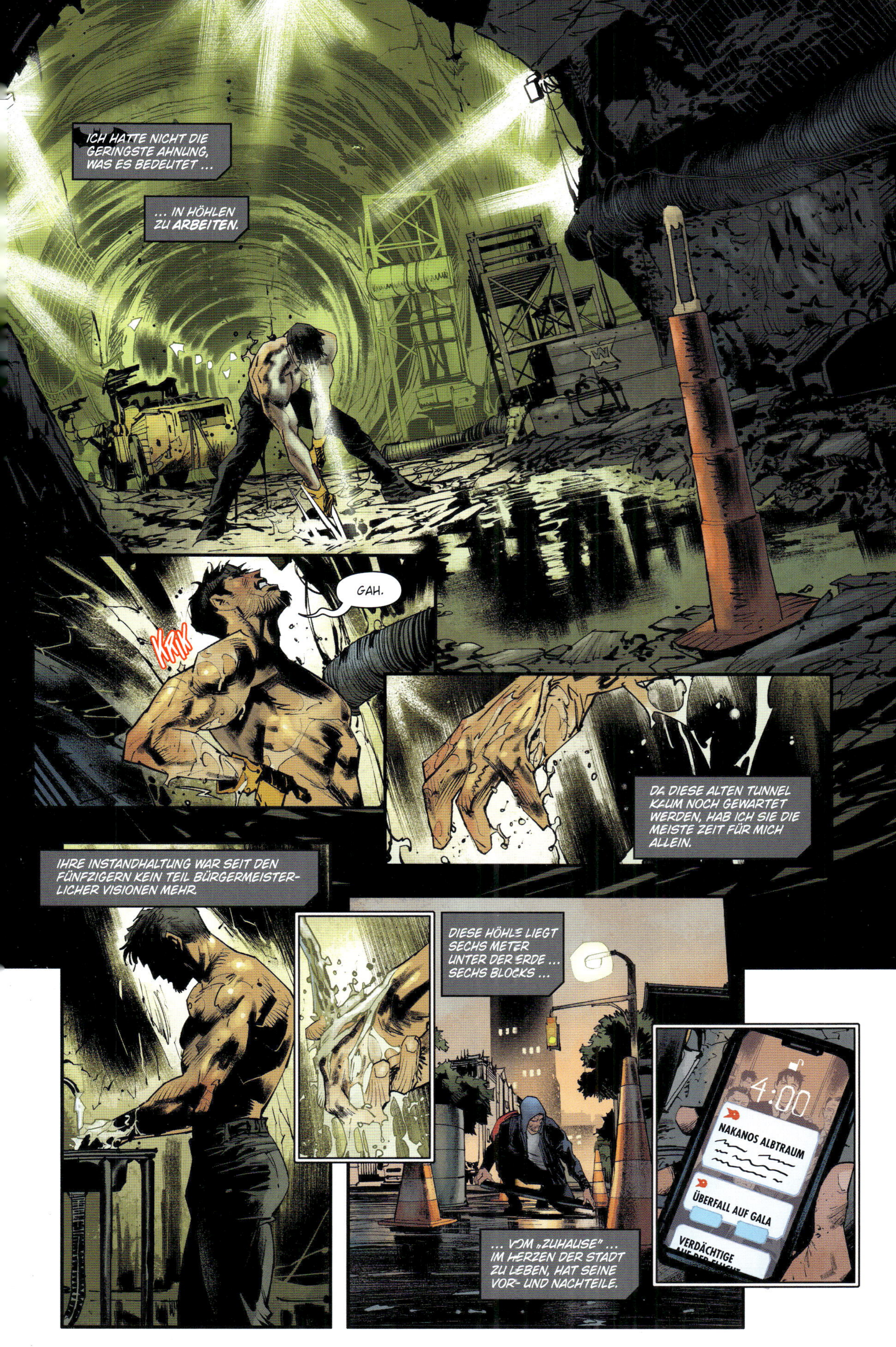
ICH HATTE NICHT DIE GERINGSTE AHNUNG, WAS ES BEDEUTET …
… IN HÖHLEN ZU ARBEITEN.
KRIK
GAH.
DA DIESE ALTEN TUNNEL KAUM NOCH GEWARTET WERDEN, HAB ICH SIE DIE MEISTE ZEIT FÜR MICH ALLEIN.
IHRE INSTANDHALTUNG WAR SEIT DEN FÜNFZIGERN KEIN TEIL BÜRGERMEISTER-LICHER VISIONEN MEHR.
DIESE HÖHLE LIEGT SECHS METER UNTER DER ERDE … SECHS BLOCKS …
… VOM „ZUHAUSE“ … IM HERZEN DER STADT ZU LEBEN, HAT SEINE VOR- UND NACHTEILE.
4:00
NAKANOS ALBTRAUM
ÜBERFALL AUF GALA
VERDÄCHTIGE

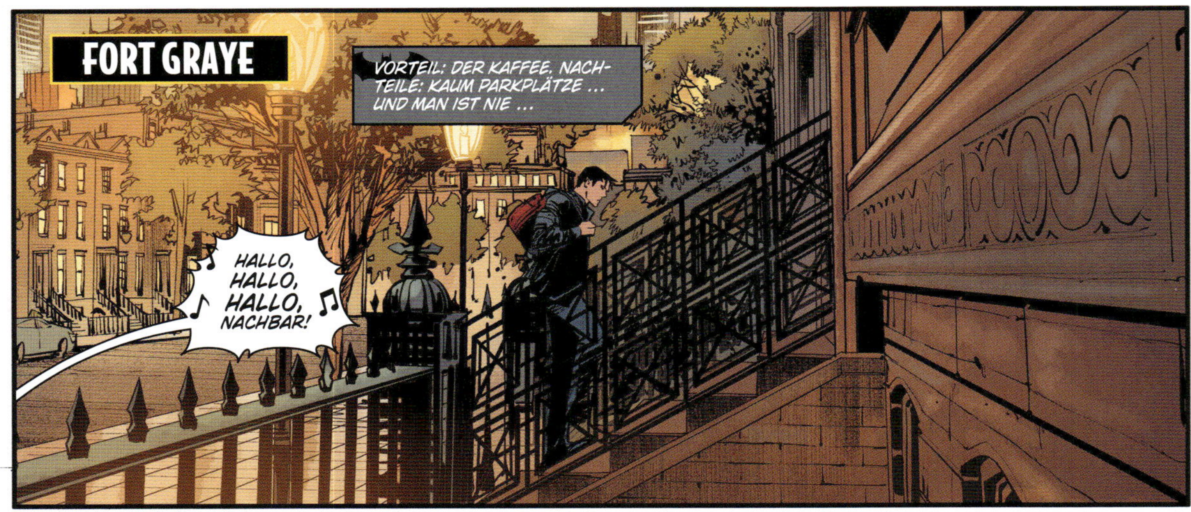
FORT GRAYE
VORTEIL: DER KAFFEE. NACHTEILE: KAUM PARKPLÄTZE ... UND MAN IST NIE ...
HALLO, HALLO, HALLO, NACHBAR!

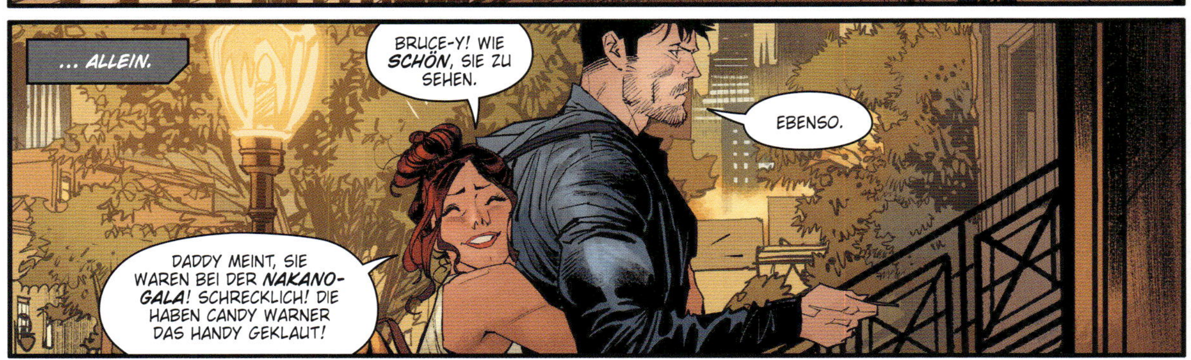
... ALLEIN.
BRUCE-Y! WIE SCHÖN, SIE ZU SEHEN.
EBENSO.
DADDY MEINT, SIE WAREN BEI DER NAKANO-GALA! SCHRECKLICH! DIE HABEN CANDY WARNER DAS HANDY GEKLAUT!

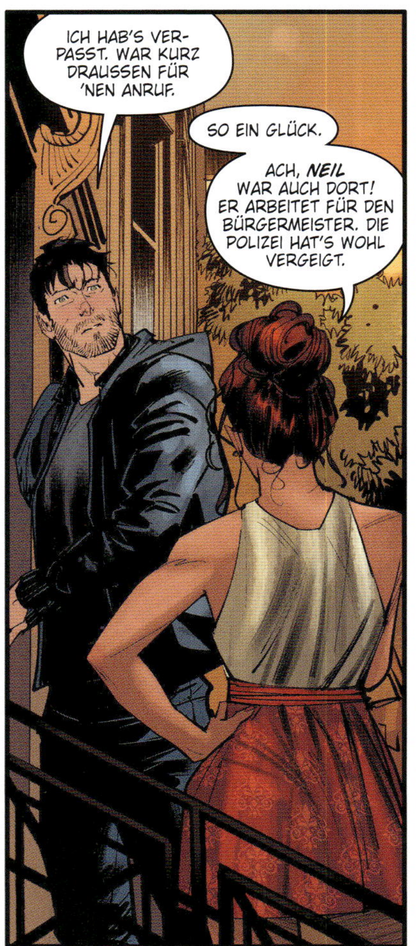
ICH HAB'S VERPASST. WAR KURZ DRAUSSEN FÜR 'NEN ANRUF.
SO EIN GLÜCK.
ACH, NEIL WAR AUCH DORT! ER ARBEITET FÜR DEN BÜRGERMEISTER. DIE POLIZEI HAT'S WOHL VERGEIGT.

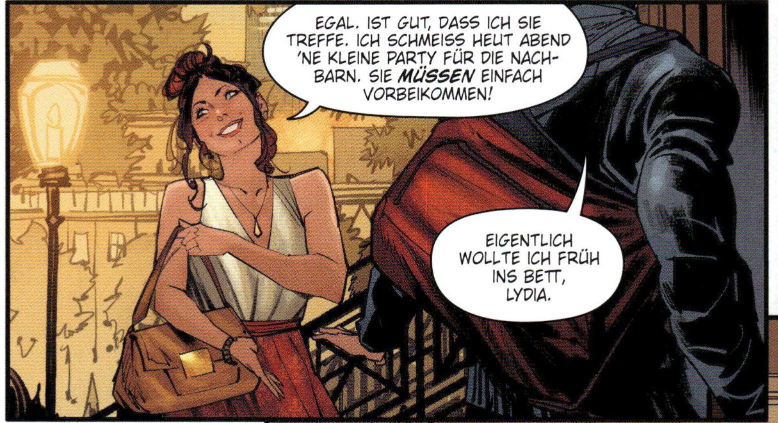
EGAL. IST GUT, DASS ICH SIE TREFFE. ICH SCHMEISS HEUT ABEND 'NE KLEINE PARTY FÜR DIE NACHBARN. SIE MÜSSEN EINFACH VORBEIKOMMEN!
EIGENTLICH WOLLTE ICH FRÜH INS BETT, LYDIA.

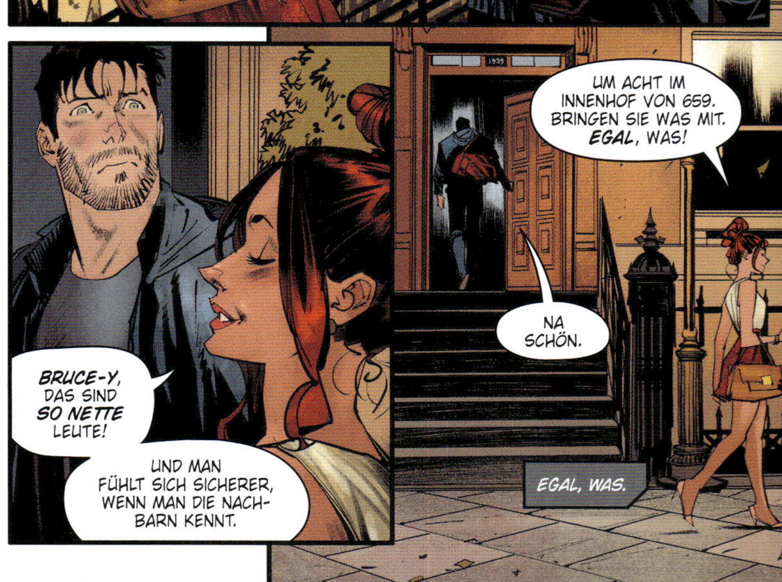
BRUCE-Y, DAS SIND SO NETTE LEUTE!
UND MAN FÜHLT SICH SICHERER, WENN MAN DIE NACHBARN KENNT.
UM ACHT IM INNENHOF VON 659. BRINGEN SIE WAS MIT. EGAL, WAS!
NA SCHÖN.
EGAL, WAS.

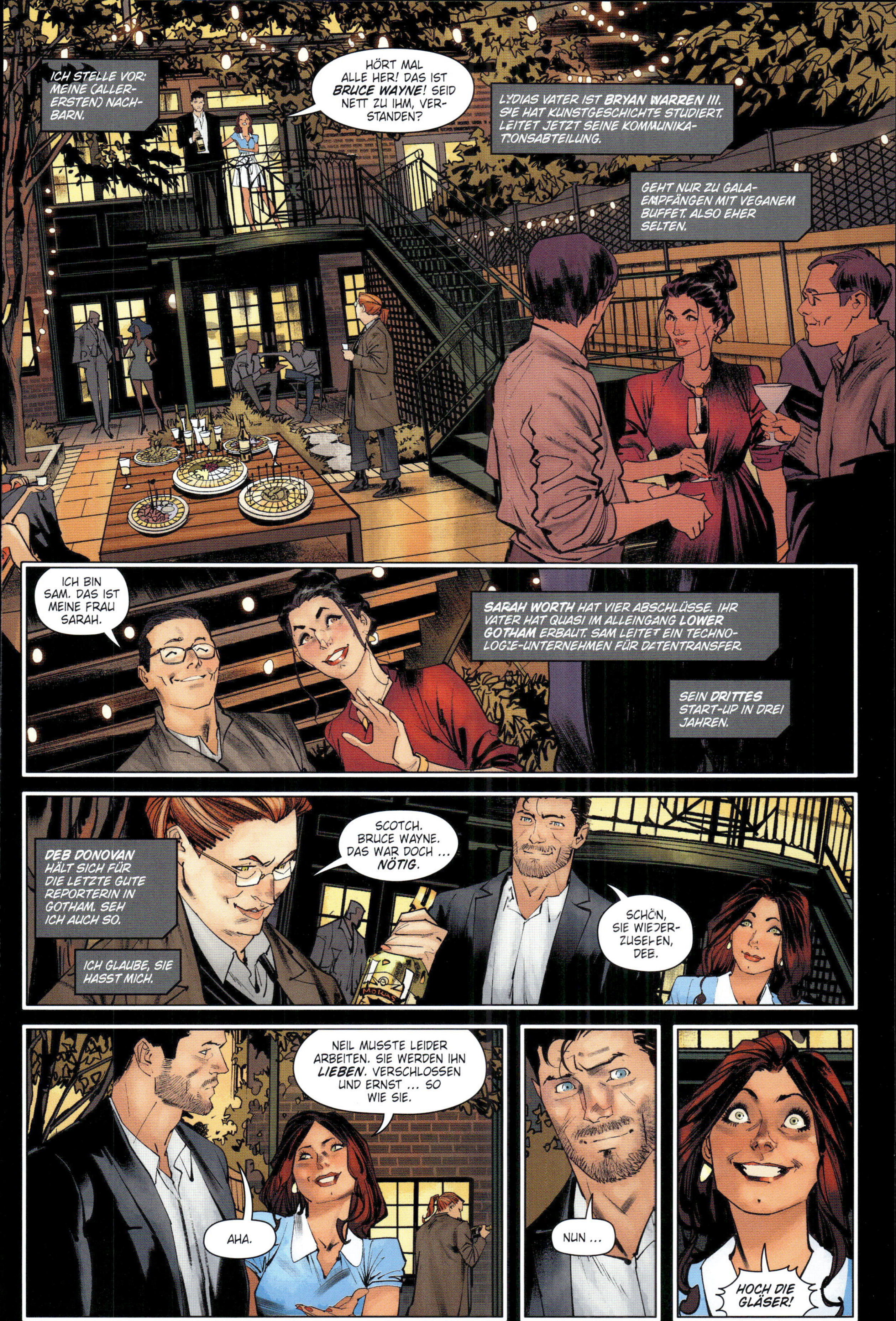

ICH STELLE VOR: MEINE (ALLER-ERSTEN) NACHBARN.
HÖRT MAL ALLE HER! DAS IST **BRUCE WAYNE!** SEID NETT ZU IHM, VERSTANDEN?
LYDIAS VATER IST **BRYAN WARREN III.** SIE HAT KUNSTGESCHICHTE STUDIERT. LEITET JETZT SEINE KOMMUNIKATIONSABTEILUNG.
GEHT NUR ZU GALA-EMPFÄNGEN MIT VEGANEM BUFFET. ALSO EHER SELTEN.

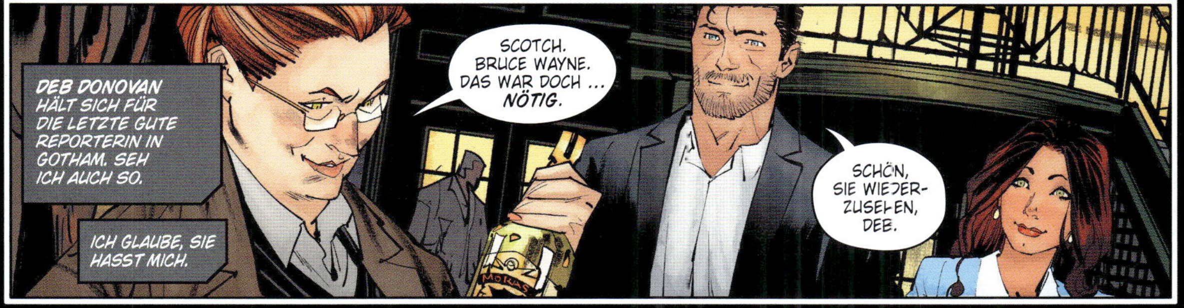

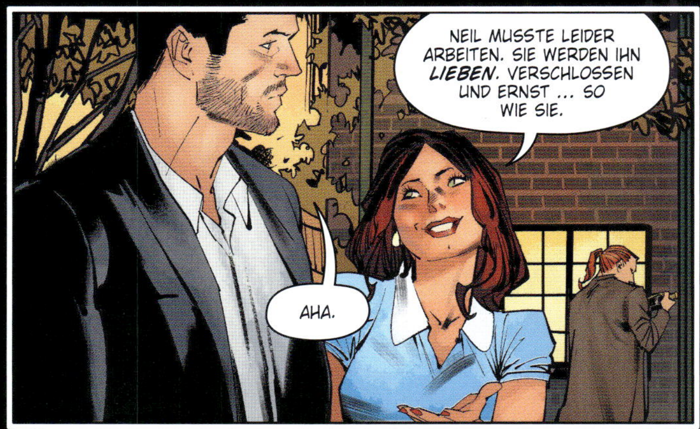

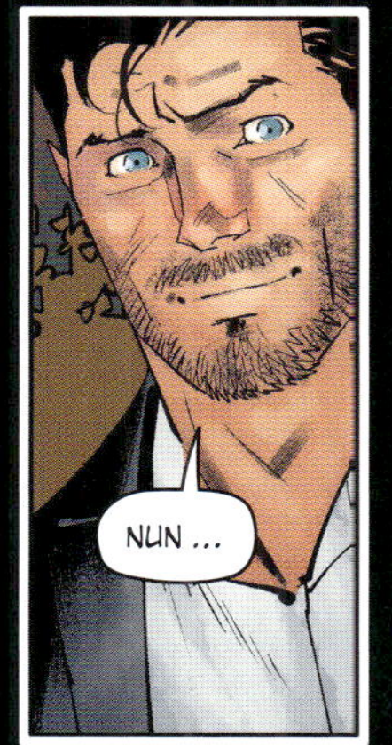

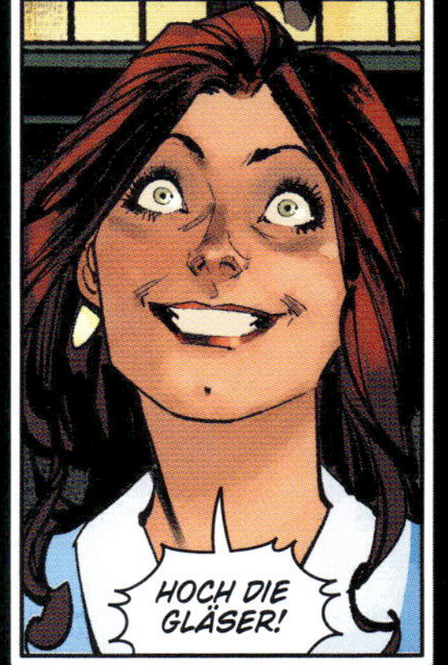

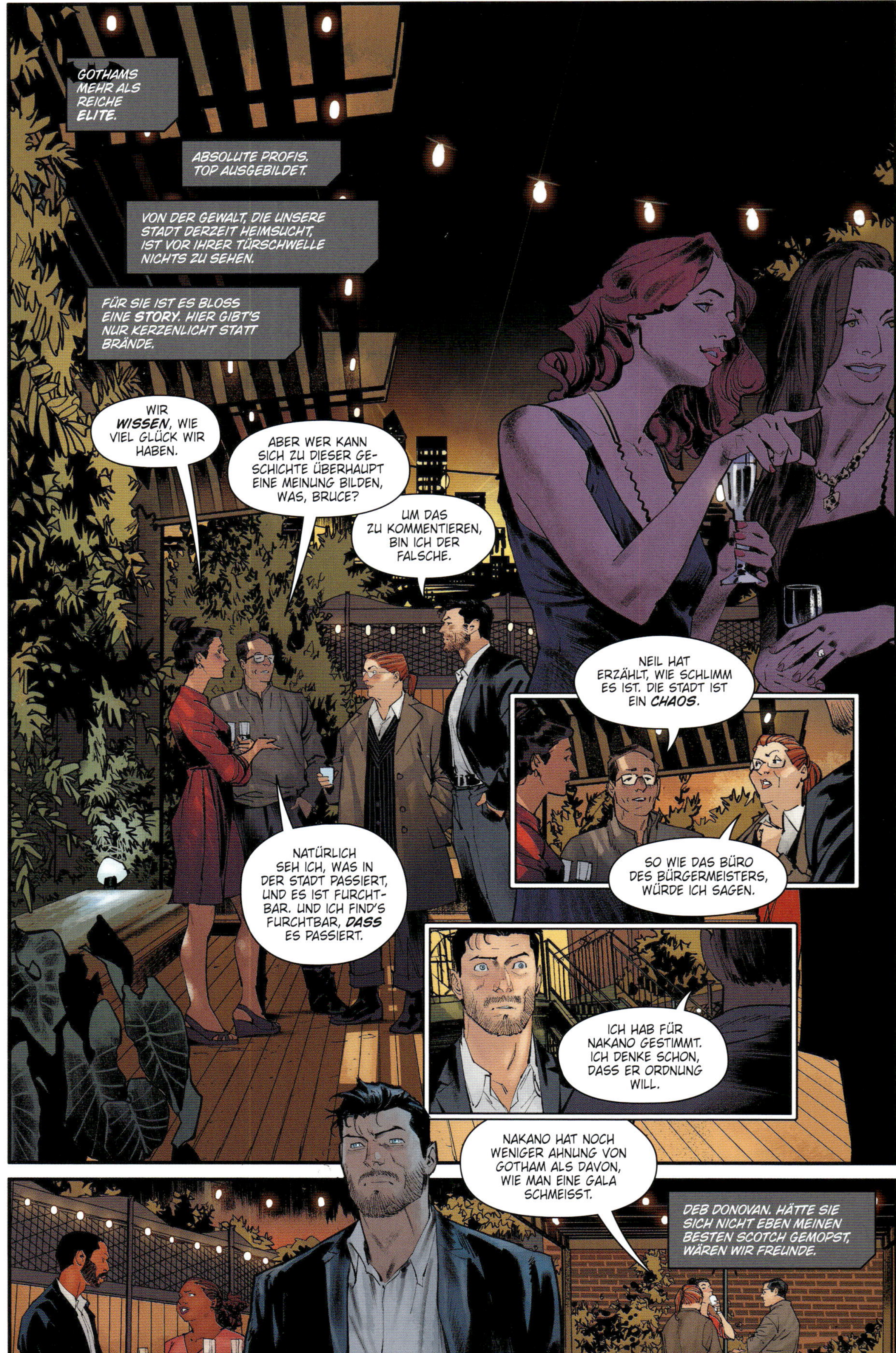
GOTHAMS MEHR ALS REICHE ELITE.
ABSOLUTE PROFIS. TOP AUSGEBILDET.
VON DER GEWALT, DIE UNSERE STADT DERZEIT HEIMSUCHT, IST VOR IHRER TÜRSCHWELLE NICHTS ZU SEHEN.
FÜR SIE IST ES BLOSS EINE STORY. HIER GIBT'S NUR KERZENLICHT STATT BRÄNDE.
WIR WISSEN, WIE VIEL GLÜCK WIR HABEN.
ABER WER KANN SICH ZU DIESER GESCHICHTE ÜBERHAUPT EINE MEINUNG BILDEN, WAS, BRUCE?
UM DAS ZU KOMMENTIEREN, BIN ICH DER FALSCHE.
NATÜRLICH SEH ICH, WAS IN DER STADT PASSIERT, UND ES IST FURCHTBAR. UND ICH FIND'S FURCHTBAR, DASS ES PASSIERT.
NEIL HAT ERZÄHLT, WIE SCHLIMM ES IST. DIE STADT IST EIN CHAOS.
SO WIE DAS BÜRO DES BÜRGERMEISTERS, WÜRDE ICH SAGEN.
ICH HAB FÜR NAKANO GESTIMMT. ICH DENKE SCHON, DASS ER ORDNUNG WILL.
NAKANO HAT NOCH WENIGER AHNUNG VON GOTHAM ALS DAVON, WIE MAN EINE GALA SCHMEISST.
DEB DONOVAN. HÄTTE SIE SICH NICHT EBEN MEINEN BESTEN SCOTCH GEMOPST, WÄREN WIR FREUNDE.

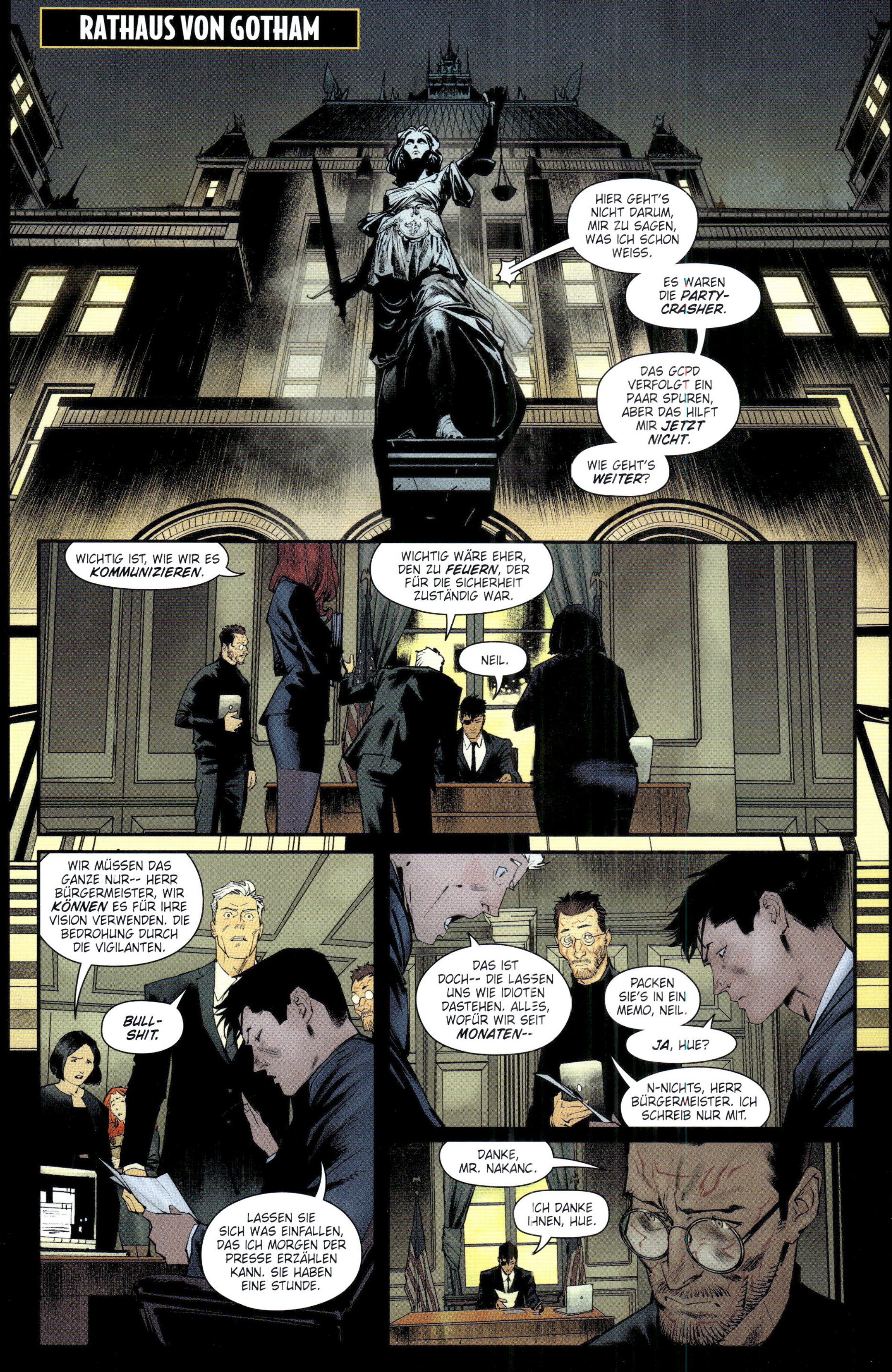
RATHAUS VON GOTHAM
HIER GEHT'S NICHT DARUM, MIR ZU SAGEN, WAS ICH SCHON WEISS.
ES WAREN DIE PARTY-CRASHER.
DAS GCPD VERFOLGT EIN PAAR SPUREN, ABER DAS HILFT MIR JETZT NICHT.
WIE GEHT'S WEITER?
WICHTIG IST, WIE WIR ES KOMMUNIZIEREN.
WICHTIG WÄRE EHER, DEN ZU FEUERN, DER FÜR DIE SICHERHEIT ZUSTÄNDIG WAR.
NEIL.
WIR MÜSSEN DAS GANZE NUR-- HERR BÜRGERMEISTER, WIR KÖNNEN ES FÜR IHRE VISION VERWENDEN. DIE BEDROHUNG DURCH DIE VIGILANTEN.
BULL-SHIT.
LASSEN SIE SICH WAS EINFALLEN, DAS ICH MORGEN DER PRESSE ERZÄHLEN KANN. SIE HABEN EINE STUNDE.
DAS IST DOCH-- DIE LASSEN UNS WIE IDIOTEN DASTEHEN. ALLES, WOFÜR WIR SEIT MONATEN--
PACKEN SIE'S IN EIN MEMO, NEIL.
JA, HUE?
N-NICHTS, HERR BÜRGERMEISTER. ICH SCHREIB NUR MIT.
DANKE, MR. NAKANC.
ICH DANKE IHNEN, HUE.

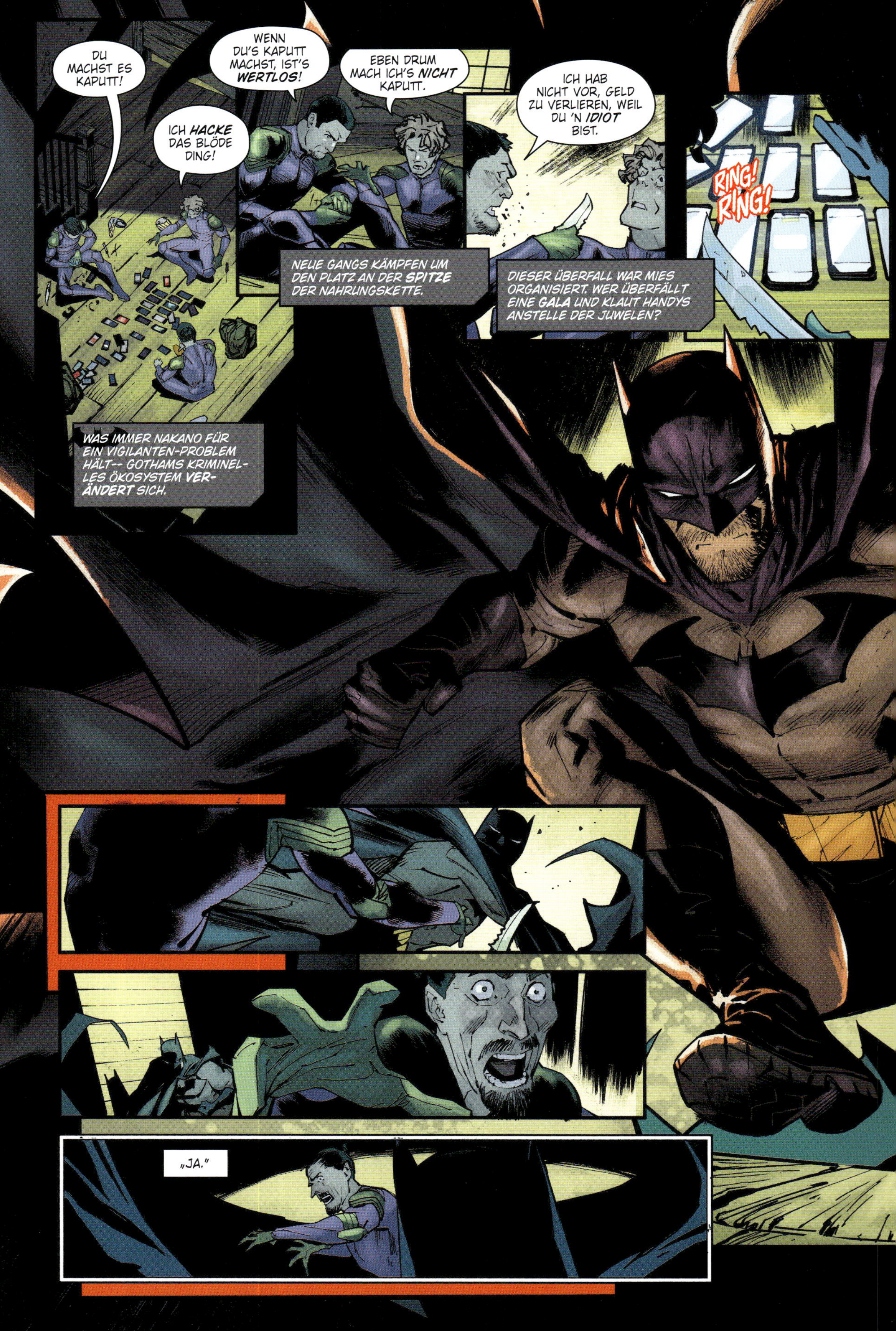

DU MACHST ES KAPUTT!
ICH HACKE DAS BLÖDE DING!
WENN DU'S KAPUTT MACHST, IST'S WERTLOS!
EBEN DRUM MACH ICH'S NICHT KAPUTT.
ICH HAB NICHT VOR, GELD ZU VERLIEREN, WEIL DU 'N IDIOT BIST.
RING! RING!
NEUE GANGS KÄMPFEN UM DEN PLATZ AN DER SPITZE DER NAHRUNGSKETTE.
DIESER ÜBERFALL WAR MIES ORGANISIERT. WER ÜBERFÄLLT EINE GALA UND KLAUT HANDYS ANSTELLE DER JUWELEN?
WAS IMMER NAKANO FÜR EIN VIGILANTEN-PROBLEM HÄLT-- GOTHAMS KRIMINELLES ÖKOSYSTEM VERÄNDERT SICH.
„JA."

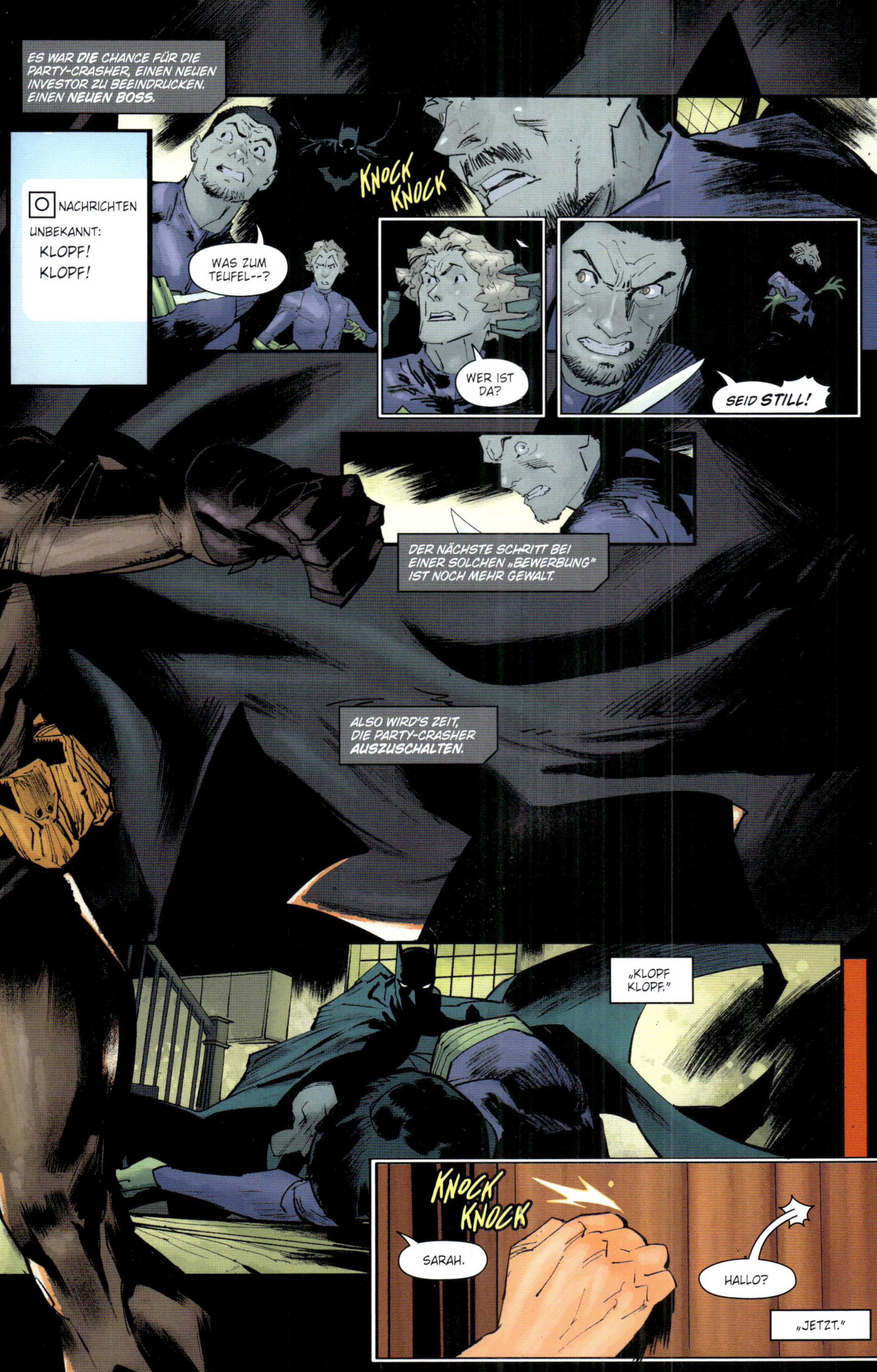
ES WAR DIE CHANCE FÜR DIE PARTY-CRASHER, EINEN NEUEN INVESTOR ZU BEEINDRUCKEN. EINEN NEUEN BOSS.
NACHRICHTEN
UNBEKANNT:
KLOPF! KLOPF!
WAS ZUM TEUFEL--?
KNOCK KNOCK
WER IST DA?
SEID STILL!
DER NÄCHSTE SCHRITT BEI EINER SOLCHEN „BEWERBUNG" IST NOCH MEHR GEWALT.
ALSO WIRD'S ZEIT, DIE PARTY-CRASHER AUSZUSCHALTEN.
„KLOPF KLOPF."
KNOCK KNOCK
SARAH.
HALLO?
„JETZT."

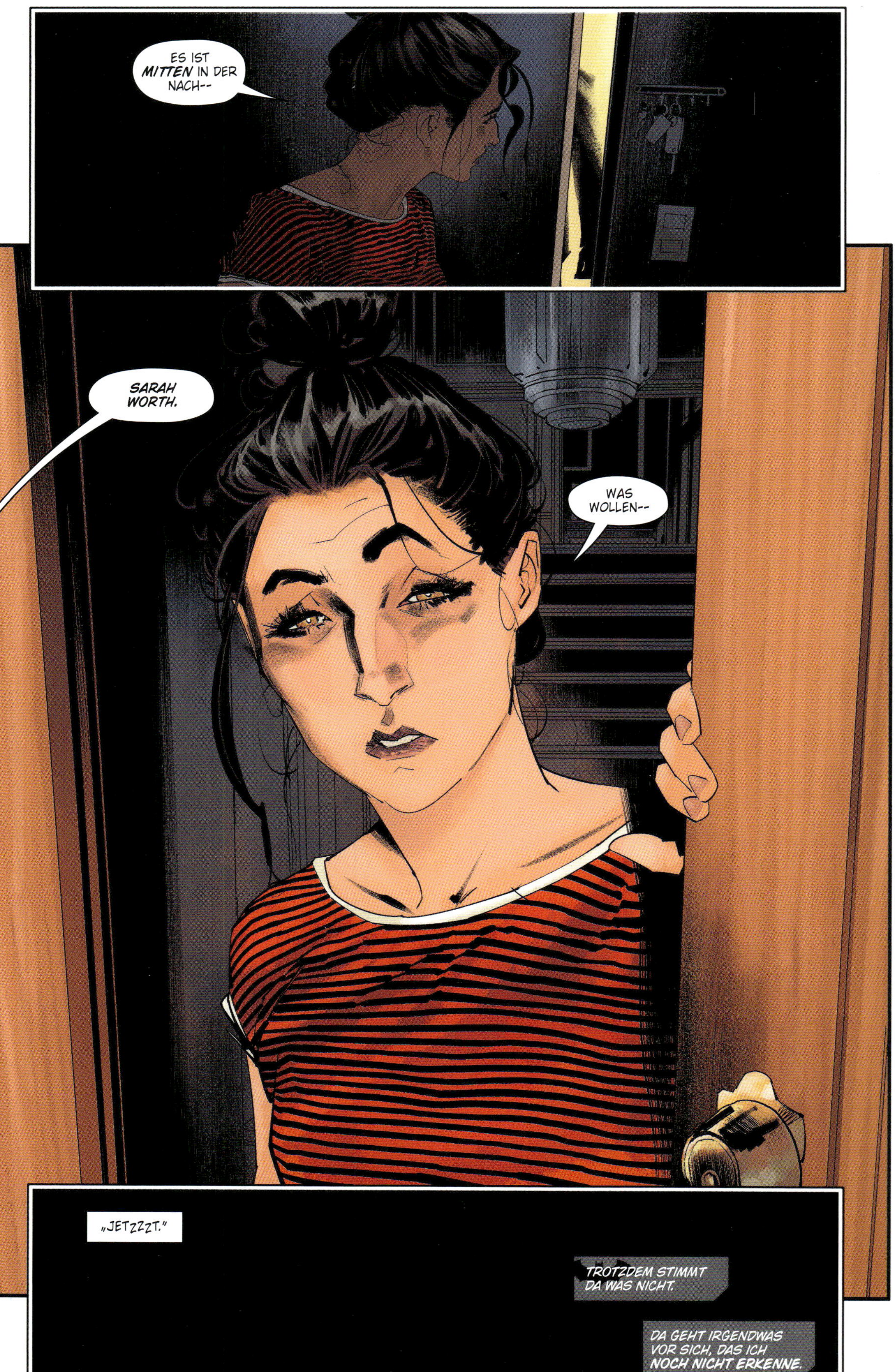
ES IST MITTEN IN DER NACH--
SARAH WORTH.
WAS WOLLEN--
„JETZZZT."
TROTZDEM STIMMT DA WAS NICHT.
DA GEHT IRGENDWAS VOR SICH, DAS ICH NOCH NICHT ERKENNE.

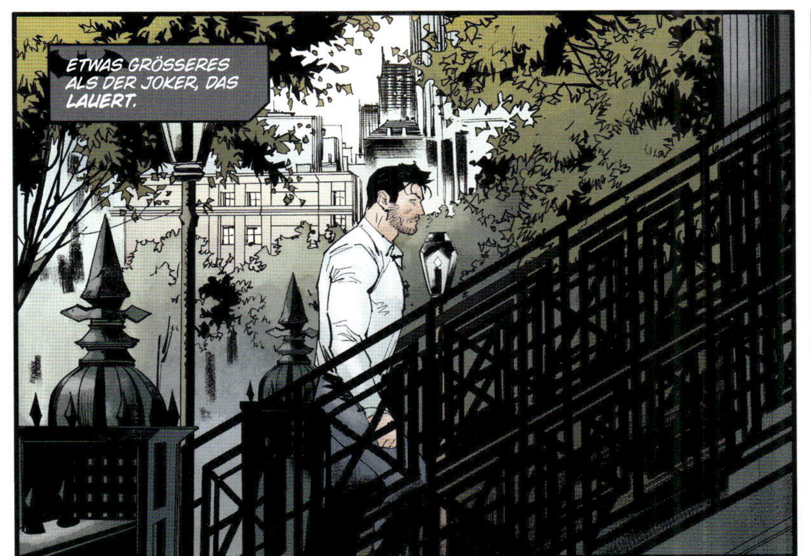
ETWAS GRÖSSERES ALS DER JOKER, DAS LAUERT.

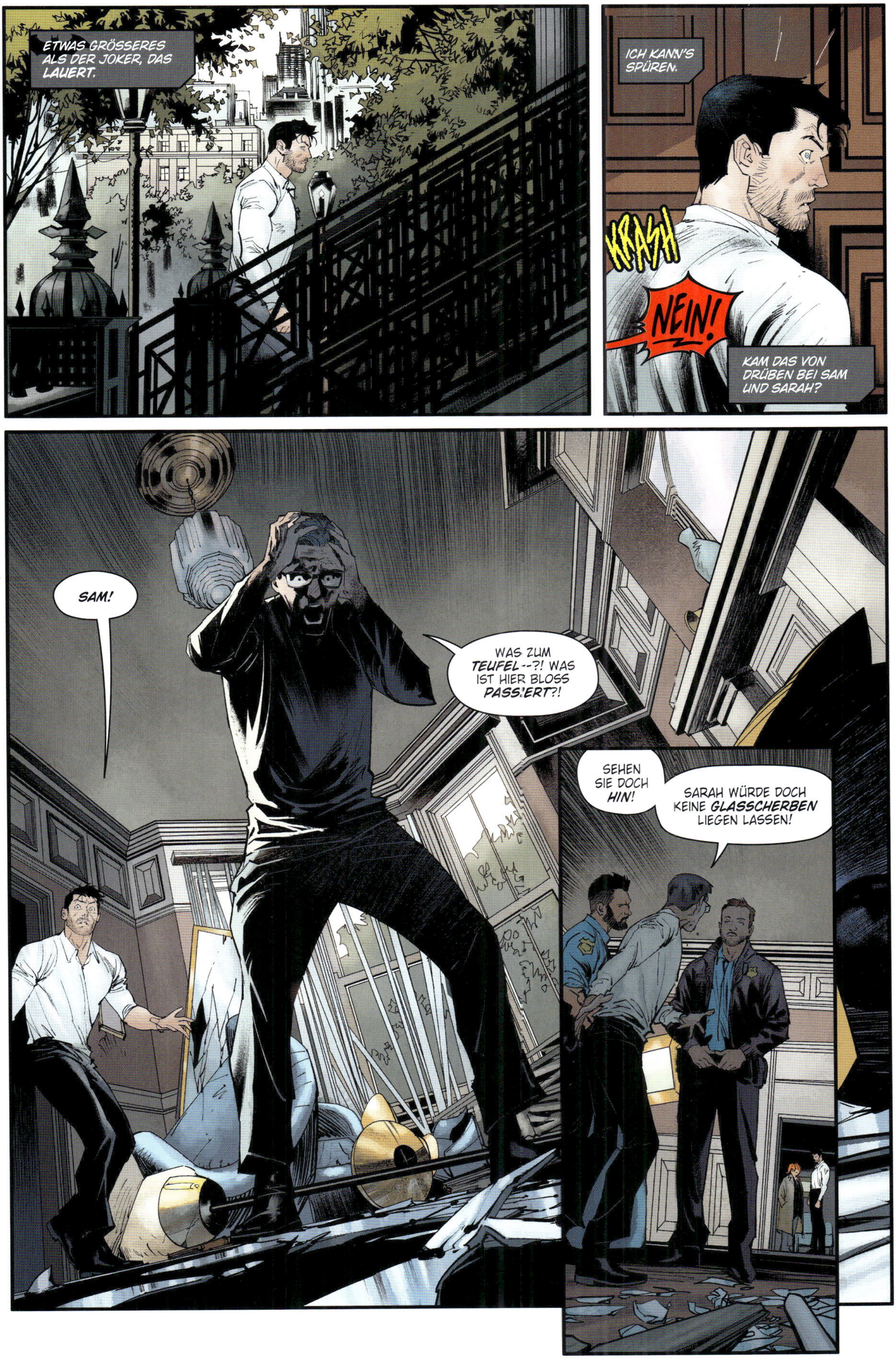

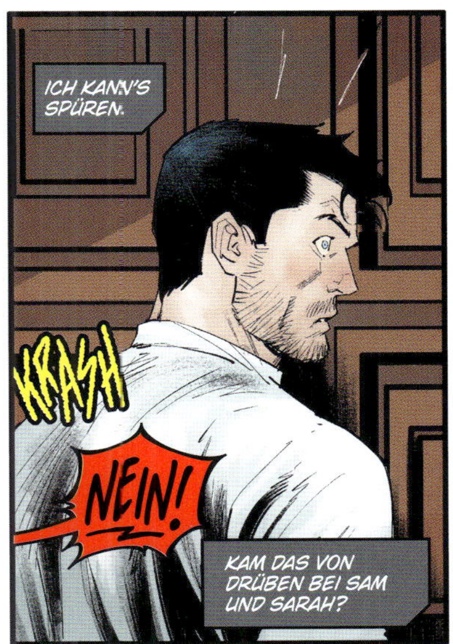
ICH KANN'S SPÜREN.
KRASH
NEIN!
KAM DAS VON DRÜBEN BEI SAM UND SARAH?

SAM!
WAS ZUM TEUFEL--?! WAS IST HIER BLOSS PASSIERT?!
SEHEN SIE DOCH HIN!
SARAH WÜRDE DOCH KEINE GLASSCHERBEN LIEGEN LASSEN!

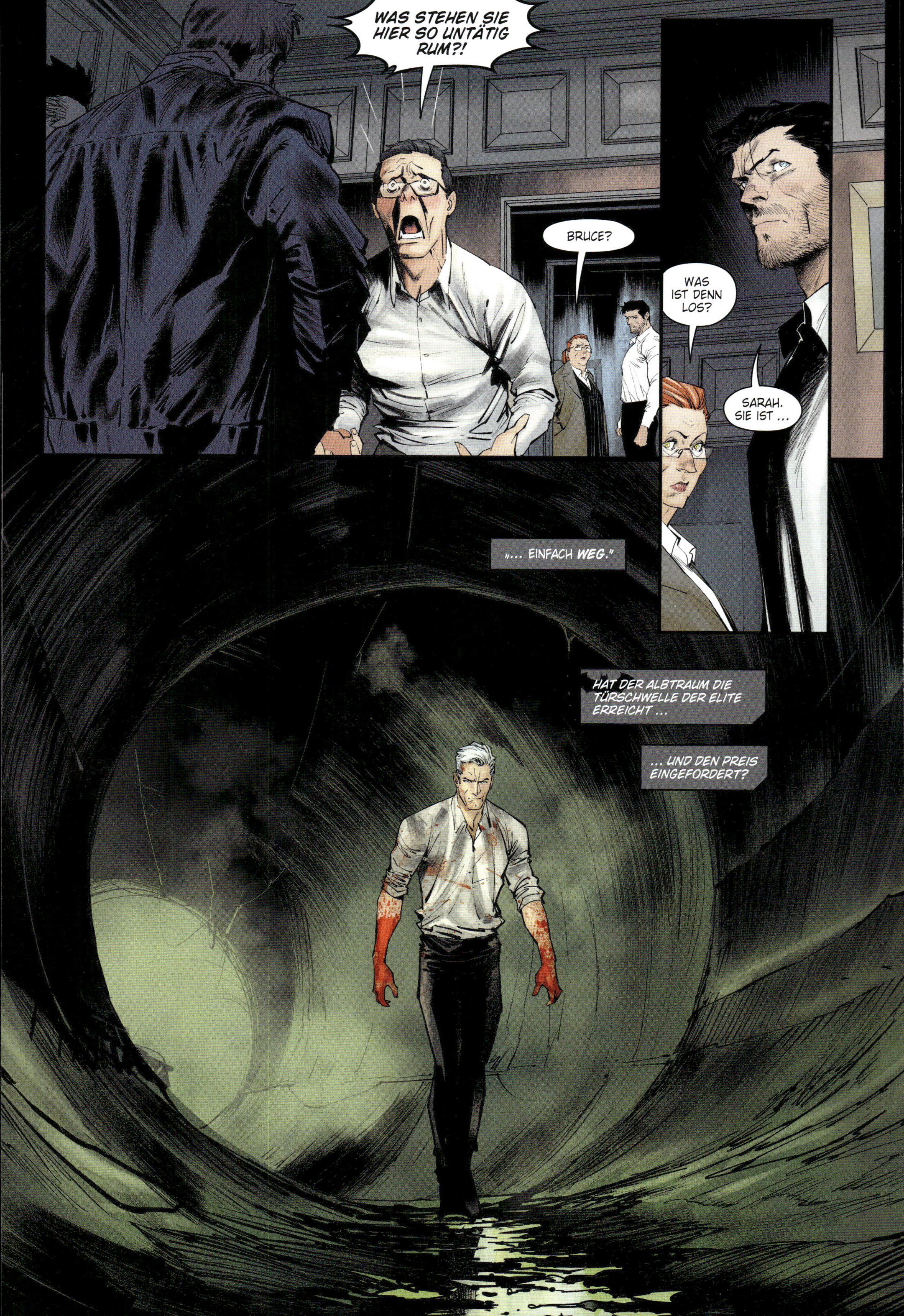
WAS STEHEN SIE HIER SO UNTÄTIG RUM?!
BRUCE?
WAS IST DENN LOS?
SARAH. SIE IST …
„… EINFACH **WEG**."
HAT DER ALBTRAUM DIE TÜRSCHWELLE DER ELITE ERREICHT …
… UND DEN PREIS EINGEFORDERT?

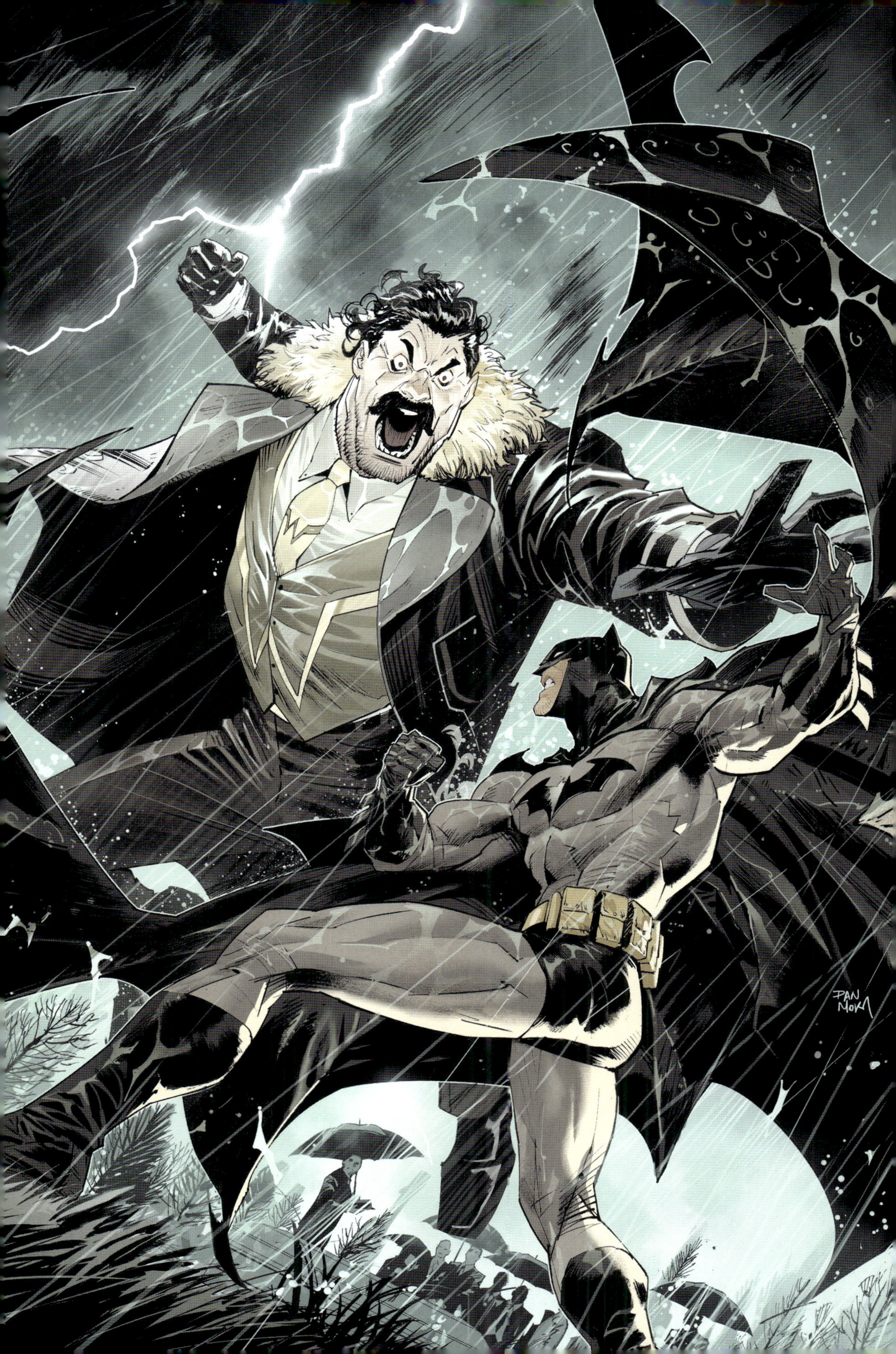

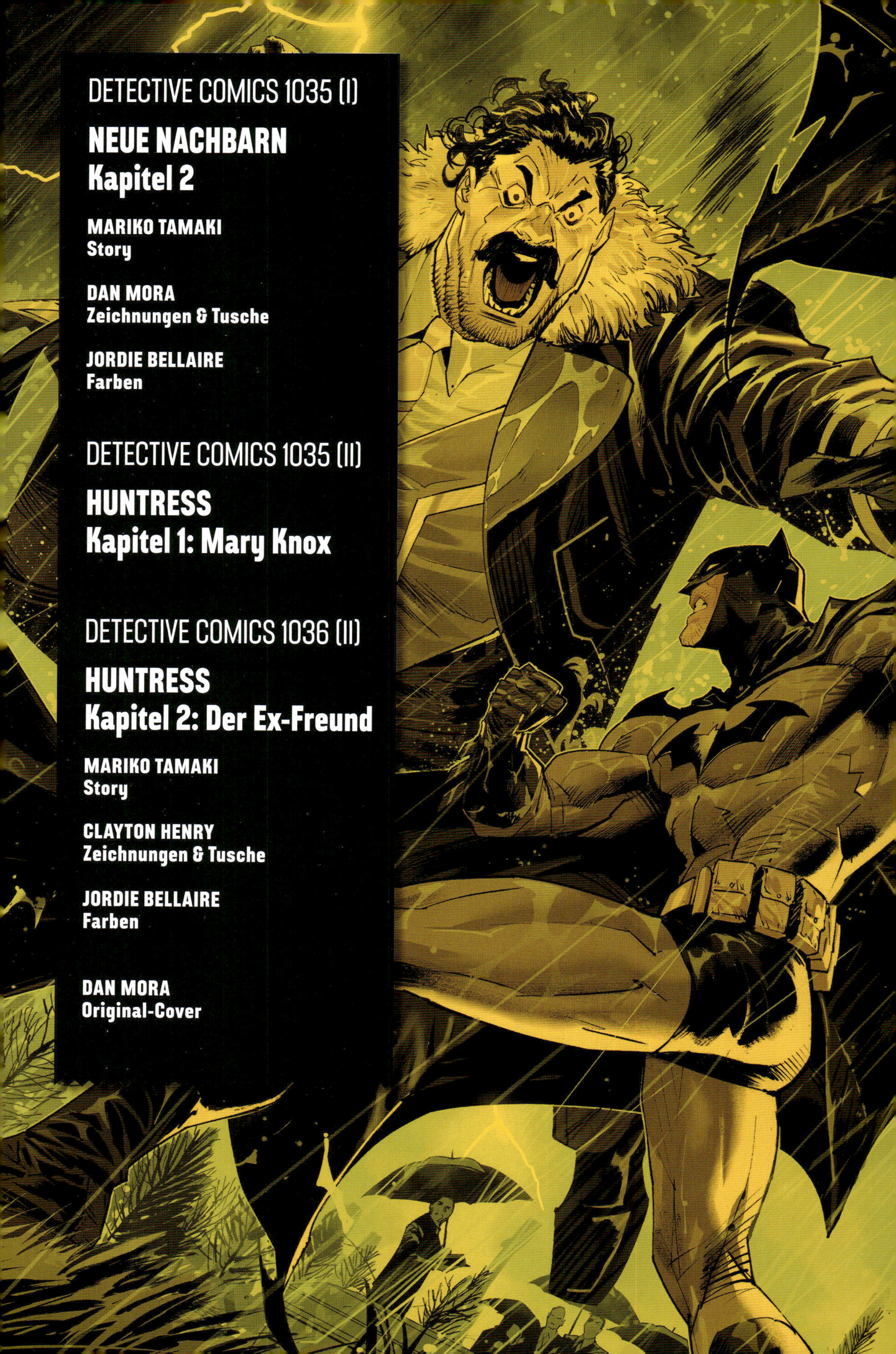
DETECTIVE COMICS 1035 (I)
NEUE NACHBARN
Kapitel 2
MARIKO TAMAKI
Story
DAN MORA
Zeichnungen & Tusche
JORDIE BELLAIRE
Farben
DETECTIVE COMICS 1035 (II)
HUNTRESS
Kapitel 1: Mary Knox
DETECTIVE COMICS 1036 (II)
HUNTRESS
Kapitel 2: Der Ex-Freund
MARIKO TAMAKI
Story
CLAYTON HENRY
Zeichnungen & Tusche
JORDIE BELLAIRE
Farben
DAN MORA
Original-Cover

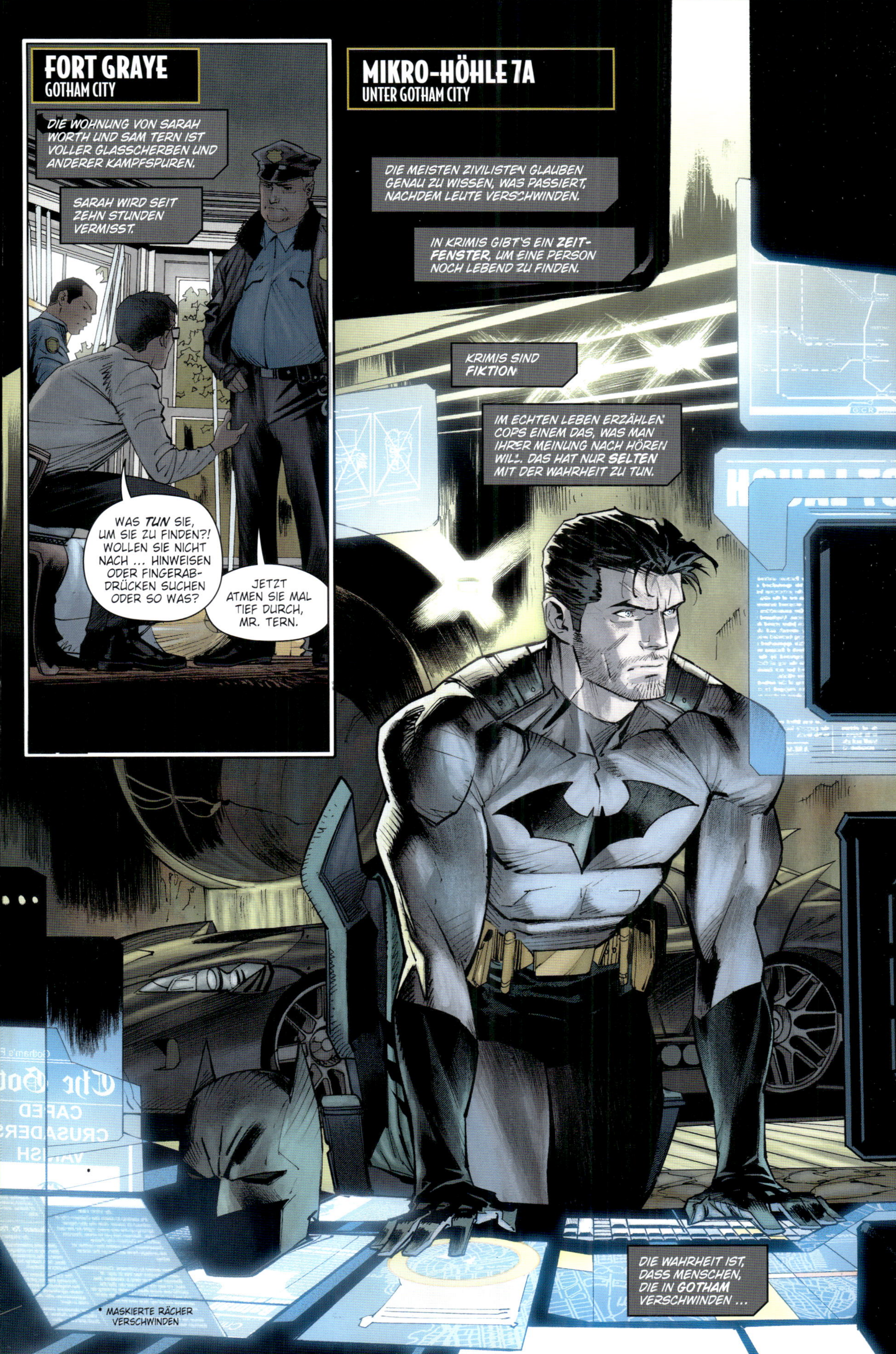
FORT GRAYE
GOTHAM CITY
DIE WOHNUNG VON SARAH WORTH UND SAM TERN IST VOLLER GLASSCHERBEN UND ANDERER KAMPFSPUREN.
SARAH WIRD SEIT ZEHN STUNDEN VERMISST.
WAS *TUN* SIE, UM SIE ZU FINDEN?! WOLLEN SIE NICHT NACH ... HINWEISEN ODER FINGERABDRÜCKEN SUCHEN ODER SO WAS?
JETZT ATMEN SIE MAL TIEF DURCH, MR. TERN.
MIKRO-HÖHLE 7A
UNTER GOTHAM CITY
DIE MEISTEN ZIVILISTEN GLAUBEN GENAU ZU WISSEN, WAS PASSIERT, NACHDEM LEUTE VERSCHWINDEN.
IN KRIMIS GIBT'S EIN **ZEITFENSTER**, UM EINE PERSON NOCH LEBEND ZU FINDEN.
KRIMIS SIND **FIKTION**.
IM ECHTEN LEBEN ERZÄHLEN COPS EINEM DAS, WAS MAN IHRER MEINUNG NACH HÖREN WILL. DAS HAT NUR **SELTEN** MIT DER WAHRHEIT ZU TUN.
CAPED
CRUSADERS
VANISH
DIE WAHRHEIT IST, DASS MENSCHEN, DIE IN **GOTHAM** VERSCHWINDEN ...
* MASKIERTE RÄCHER VERSCHWINDEN

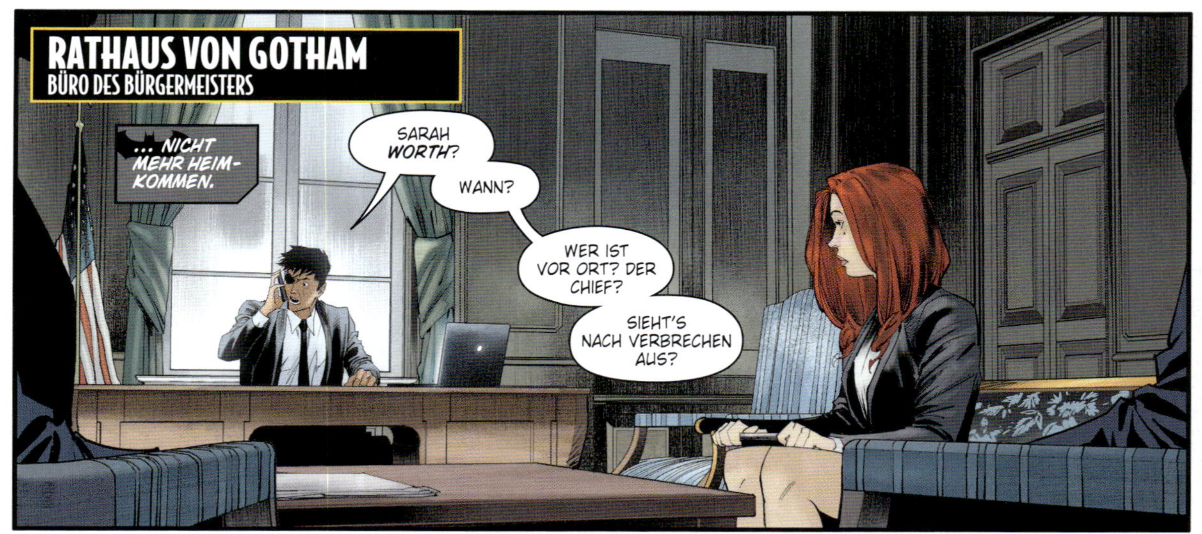

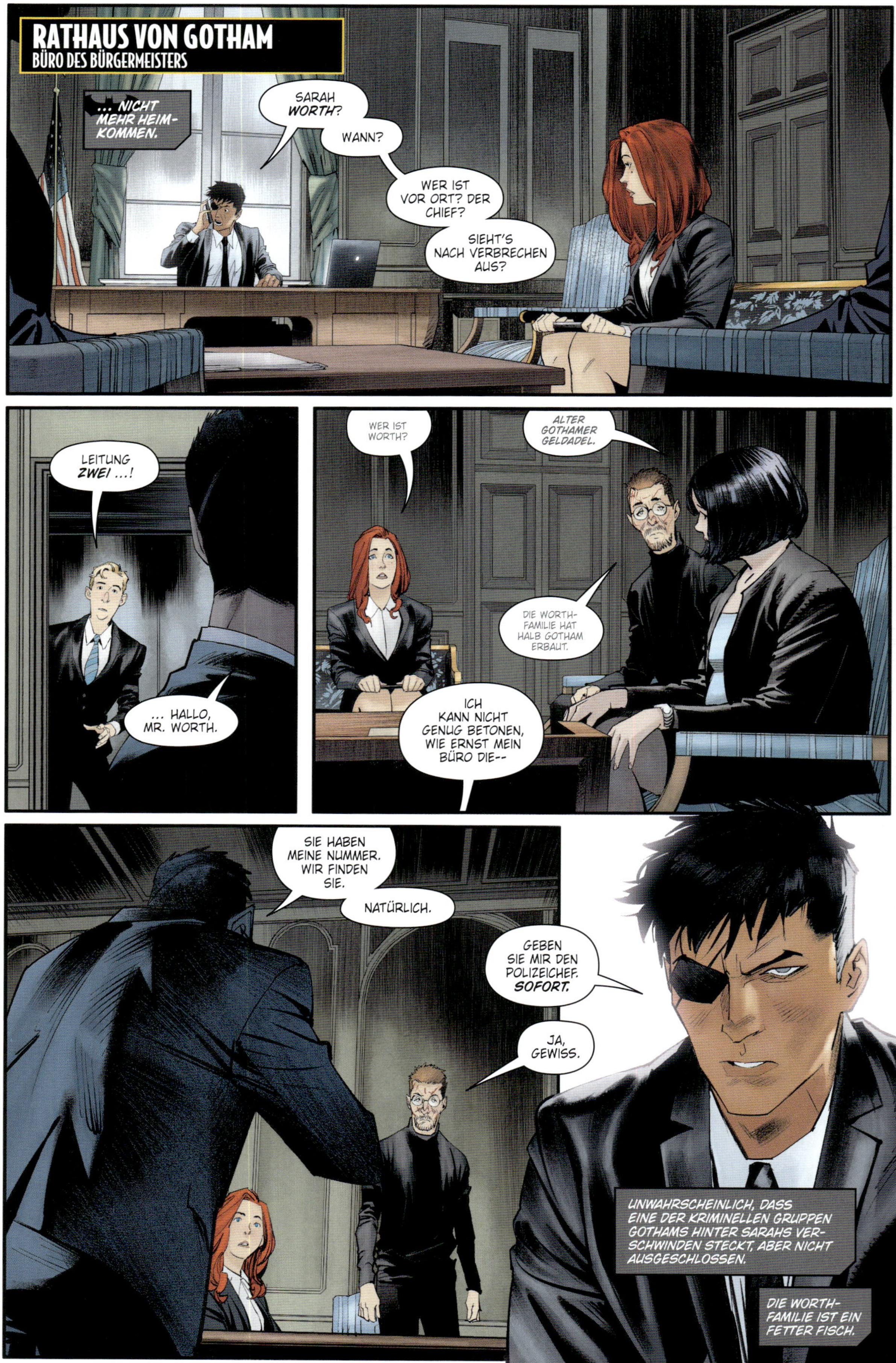

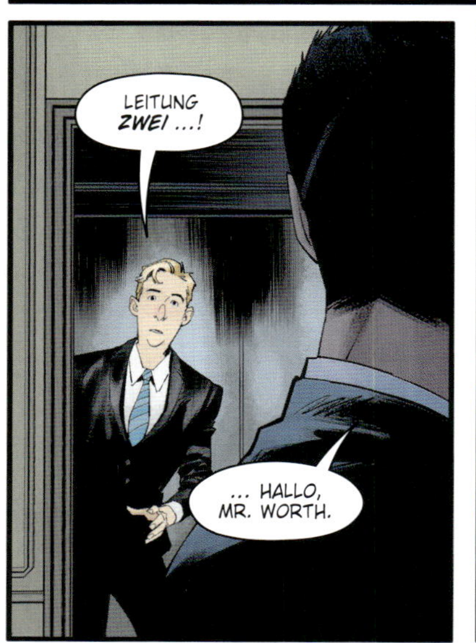

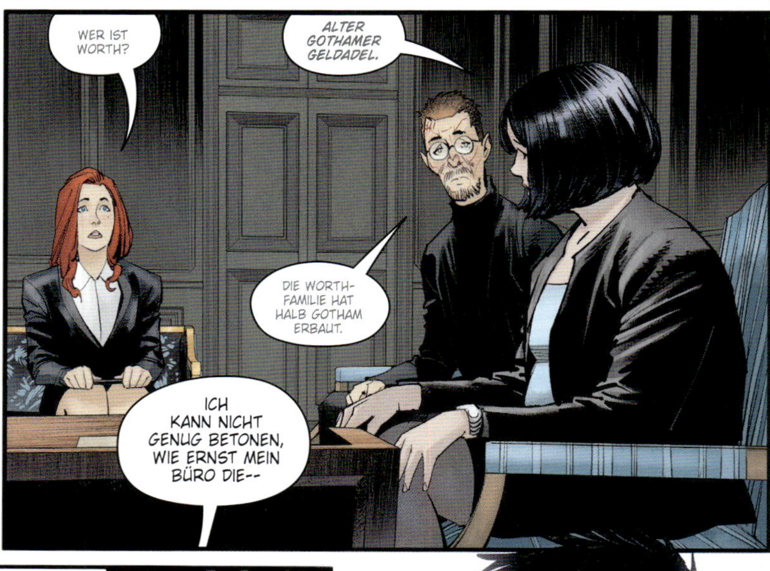

SIE HABEN MEINE NUMMER. WIR FINDEN SIE.
NATÜRLICH.
GEBEN SIE MIR DEN POLIZEICHEF. SOFORT.
JA, GEWISS.
UNWAHRSCHEINLICH, DASS EINE DER KRIMINELLEN GRUPPEN GOTHAMS HINTER SARAHS VER-SCHWINDEN STECKT, ABER NICHT AUSGESCHLOSSEN.
DIE WORTH-FAMILIE IST EIN FETTER FISCH.

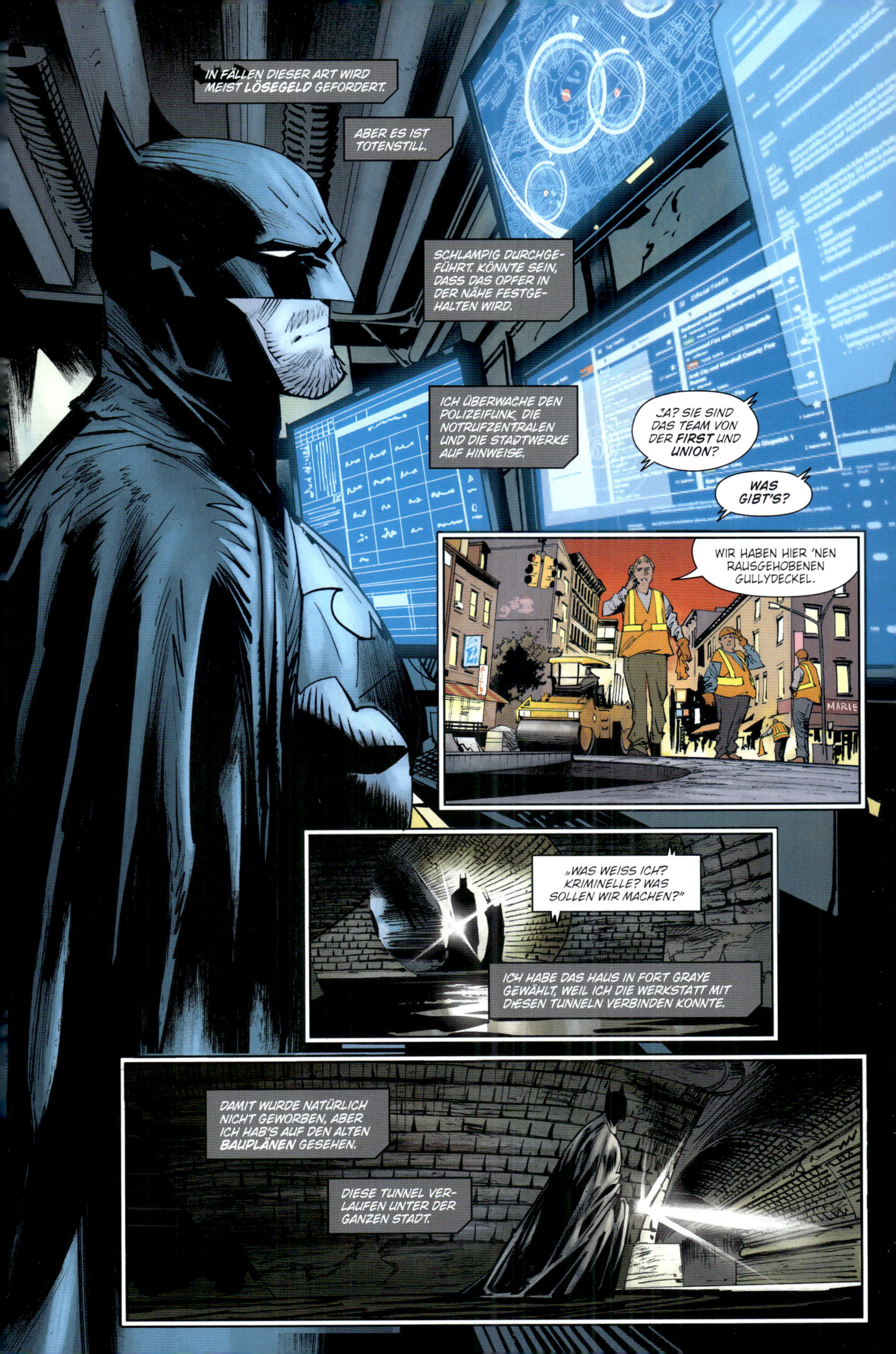

IN FÄLLEN DIESER ART WIRD MEIST **LÖSEGELD** GEFORDERT.
ABER ES IST TOTENSTILL.
SCHLAMPIG DURCHGEFÜHRT. KÖNNTE SEIN, DASS DAS OPFER IN DER NÄHE FESTGEHALTEN WIRD.
ICH ÜBERWACHE DEN POLIZEIFUNK, DIE NOTRUFZENTRALEN UND DIE STADTWERKE AUF HINWEISE.
JA? SIE SIND DAS TEAM VON DER **FIRST** UND **UNION**?
WAS GIBT'S?
WIR HABEN HIER 'NEN RAUSGEHOBENEN GULLYDECKEL.
MARIE
„WAS WEISS ICH? KRIMINELLE? WAS SOLLEN WIR MACHEN?"
ICH HABE DAS HAUS IN FORT GRAYE GEWÄHLT, WEIL ICH DIE WERKSTATT MIT DIESEN TUNNELN VERBINDEN KONNTE.
DAMIT WURDE NATÜRLICH NICHT GEWORBEN, ABER ICH HAB'S AUF DEN ALTEN **BAUPLÄNEN** GESEHEN.
DIESE TUNNEL VERLAUFEN UNTER DER GANZEN STADT.

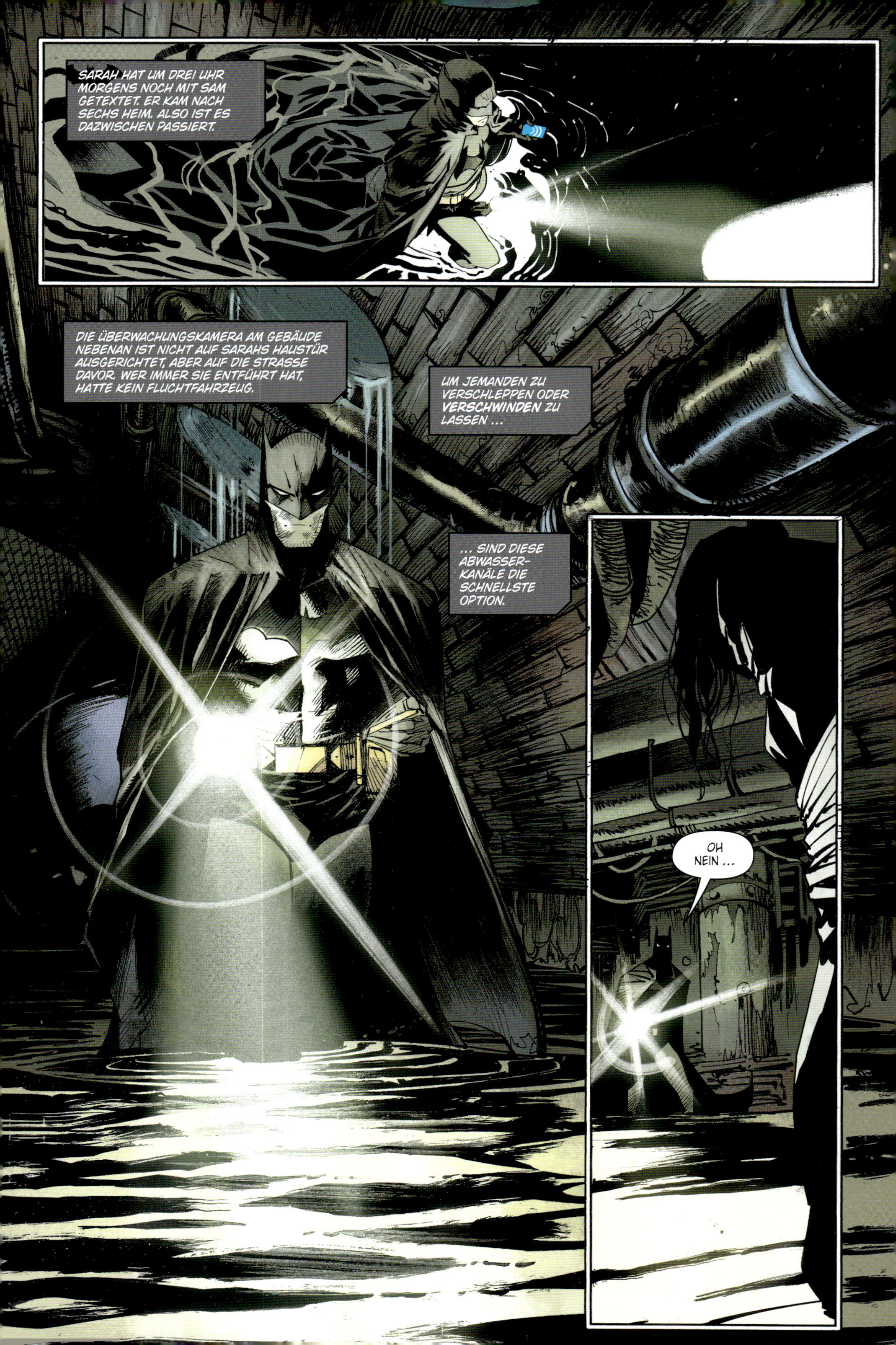
SARAH HAT UM DREI UHR MORGENS NOCH MIT SAM GETEXTET. ER KAM NACH SECHS HEIM. ALSO IST ES DAZWISCHEN PASSIERT.
DIE ÜBERWACHUNGSKAMERA AM GEBÄUDE NEBENAN IST NICHT AUF SARAHS HAUSTÜR AUSGERICHTET, ABER AUF DIE STRASSE DAVOR. WER IMMER SIE ENTFÜHRT HAT, HATTE KEIN FLUCHTFAHRZEUG.
UM JEMANDEN ZU VERSCHLEPPEN ODER VERSCHWINDEN ZU LASSEN ...
... SIND DIESE ABWASSER-KANÄLE DIE SCHNELLSTE OPTION.
OH NEIN ...

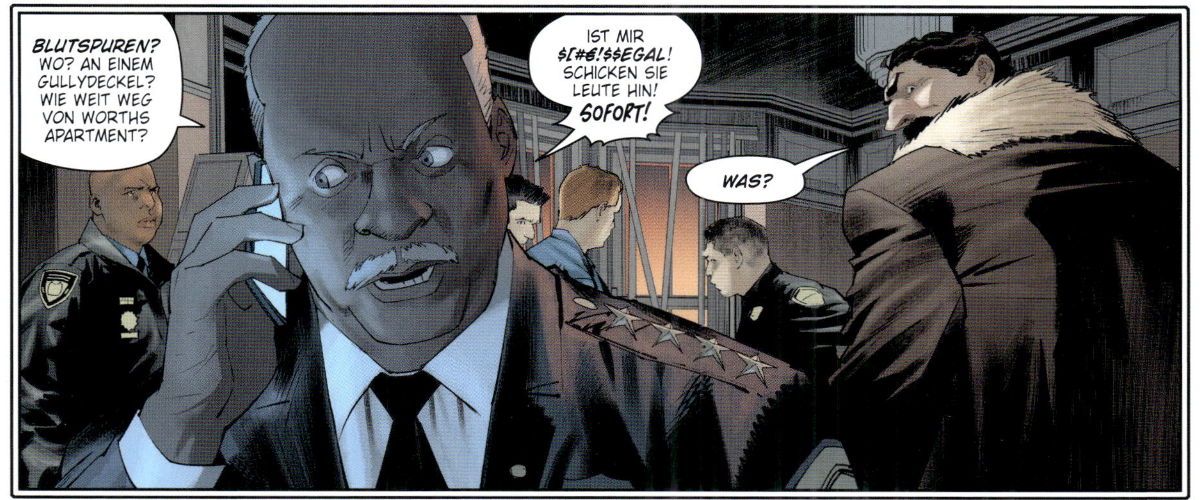

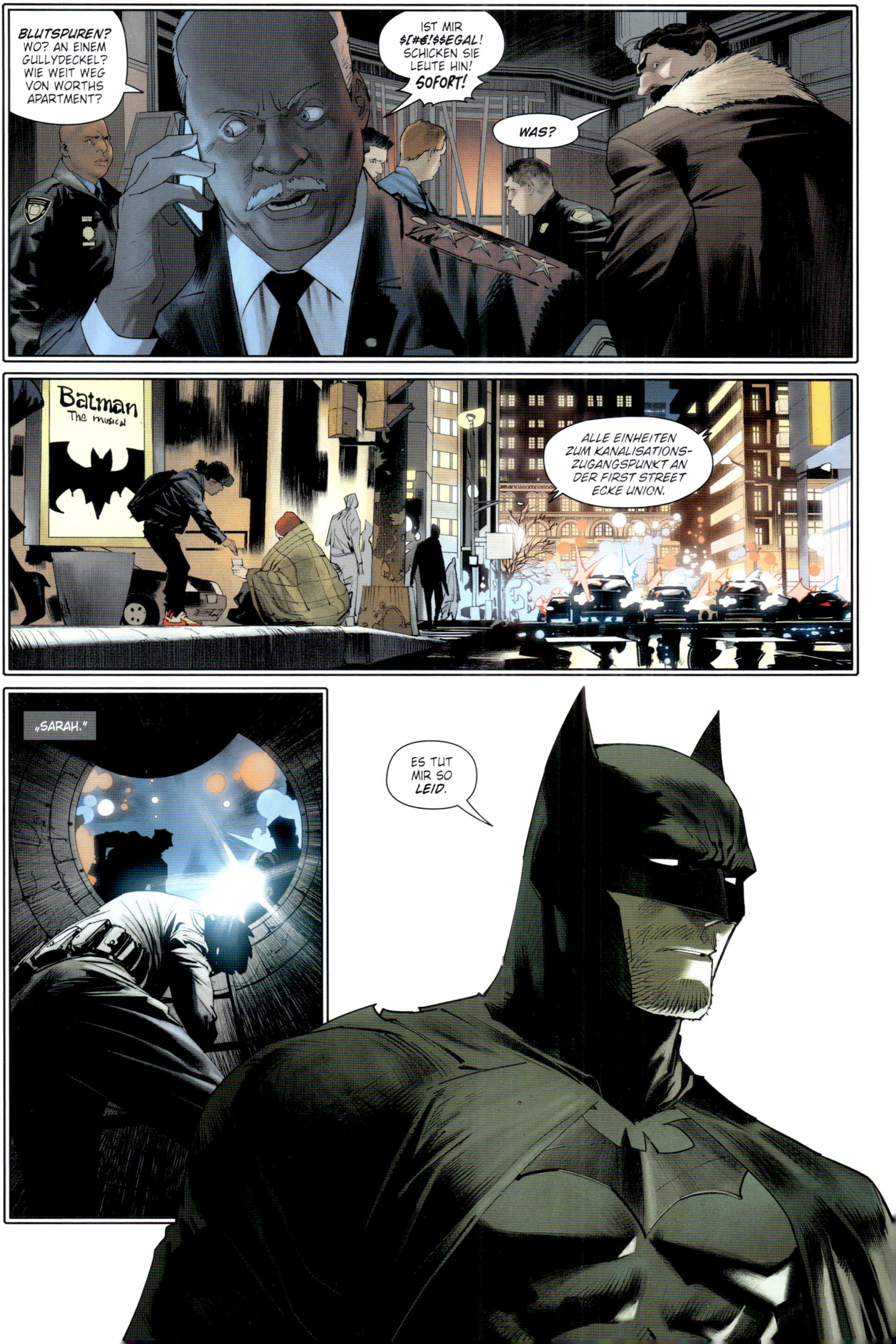

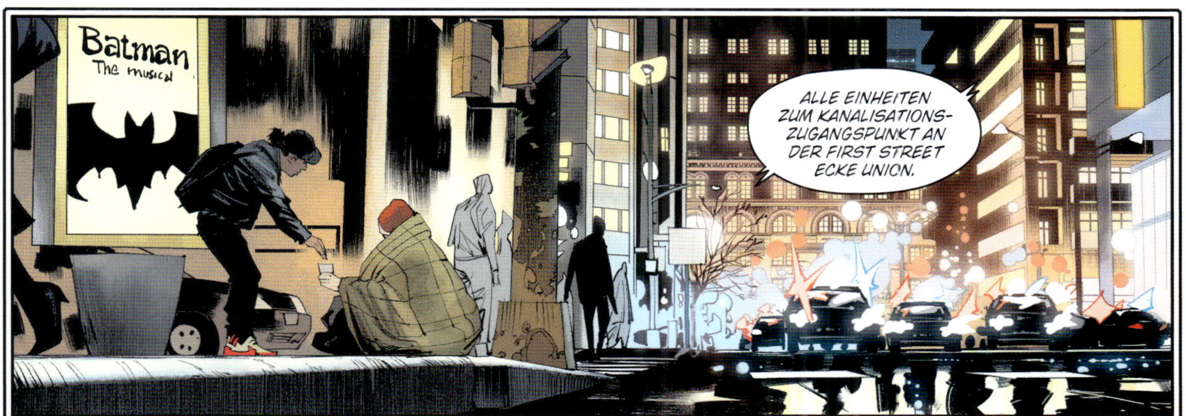

„SARAH."

ES TUT MIR SO *LEID*.

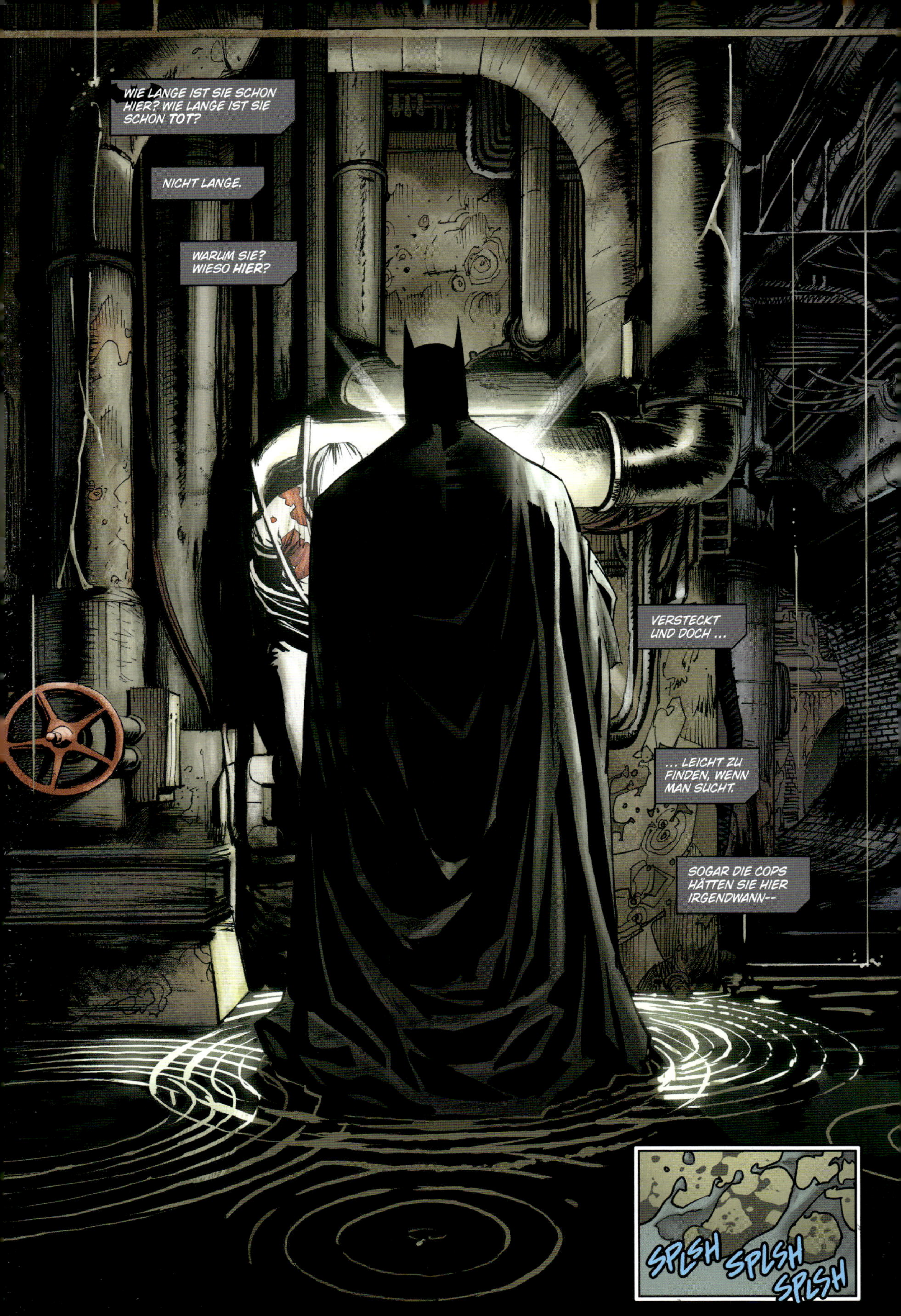
WIE LANGE IST SIE SCHON HIER? WIE LANGE IST SIE SCHON TOT?
NICHT LANGE.
WARUM SIE? WIESO HIER?
VERSTECKT UND DOCH ...
... LEICHT ZU FINDEN, WENN MAN SUCHT.
SOGAR DIE COPS HÄTTEN SIE HIER IRGENDWANN--
SPLSH SPLSH SPLSH

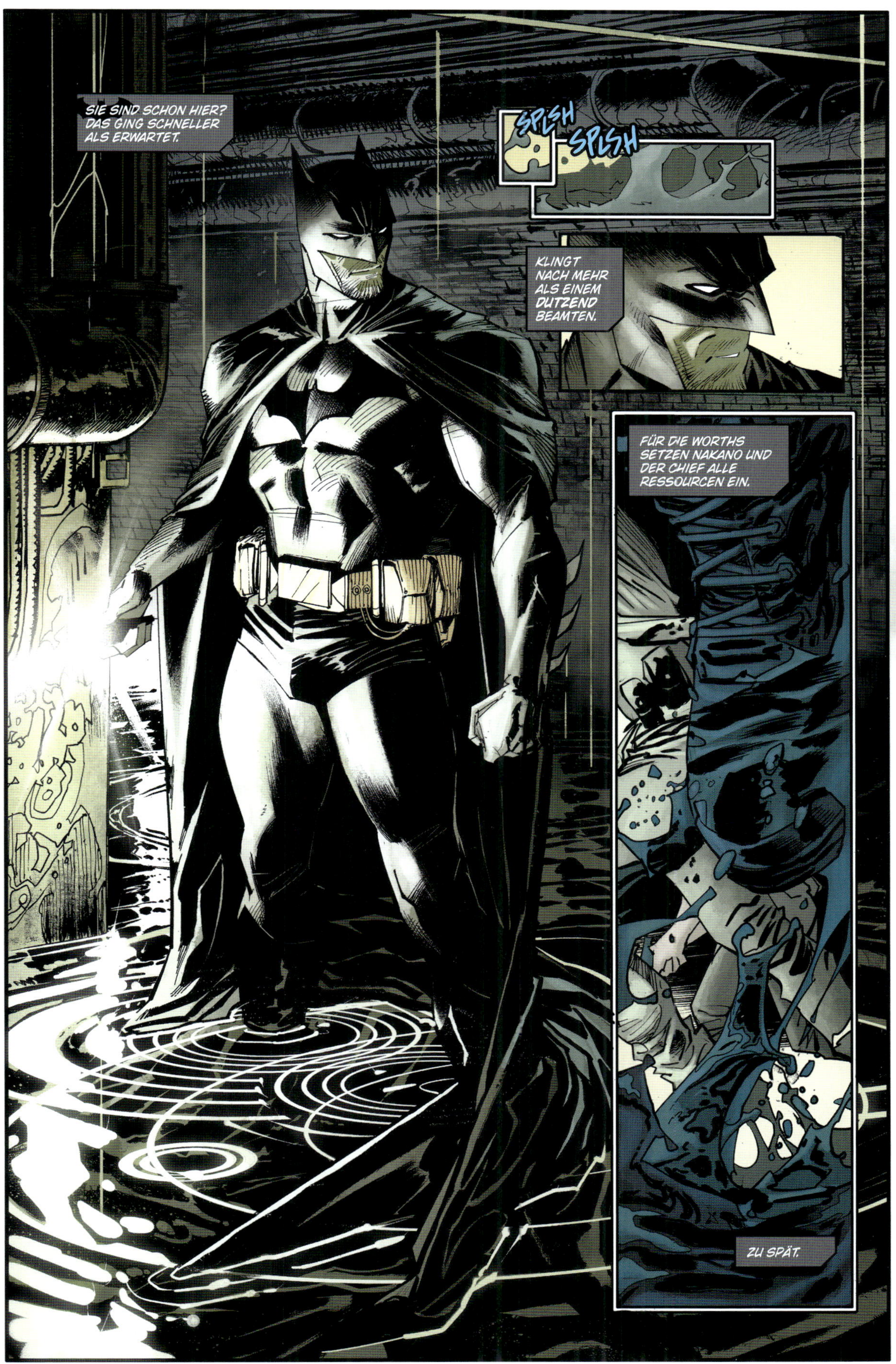
SIE SIND SCHON HIER? DAS GING SCHNELLER ALS ERWARTET.
SPLSH
SPLSH
KLINGT NACH MEHR ALS EINEM DUTZEND BEAMTEN.
FÜR DIE WORTHS SETZEN NAKANO UND DER CHIEF ALLE RESSOURCEN EIN.
ZU SPÄT.

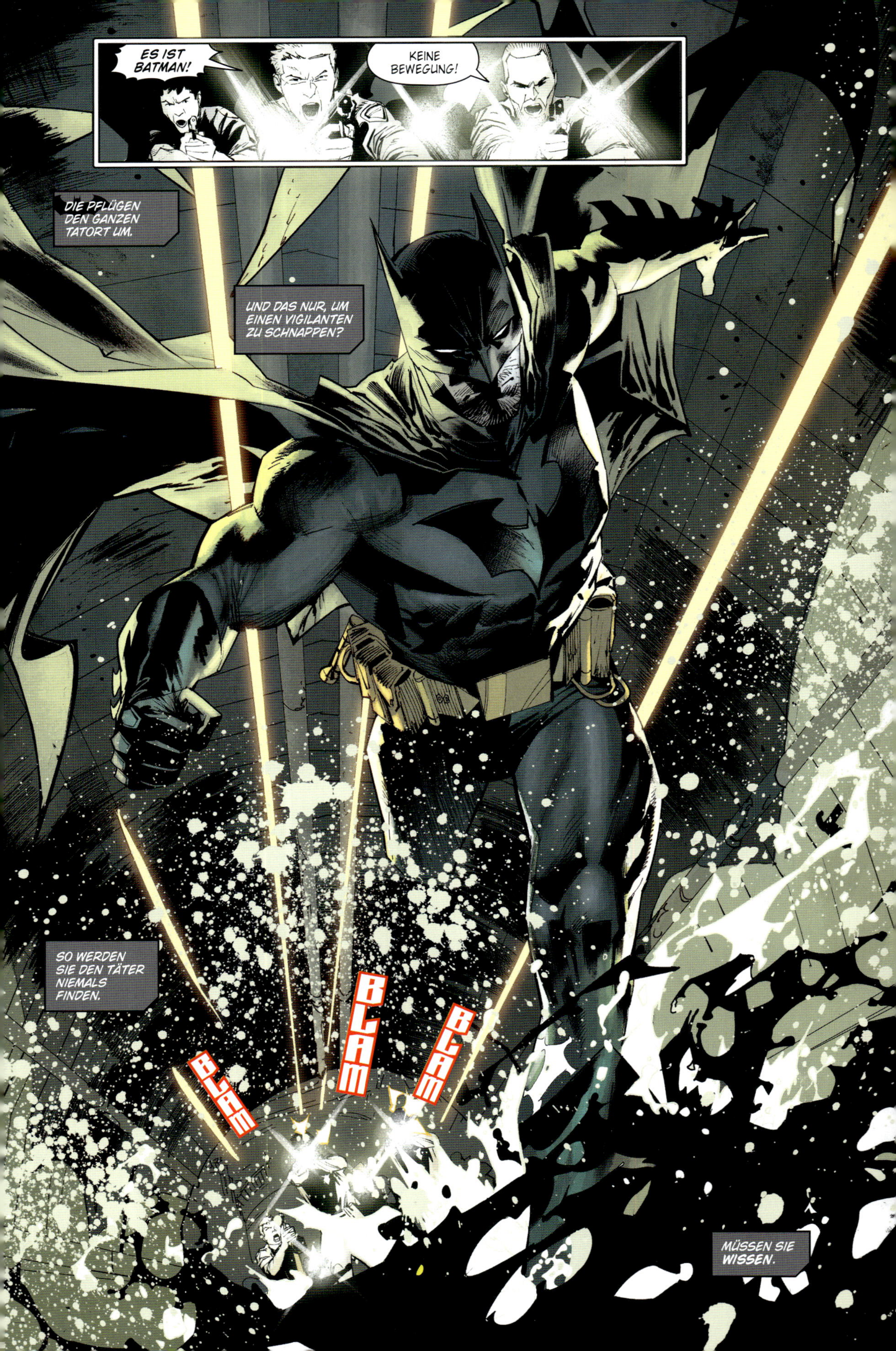
ES IST BATMAN!
KEINE BEWEGUNG!
DIE PFLÜGEN DEN GANZEN TATORT UM.
UND DAS NUR, UM EINEN VIGILANTEN ZU SCHNAPPEN?
SO WERDEN SIE DEN TÄTER NIEMALS FINDEN.
BLAM
BLAM
BLAM
MÜSSEN SIE WISSEN.

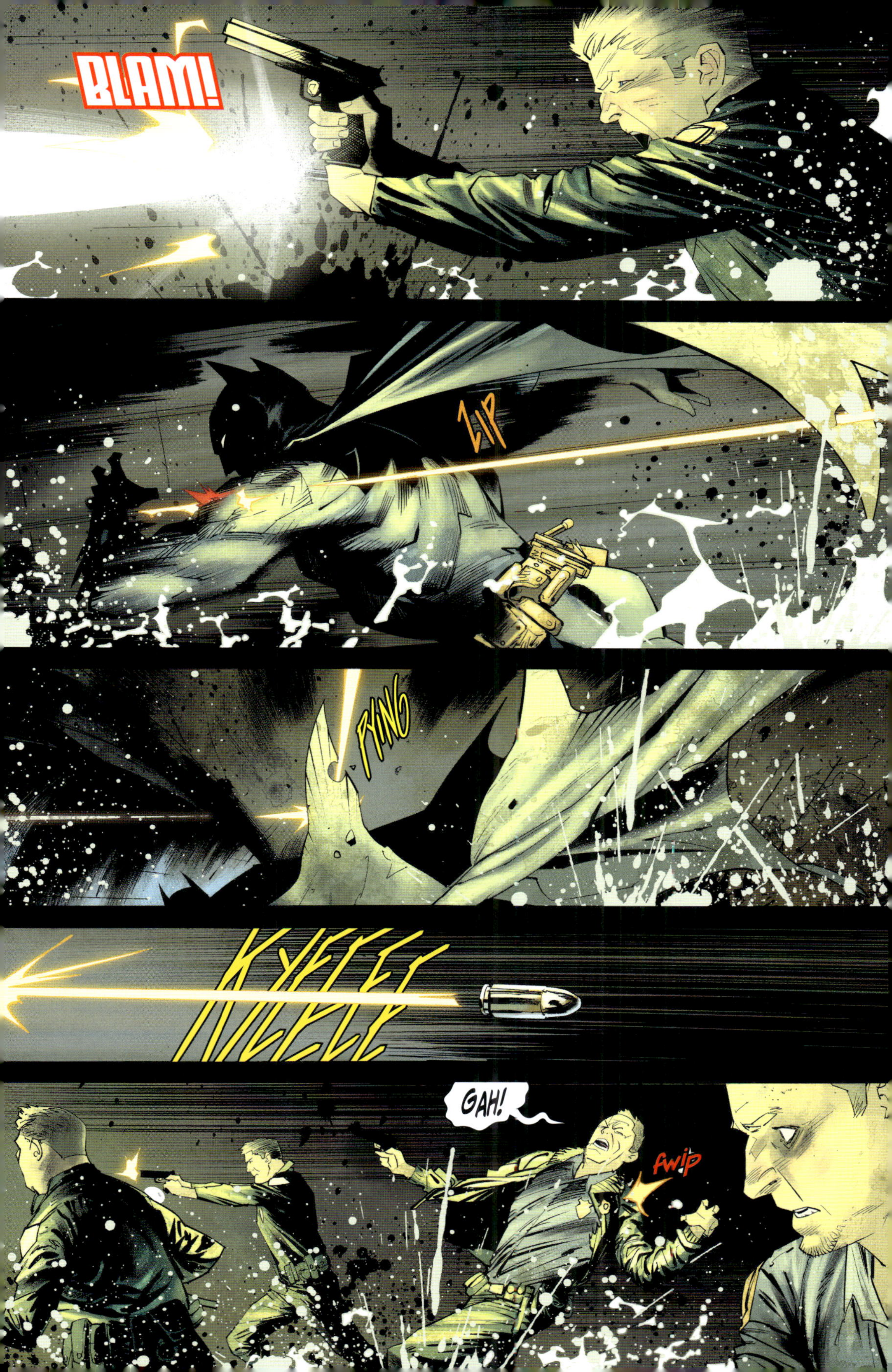
BLAM!
ZIP
PYING
KYEEE
GAH!
fwip

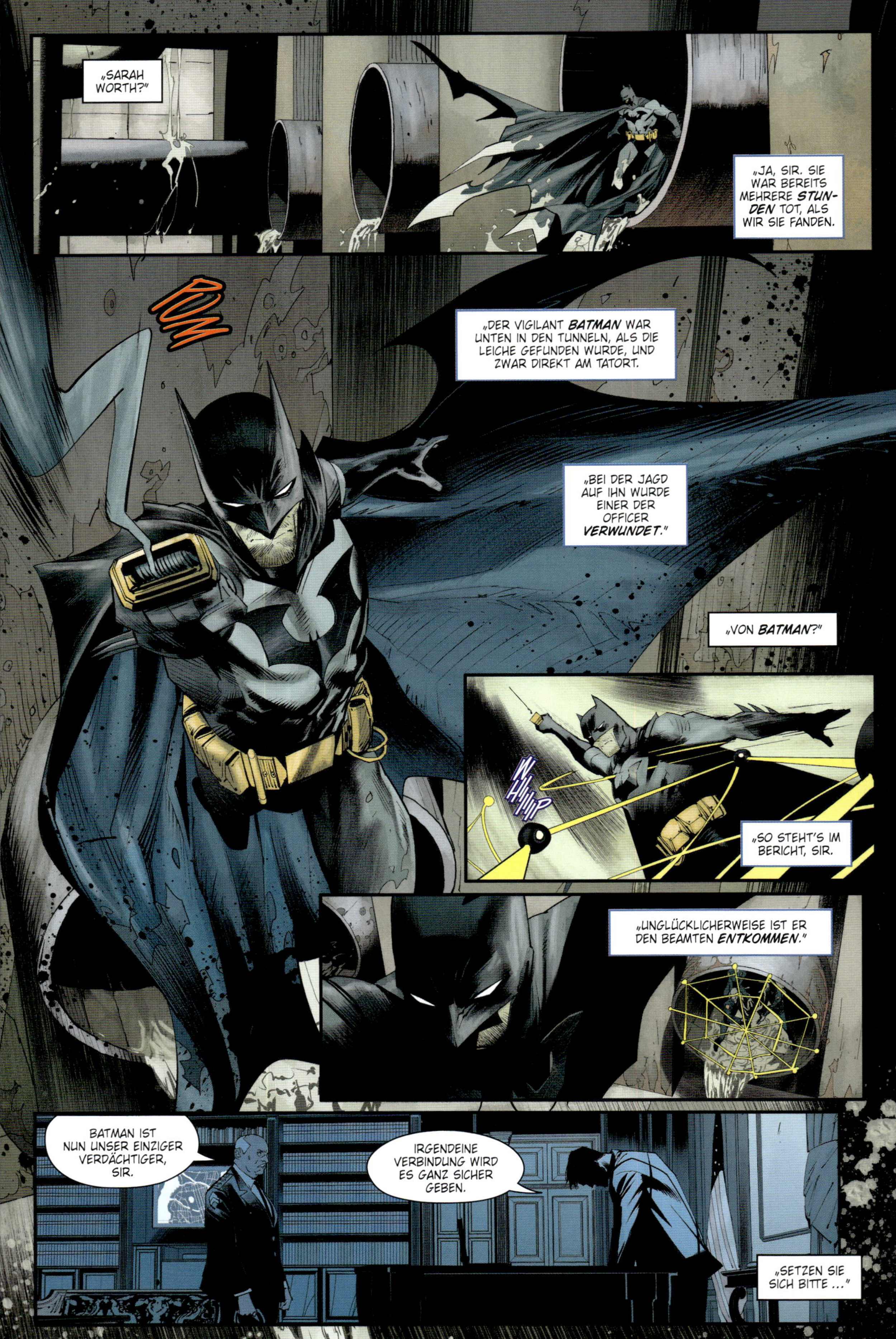
„SARAH
WORTH?"
„JA, SIR. SIE
WAR BEREITS
MEHRERE STUN-
DEN TOT, ALS
WIR SIE FANDEN.
BOM
„DER VIGILANT BATMAN WAR
UNTEN IN DEN TUNNELN, ALS DIE
LEICHE GEFUNDEN WURDE, UND
ZWAR DIREKT AM TATORT.
„BEI DER JAGD
AUF IHN WURDE
EINER DER
OFFICER
VERWUNDET."
„VON BATMAN?"
WHHHIP
„SO STEHT'S IM
BERICHT, SIR.
„UNGLÜCKLICHERWEISE IST ER
DEN BEAMTEN ENTKOMMEN."
BATMAN IST
NUN UNSER EINZIGER
VERDÄCHTIGER,
SIR.
IRGENDEINE
VERBINDUNG WIRD
ES GANZ SICHER
GEBEN.
„SETZEN SIE
SICH BITTE ..."

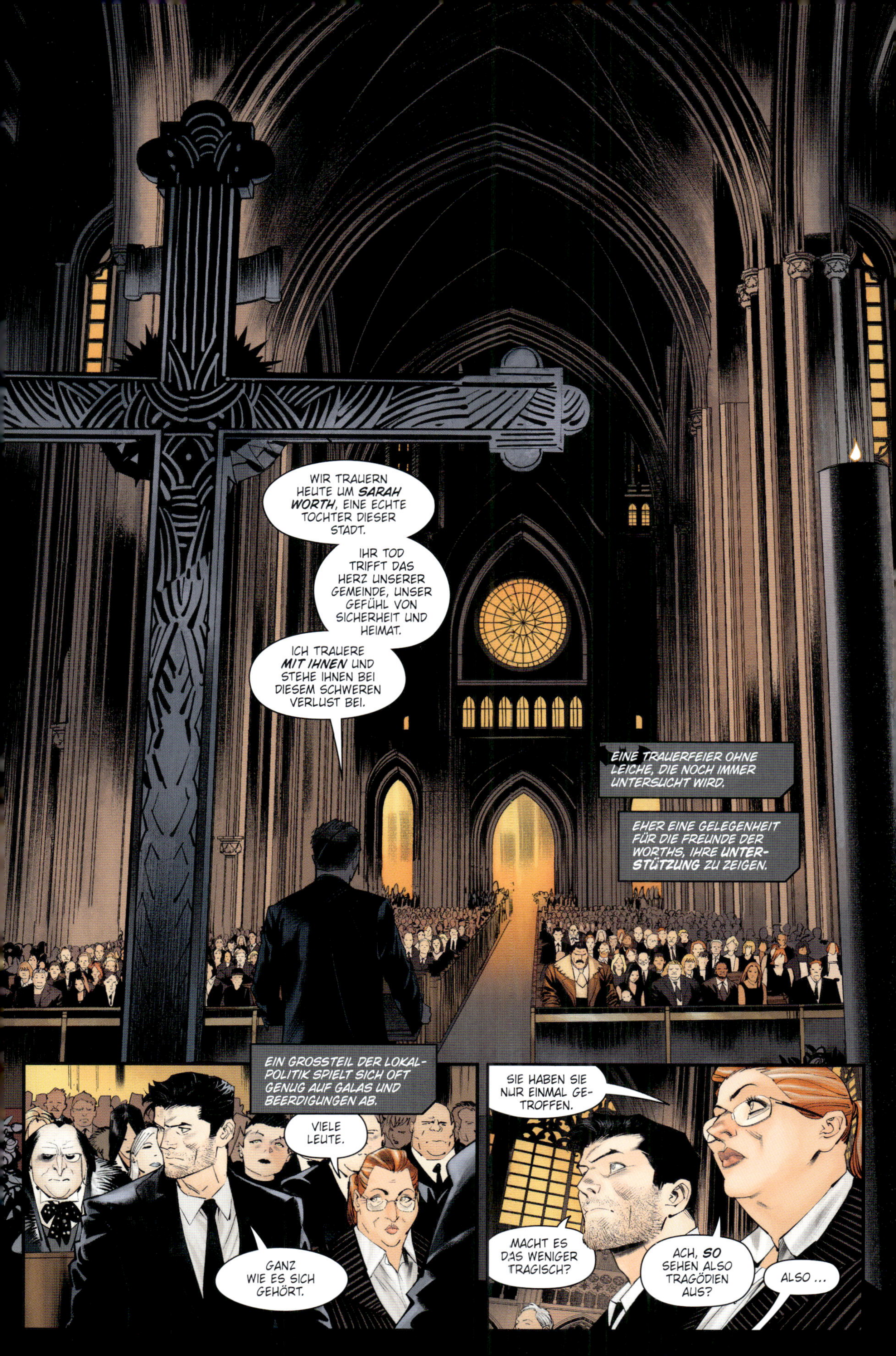
WIR TRAUERN HEUTE UM SARAH WORTH, EINE ECHTE TOCHTER DIESER STADT.
IHR TOD TRIFFT DAS HERZ UNSERER GEMEINDE, UNSER GEFÜHL VON SICHERHEIT UND HEIMAT.
ICH TRAUERE MIT IHNEN UND STEHE IHNEN BEI DIESEM SCHWEREN VERLUST BEI.
EINE TRAUERFEIER OHNE LEICHE, DIE NOCH IMMER UNTERSUCHT WIRD.
EHER EINE GELEGENHEIT FÜR DIE FREUNDE DER WORTHS, IHRE UNTERSTÜTZUNG ZU ZEIGEN.
EIN GROSSTEIL DER LOKALPOLITIK SPIELT SICH OFT GENUG AUF GALAS UND BEERDIGUNGEN AB.
VIELE LEUTE.
GANZ WIE ES SICH GEHÖRT.
SIE HABEN SIE NUR EINMAL GETROFFEN.
MACHT ES DAS WENIGER TRAGISCH?
ACH, SO SEHEN ALSO TRAGÖDIEN AUS?
ALSO ...

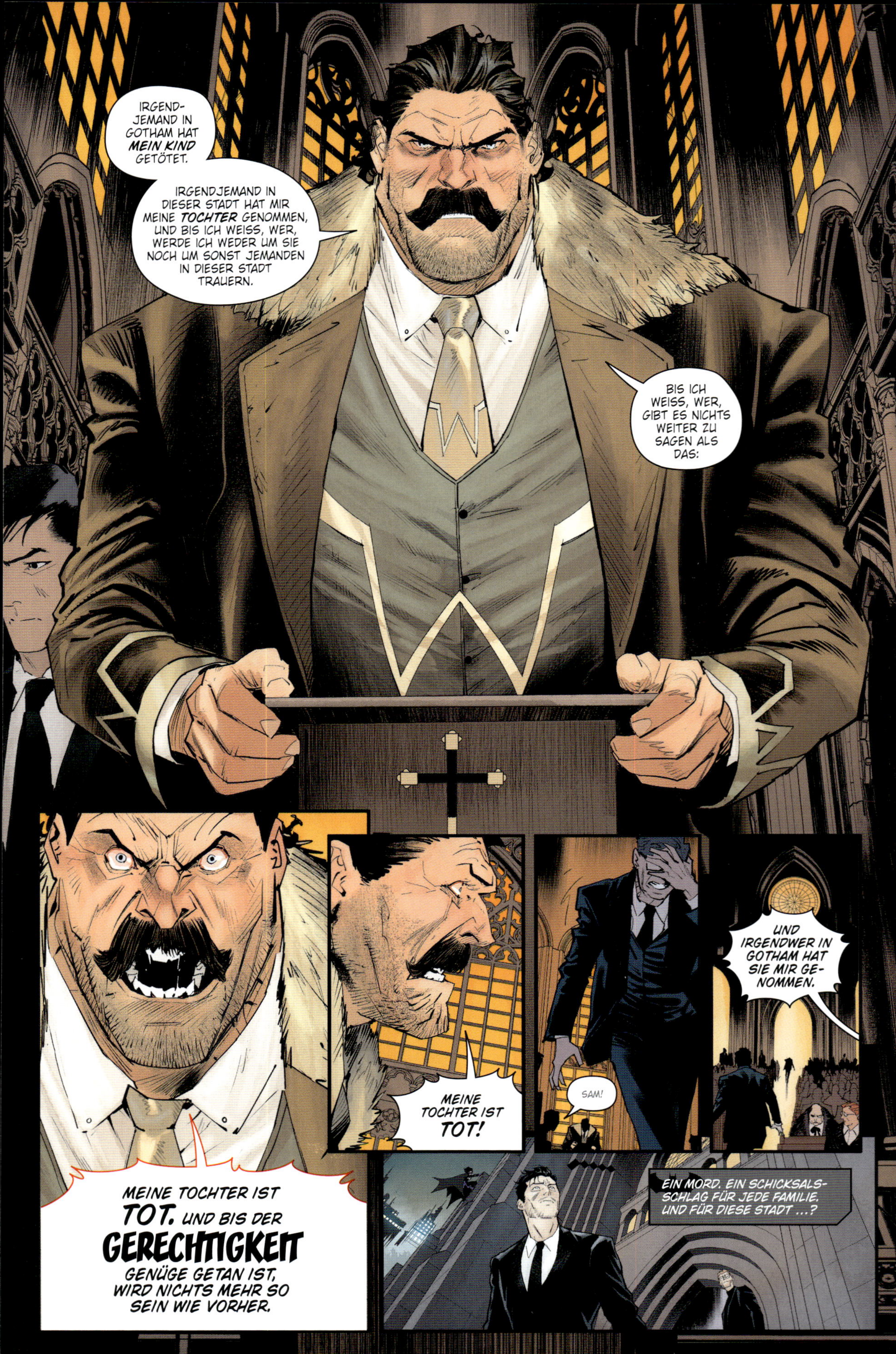
IRGEND-JEMAND IN GOTHAM HAT *MEIN KIND* GETÖTET.
IRGENDJEMAND IN DIESER STADT HAT MIR MEINE *TOCHTER* GENOMMEN, UND BIS ICH WEISS, WER, WERDE ICH WEDER UM SIE NOCH UM SONST JEMANDEN IN DIESER STADT TRAUERN.
BIS ICH WEISS, WER, GIBT ES NICHTS WEITER ZU SAGEN ALS DAS:
MEINE TOCHTER IST TOT. UND BIS DER GERECHTIGKEIT GENÜGE GETAN IST, WIRD NICHTS MEHR SO SEIN WIE VORHER.
MEINE TOCHTER IST TOT!
SAM!
UND IRGENDWER IN GOTHAM HAT SIE MIR GE-NOMMEN.
EIN MORD. EIN SCHICKSALS-SCHLAG FÜR JEDE FAMILIE. UND FÜR DIESE STADT ...?

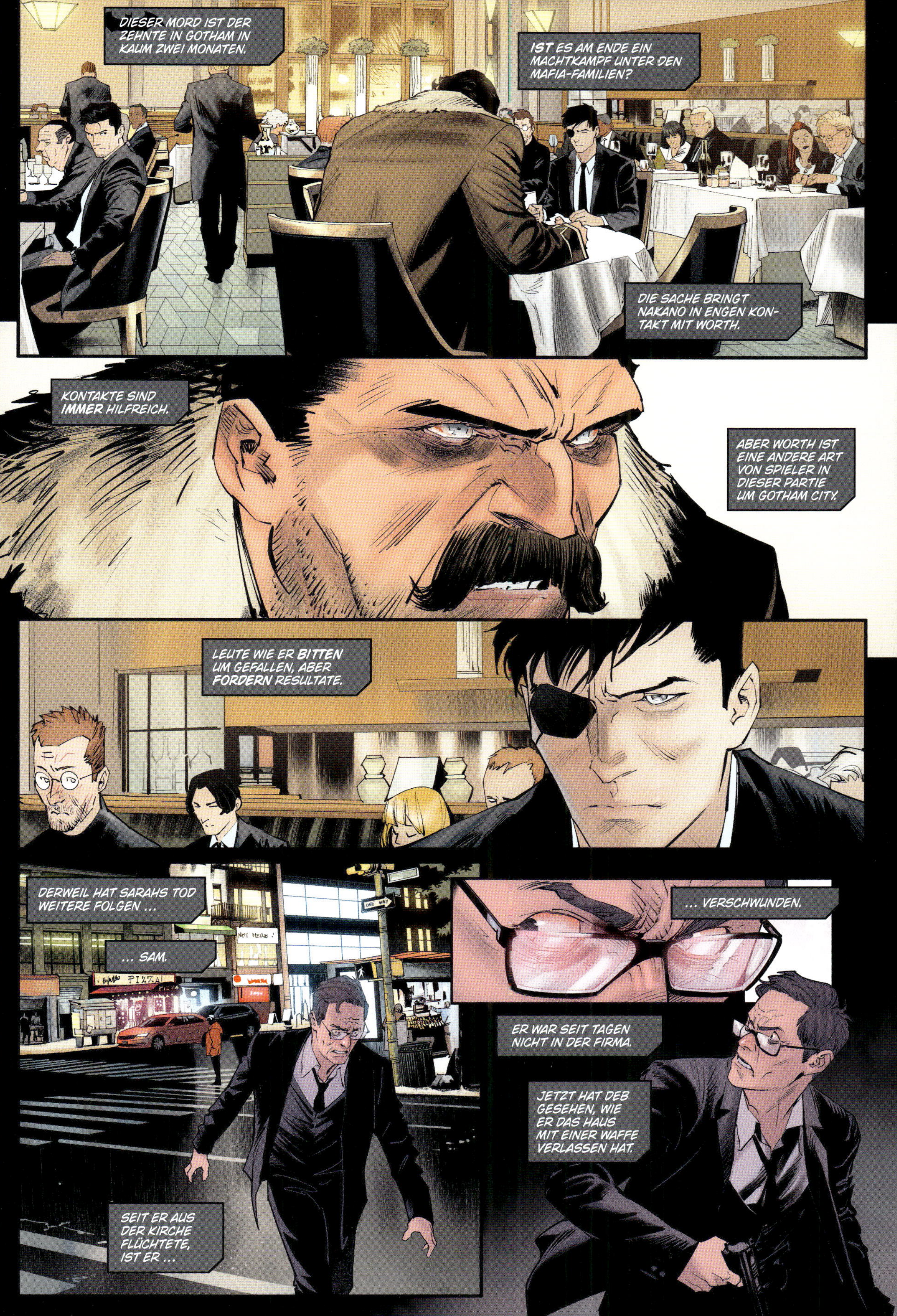
DIESER MORD IST DER ZEHNTE IN GOTHAM IN KAUM ZWEI MONATEN.
IST ES AM ENDE EIN MACHTKAMPF UNTER DEN MAFIA-FAMILIEN?
DIE SACHE BRINGT NAKANO IN ENGEN KONTAKT MIT WORTH.
KONTAKTE SIND IMMER HILFREICH.
ABER WORTH IST EINE ANDERE ART VON SPIELER IN DIESER PARTIE UM GOTHAM CITY.
LEUTE WIE ER BITTEN UM GEFALLEN, ABER FORDERN RESULTATE.
DERWEIL HAT SARAHS TOD WEITERE FOLGEN …
… SAM.
SEIT ER AUS DER KIRCHE FLÜCHTETE, IST ER …
… VERSCHWUNDEN.
ER WAR SEIT TAGEN NICHT IN DER FIRMA.
JETZT HAT DEB GESEHEN, WIE ER DAS HAUS MIT EINER WAFFE VERLASSEN HAT.

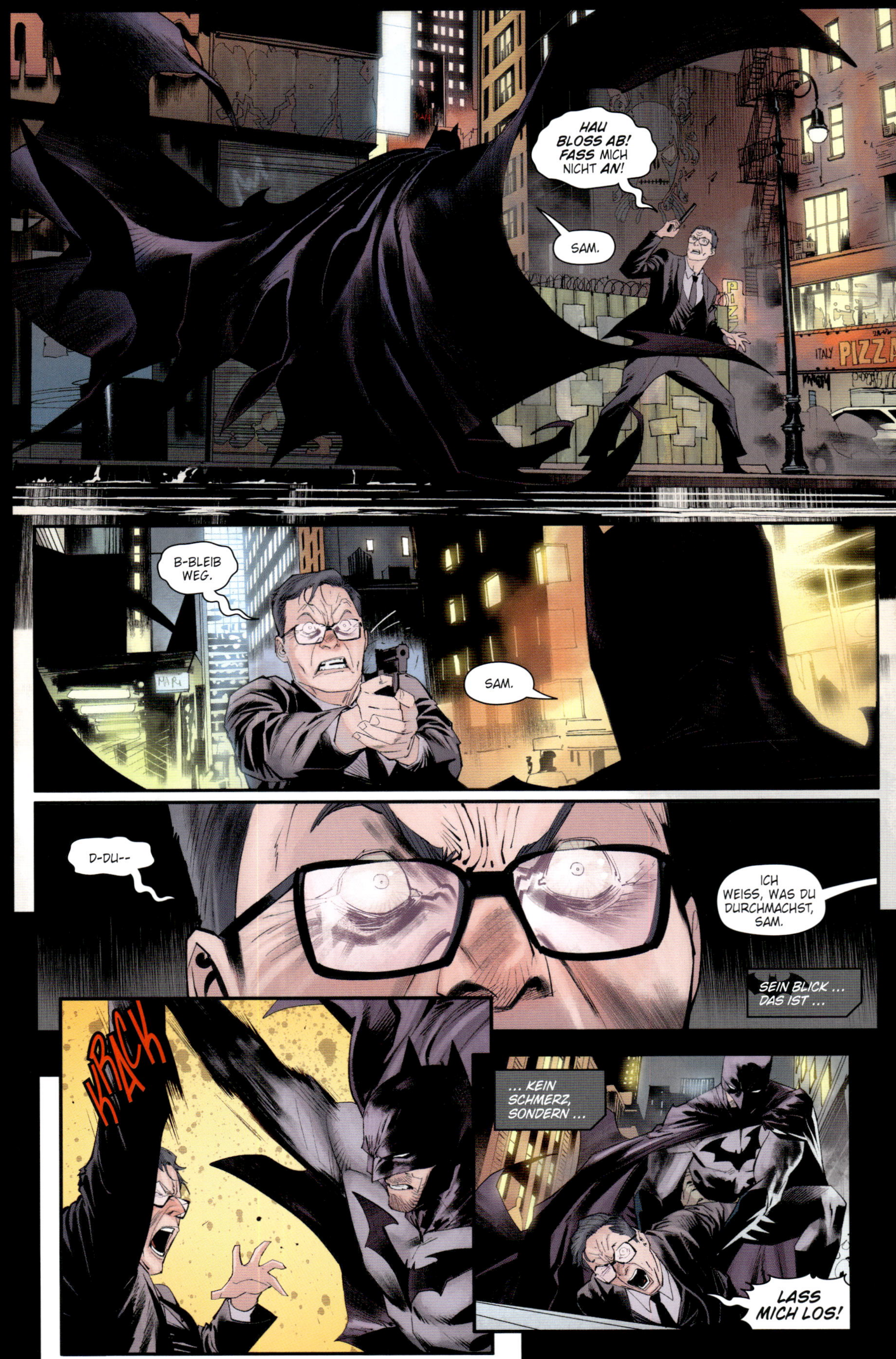
HAU BLOSS AB! FASS MICH NICHT AN!
SAM.
B-BLEIB WEG.
SAM.
D-DU--
ICH WEISS, WAS DU DURCHMACHST, SAM.
SEIN BLICK … DAS IST …
KRACK
… KEIN SCHMERZ, SONDERN …
LASS MICH LOS!

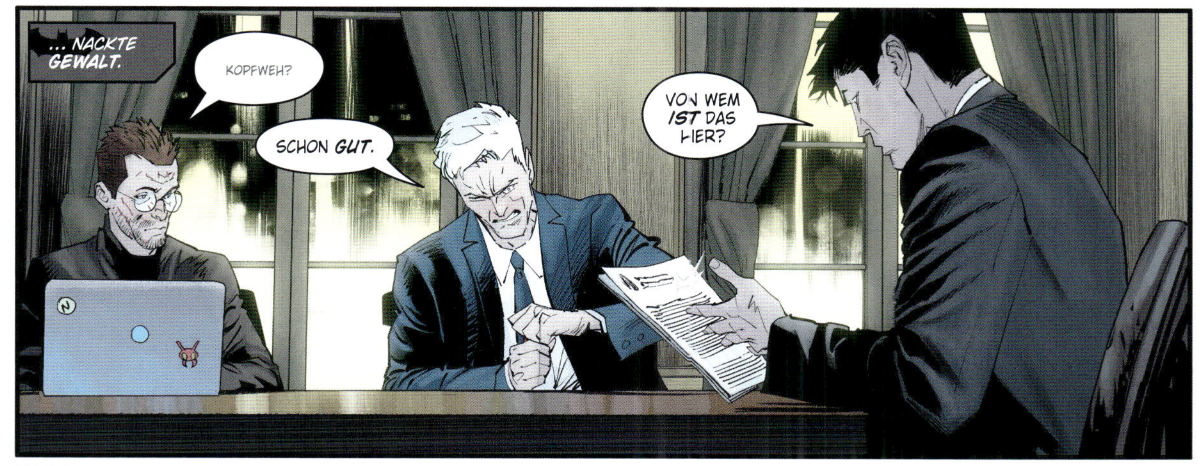
... NACKTE GEWALT.
KOPFWEH?
SCHON GUT.
VON WEM IST DAS HIER?

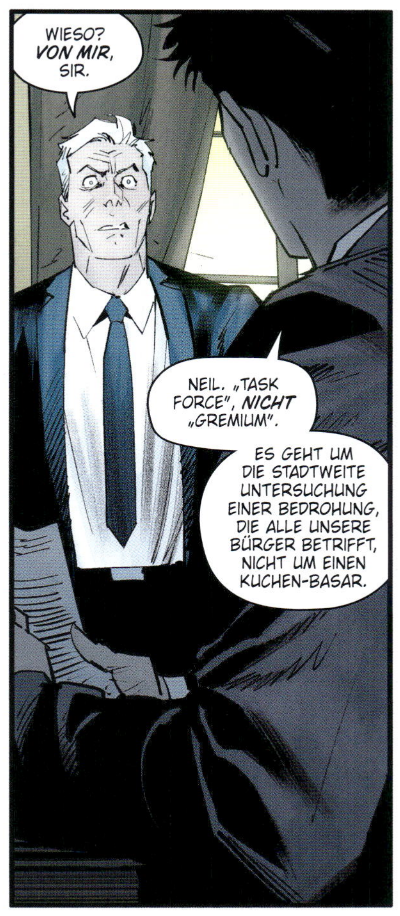
WIESO? VON MIR, SIR.
NEIL. „TASK FORCE", NICHT „GREMIUM".
ES GEHT UM DIE STADTWEITE UNTERSUCHUNG EINER BEDROHUNG, DIE ALLE UNSERE BÜRGER BETRIFFT, NICHT UM EINEN KUCHEN-BASAR.

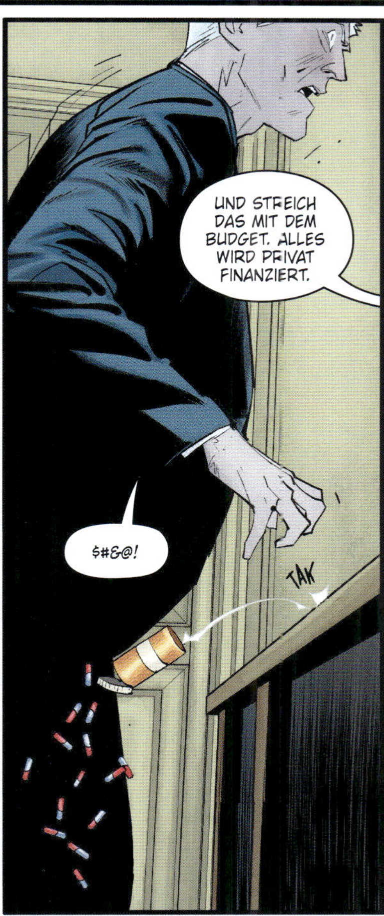
UND STREICH DAS MIT DEM BUDGET. ALLES WIRD PRIVAT FINANZIERT.
$#&@!
TAK

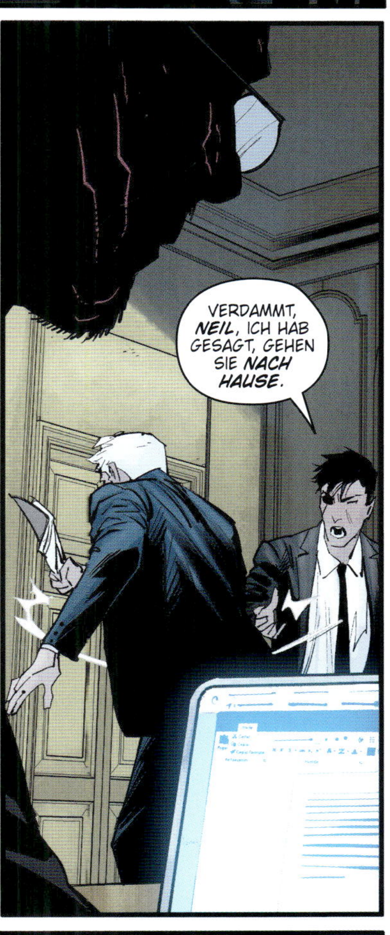
VERDAMMT, NEIL, ICH HAB GESAGT, GEHEN SIE NACH HAUSE.

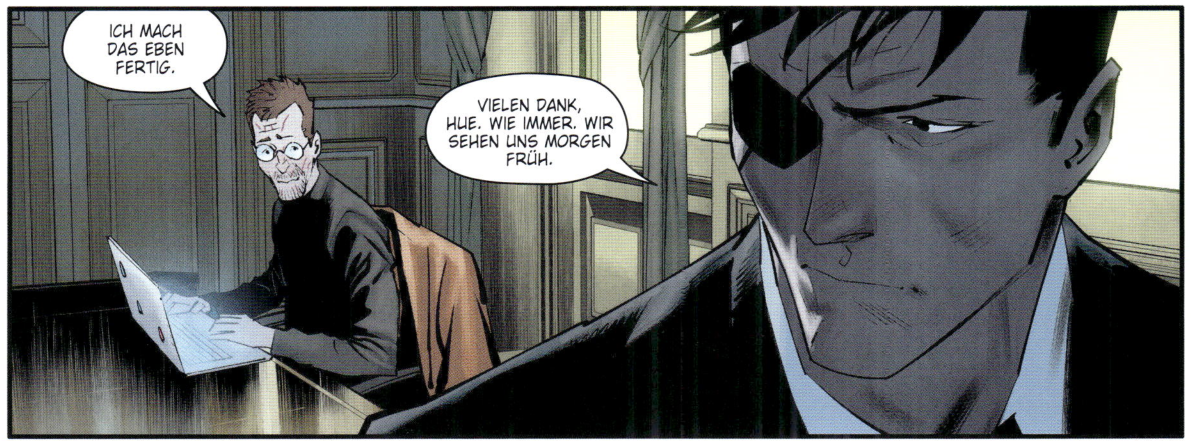
ICH MACH DAS EBEN FERTIG.
VIELEN DANK, HUE. WIE IMMER. WIR SEHEN UNS MORGEN FRÜH.

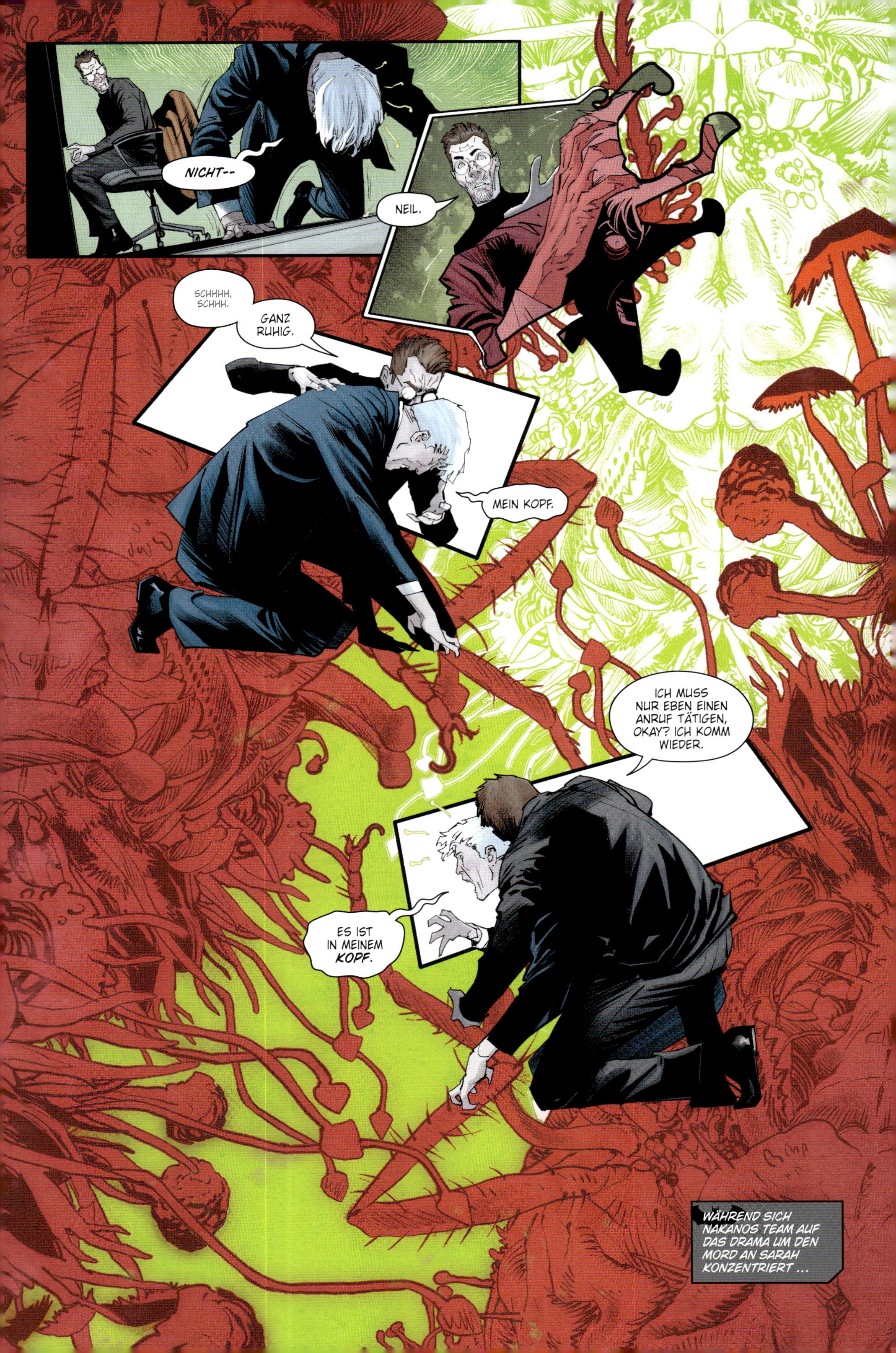
NICHT--
NEIL.
SCHHHH, SCHHH.
GANZ RUHIG.
MEIN KOPF.
ICH MUSS NUR EBEN EINEN ANRUF TÄTIGEN, OKAY? ICH KOMM WIEDER.
ES IST IN MEINEM KOPF.
WÄHREND SICH NAKANOS TEAM AUF DAS DRAMA UM DEN MORD AN SARAH KONZENTRIERT ...

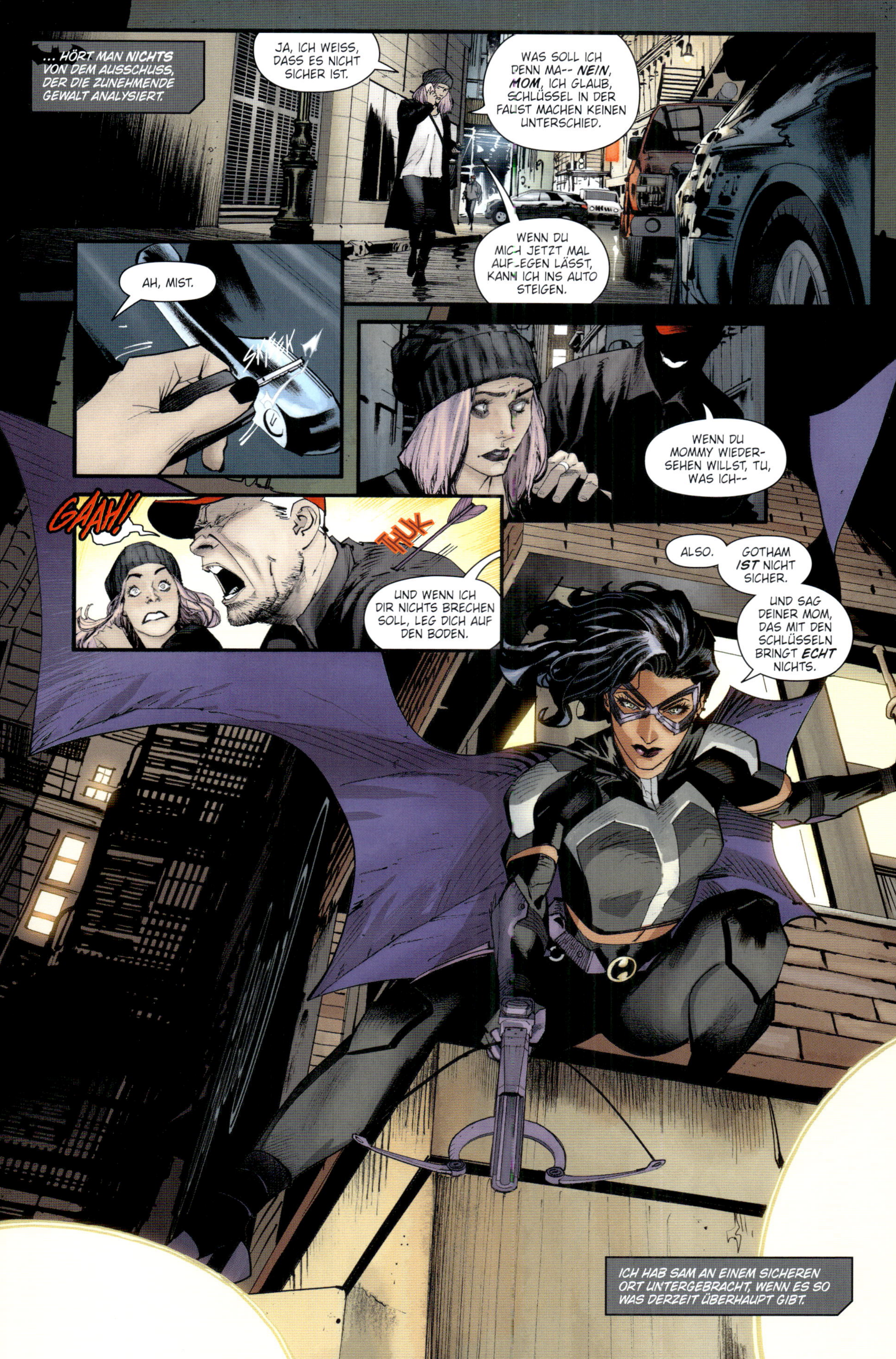
... HÖRT MAN NICHTS VON DEM AUSSCHUSS, DER DIE ZUNEHMENDE GEWALT ANALYSIERT.
JA, ICH WEISS, DASS ES NICHT SICHER IST.
WAS SOLL ICH DENN MA-- NEIN, MOM, ICH GLAUB, SCHLÜSSEL IN DER FAUST MACHEN KEINEN UNTERSCHIED.
WENN DU MICH JETZT MAL AUFLEGEN LÄSST, KANN ICH INS AUTO STEIGEN.
AH, MIST.
WENN DU MOMMY WIEDERSEHEN WILLST, TU, WAS ICH--
GAAH!
THUK
UND WENN ICH DIR NICHTS BRECHEN SOLL, LEG DICH AUF DEN BODEN.
ALSO.
GOTHAM IST NICHT SICHER.
UND SAG DEINER MOM, DAS MIT DEN SCHLÜSSELN BRINGT ECHT NICHTS.
ICH HAB SAM AN EINEM SICHEREN ORT UNTERGEBRACHT, WENN ES SO WAS DERZEIT ÜBERHAUPT GIBT.

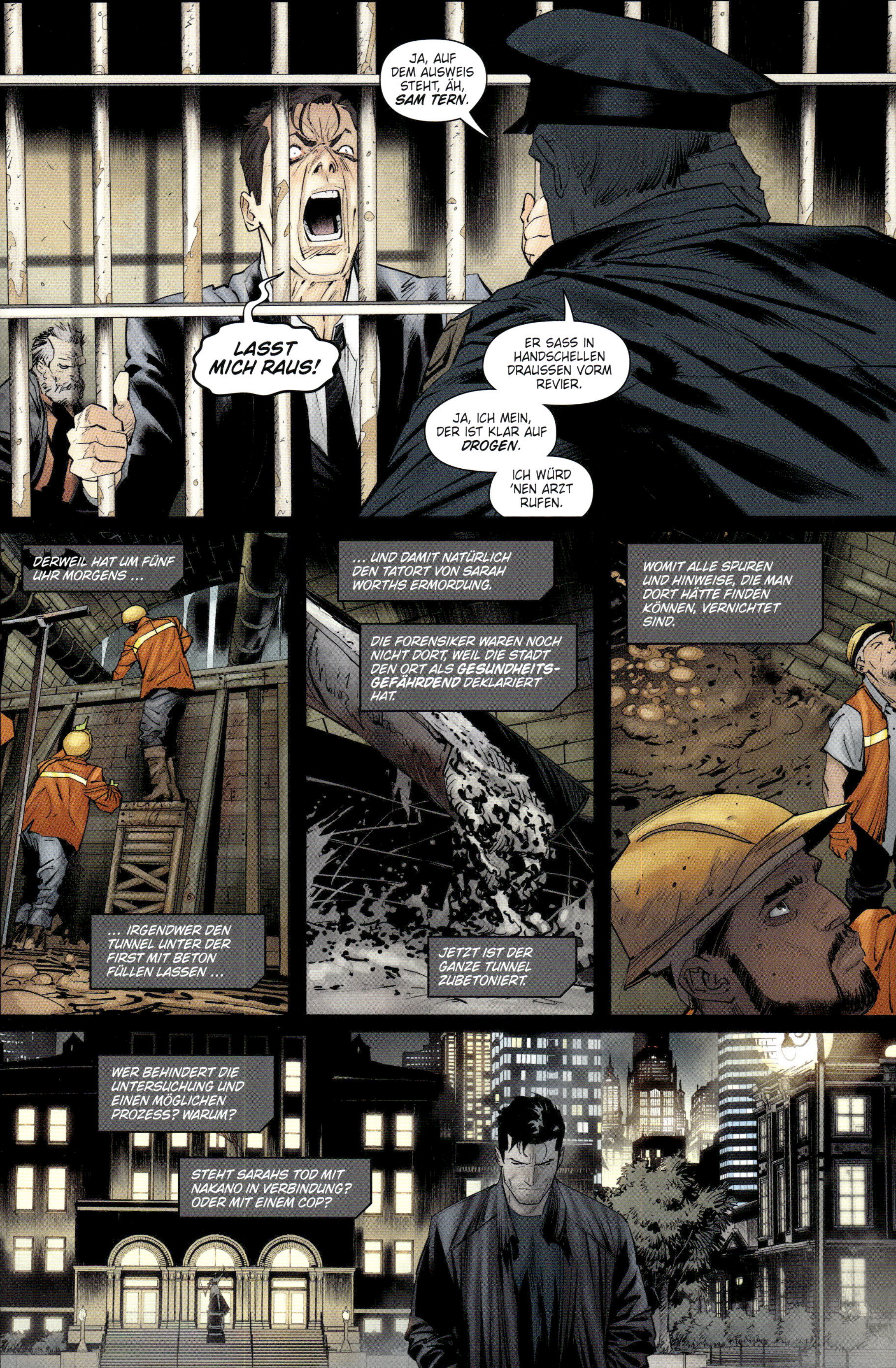
JA, AUF DEM AUSWEIS STEHT, ÄH, SAM TERN.
LASST MICH RAUS!
ER SASS IN HANDSCHELLEN DRAUSSEN VORM REVIER.
JA, ICH MEIN, DER IST KLAR AUF DROGEN.
ICH WÜRD 'NEN ARZT RUFEN.
DERWEIL HAT UM FÜNF UHR MORGENS …
… IRGENDWER DEN TUNNEL UNTER DER FIRST MIT BETON FÜLLEN LASSEN …
… UND DAMIT NATÜRLICH DEN TATORT VON SARAH WORTHS ERMORDUNG.
DIE FORENSIKER WAREN NOCH NICHT DORT, WEIL DIE STADT DEN ORT ALS GESUNDHEITS-GEFÄHRDEND DEKLARIERT HAT.
JETZT IST DER GANZE TUNNEL ZUBETONIERT.
WOMIT ALLE SPUREN UND HINWEISE, DIE MAN DORT HÄTTE FINDEN KÖNNEN, VERNICHTET SIND.
WER BEHINDERT DIE UNTERSUCHUNG UND EINEN MÖGLICHEN PROZESS? WARUM?
STEHT SARAHS TOD MIT NAKANO IN VERBINDUNG? ODER MIT EINEM COP?

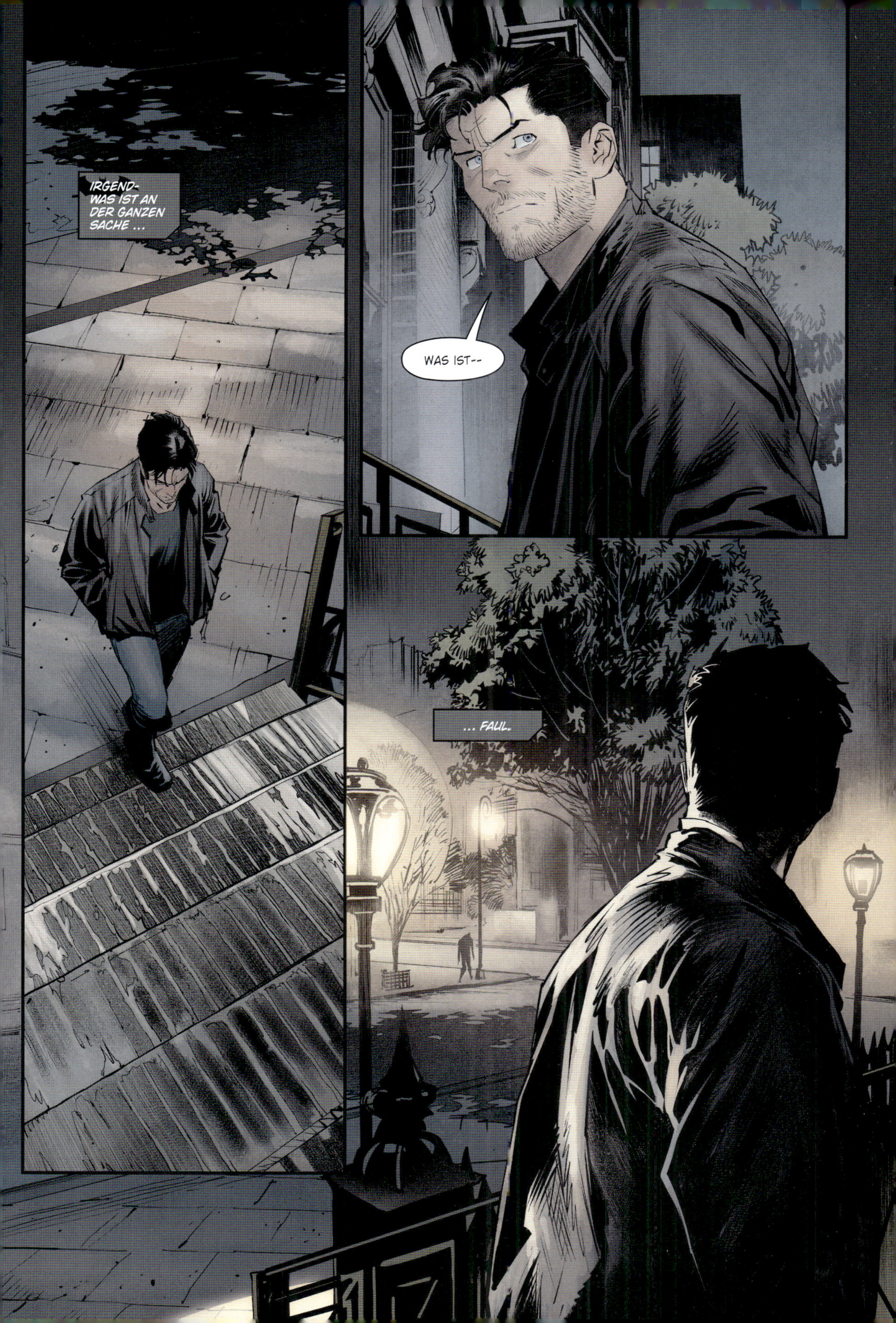
IRGEND-
WAS IST AN
DER GANZEN
SACHE ...
WAS IST--
... FAUL.

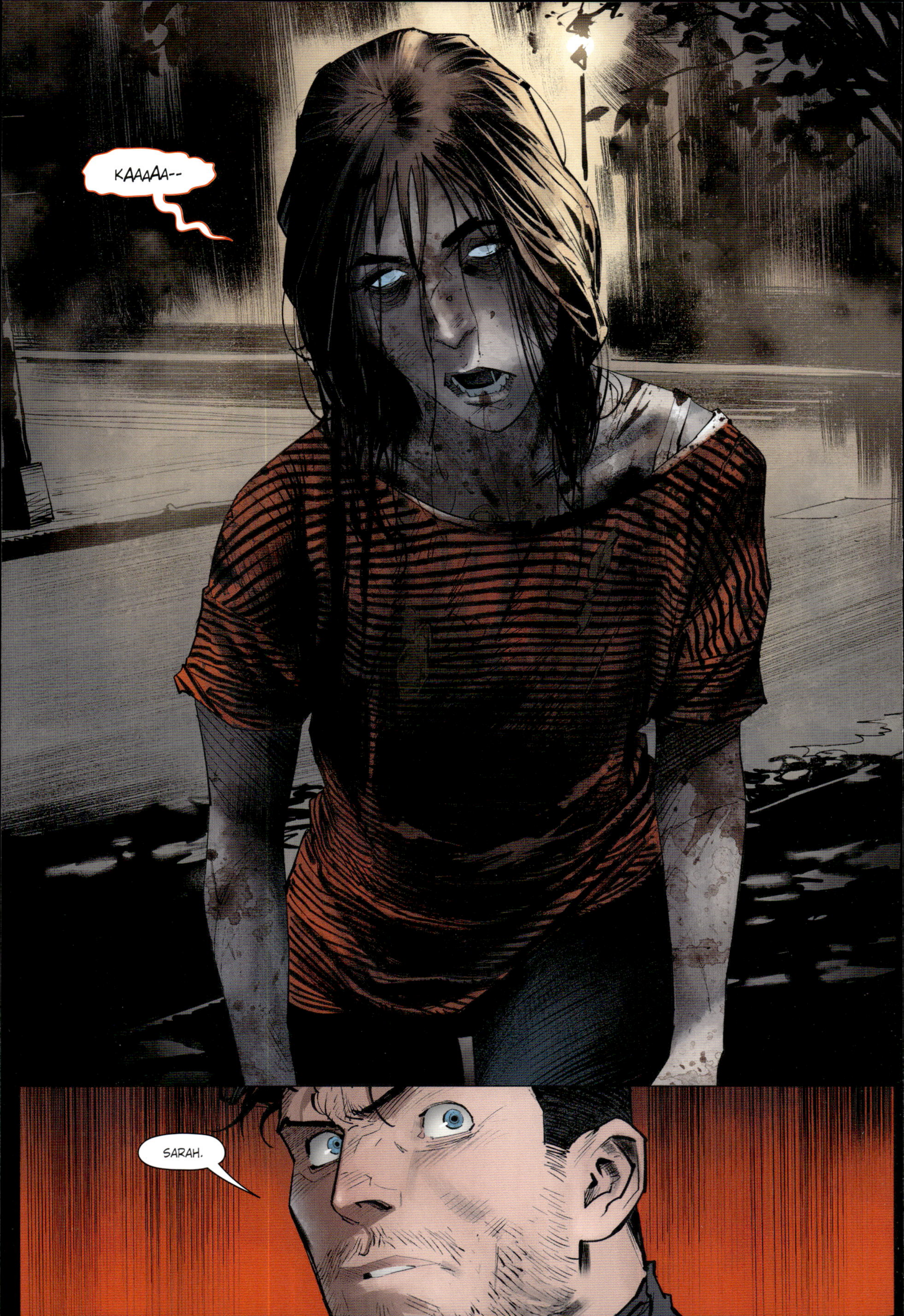
KAAAAA--
SARAH.

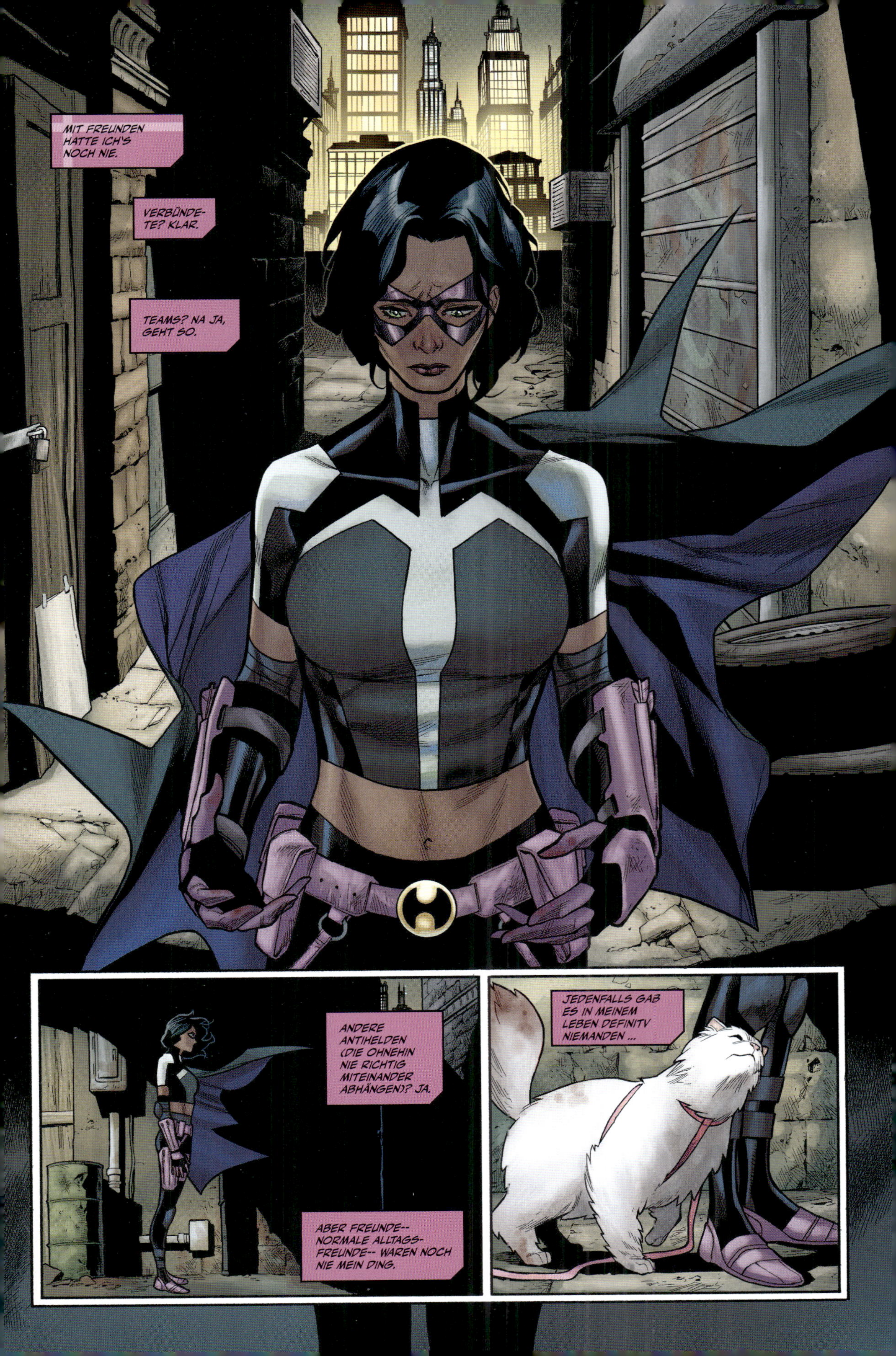

MIT FREUNDEN HATTE ICH'S NOCH NIE.

VERBÜNDE-TE? KLAR.

TEAMS? NA JA, GEHT SO.

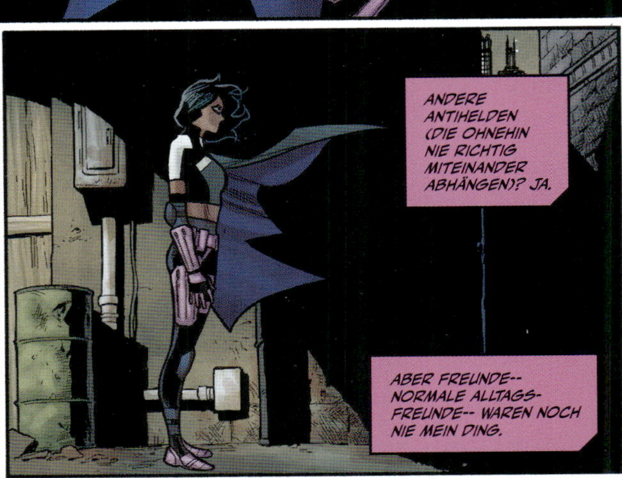

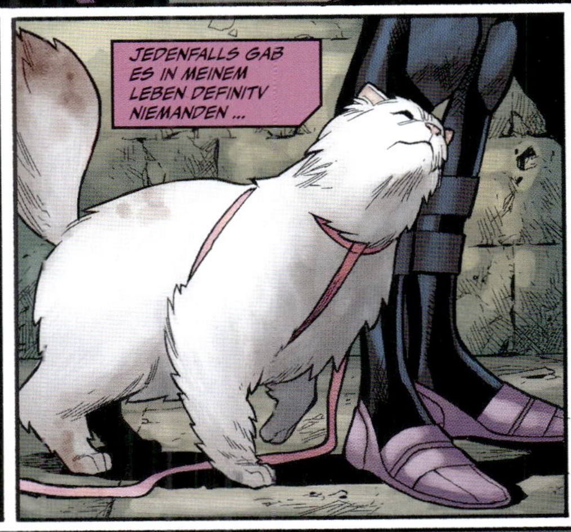

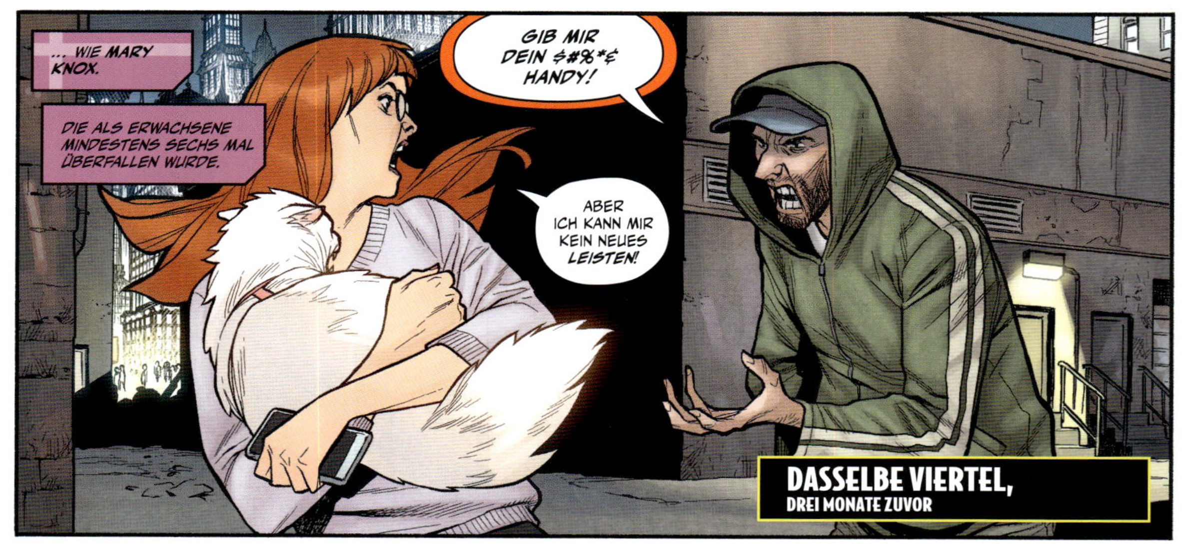
… WIE MARY KNOX.
DIE ALS ERWACHSENE MINDESTENS SECHS MAL ÜBERFALLEN WURDE.
GIB MIR DEIN $#%*$ HANDY!
ABER ICH KANN MIR KEIN NEUES LEISTEN!
DASSELBE VIERTEL,
DREI MONATE ZUVOR

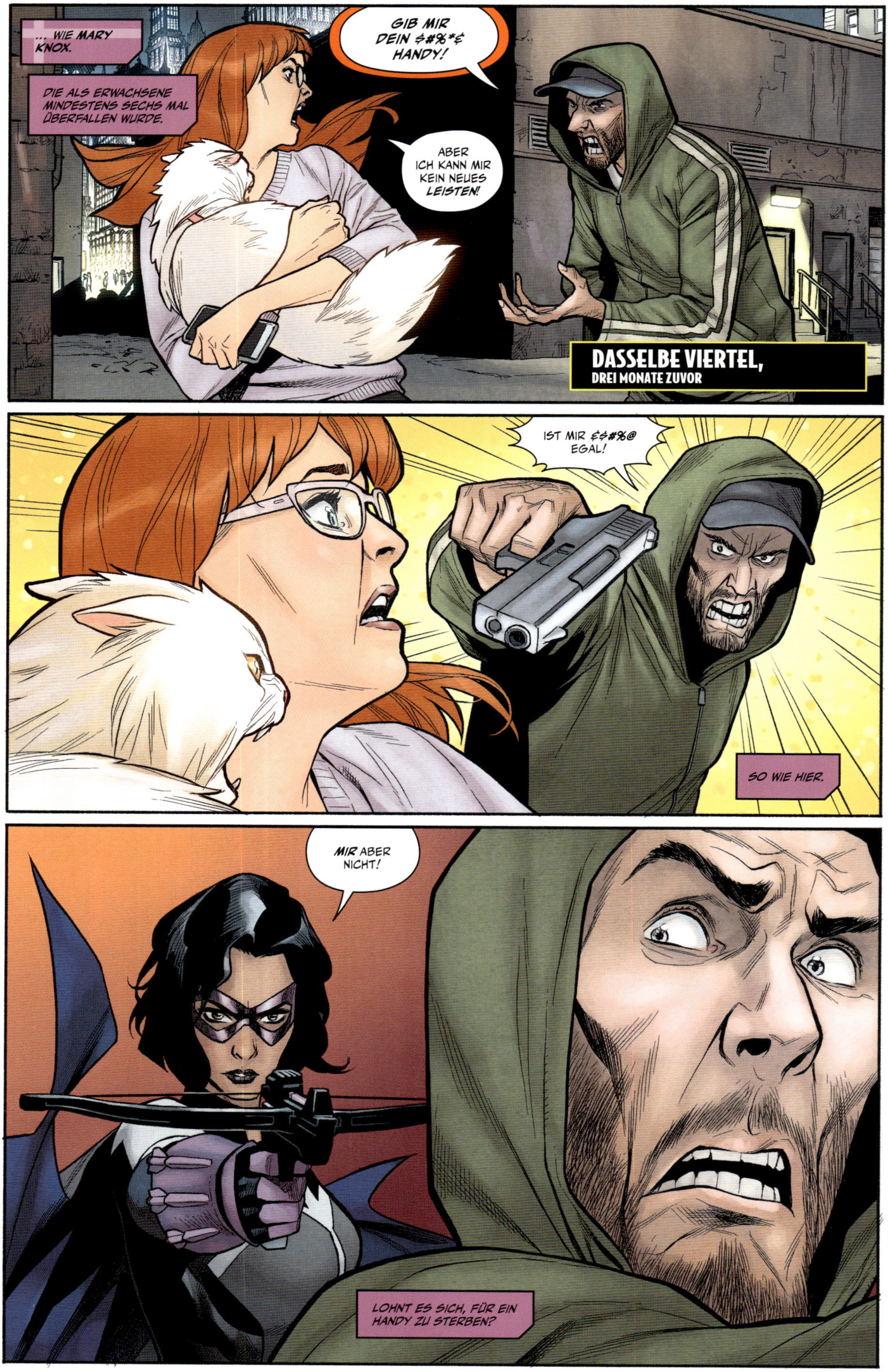

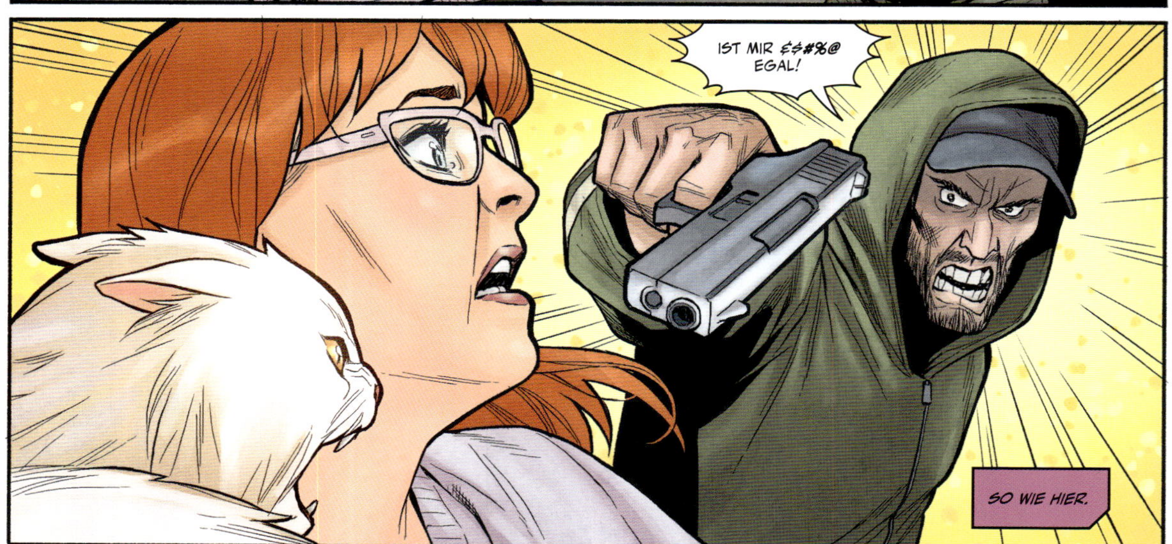
IST MIR €$#%@ EGAL!
SO WIE HIER.

MIR ABER NICHT!
LOHNT ES SICH, FÜR EIN HANDY ZU STERBEN?

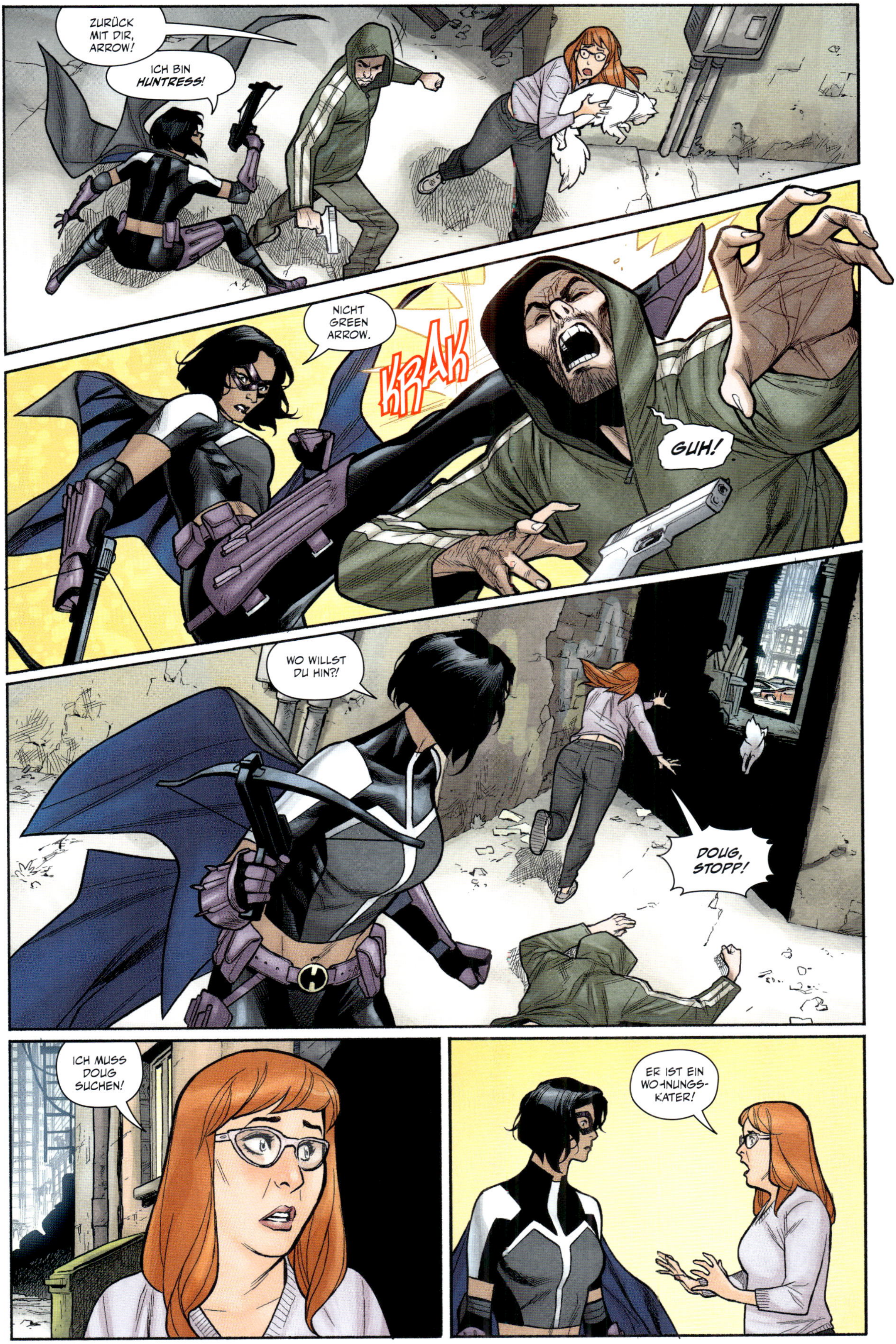

ZURÜCK MIT DIR, ARROW!
ICH BIN *HUNTRESS!*
NICHT GREEN ARROW.
KRAK
GUH!
WO WILLST DU HIN?!
DOUG, STOPP!

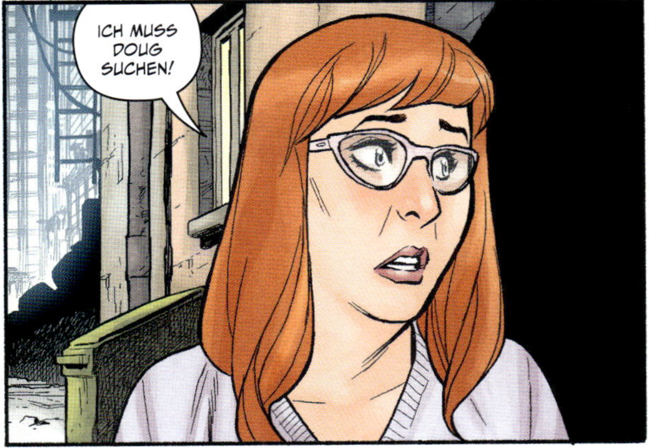

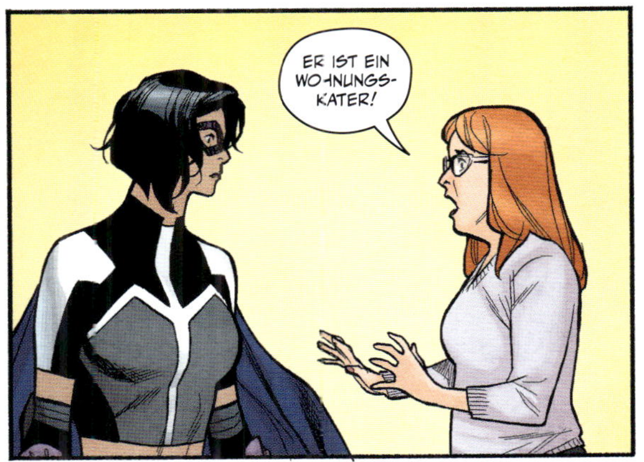

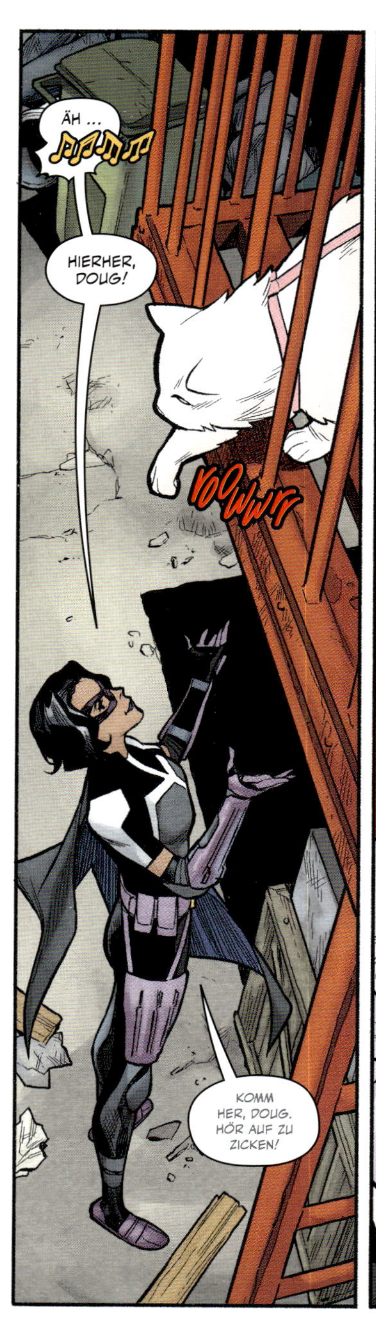
ÄH ...
HIERHER, DOUG!
VOOWWR!
KOMM HER, DOUG. HÖR AUF ZU ZICKEN!

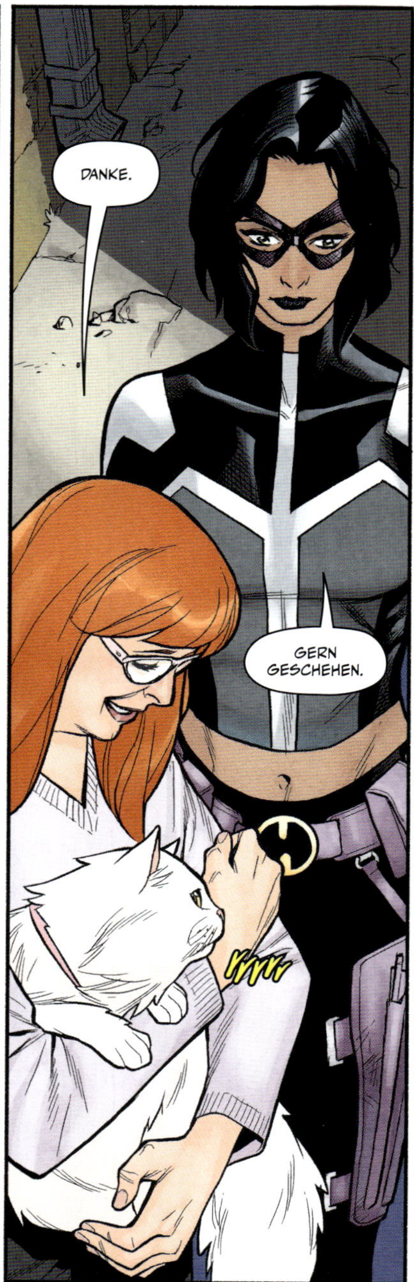
DANKE.
GERN GESCHEHEN.

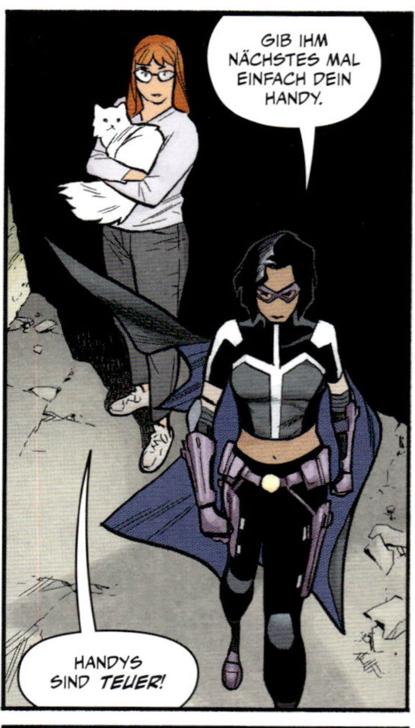
GIB IHM NÄCHSTES MAL EINFACH DEIN HANDY.
HANDYS SIND TEUER!

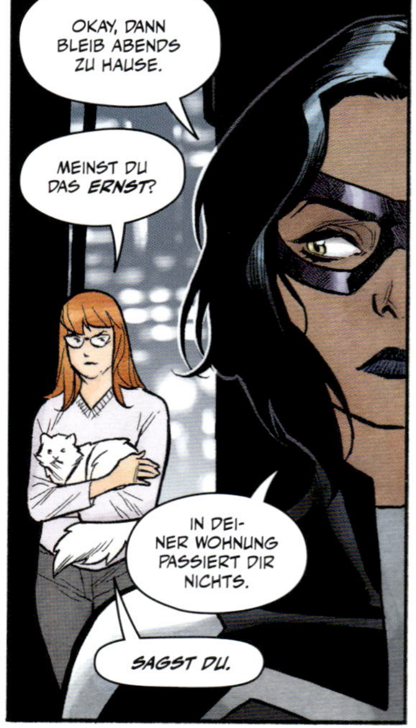
OKAY, DANN BLEIB ABENDS ZU HAUSE.
MEINST DU DAS ERNST?
IN DEINER WOHNUNG PASSIERT DIR NICHTS.
SAGST DU.

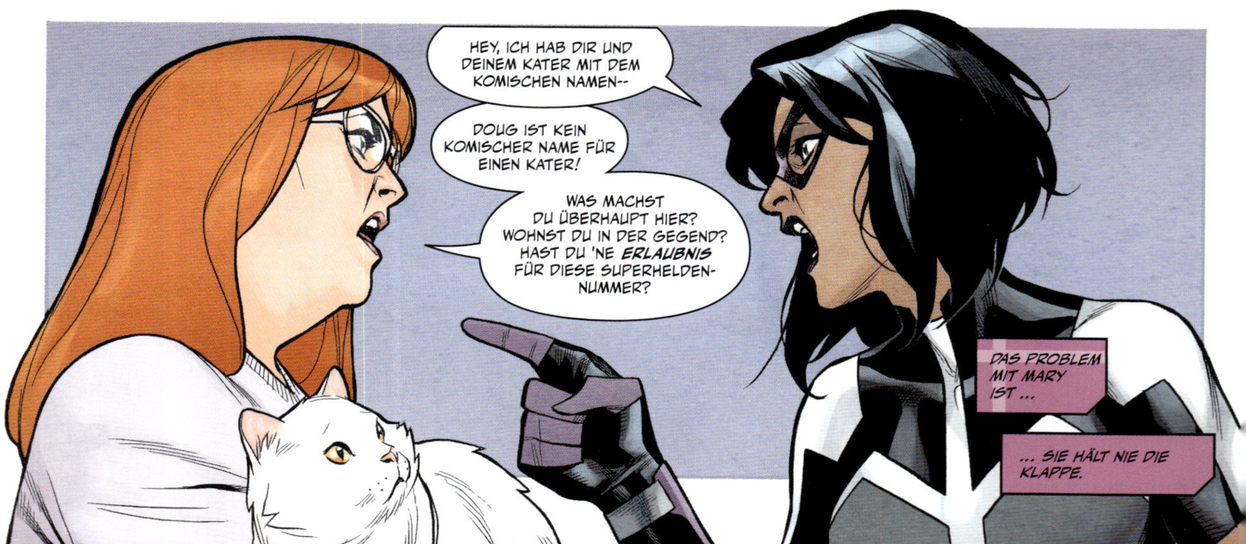
HEY, ICH HAB DIR UND DEINEM KATER MIT DEM KOMISCHEN NAMEN--
DOUG IST KEIN KOMISCHER NAME FÜR EINEN KATER!
WAS MACHST DU ÜBERHAUPT HIER? WOHNST DU IN DER GEGEND? HAST DU 'NE ERLAUBNIS FÜR DIESE SUPERHELDEN-NUMMER?
DAS PROBLEM MIT MARY IST ...
... SIE HÄLT NIE DIE KLAPPE.

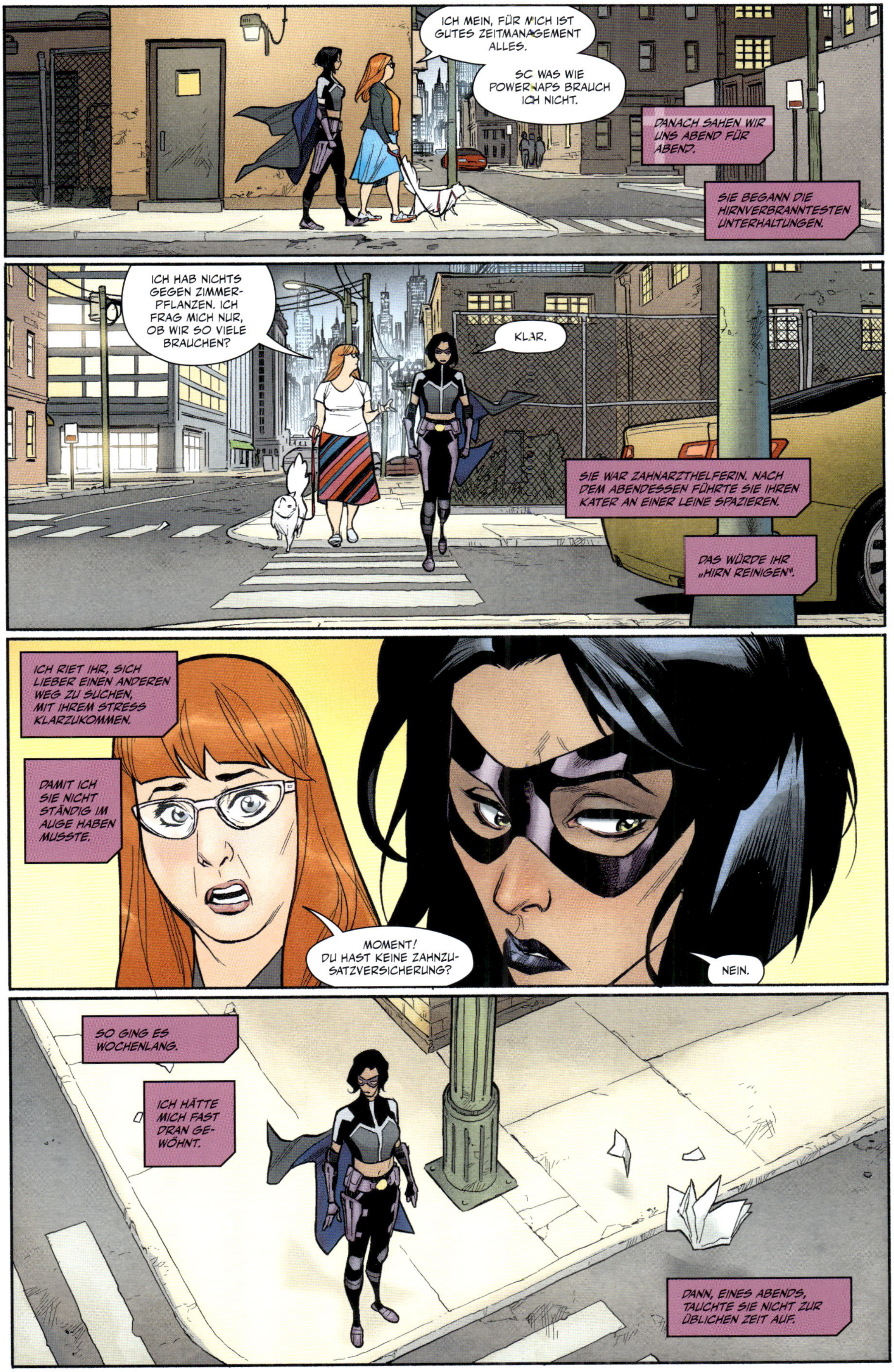

ICH MEIN, FÜR MICH IST GUTES ZEITMANAGEMENT ALLES.

SO WAS WIE POWERNAPS BRAUCH ICH NICHT.

DANACH SAHEN WIR UNS ABEND FÜR ABEND.

SIE BEGANN DIE HIRNVERBRANNTESTEN UNTERHALTUNGEN.

ICH HAB NICHTS GEGEN ZIMMER-PFLANZEN. ICH FRAG MICH NUR, OB WIR SO VIELE BRAUCHEN?

KLAR.

SIE WAR ZAHNARZTHELFERIN. NACH DEM ABENDESSEN FÜHRTE SIE IHREN KATER AN EINER LEINE SPAZIEREN.

DAS WÜRDE IHR „HIRN REINIGEN".

ICH RIET IHR, SICH LIEBER EINEN ANDEREN WEG ZU SUCHEN, MIT IHREM STRESS KLARZUKOMMEN.

DAMIT ICH SIE NICHT STÄNDIG IM AUGE HABEN MUSSTE.

MOMENT! DU HAST KEINE ZAHNZU-SATZVERSICHERUNG?

NEIN.

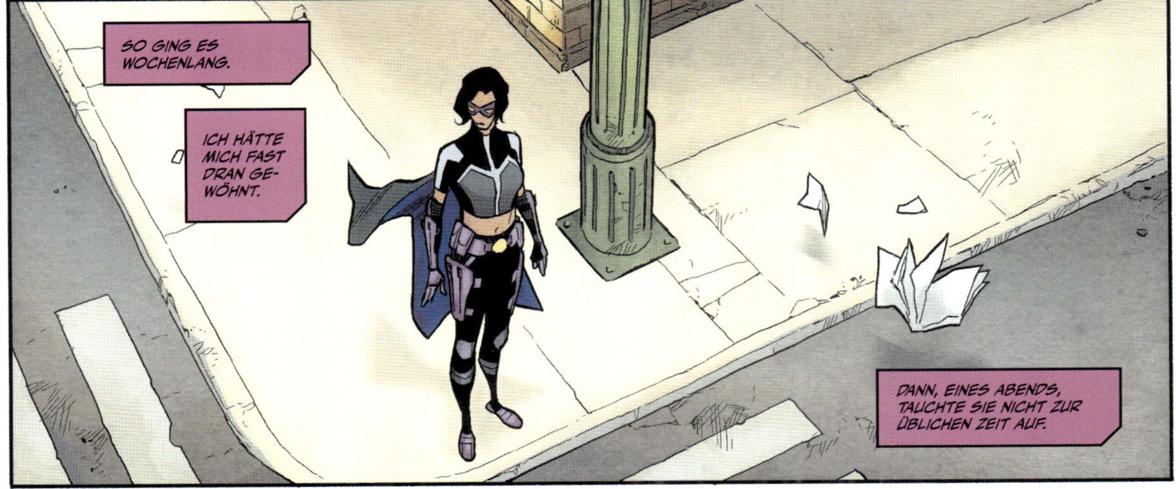

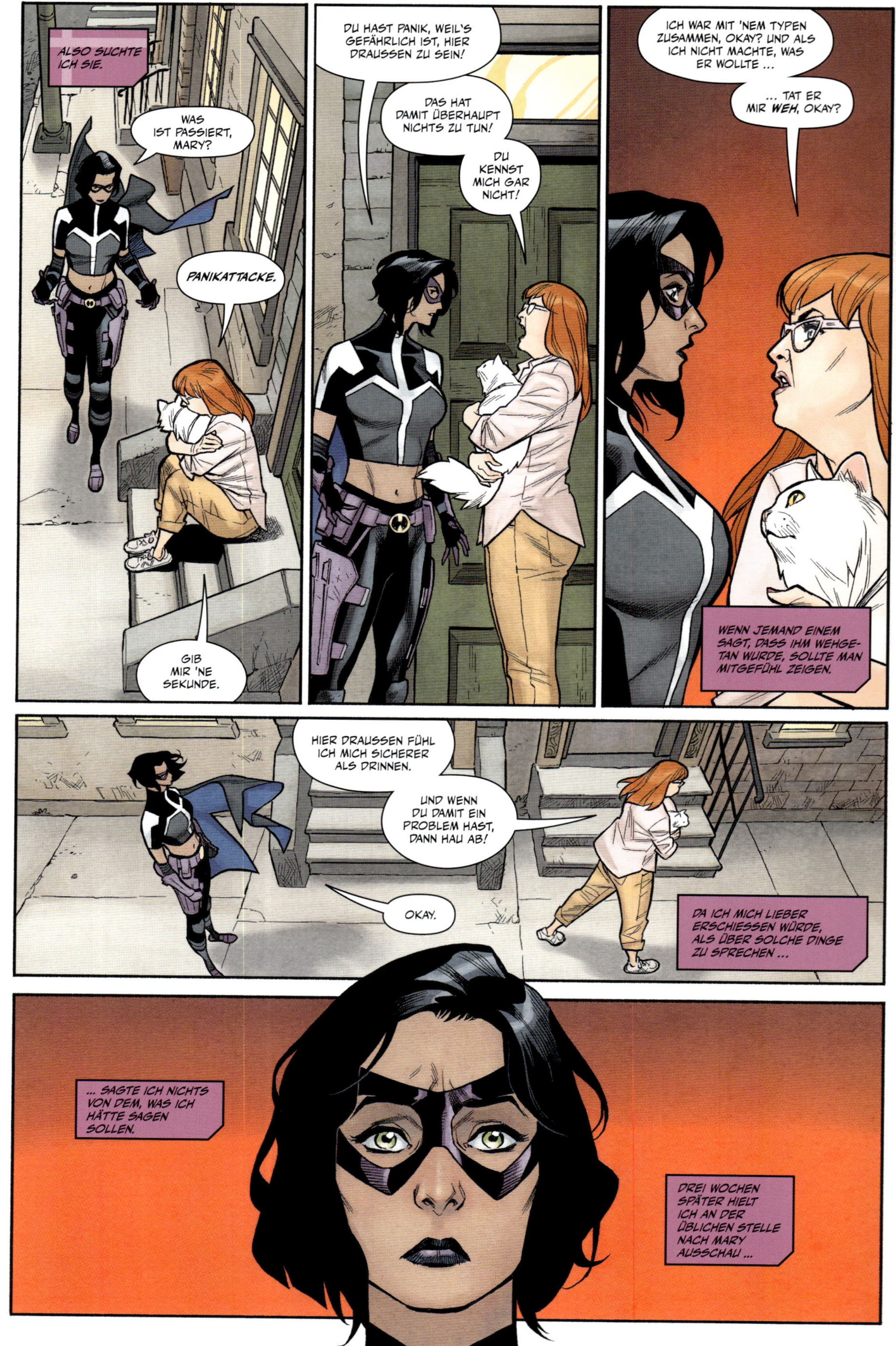
ALSO SUCHTE ICH SIE.
WAS IST PASSIERT, MARY?
PANIKATTACKE.
GIB MIR 'NE SEKUNDE.
DU HAST PANIK, WEIL'S GEFÄHRLICH IST, HIER DRAUSSEN ZU SEIN!
DAS HAT DAMIT ÜBERHAUPT NICHTS ZU TUN!
DU KENNST MICH GAR NICHT!
ICH WAR MIT 'NEM TYPEN ZUSAMMEN, OKAY? UND ALS ICH NICHT MACHTE, WAS ER WOLLTE …
… TAT ER MIR WEH, OKAY?
WENN JEMAND EINEM SAGT, DASS IHM WEHGETAN WURDE, SOLLTE MAN MITGEFÜHL ZEIGEN.
HIER DRAUSSEN FÜHL ICH MICH SICHERER ALS DRINNEN.
UND WENN DU DAMIT EIN PROBLEM HAST, DANN HAU AB!
OKAY.
DA ICH MICH LIEBER ERSCHIESSEN WÜRDE, ALS ÜBER SOLCHE DINGE ZU SPRECHEN …
… SAGTE ICH NICHTS VON DEM, WAS ICH HÄTTE SAGEN SOLLEN.
DREI WOCHEN SPÄTER HIELT ICH AN DER ÜBLICHEN STELLE NACH MARY AUSSCHAU …

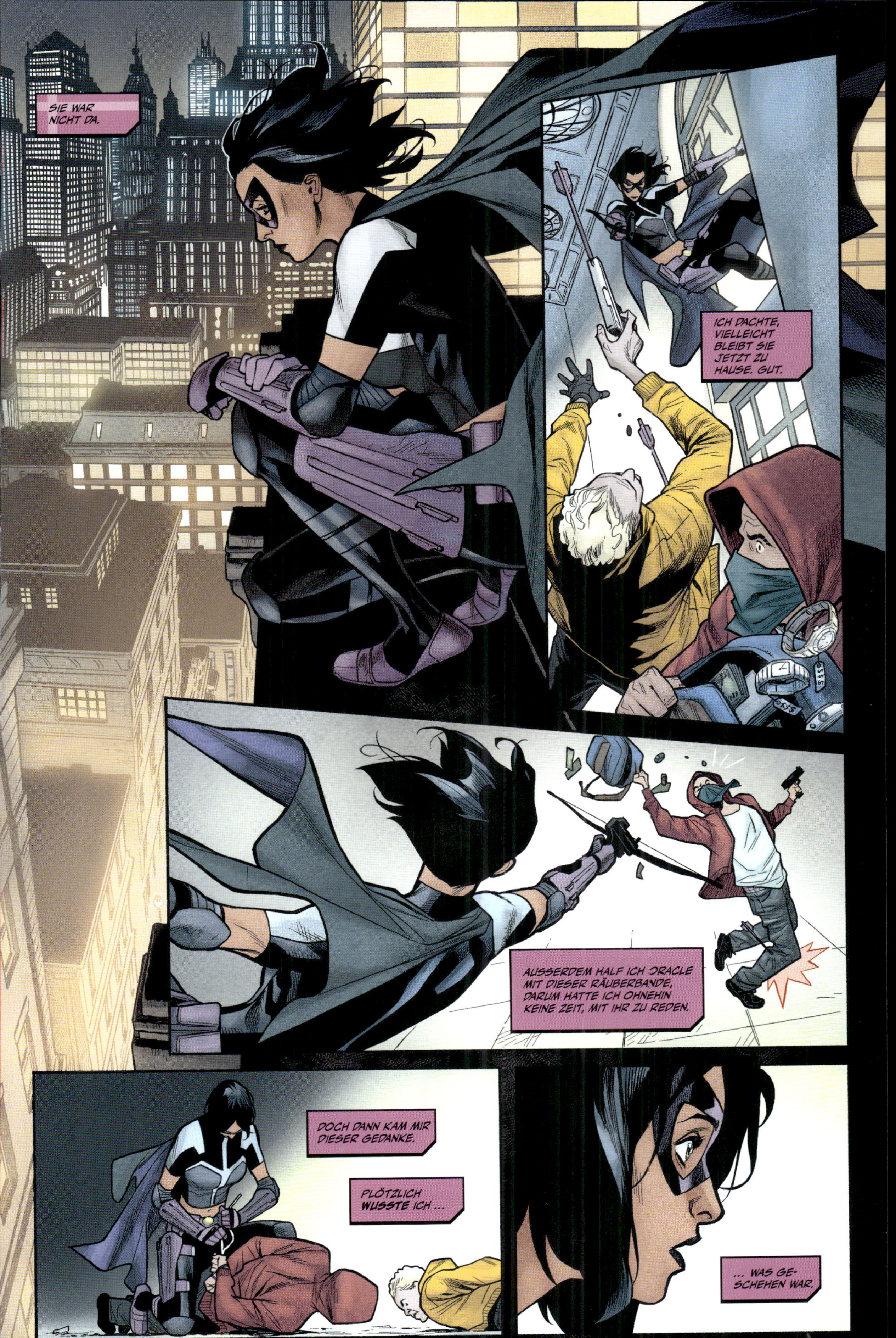
SIE WAR NICHT DA.
ICH DACHTE, VIELLEICHT BLEIBT SIE JETZT ZU HAUSE. GUT.
AUSSERDEM HALF ICH ORACLE MIT DIESER RÄUBERBANDE, DARUM HATTE ICH OHNEHIN KEINE ZEIT, MIT IHR ZU REDEN.
DOCH DANN KAM MIR DIESER GEDANKE.
PLÖTZLICH WUSSTE ICH ...
... WAS GESCHEHEN WAR.

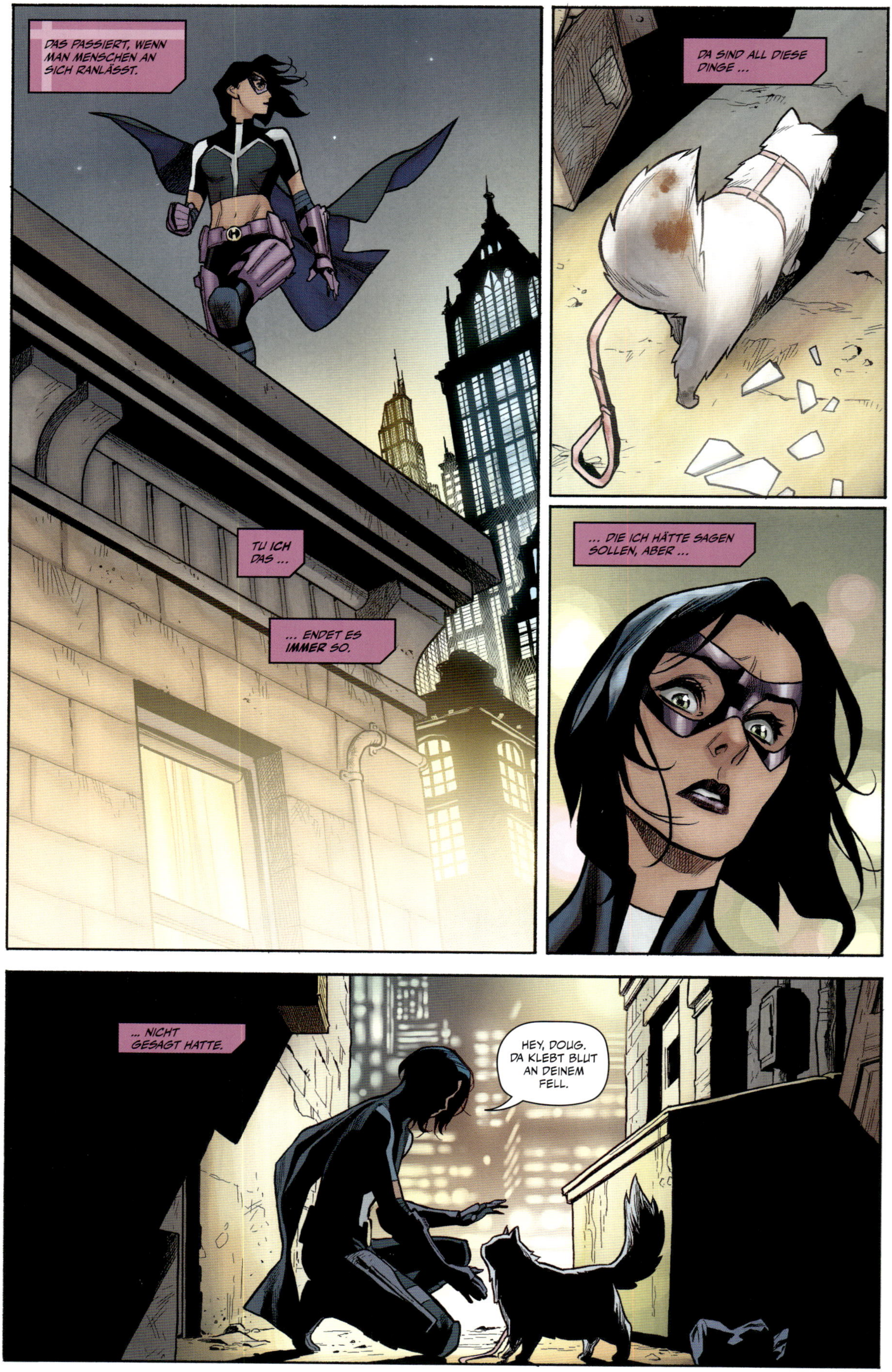

DAS PASSIERT, WENN MAN MENSCHEN AN SICH RANLÄSST.

TU ICH DAS ...

... ENDET ES **IMMER** SO.

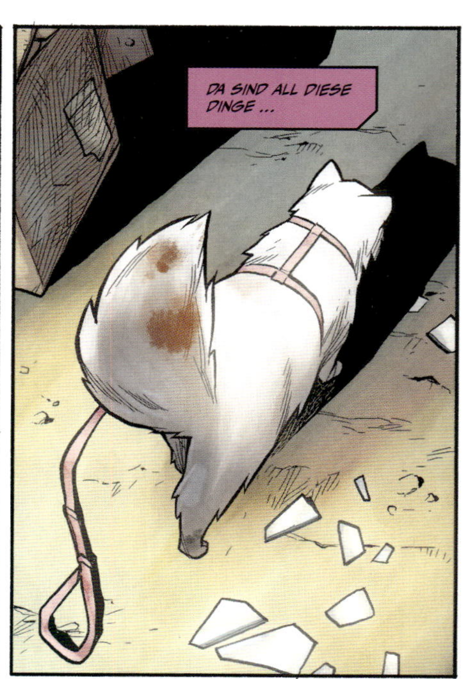

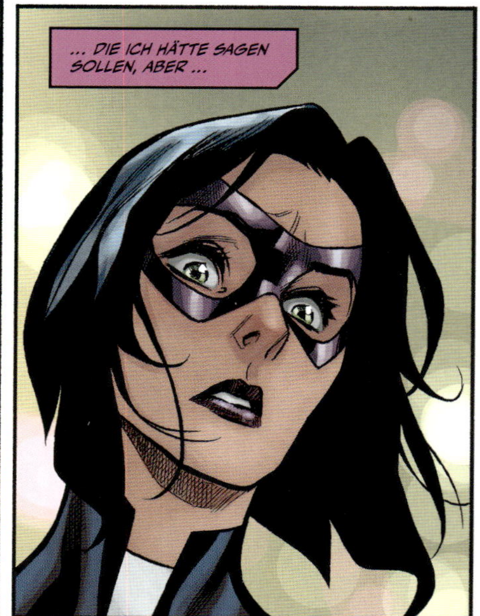

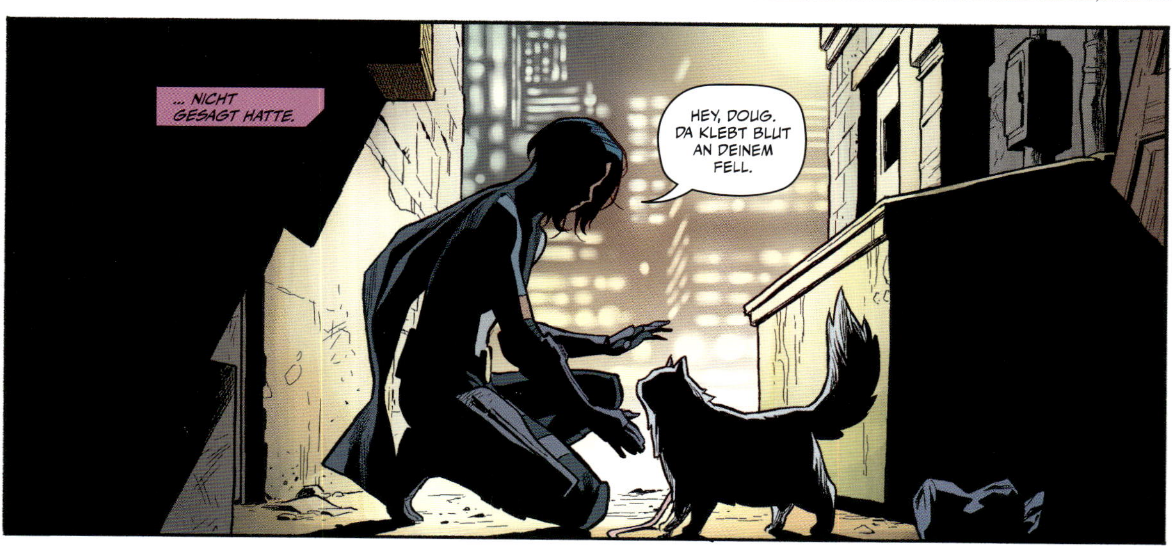

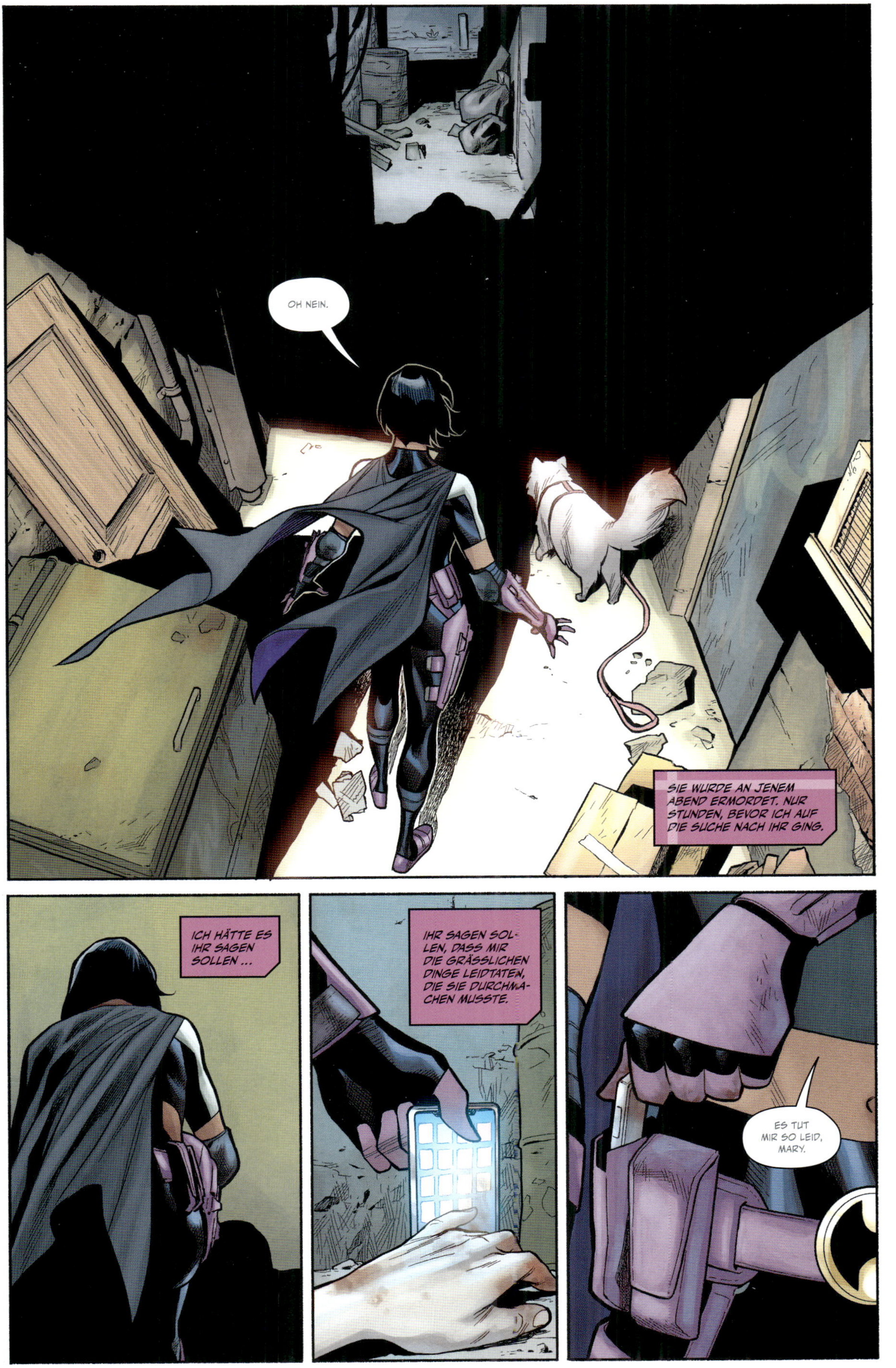

OH NEIN.
SIE WURDE AN JENEM ABEND ERMORDET. NUR STUNDEN, BEVOR ICH AUF DIE SUCHE NACH IHR GING.

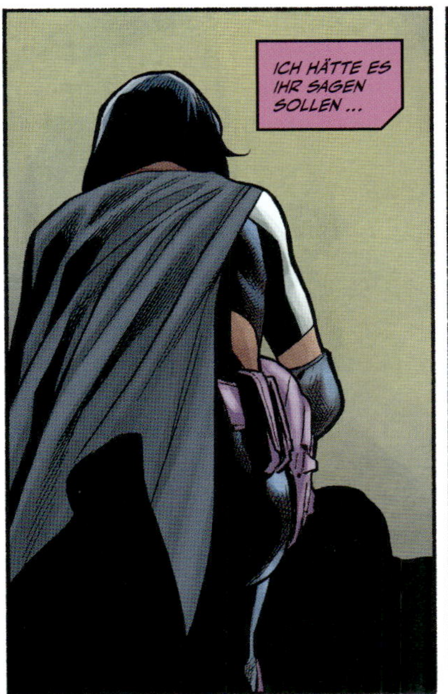
ICH HÄTTE ES IHR SAGEN SOLLEN ...

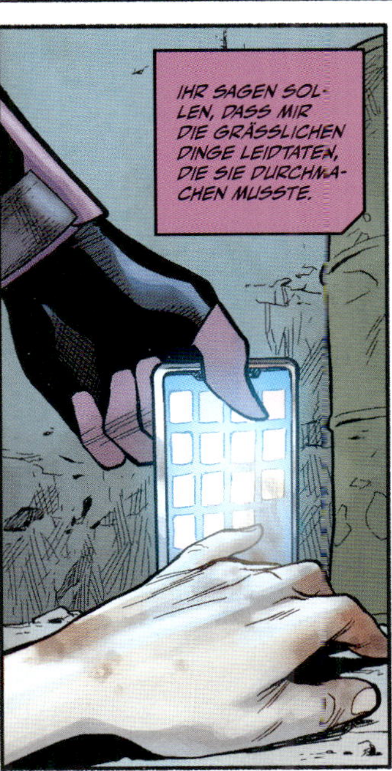
IHR SAGEN SOLLEN, DASS MIR DIE GRÄSSLICHEN DINGE LEIDTATEN, DIE SIE DURCHMACHEN MUSSTE.

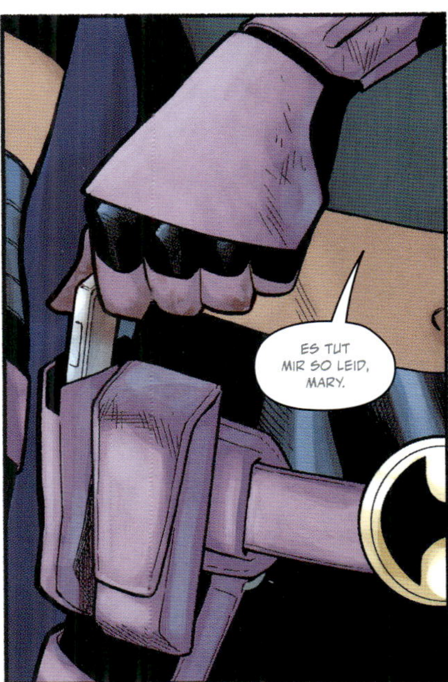
ES TUT MIR SO LEID, MARY.

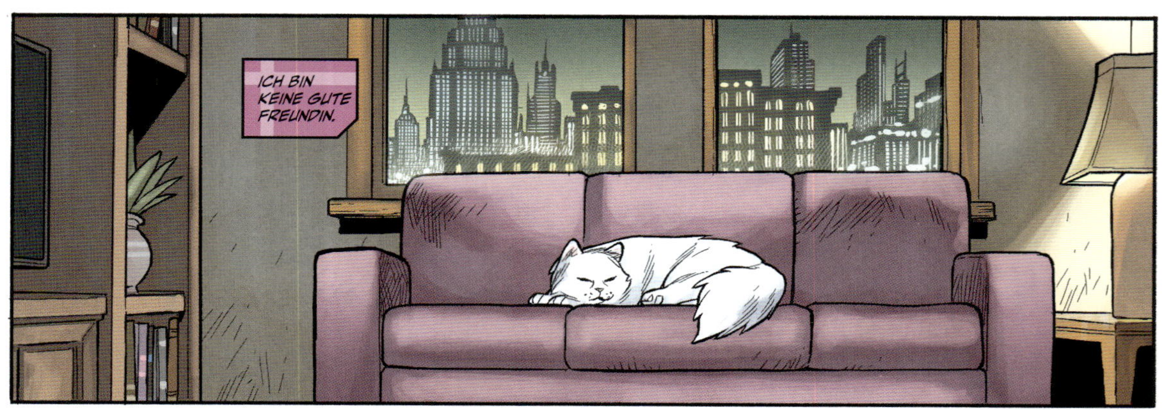
ICH BIN KEINE GUTE FREUNDIN.

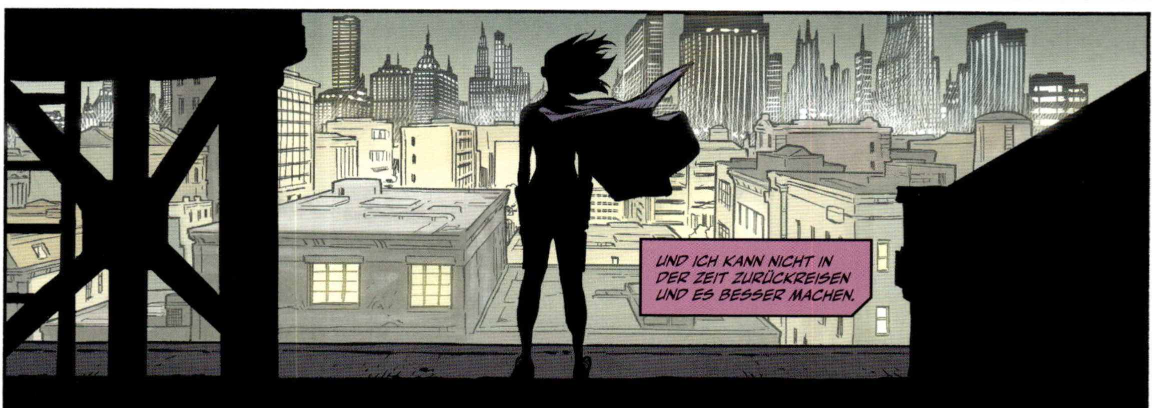
UND ICH KANN NICHT IN DER ZEIT ZURÜCKREISEN UND ES BESSER MACHEN.

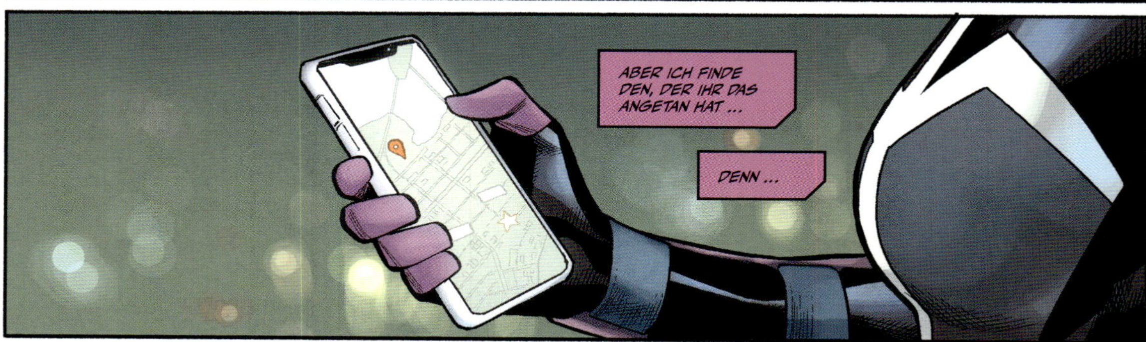
ABER ICH FINDE DEN, DER IHR DAS ANGETAN HAT ...
DENN ...

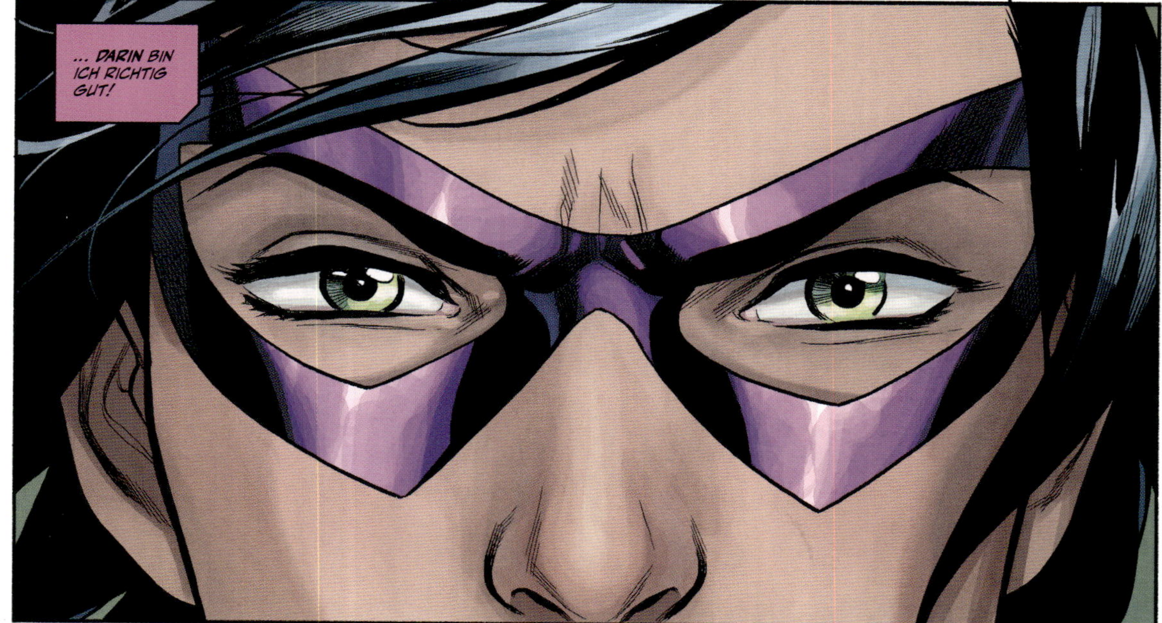
... DARIN BIN ICH RICHTIG GUT!

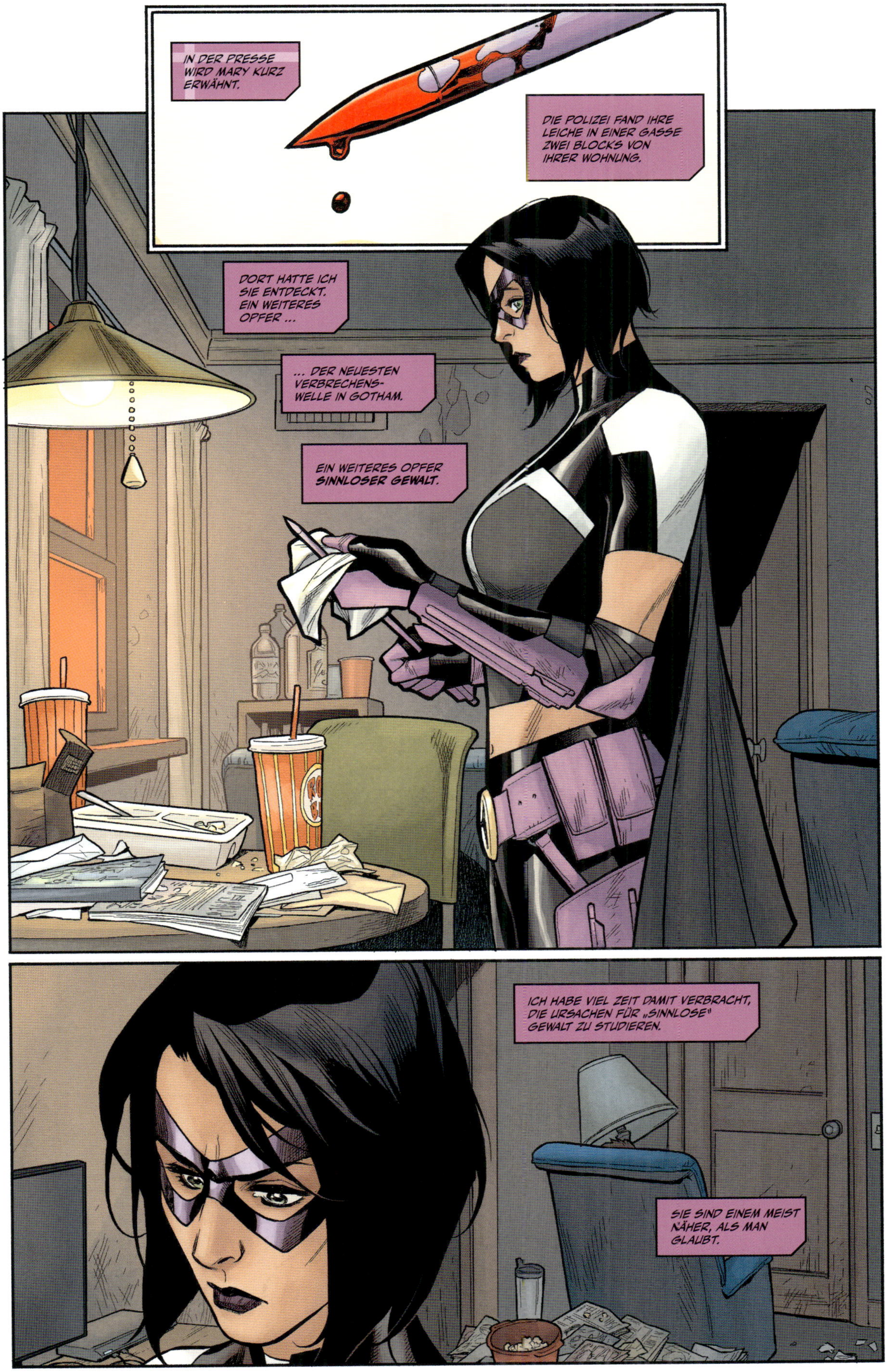

IN DER PRESSE WIRD MARY KURZ ERWÄHNT.

DIE POLIZEI FAND IHRE LEICHE IN EINER GASSE ZWEI BLOCKS VON IHRER WOHNUNG.

DORT HATTE ICH SIE ENTDECKT. EIN WEITERES OPFER ...

... DER NEUESTEN VERBRECHENS-WELLE IN GOTHAM.

EIN WEITERES OPFER **SINNLOSER GEWALT.**

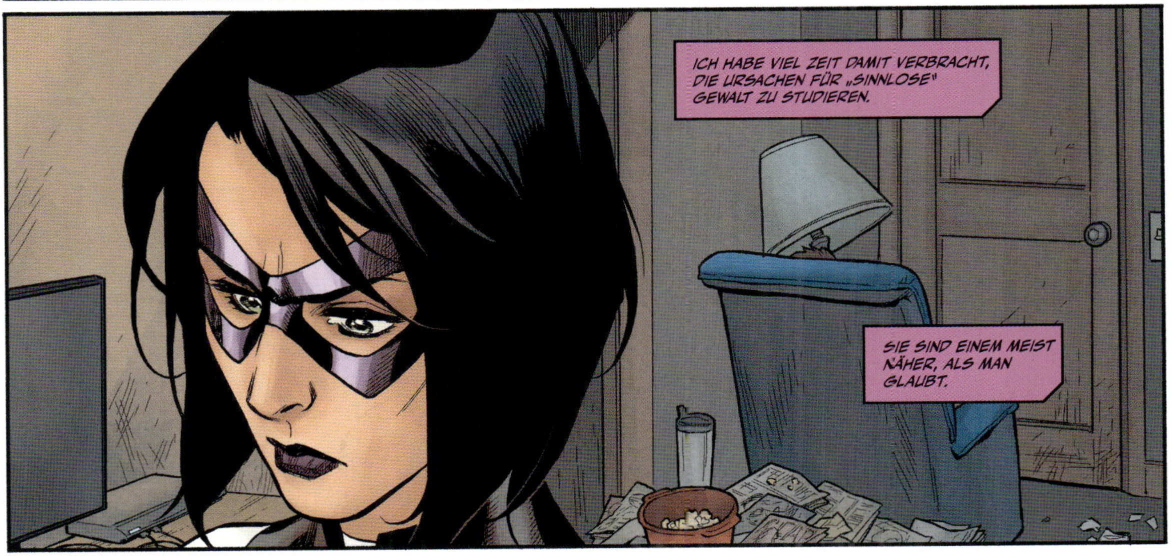

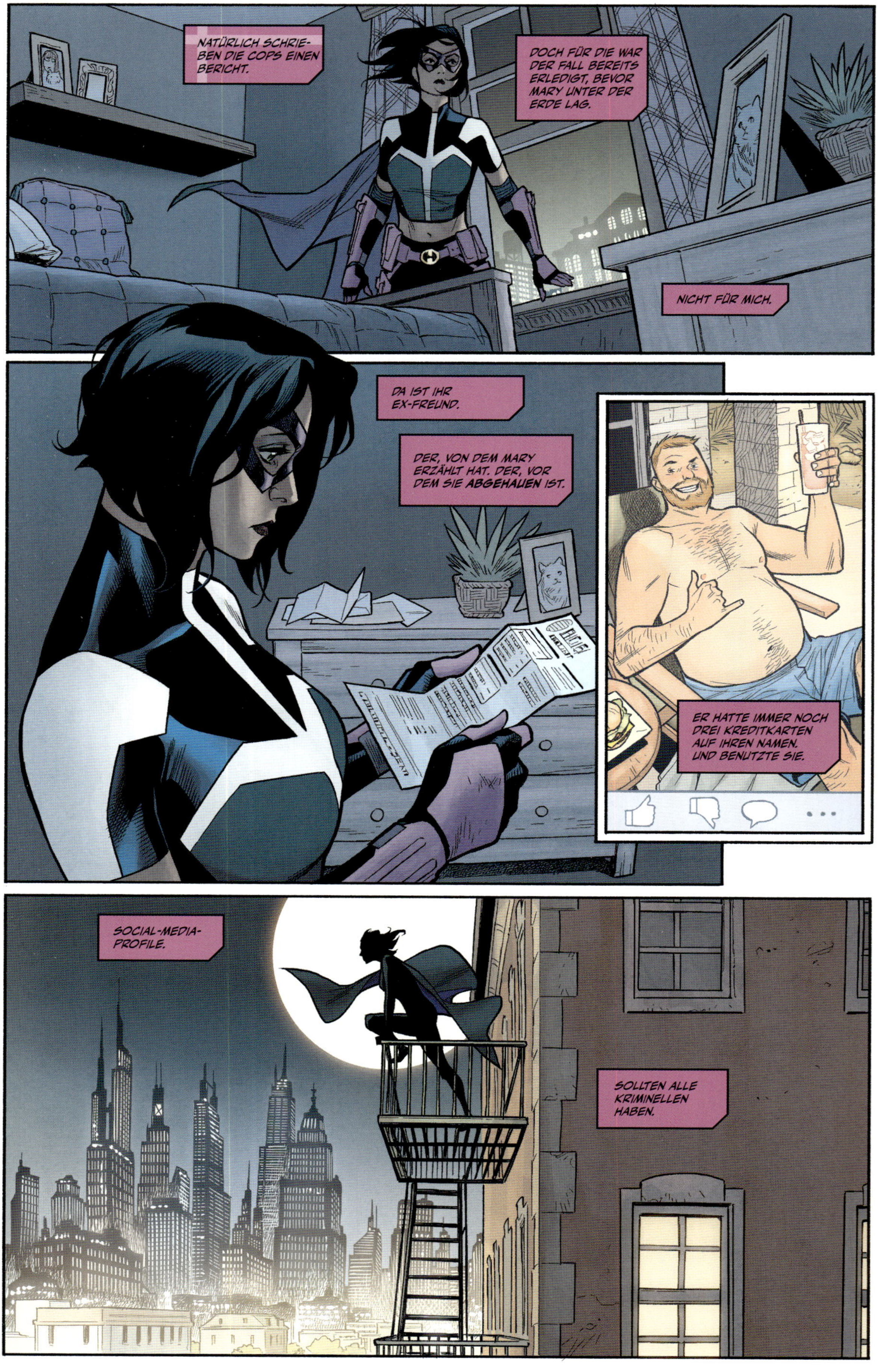

NATÜRLICH SCHRIEBEN DIE COPS EINEN BERICHT.

DOCH FÜR DIE WAR DER FALL BEREITS ERLEDIGT, BEVOR MARY UNTER DER ERDE LAG.

NICHT FÜR MICH.

DA IST IHR EX-FREUND.

DER, VON DEM MARY ERZÄHLT HAT. DER, VOR DEM SIE **ABGEHAUEN** IST.

ER HATTE IMMER NOCH DREI KREDITKARTEN AUF IHREN NAMEN. UND BENUTZTE SIE.

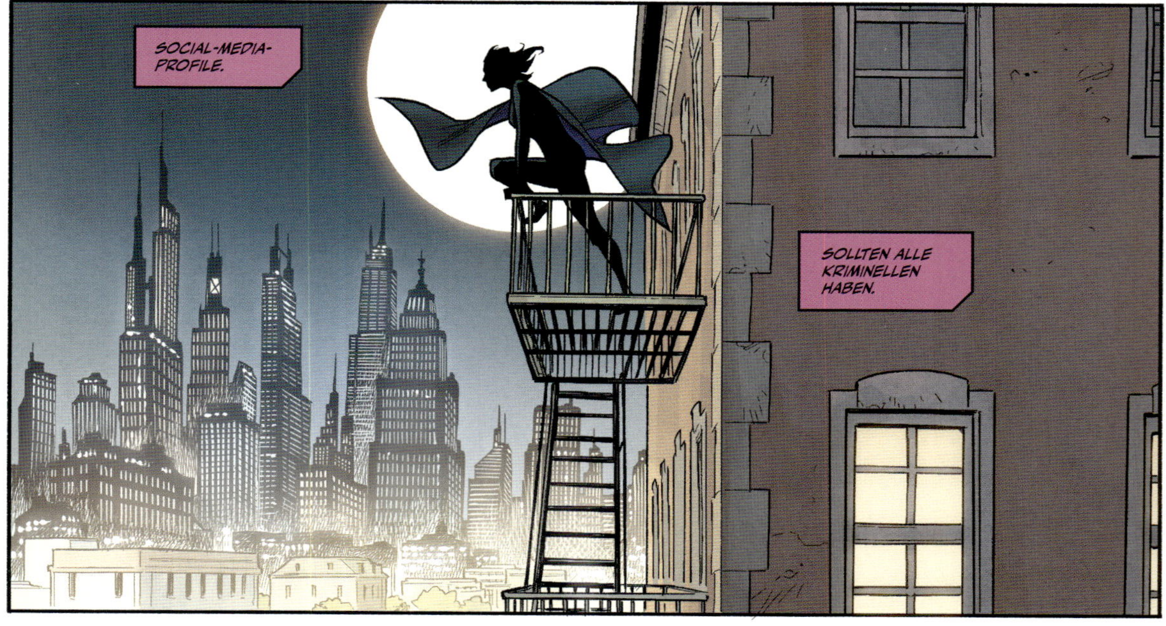

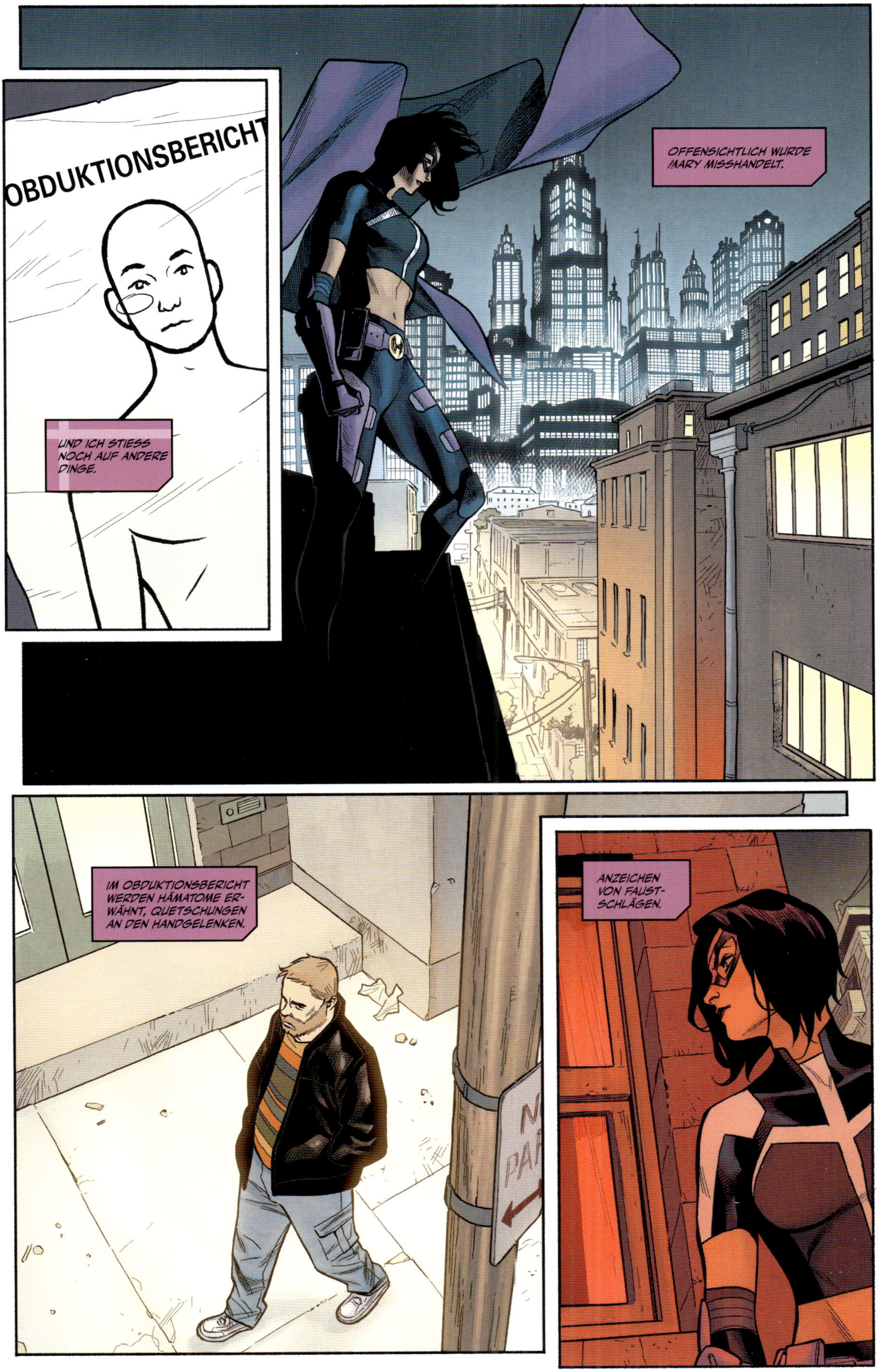

OFFENSICHTLICH WURDE MARY MISSHANDELT.

OBDUKTIONSBERICHT

UND ICH STIESS NOCH AUF ANDERE DINGE.

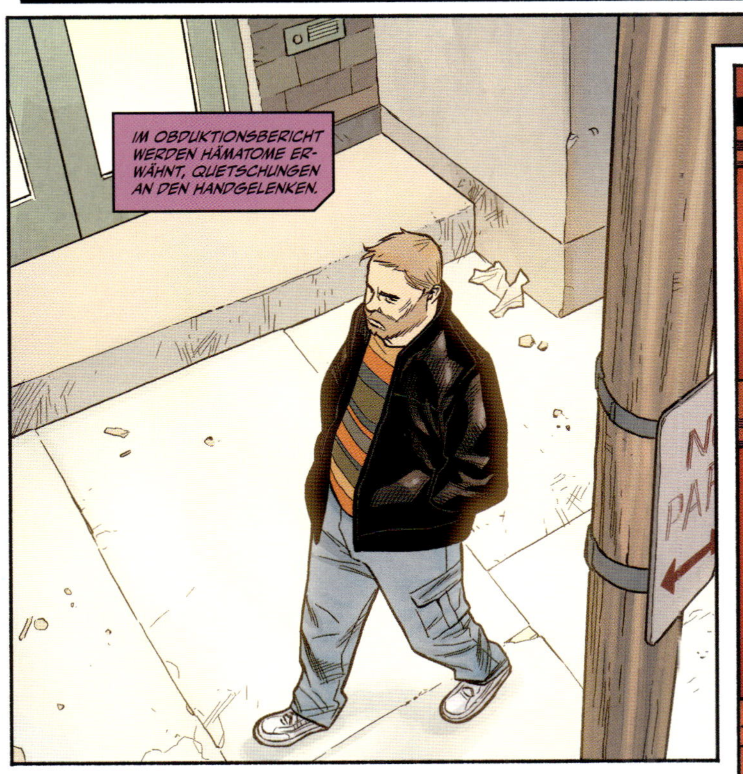

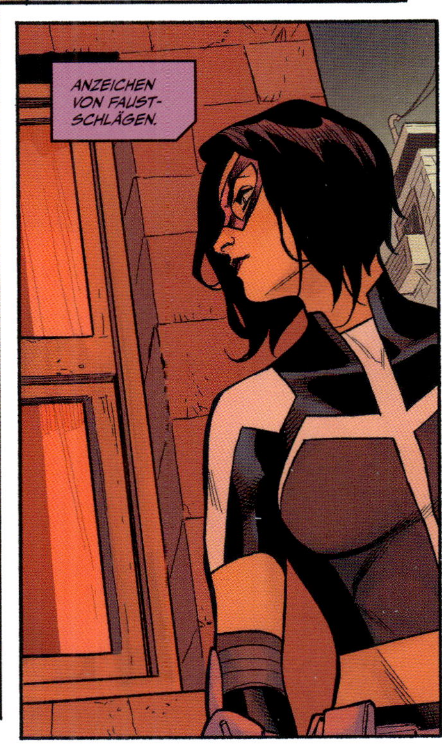

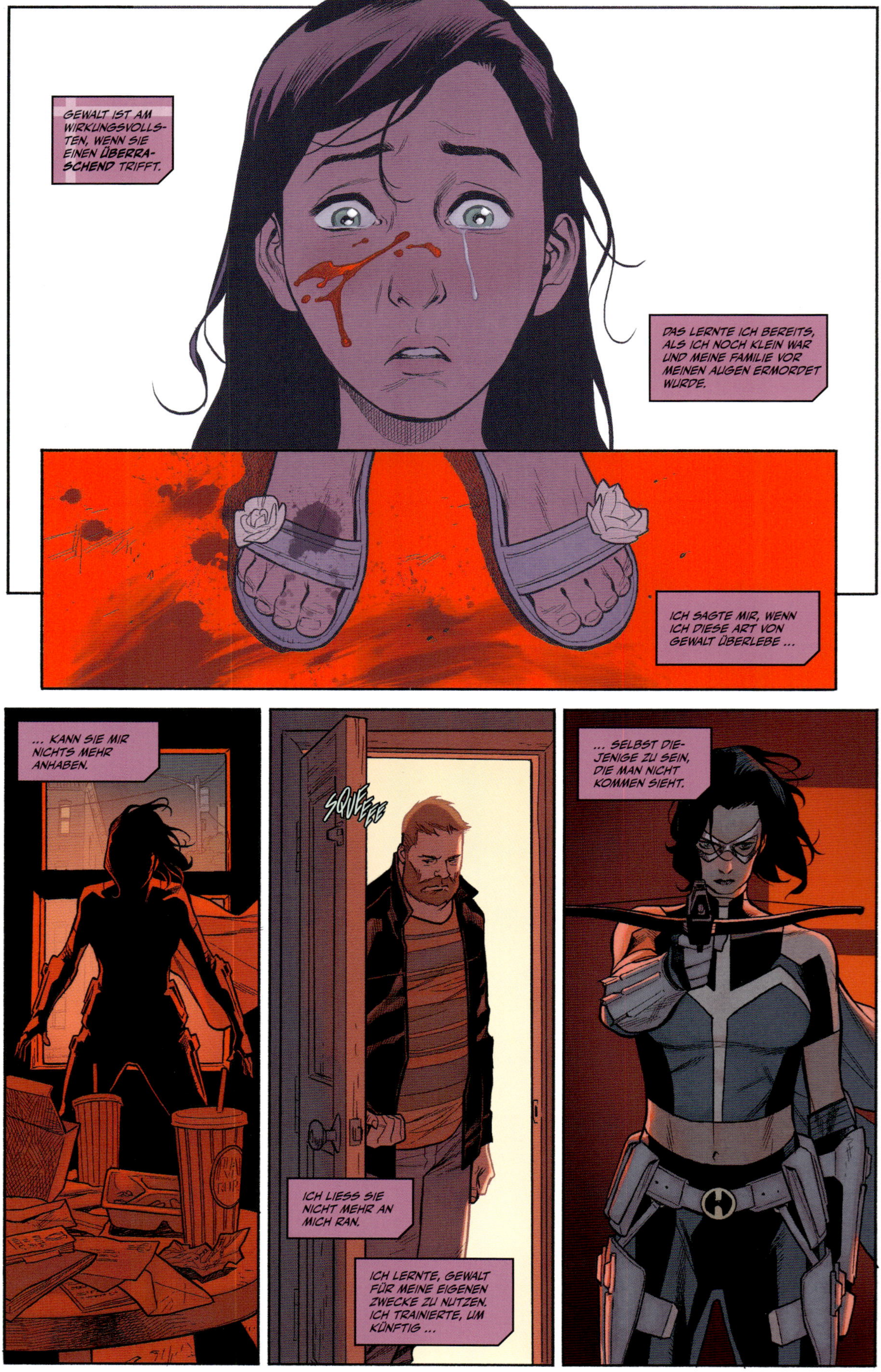

GEWALT IST AM WIRKUNGSVOLLSTEN, WENN SIE EINEN **ÜBERRASCHEND** TRIFFT.

DAS LERNTE ICH BEREITS, ALS ICH NOCH KLEIN WAR UND MEINE FAMILIE VOR MEINEN AUGEN ERMORDET WURDE.

ICH SAGTE MIR, WENN ICH DIESE ART VON GEWALT ÜBERLEBE ...

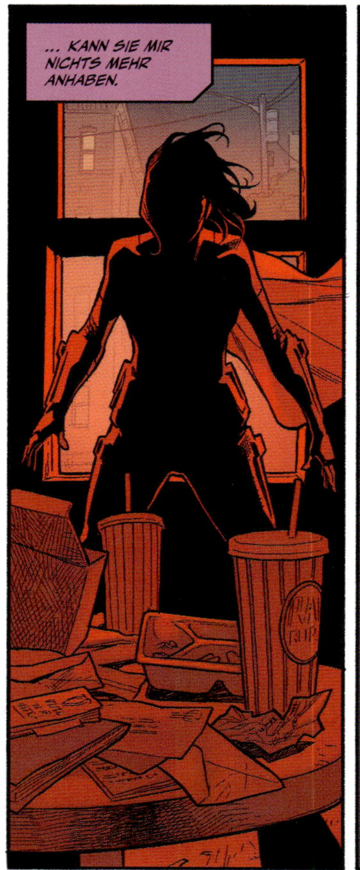

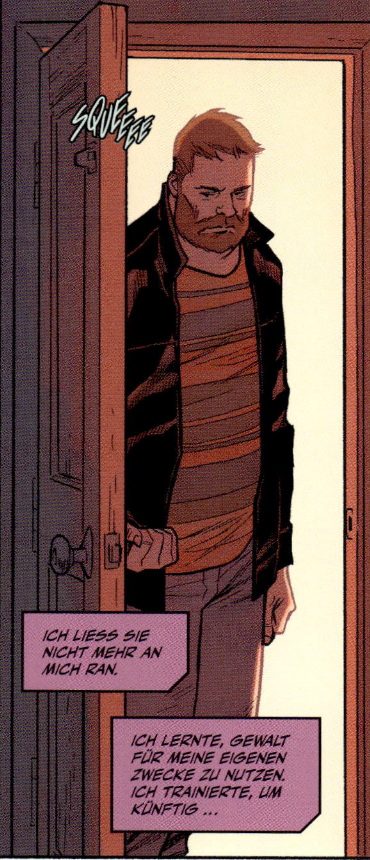

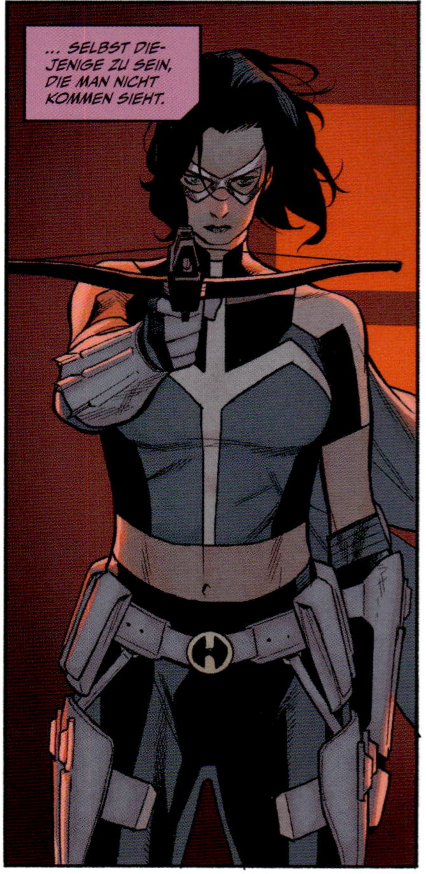

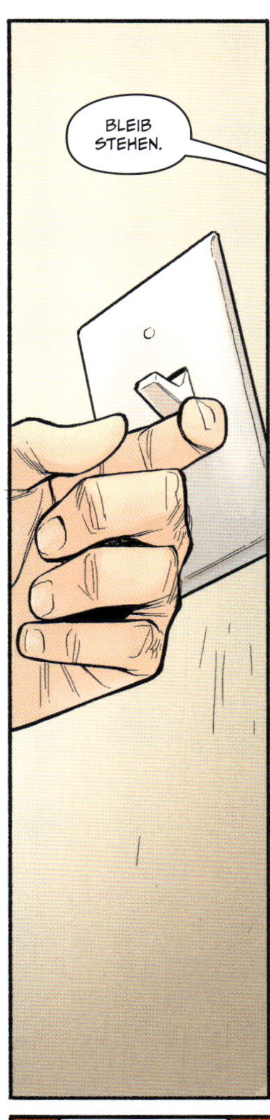
BLEIB STEHEN.

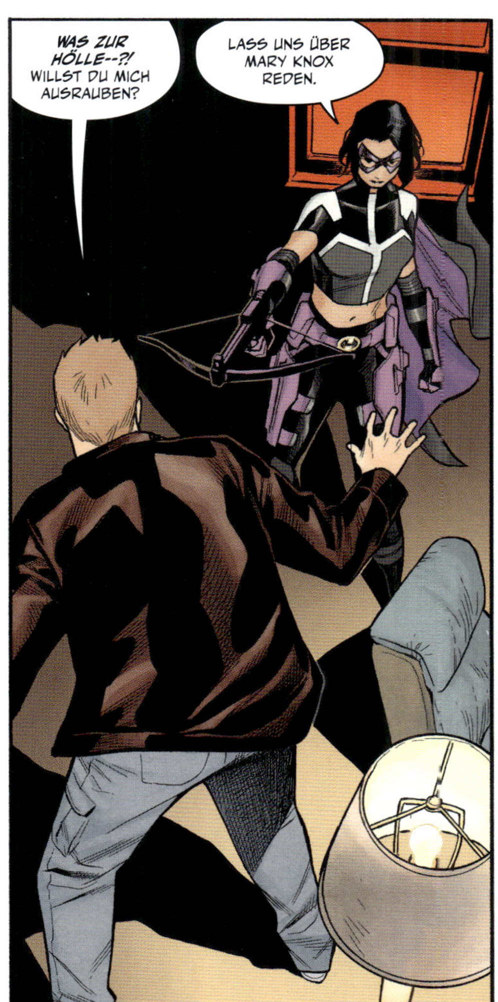
WAS ZUR HÖLLE--?! WILLST DU MICH AUSRAUBEN?
LASS UNS ÜBER MARY KNOX REDEN.

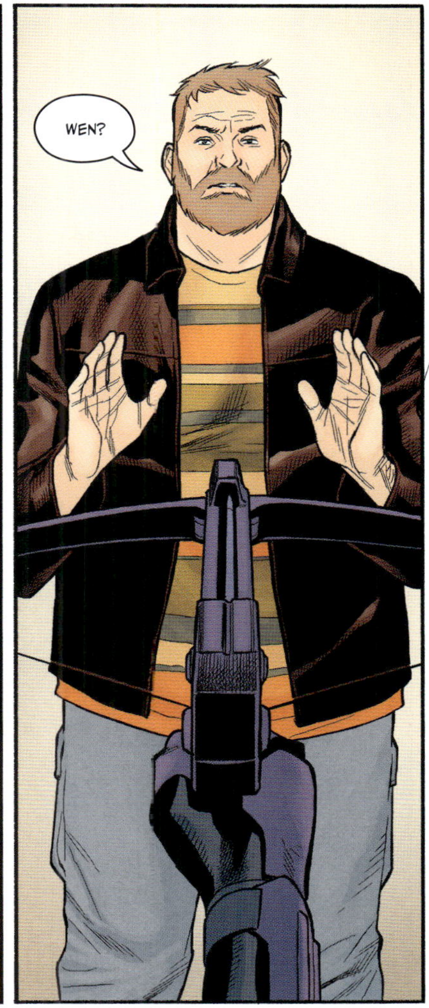
WEN?

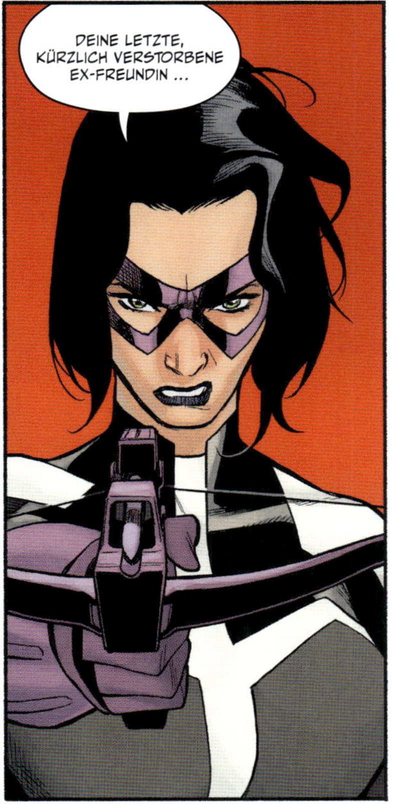
DEINE LETZTE, KÜRZLICH VERSTORBENE EX-FREUNDIN ...

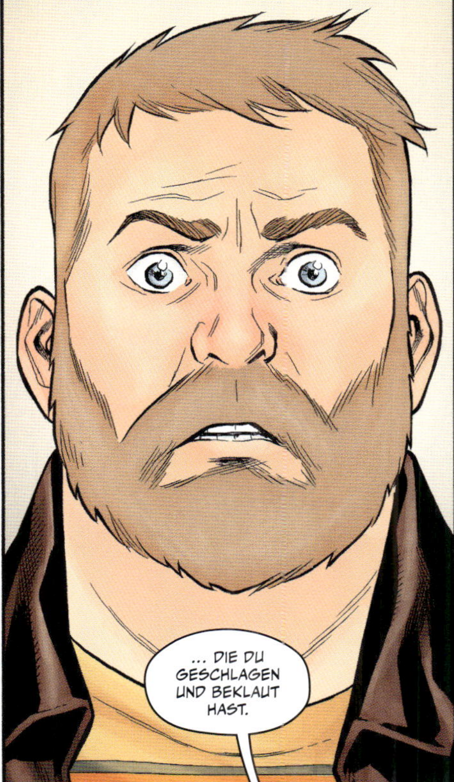
... DIE DU GESCHLAGEN UND BEKLAUT HAST.

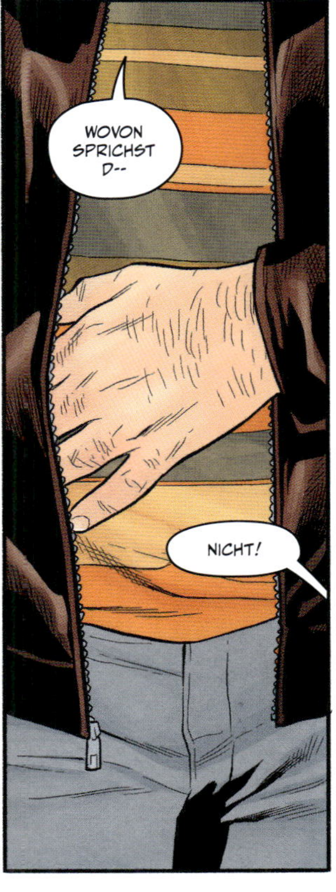
WOVON SPRICHST D--
NICHT!

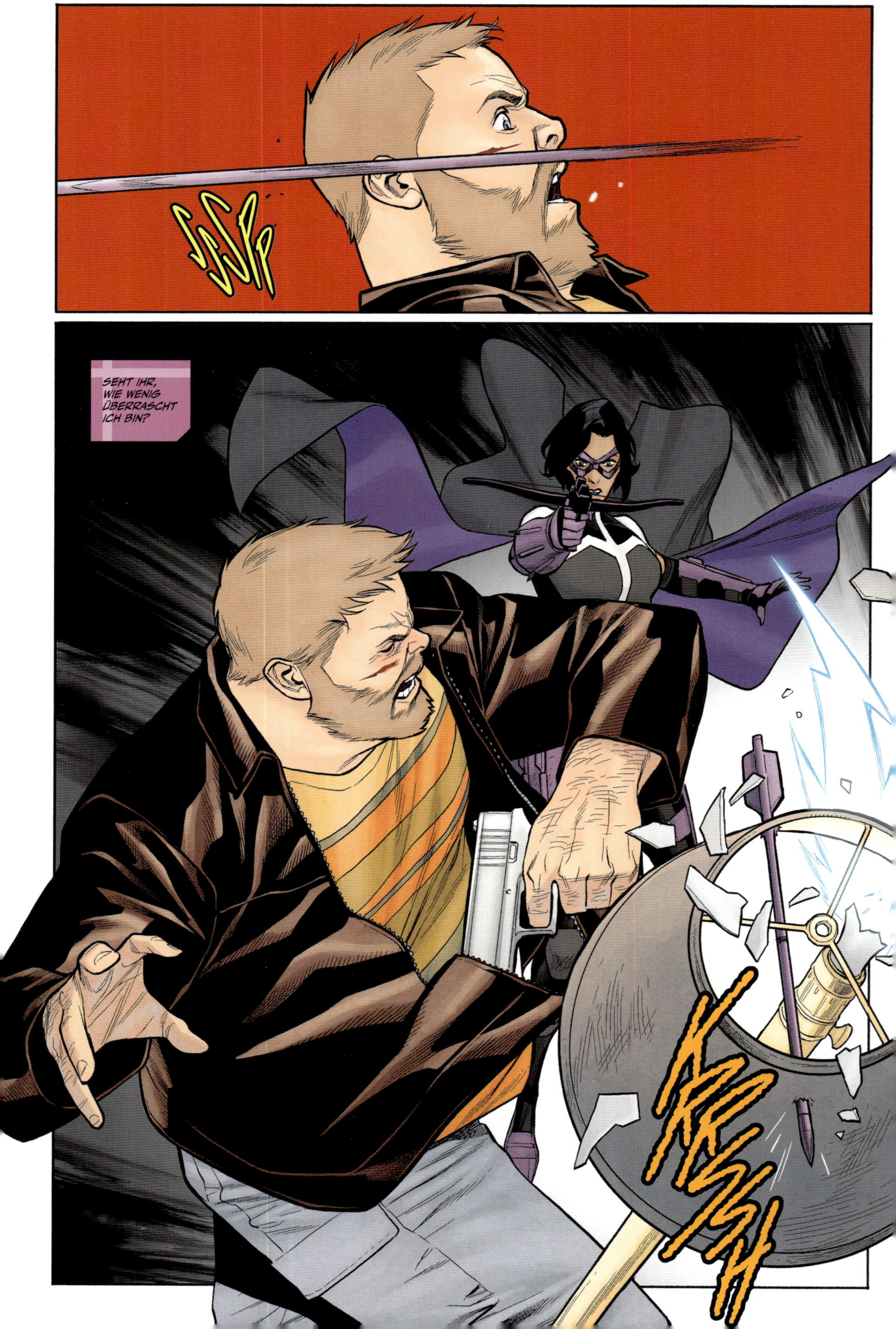

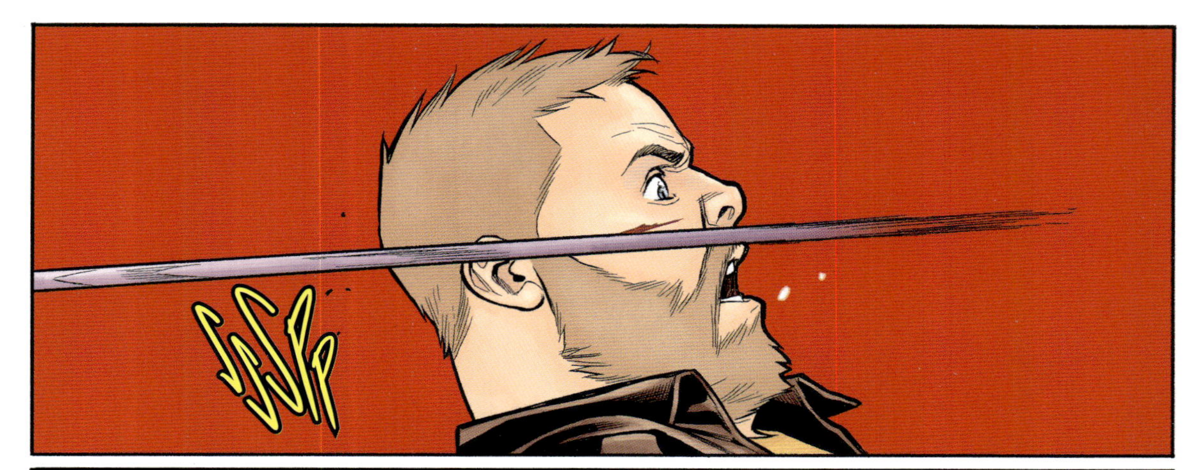
SSSPP

SEHT IHR, WIE WENIG ÜBERRASCHT ICH BIN?
KRRSSH

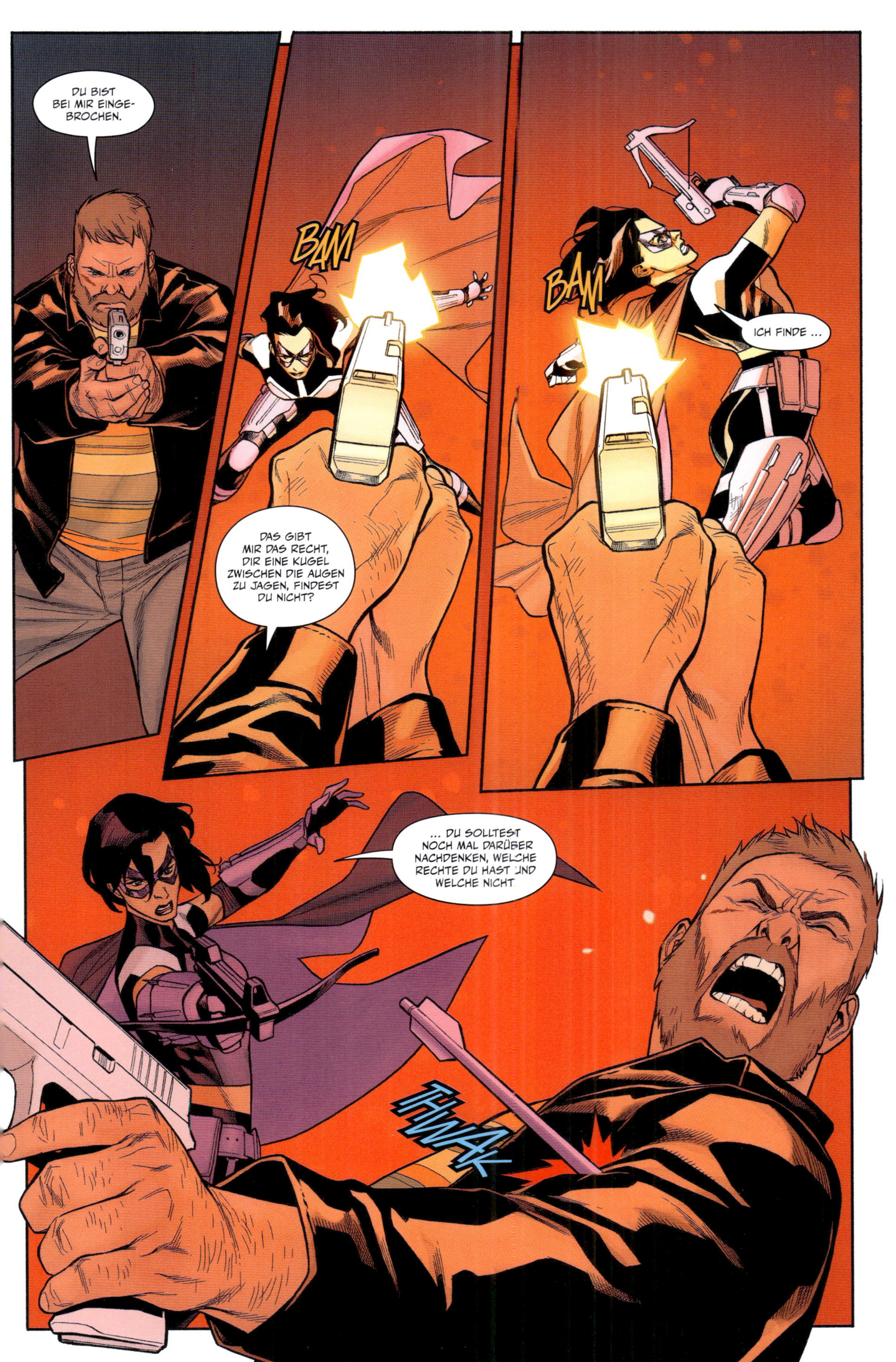
DU BIST BEI MIR EINGE-BROCHEN.
BAM
DAS GIBT MIR DAS RECHT, DIR EINE KUGEL ZWISCHEN DIE AUGEN ZU JAGEN, FINDEST DU NICHT?
BAM
ICH FINDE ...
... DU SOLLTEST NOCH MAL DARÜBER NACHDENKEN, WELCHE RECHTE DU HAST UND WELCHE NICHT.
THWAK

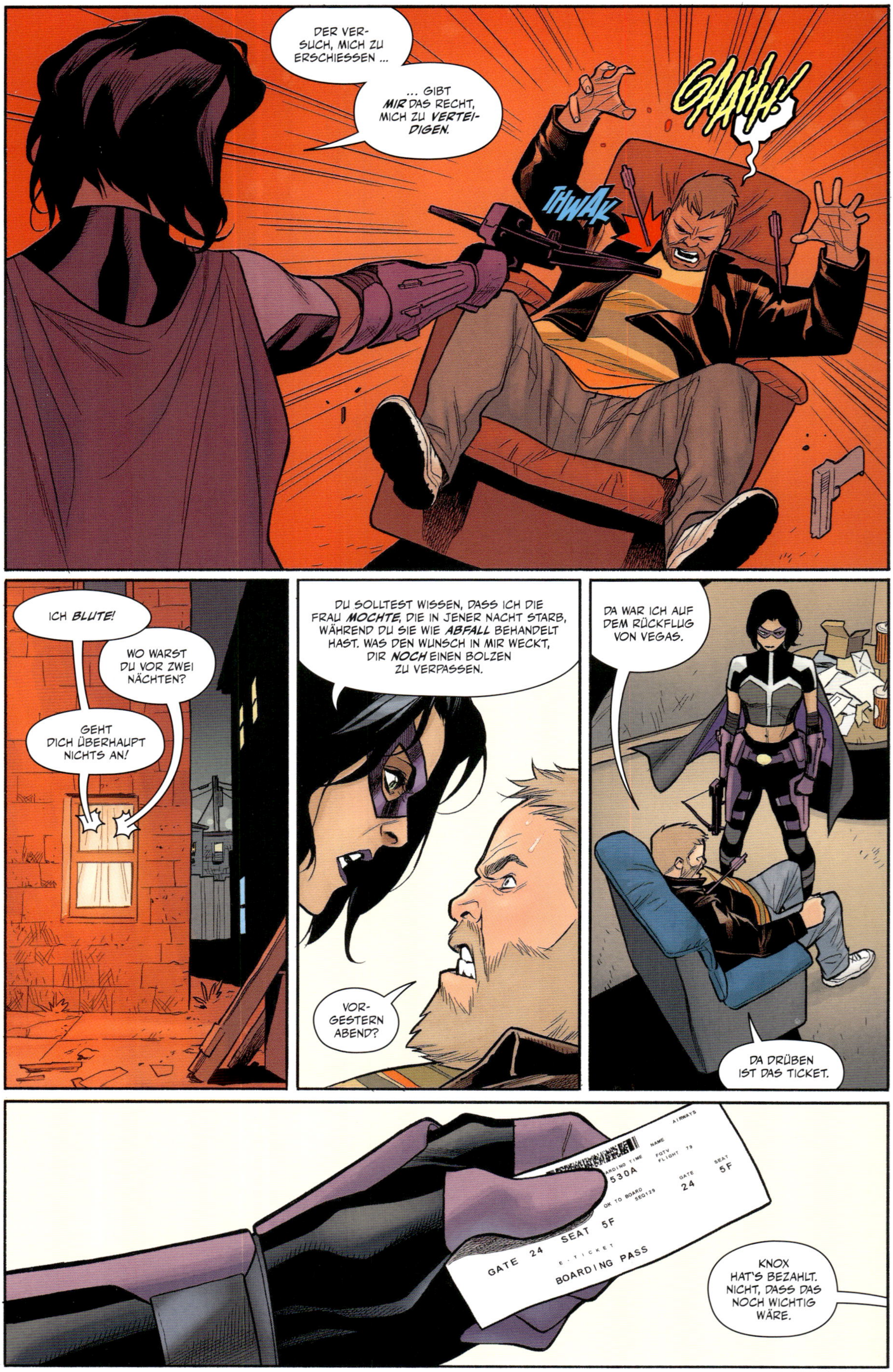

DER VERSUCH, MICH ZU ERSCHIESSEN ...
... GIBT *MIR* DAS RECHT, MICH ZU *VERTEIDIGEN*.
GAAHH!
THWAK

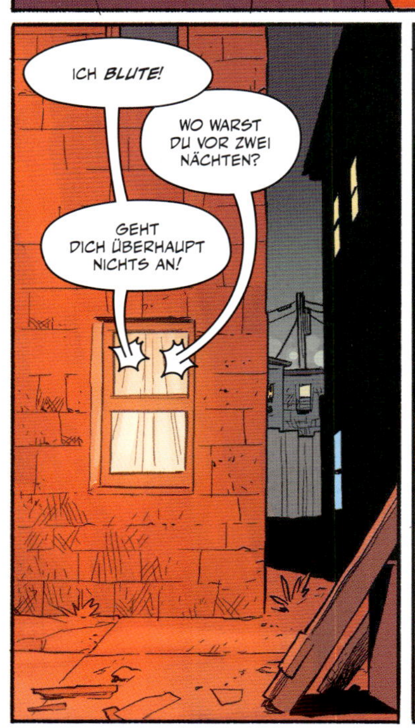
ICH *BLUTE!*
WO WARST DU VOR ZWEI NÄCHTEN?
GEHT DICH ÜBERHAUPT NICHTS AN!

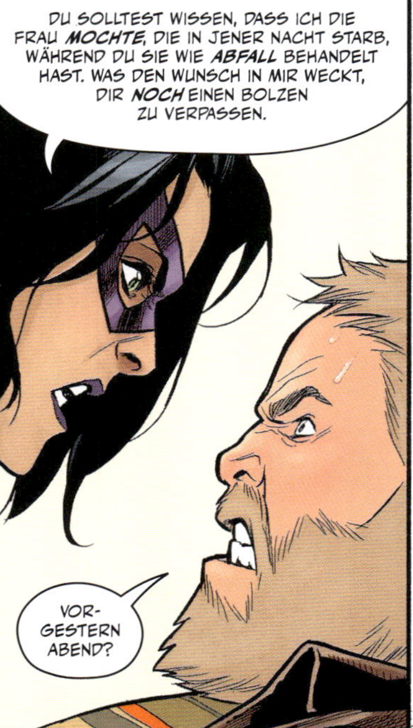
DU SOLLTEST WISSEN, DASS ICH DIE FRAU *MOCHTE*, DIE IN JENER NACHT STARB, WÄHREND DU SIE WIE *ABFALL* BEHANDELT HAST. WAS DEN WUNSCH IN MIR WECKT, DIR *NOCH* EINEN BOLZEN ZU VERPASSEN.
VORGESTERN ABEND?

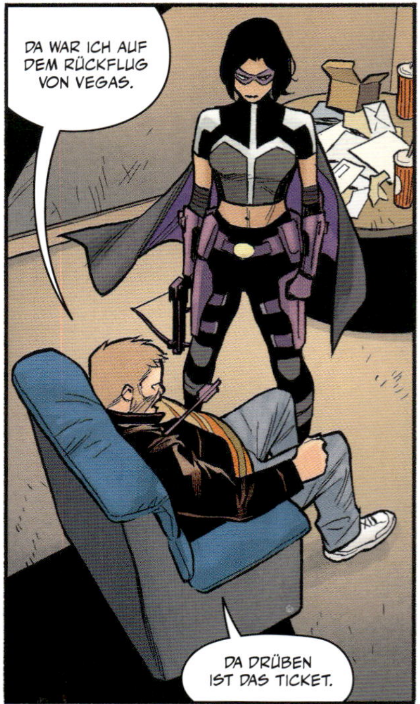
DA WAR ICH AUF DEM RÜCKFLUG VON VEGAS.
DA DRÜBEN IST DAS TICKET.

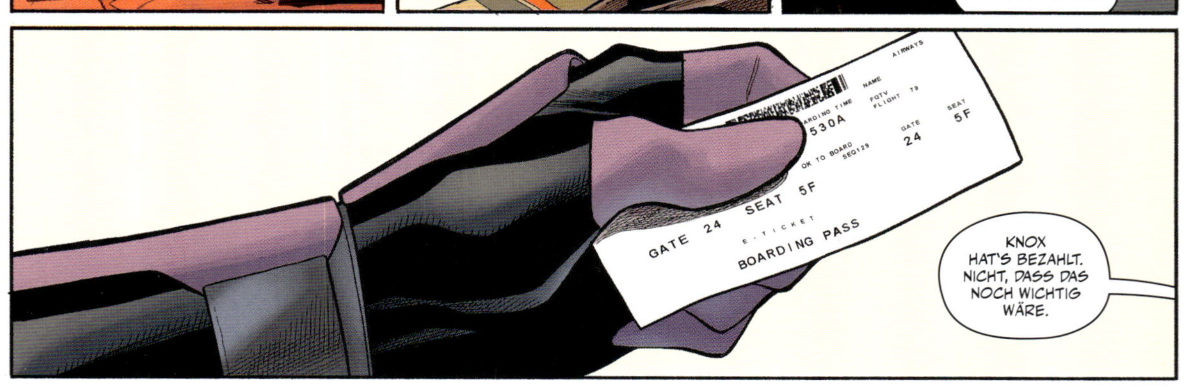
530A
GATE 24
SEAT 5F
GATE 24 SEAT 5F
E-TICKET
BOARDING PASS
KNOX HAT'S BEZAHLT. NICHT, DASS DAS NOCH WICHTIG WÄRE.

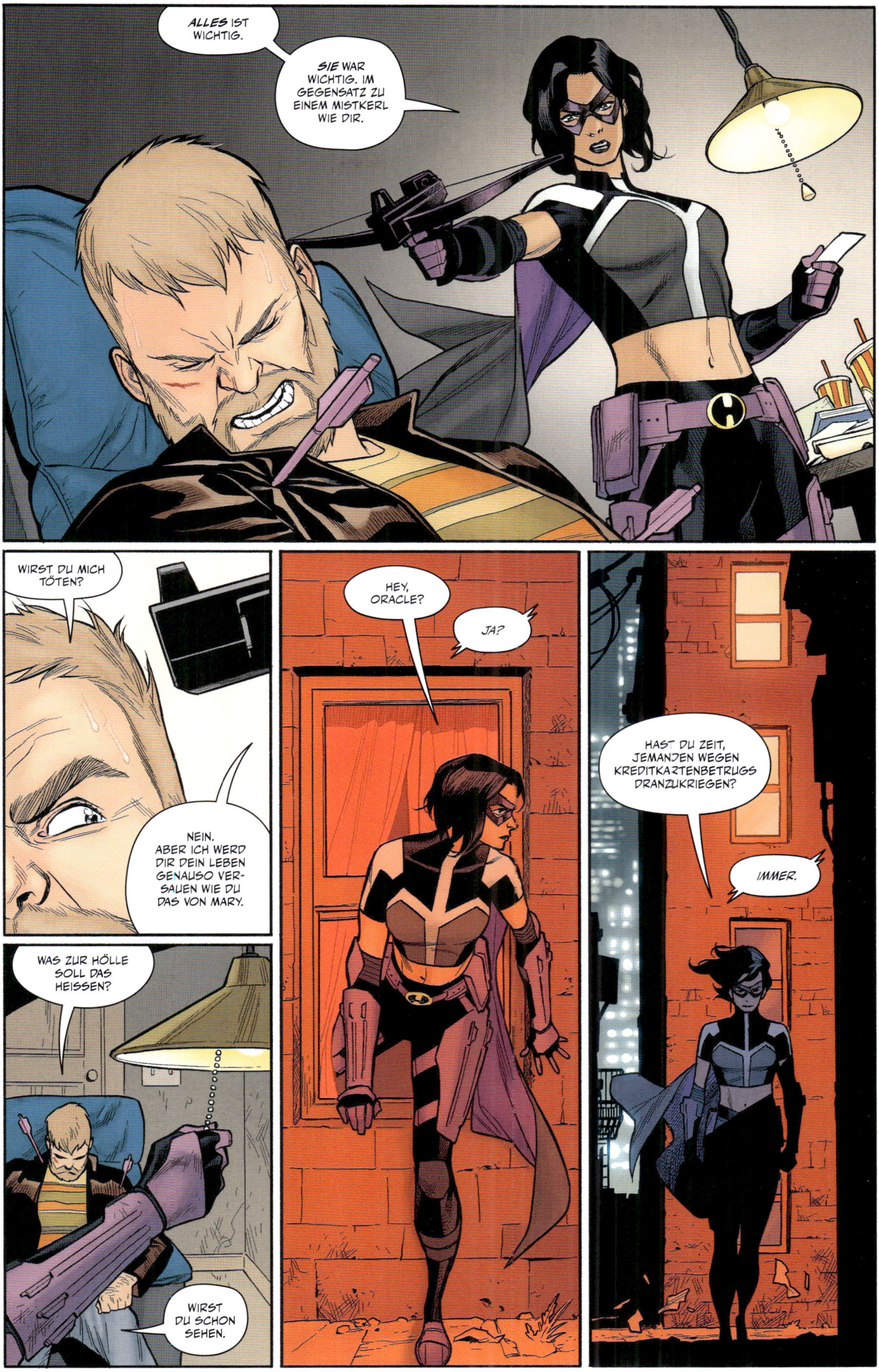

ALLES IST WICHTIG.

SIE WAR WICHTIG. IM GEGENSATZ ZU EINEM MISTKERL WIE DIR.

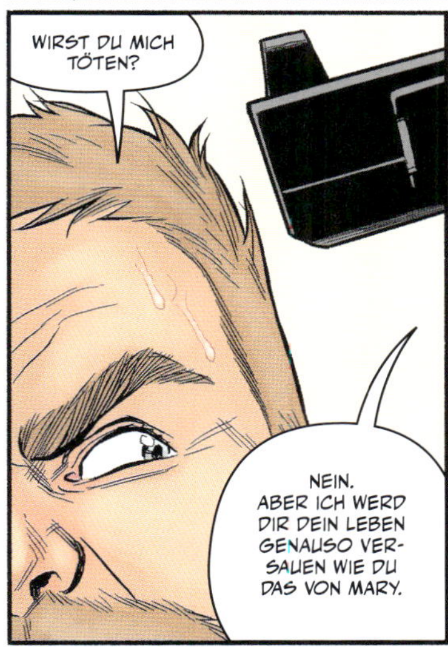

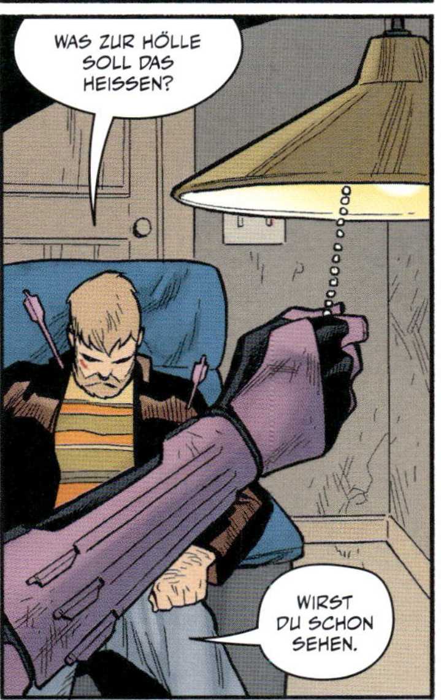

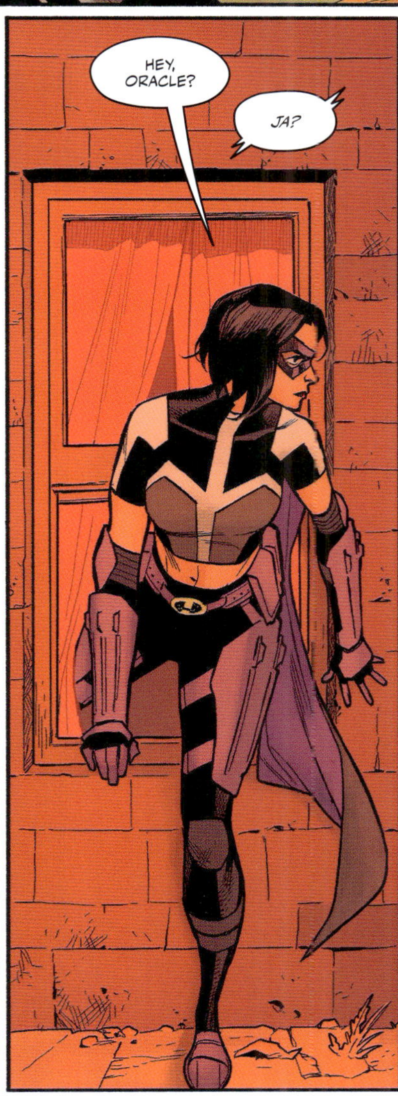

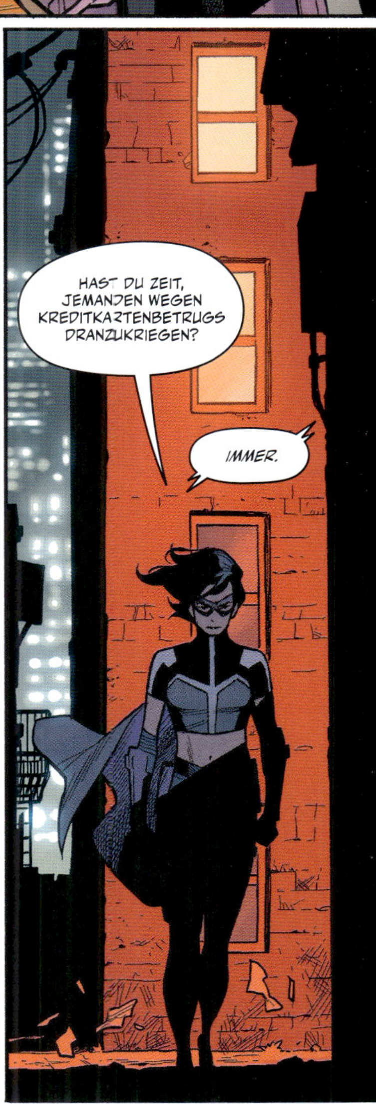

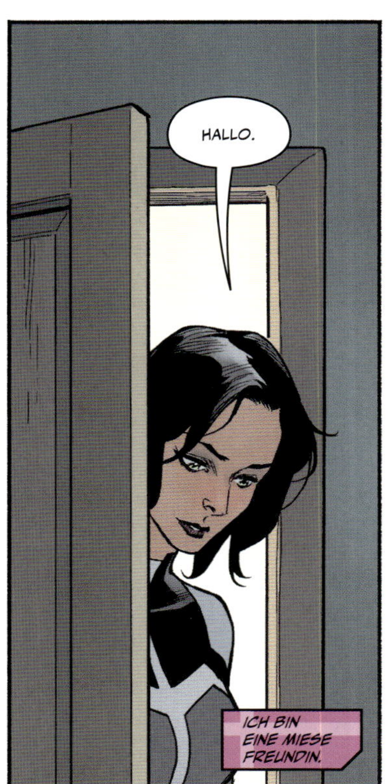
HALLO.
ICH BIN EINE MIESE FREUNDIN.

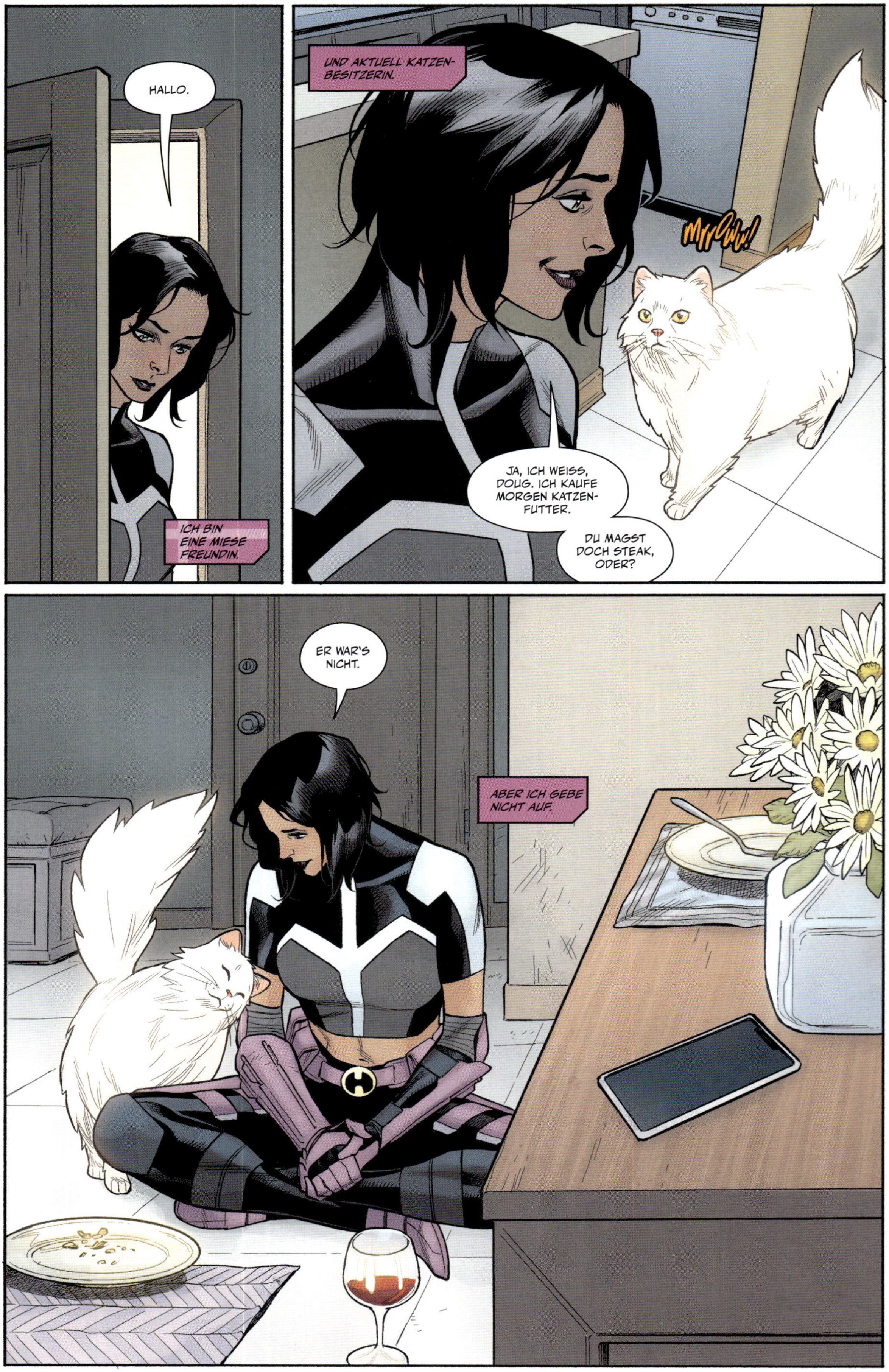

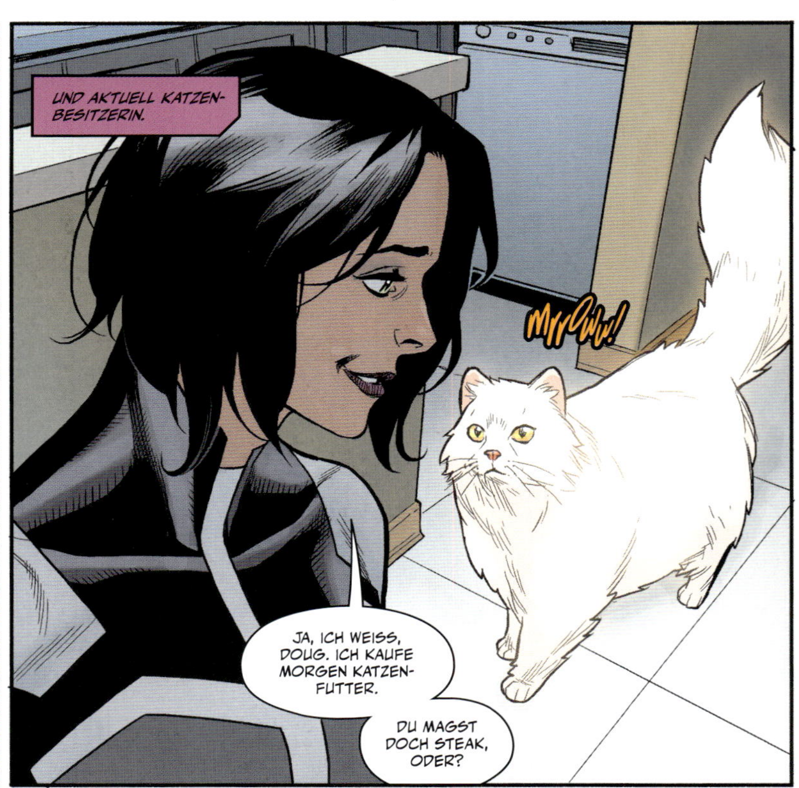
UND AKTUELL KATZEN-BESITZERIN.
JA, ICH WEISS, DOUG. ICH KAUFE MORGEN KATZEN-FUTTER.
DU MAGST DOCH STEAK, ODER?

ER WAR'S NICHT.
ABER ICH GEBE NICHT AUF.

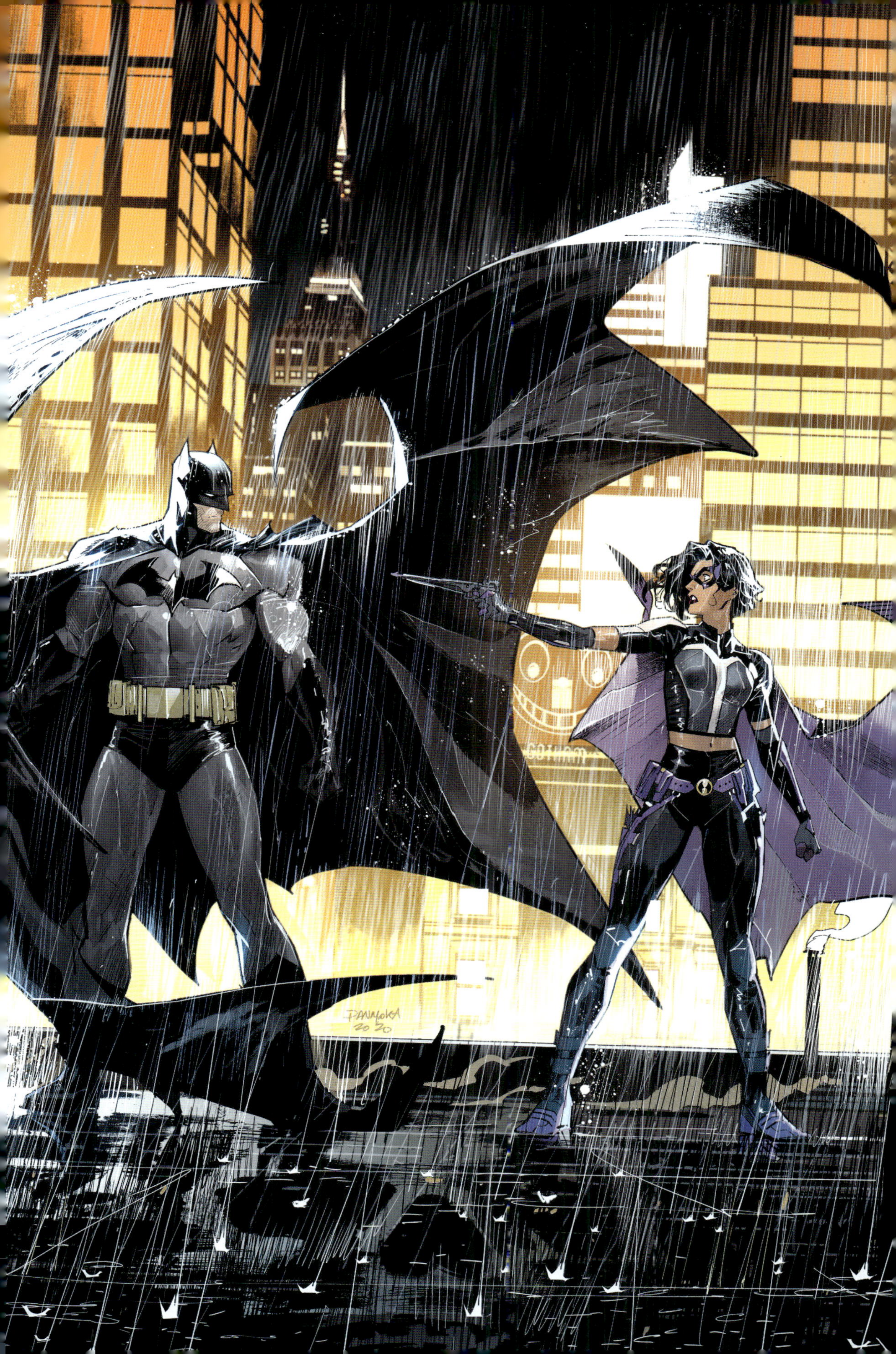
DANMORA
2020

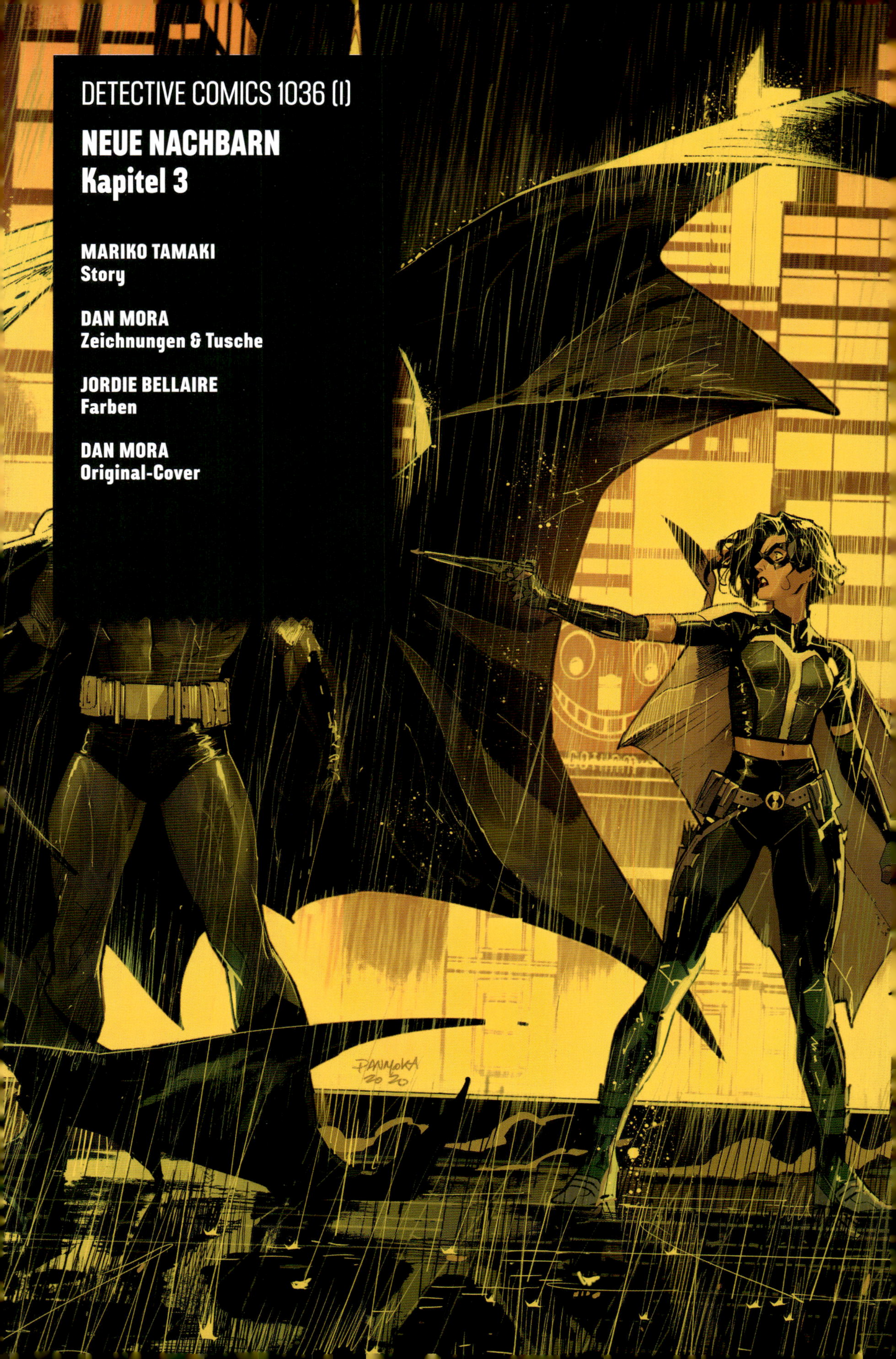

DETECTIVE COMICS 1036 (I)

NEUE NACHBARN
Kapitel 3

MARIKO TAMAKI
Story

DAN MORA
Zeichnungen & Tusche

JORDIE BELLAIRE
Farben

DAN MORA
Original-Cover

Gotham Gazette

GOTHAM CITYS VERTRAUENSWÜRDIGSTE NACHRICHTENQUELLE

MÖGLICHE VERBINDUNG ZWISCHEN MASKIERTEM RÄCHER UND WORTH-MORD AUFGEDECKT

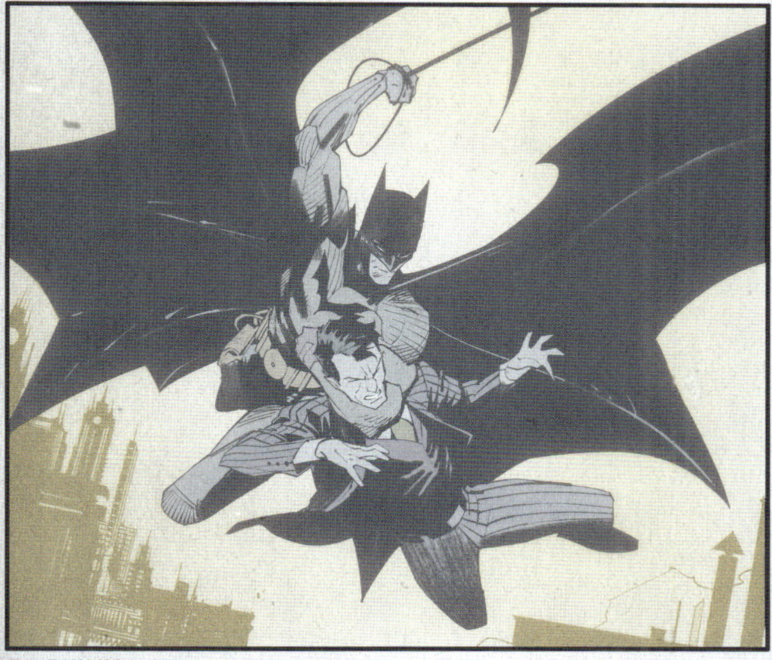

Foto: DAN MORA

Welchen Preis zahlen wir für Sarahs Tod?

Von DEB DONOVAN

Gestern nahm ich an der Trauerfeier für „Gothams Tochter" Sarah Worth teil, deren Leiche vor fast drei Tagen in der Kanalisation entdeckt wurde.

Polizeiquellen haben bestätigt, dass sich Batman, Gothams gefährlichster Vigilant, am Tatort aufhielt, als die Polizei Worth fand, was ihn zum Hauptverdächtigen macht.

Bei der Trauerfeier hielt Bürgermeister Nakano, der sich ansonsten eher idealistisch und patriotisch gibt, eine ausgesprochen emotionale Rede. Es war eine Mischung aus Ermutigung und Trauer, schwerem Herzen und Hoffnung auf baldige Gerechtigkeit. Danach sprach auch Sarahs Vater, Roland Worth. Worth ist eine beeindruckende Persönlichkeit.

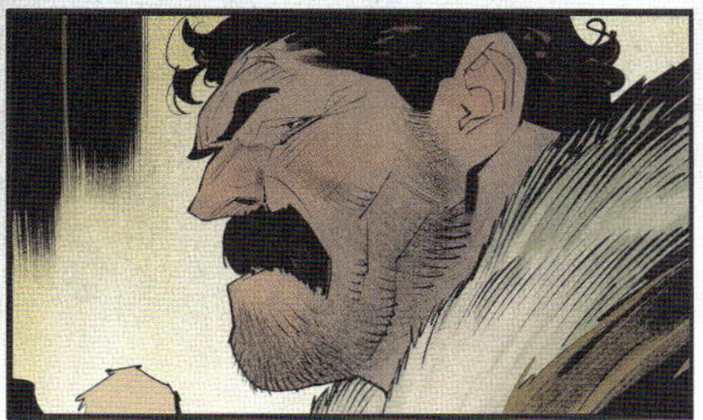

Er hat halb Gotham City erbaut (und ist zudem ein Krimineller, wie ich in früheren Artikeln erläutert habe). Als er an das Rednerpult trat und auf die Trauergemeinde herabstarrte, schien in der gesamten Kirche die Luft zu gefrieren.

Wer jemals mit diesem selbst ernannten „König der Gotham-Konstrukteure" zu tun hatte, weiß, dass Worth, anders als Nakano, ein Mann ist, dessen Worte aus Beton und Stahl sind. Worth war offenbar nicht in der Stimmung für Predigten. Stattdessen forderte er Gerechtigkeit und drohte unverhüllt damit, was geschehen würde, wenn Sarahs Mörder nicht gefunden wird.

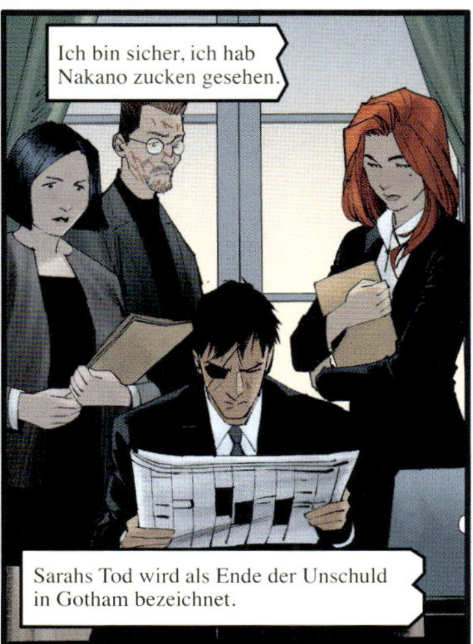

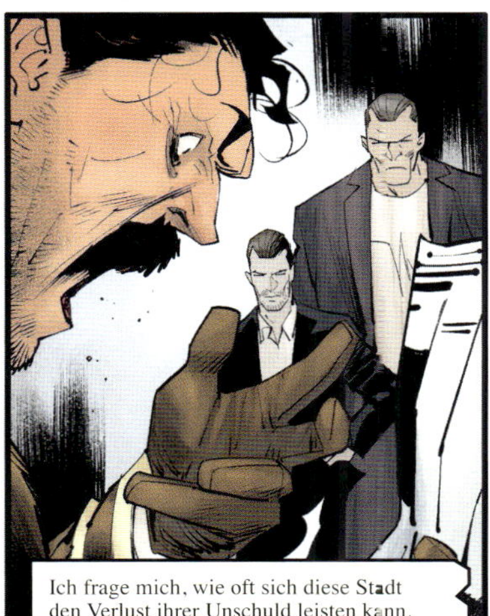

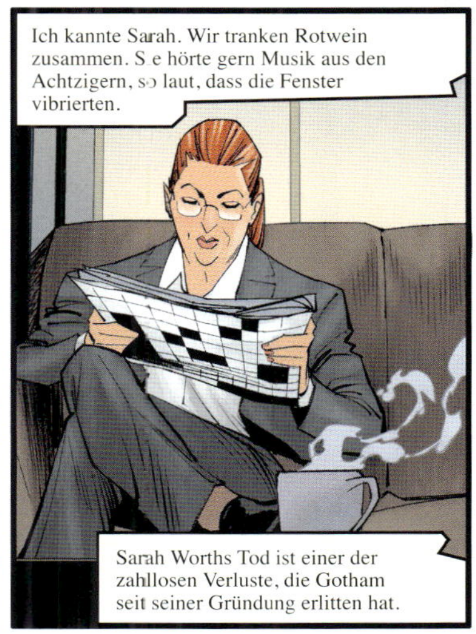

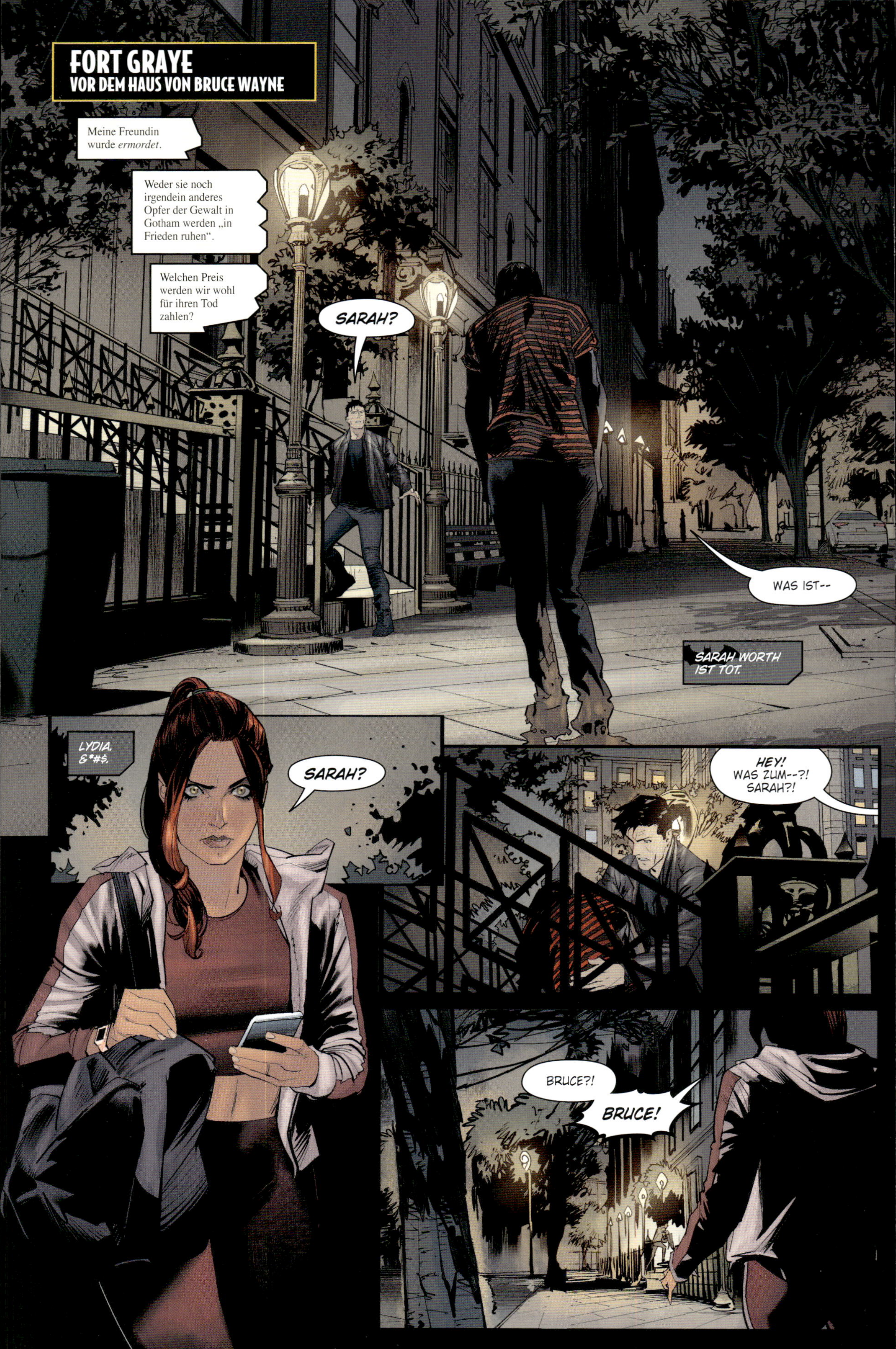
FORT GRAYE
VOR DEM HAUS VON BRUCE WAYNE
Meine Freundin wurde *ermordet*.
Weder sie noch irgendein anderes Opfer der Gewalt in Gotham werden „in Frieden ruhen“.
Welchen Preis werden wir wohl für ihren Tod zahlen?
SARAH?
WAS IST--
SARAH WORTH IST TOT.
LYDIA. &*#$.
SARAH?
HEY! WAS ZUM--?! SARAH?!
BRUCE?!
BRUCE!

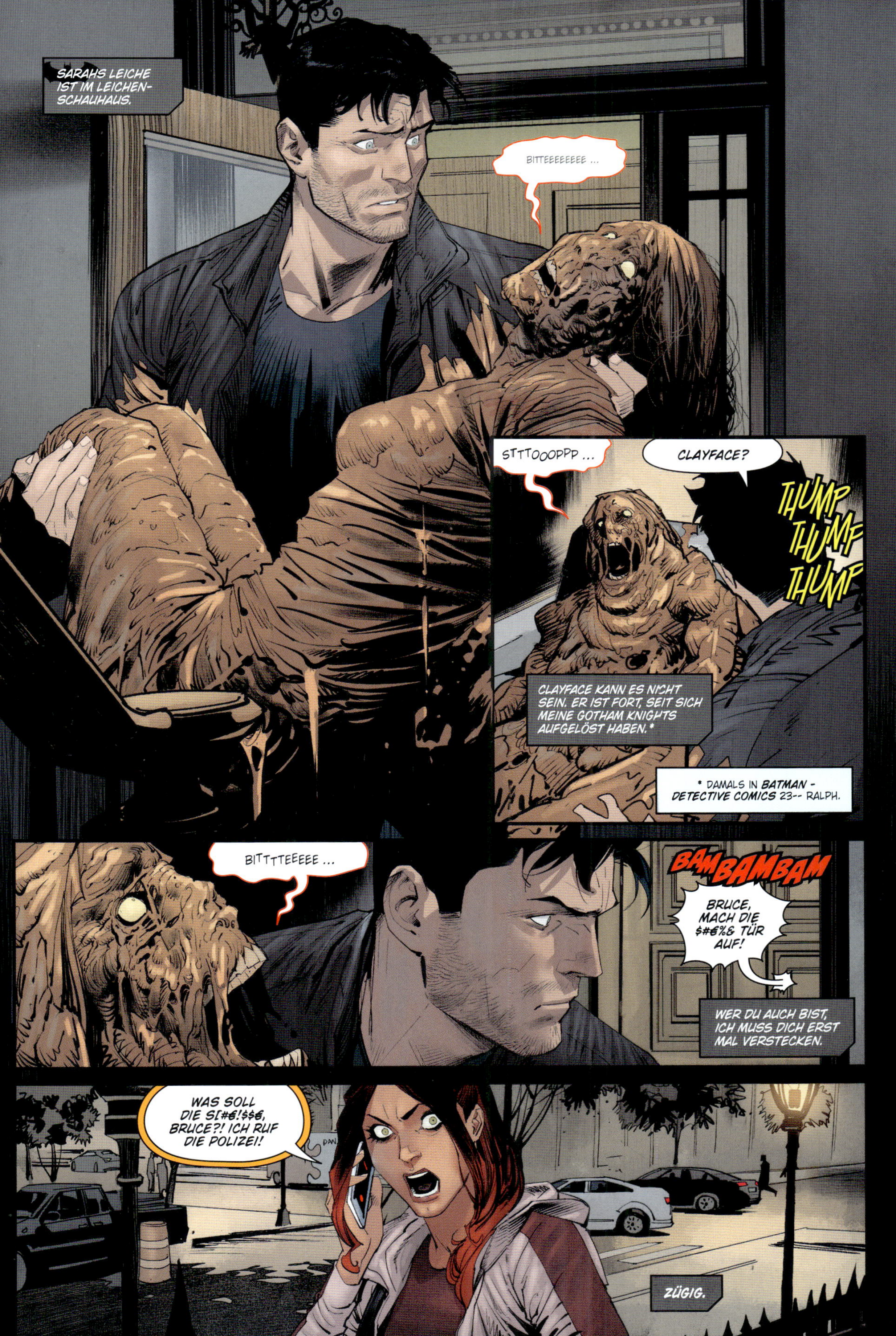
SARAHS LEICHE IST IM LEICHEN-SCHAUHAUS.
BITTEEEEEEEE ...
STTTOOOPPP ...
CLAYFACE?
THUMP THUMP THUMP
CLAYFACE KANN ES NICHT SEIN. ER IST FORT, SEIT SICH MEINE GOTHAM KNIGHTS AUFGELÖST HABEN.*
* DAMALS IN BATMAN - DETECTIVE COMICS 23-- RALPH.
BITTTTEEEEE ...
BAMBAMBAM
BRUCE, MACH DIE $#€%& TÜR AUF!
WER DU AUCH BIST, ICH MUSS DICH ERST MAL VERSTECKEN.
WAS SOLL DIE S!#€!$$€, BRUCE?! ICH RUF DIE POLIZEI!
ZÜGIG.

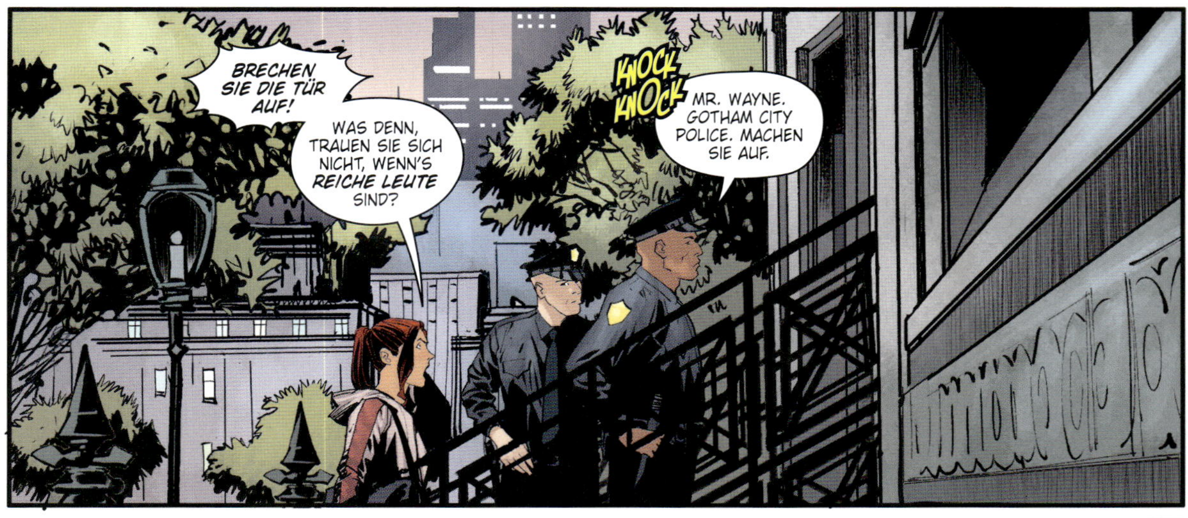
BRECHEN SIE DIE TÜR AUF!
WAS DENN, TRAUEN SIE SICH NICHT, WENN'S REICHE LEUTE SIND?
KNOCK KNOCK
MR. WAYNE. GOTHAM CITY POLICE. MACHEN SIE AUF.

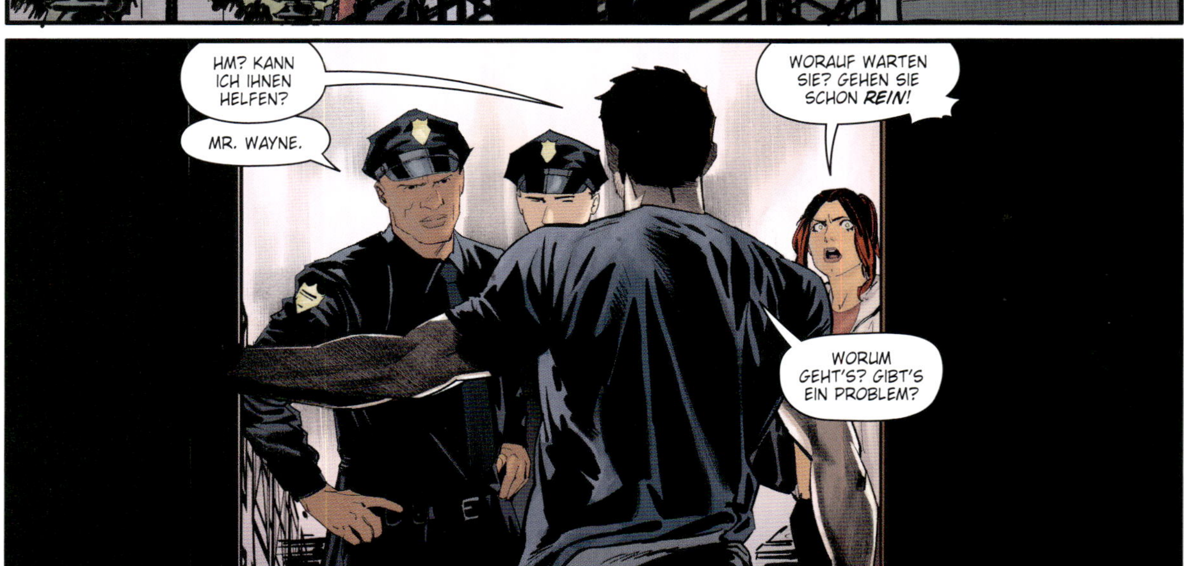
HM? KANN ICH IHNEN HELFEN?
MR. WAYNE.
WORAUF WARTEN SIE? GEHEN SIE SCHON REIN!
WORUM GEHT'S? GIBT'S EIN PROBLEM?

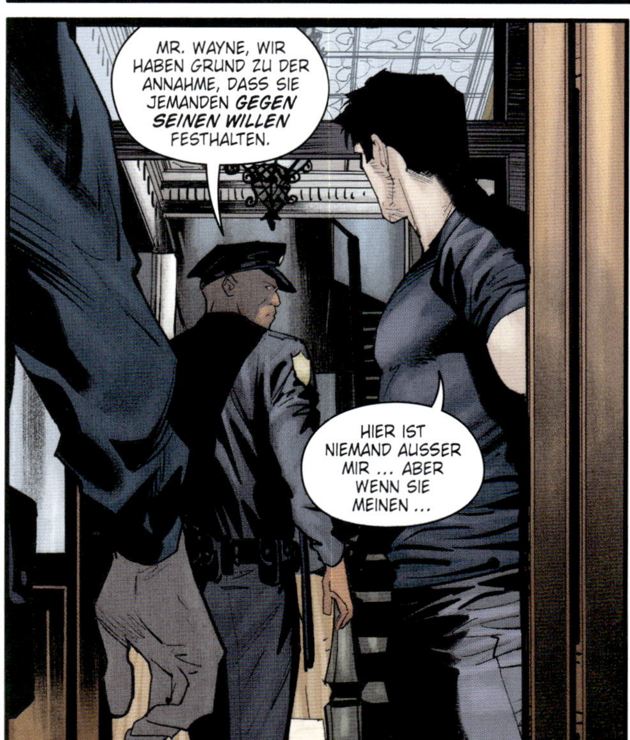
MR. WAYNE, WIR HABEN GRUND ZU DER ANNAHME, DASS SIE JEMANDEN GEGEN SEINEN WILLEN FESTHALTEN.
HIER IST NIEMAND AUSSER MIR ... ABER WENN SIE MEINEN ...

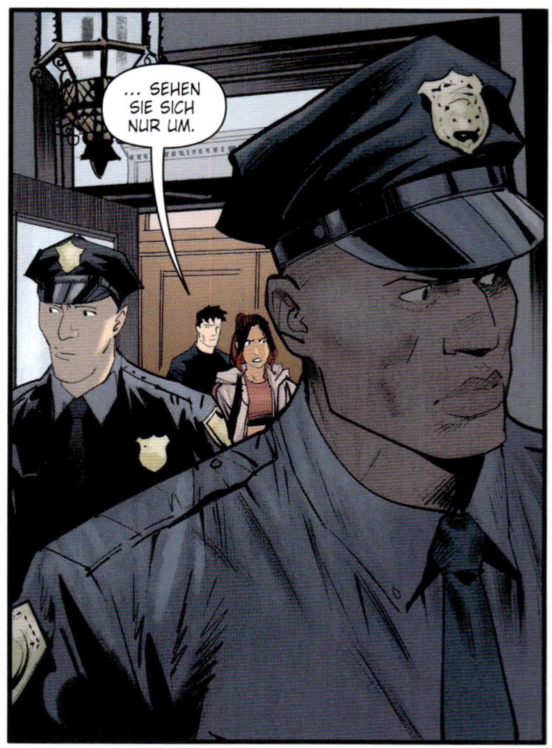
... SEHEN SIE SICH NUR UM.

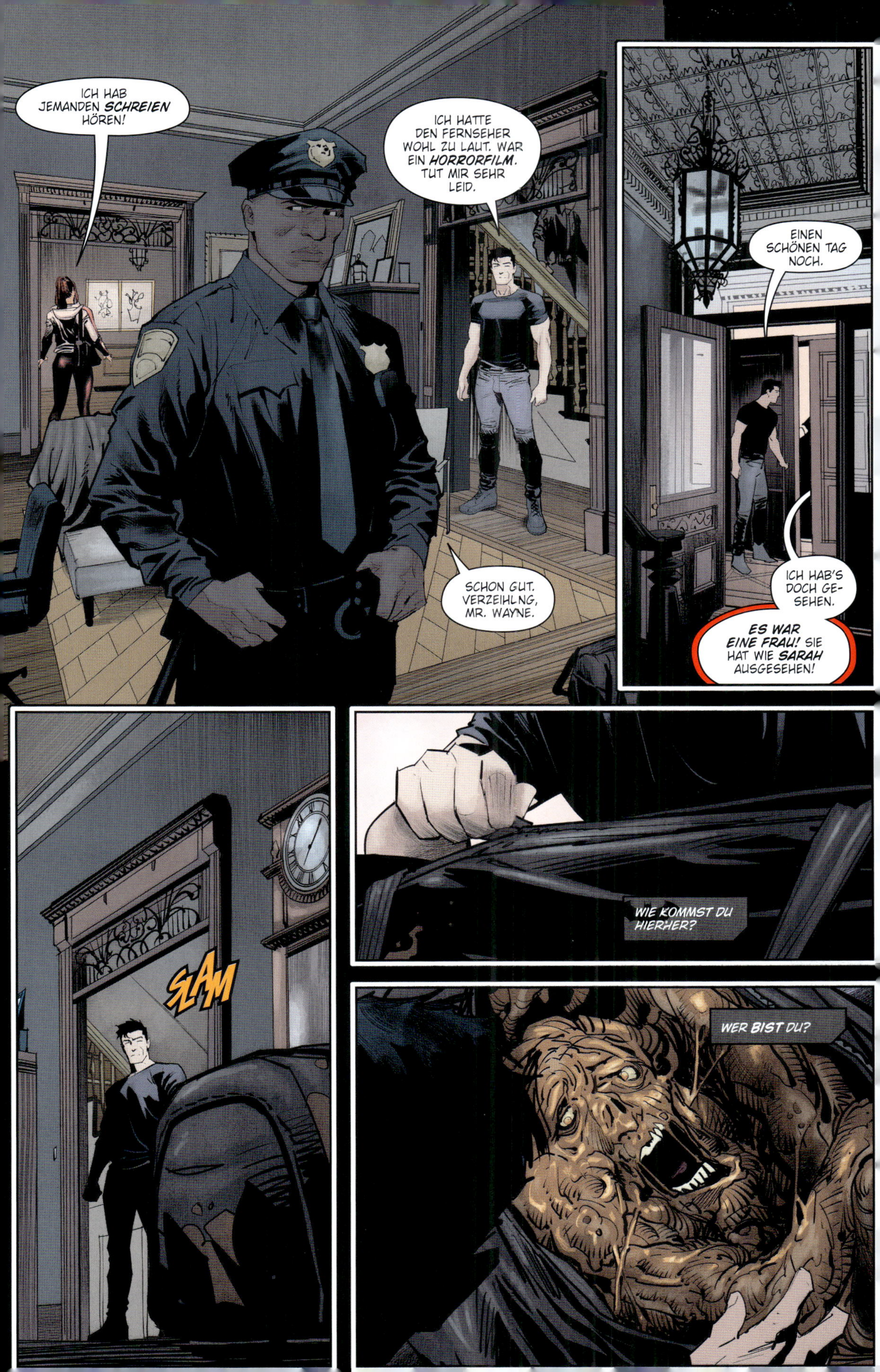

ICH HAB JEMANDEN **SCHREIEN** HÖREN!
ICH HATTE DEN FERNSEHER WOHL ZU LAUT. WAR EIN **HORRORFILM**. TUT MIR SEHR LEID.
SCHON GUT. VERZEIHUNG, MR. WAYNE.
EINEN SCHÖNEN TAG NOCH.
ICH HAB'S DOCH GESEHEN.
ES WAR EINE FRAU! SIE HAT WIE **SARAH** AUSGESEHEN!

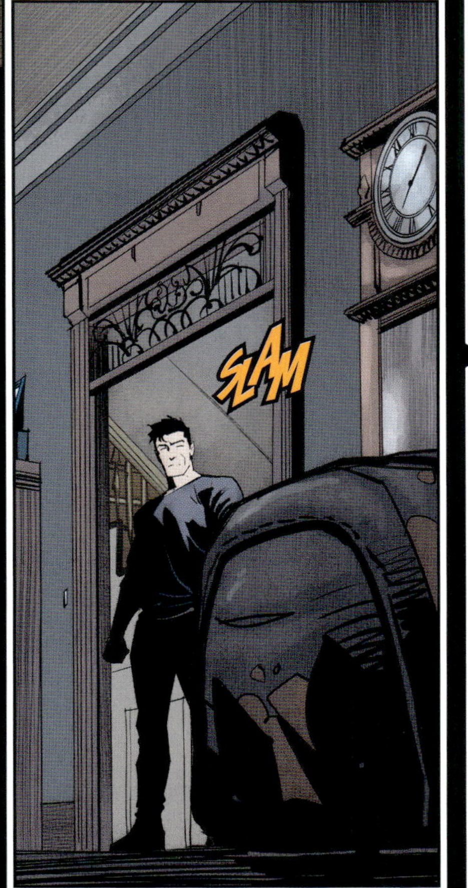

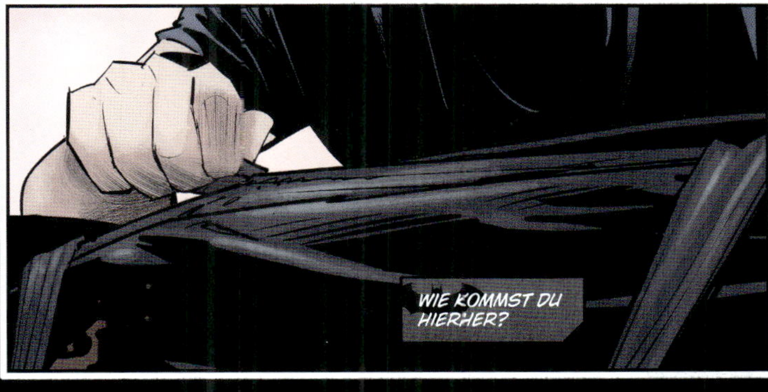

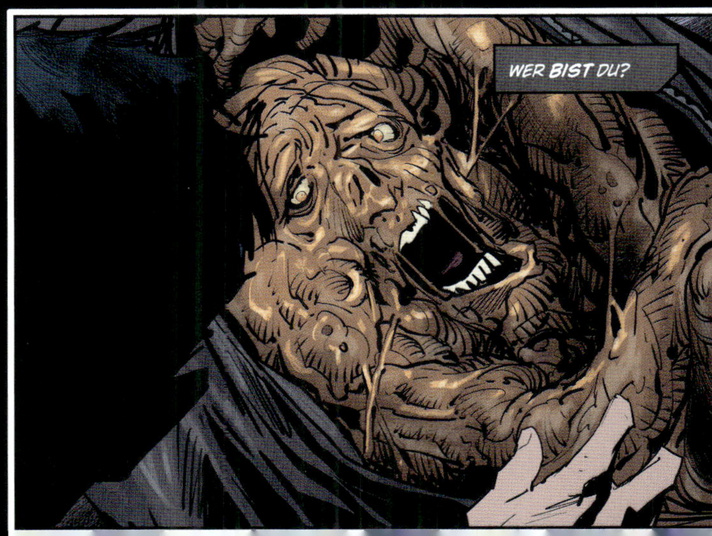

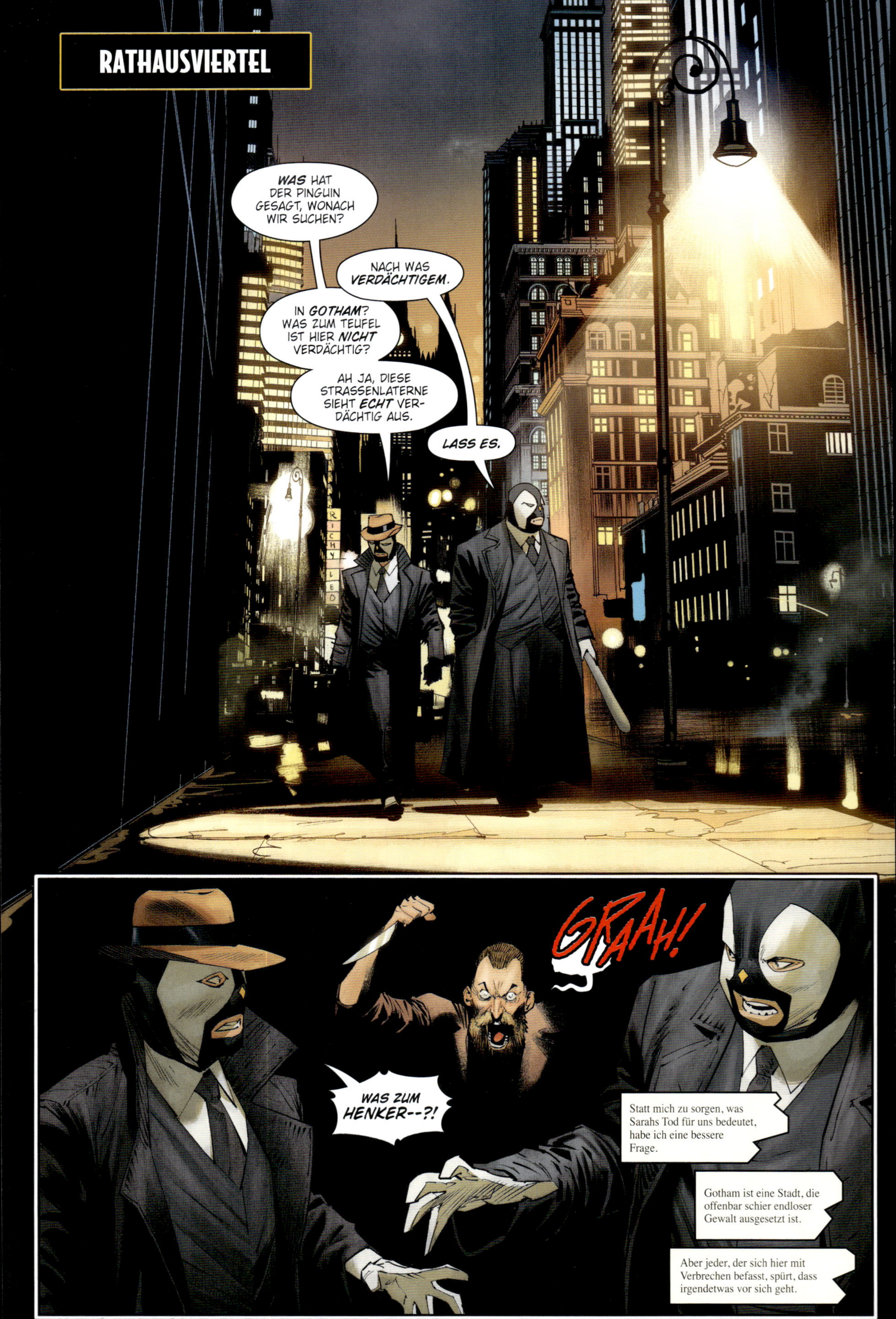

RATHAUSVIERTEL

WAS HAT DER PINGUIN GESAGT, WONACH WIR SUCHEN?

NACH WAS VERDÄCHTIGEM.

IN GOTHAM? WAS ZUM TEUFEL IST HIER NICHT VERDÄCHTIG?

AH JA, DIESE STRASSENLATERNE SIEHT ECHT VERDÄCHTIG AUS.

LASS ES.

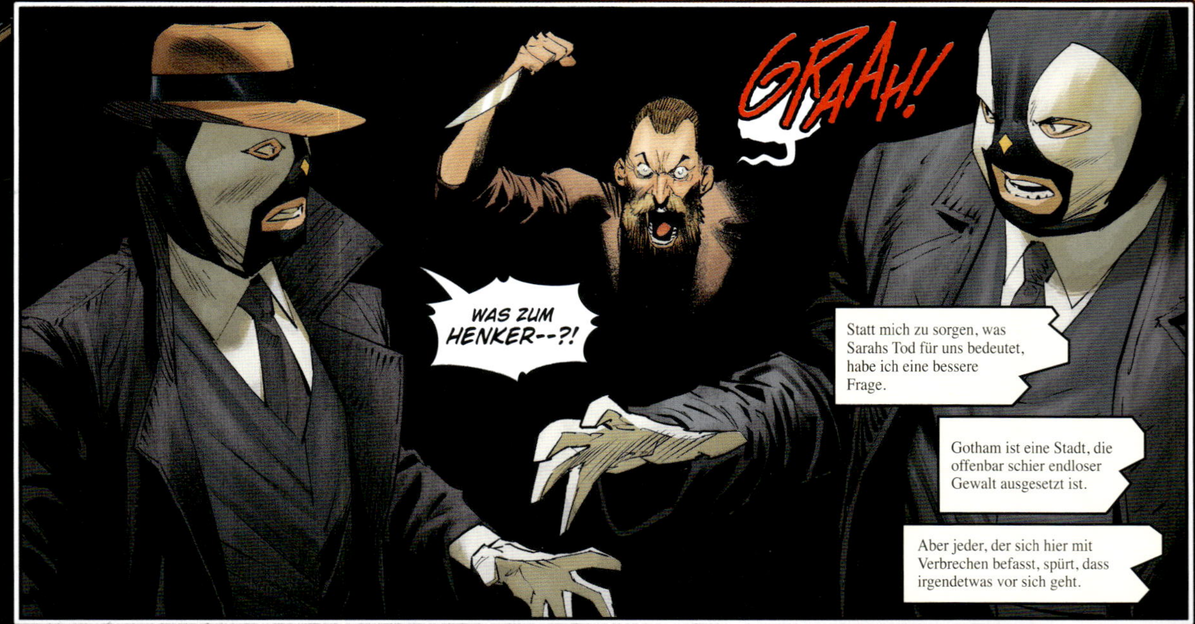

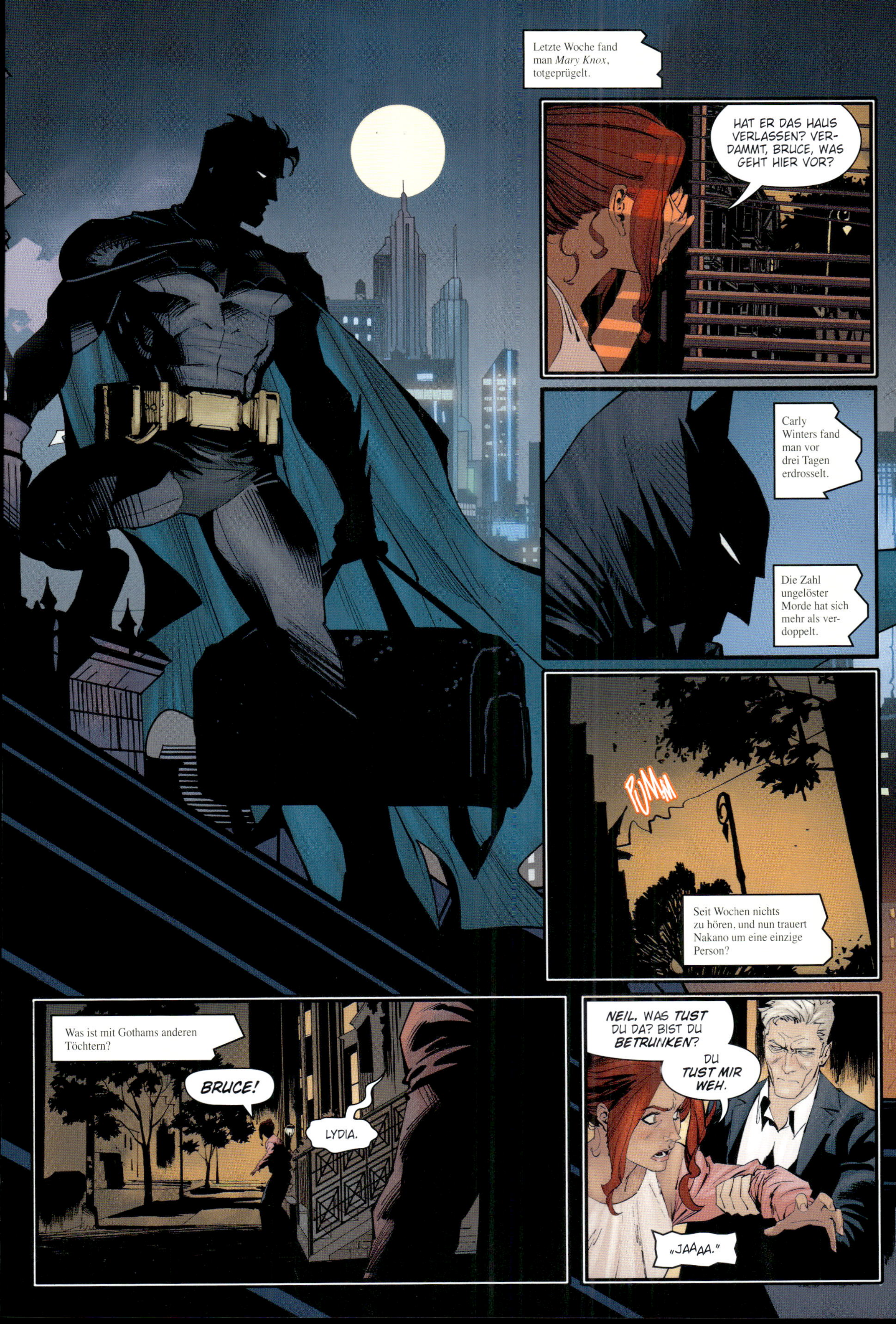
Letzte Woche fand man *Mary Knox*, totgeprügelt.
HAT ER DAS HAUS VERLASSEN? VERDAMMT, BRUCE, WAS GEHT HIER VOR?
Carly Winters fand man vor drei Tagen erdrosselt.
Die Zahl ungelöster Morde hat sich mehr als verdoppelt.
PUMM
Seit Wochen nichts zu hören, und nun trauert Nakano um eine einzige Person?
Was ist mit Gothams anderen Töchtern?
BRUCE!
LYDIA.
NEIL. WAS TUST DU DA? BIST DU BETRUNKEN?
DU TUST MIR WEH.
„JAAAA."

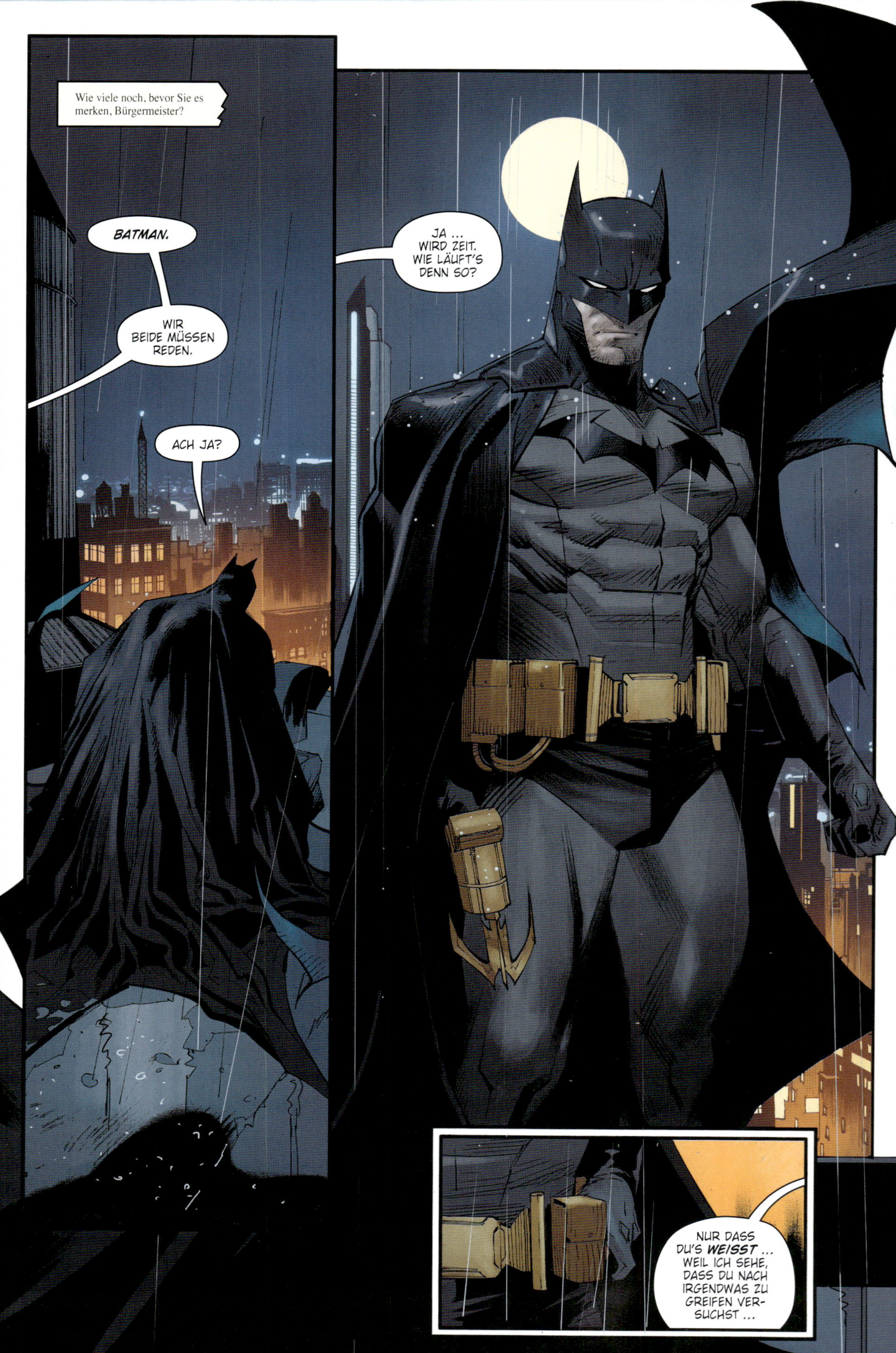
Wie viele noch, bevor Sie es merken, Bürgermeister?
BATMAN.
WIR BEIDE MÜSSEN REDEN.
ACH JA?
JA ... WIRD ZEIT. WIE LÄUFT'S DENN SO?
NUR DASS DU'S WEISST ... WEIL ICH SEHE, DASS DU NACH IRGENDWAS ZU GREIFEN VERSUCHST ...

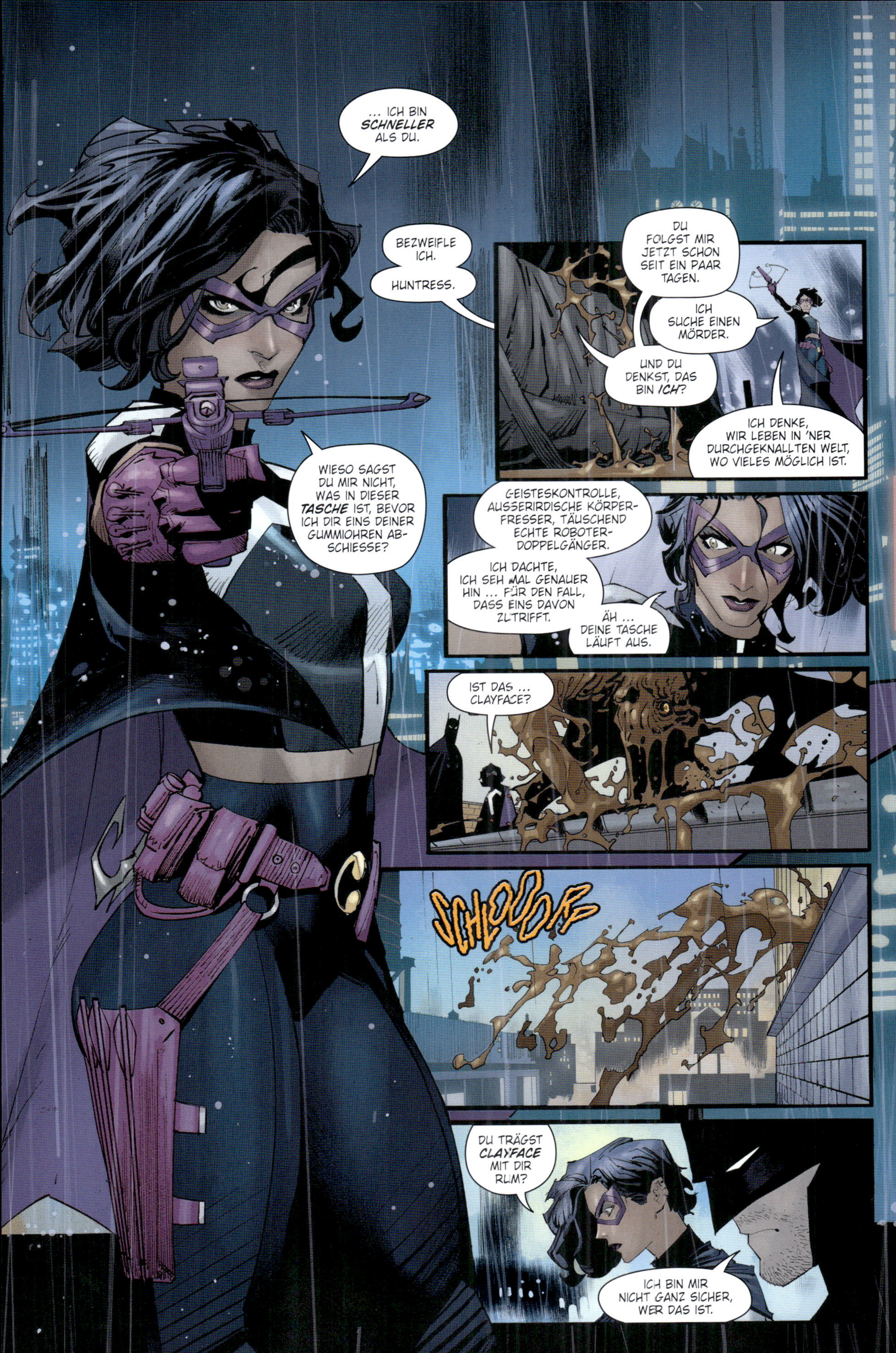
... ICH BIN SCHNELLER ALS DU.
BEZWEIFLE ICH.
HUNTRESS.
DU FOLGST MIR JETZT SCHON SEIT EIN PAAR TAGEN.
ICH SUCHE EINEN MÖRDER.
UND DU DENKST, DAS BIN ICH?
ICH DENKE, WIR LEBEN IN 'NER DURCHGEKNALLTEN WELT, WO VIELES MÖGLICH IST.
WIESO SAGST DU MIR NICHT, WAS IN DIESER TASCHE IST, BEVOR ICH DIR EINS DEINER GUMMIOHREN ABSCHIESSE?
GEISTESKONTROLLE, AUSSERIRDISCHE KÖRPERFRESSER, TÄUSCHEND ECHTE ROBOTERDOPPELGÄNGER.
ICH DACHTE, ICH SEH MAL GENAUER HIN ... FÜR DEN FALL, DASS EINS DAVON ZUTRIFFT.
ÄH ... DEINE TASCHE LÄUFT AUS.
IST DAS ... CLAYFACE?
SCHLOOORP
DU TRÄGST CLAYFACE MIT DIR RUM?
ICH BIN MIR NICHT GANZ SICHER, WER DAS IST.

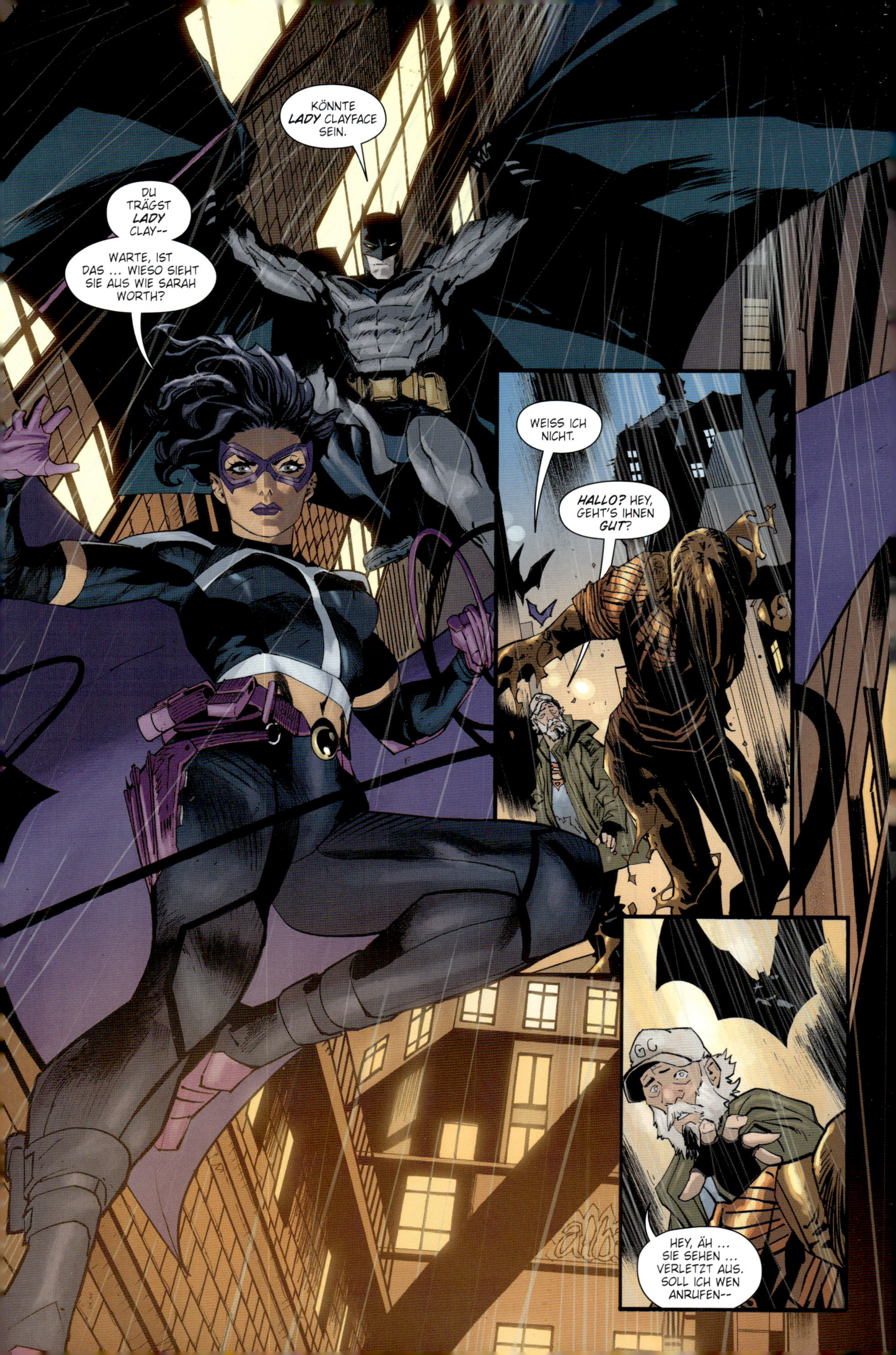

DU TRÄGST LADY CLAY--
KÖNNTE LADY CLAYFACE SEIN.
WARTE, IST DAS ... WIESO SIEHT SIE AUS WIE SARAH WORTH?
WEISS ICH NICHT.
HALLO? HEY, GEHT'S IHNEN GUT?
HEY, ÄH ... SIE SEHEN ... VERLETZT AUS. SOLL ICH WEN ANRUFEN--

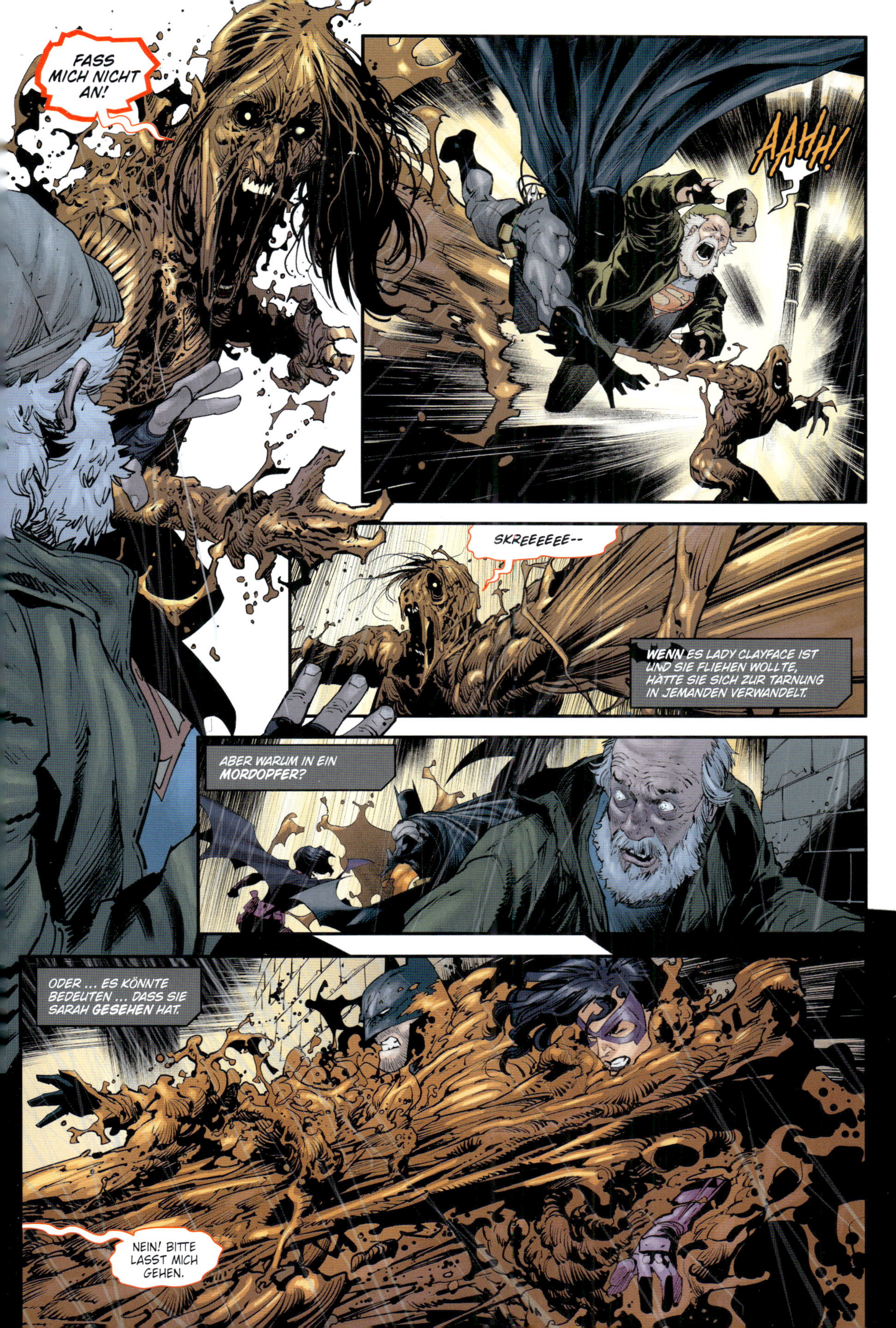
FASS MICH NICHT AN!
AAHH!
SKREEEEEE--
WENN ES LADY CLAYFACE IST UND SIE FLIEHEN WOLLTE, HÄTTE SIE SICH ZUR TARNUNG IN JEMANDEN VERWANDELT.
ABER WARUM IN EIN MORDOPFER?
ODER ... ES KÖNNTE BEDEUTEN ... DASS SIE SARAH GESEHEN HAT.
NEIN! BITTE LASST MICH GEHEN.

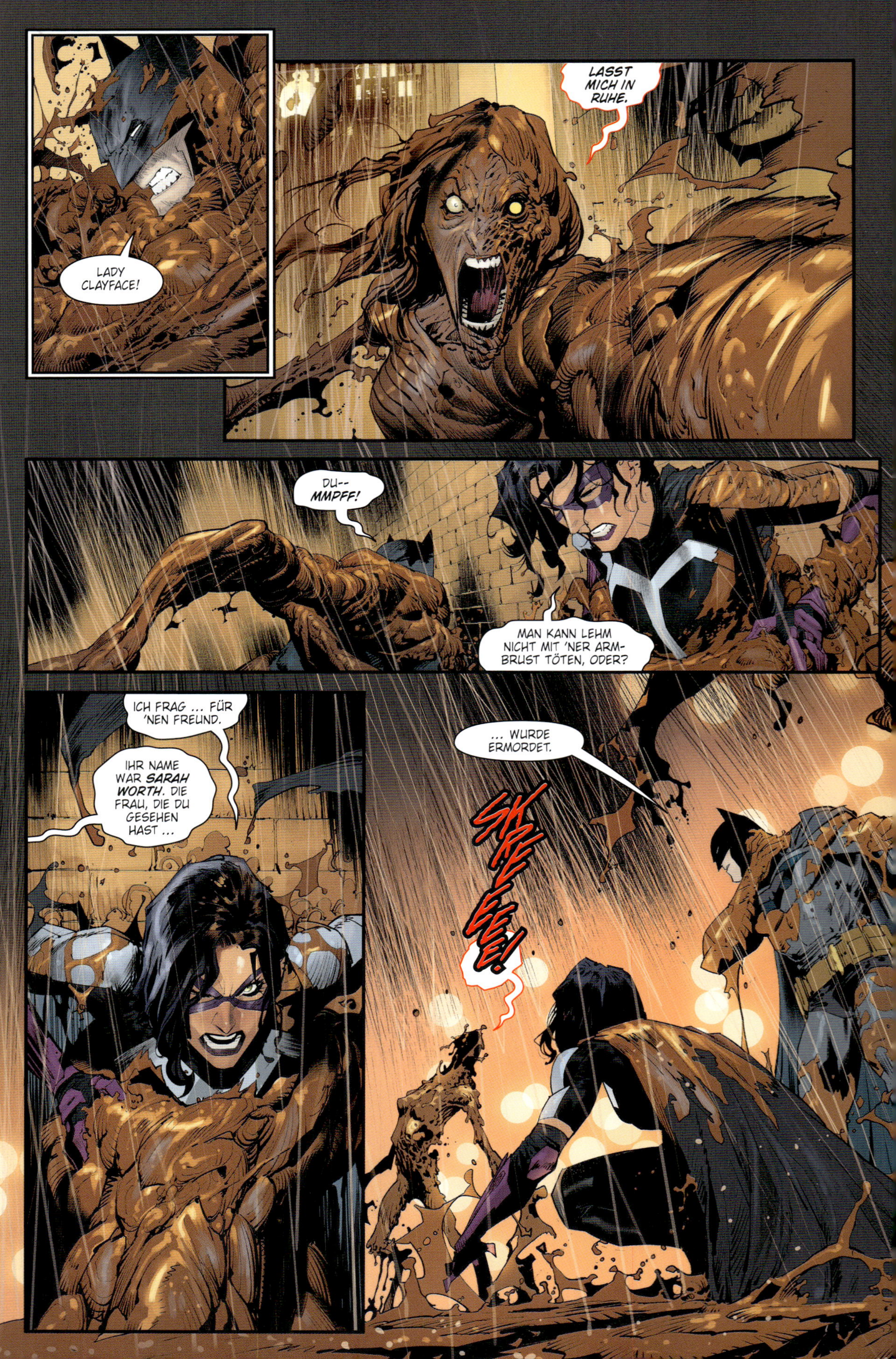
LADY CLAYFACE!
LASST MICH IN RUHE.
DU-- MMPFF!
MAN KANN LEHM NICHT MIT 'NER ARMBRUST TÖTEN, ODER?
ICH FRAG ... FÜR 'NEN FREUND.
IHR NAME WAR SARAH WORTH. DIE FRAU, DIE DU GESEHEN HAST ...
... WURDE ERMORDET.
SKREEEE!

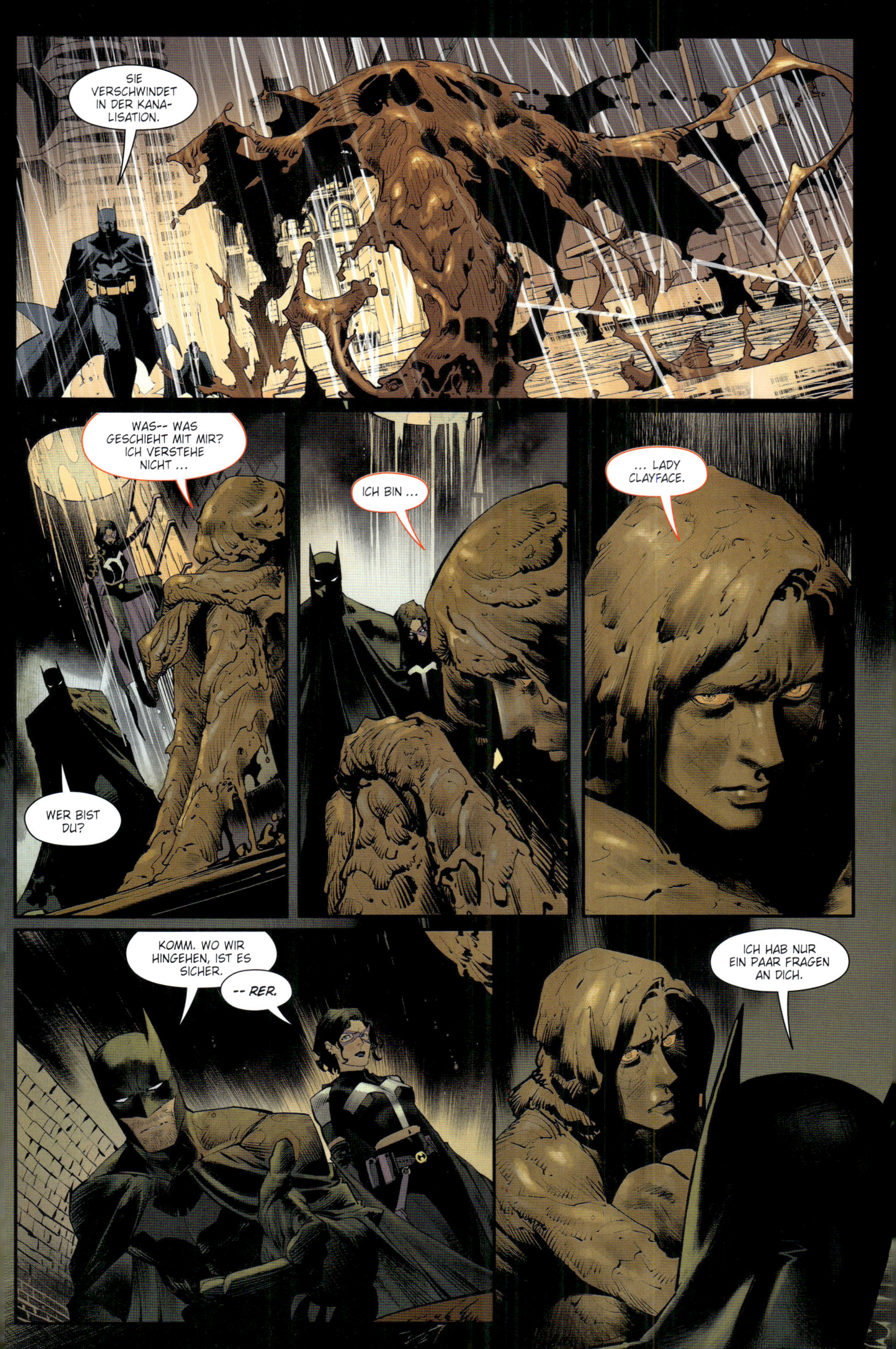

SIE VERSCHWINDET IN DER KANA-LISATION.
WAS-- WAS GESCHIEHT MIT MIR? ICH VERSTEHE NICHT ...
WER BIST DU?
ICH BIN ...
... LADY CLAYFACE.
KOMM. WO WIR HINGEHEN, IST ES SICHER.
-- RER.
ICH HAB NUR EIN PAAR FRAGEN AN DICH.

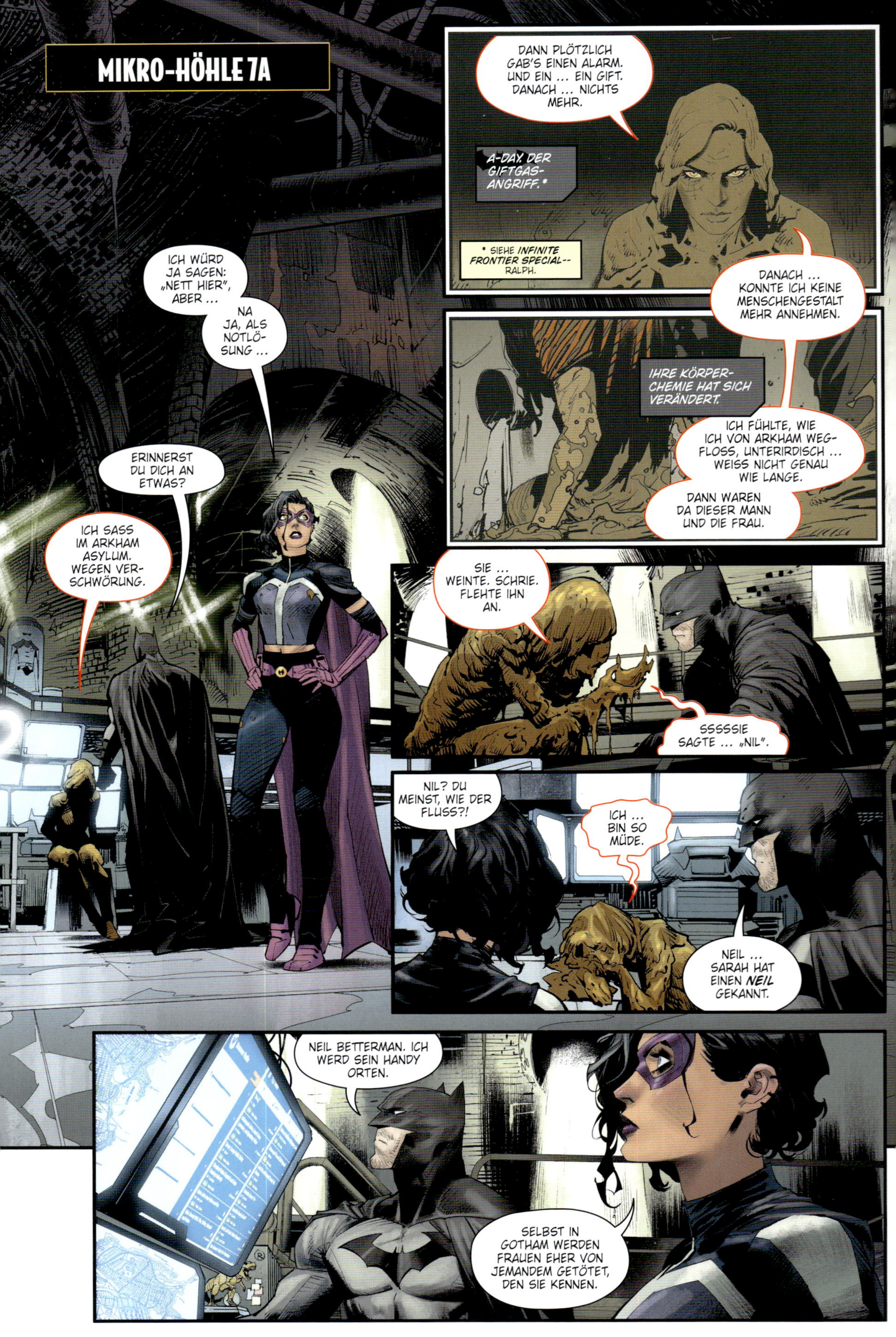
MIKRO-HÖHLE 7A
ICH WÜRD JA SAGEN: „NETT HIER", ABER ...
NA JA, ALS NOTLÖSUNG ...
ERINNERST DU DICH AN ETWAS?
ICH SASS IM ARKHAM ASYLUM. WEGEN VERSCHWÖRUNG.
DANN PLÖTZLICH GAB'S EINEN ALARM. UND EIN ... EIN GIFT. DANACH ... NICHTS MEHR.
A-DAY. DER GIFTGAS-ANGRIFF.*
* SIEHE INFINITE FRONTIER SPECIAL-- RALPH.
DANACH ... KONNTE ICH KEINE MENSCHENGESTALT MEHR ANNEHMEN.
IHRE KÖRPERCHEMIE HAT SICH VERÄNDERT.
ICH FÜHLTE, WIE ICH VON ARKHAM WEGFLOSS, UNTERIRDISCH ... WEISS NICHT GENAU WIE LANGE.
DANN WAREN DA DIESER MANN UND DIE FRAU.
SIE ... WEINTE. SCHRIE. FLEHTE IHN AN.
SSSSSIE SAGTE ... „NIL".
NIL? DU MEINST, WIE DER FLUSS?!
ICH ... BIN SO MÜDE.
NEIL ... SARAH HAT EINEN NEIL GEKANNT.
NEIL BETTERMAN. ICH WERD SEIN HANDY ORTEN.
SELBST IN GOTHAM WERDEN FRAUEN EHER VON JEMANDEM GETÖTET, DEN SIE KENNEN.

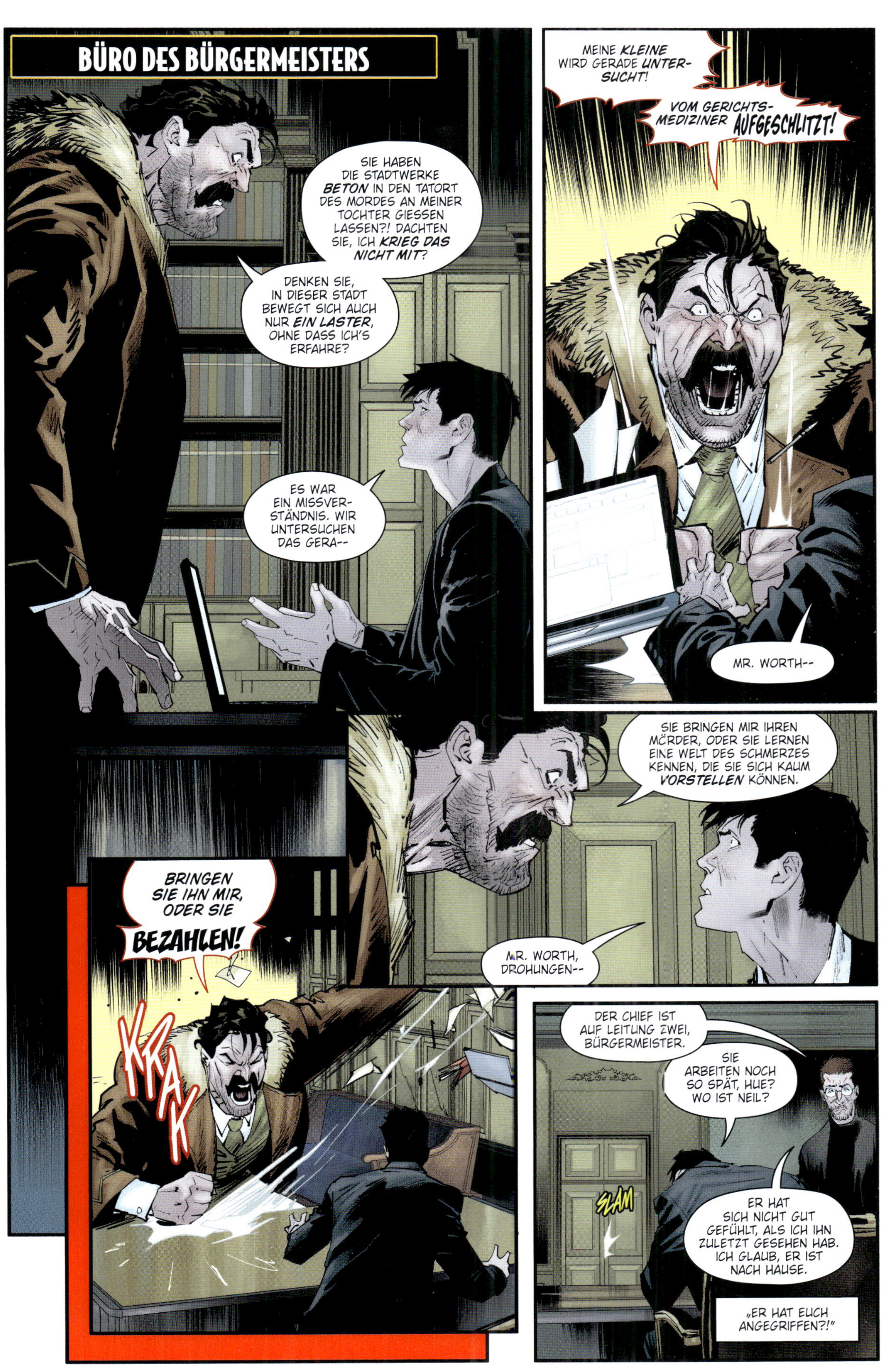
BÜRO DES BÜRGERMEISTERS
SIE HABEN DIE STADTWERKE BETON IN DEN TATORT DES MORDES AN MEINER TOCHTER GIESSEN LASSEN?! DACHTEN SIE, ICH KRIEG DAS NICHT MIT?
DENKEN SIE, IN DIESER STADT BEWEGT SICH AUCH NUR EIN LASTER, OHNE DASS ICH'S ERFAHRE?
ES WAR EIN MISSVERSTÄNDNIS. WIR UNTERSUCHEN DAS GERA--
MEINE KLEINE WIRD GERADE UNTERSUCHT!
VOM GERICHTSMEDIZINER AUFGESCHLITZT!
MR. WORTH--
SIE BRINGEN MIR IHREN MÖRDER, ODER SIE LERNEN EINE WELT DES SCHMERZES KENNEN, DIE SIE SICH KAUM VORSTELLEN KÖNNEN.
MR. WORTH, DROHUNGEN--
BRINGEN SIE IHN MIR, ODER SIE BEZAHLEN!
KRAK
DER CHIEF IST AUF LEITUNG ZWEI, BÜRGERMEISTER.
SIE ARBEITEN NOCH SO SPÄT, HUE? WO IST NEIL?
SLAM
ER HAT SICH NICHT GUT GEFÜHLT, ALS ICH IHN ZULETZT GESEHEN HAB. ICH GLAUB, ER IST NACH HAUSE.
„ER HAT EUCH ANGEGRIFFEN?!"

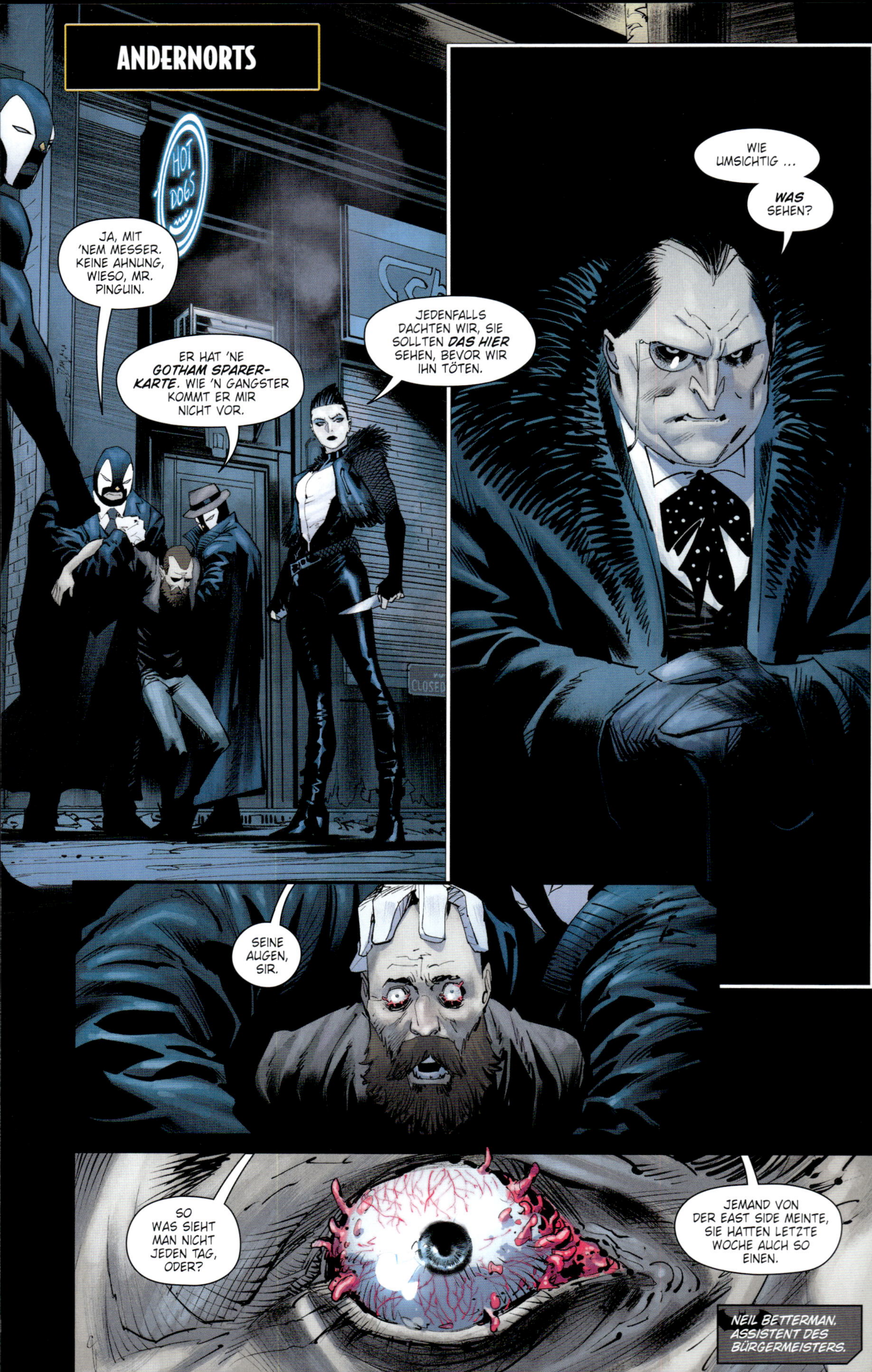
ANDERNORTS
JA, MIT 'NEM MESSER. KEINE AHNUNG, WIESO, MR. PINGUIN.
ER HAT 'NE GOTHAM SPARER-KARTE. WIE 'N GANGSTER KOMMT ER MIR NICHT VOR.
JEDENFALLS DACHTEN WIR, SIE SOLLTEN DAS HIER SEHEN, BEVOR WIR IHN TÖTEN.
WIE UMSICHTIG ...
WAS SEHEN?
SEINE AUGEN, SIR.
SO WAS SIEHT MAN NICHT JEDEN TAG, ODER?
JEMAND VON DER EAST SIDE MEINTE, SIE HATTEN LETZTE WOCHE AUCH SO EINEN.
NEIL BETTERMAN. ASSISTENT DES BÜRGERMEISTERS.

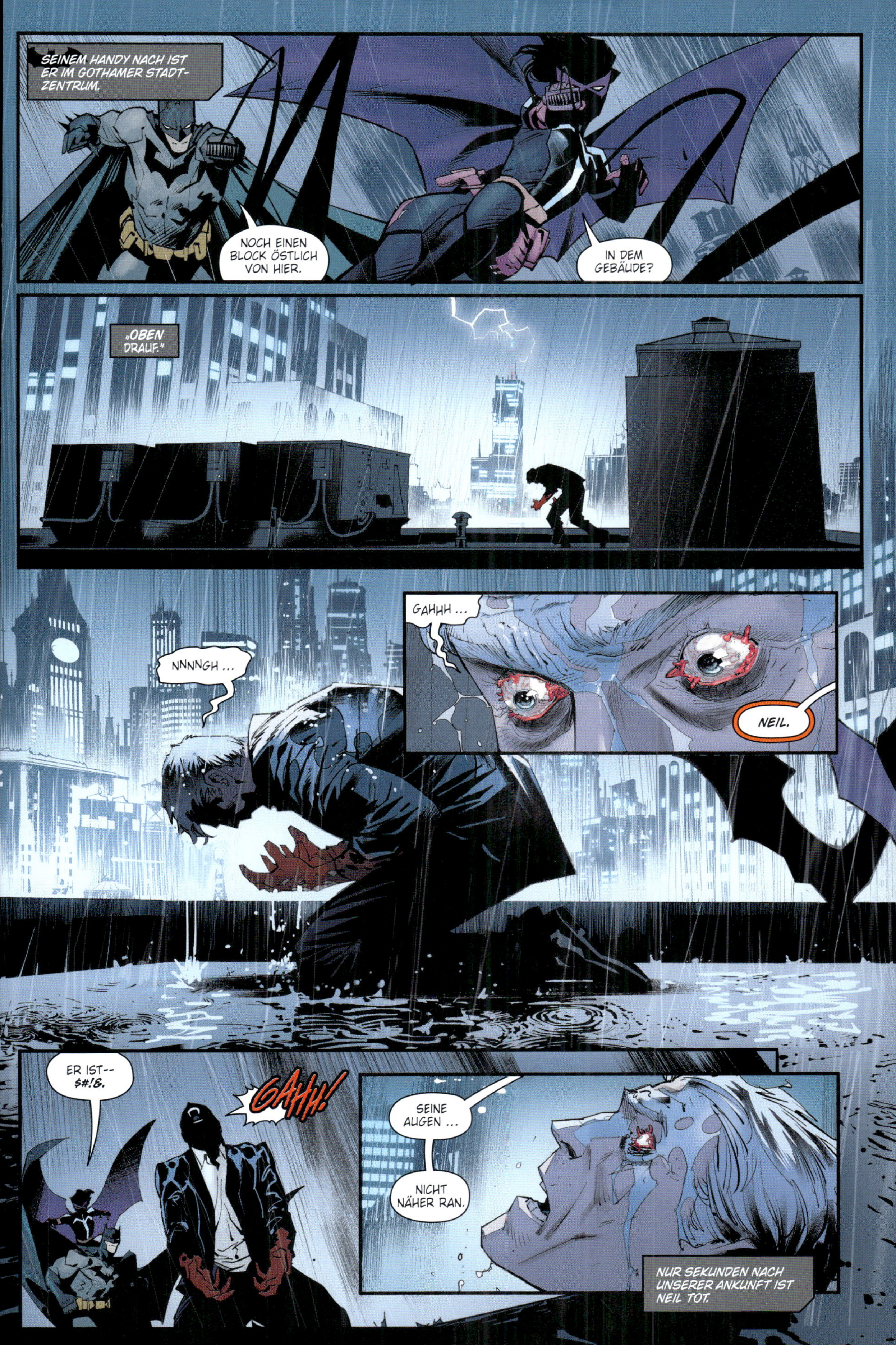
SEINEM HANDY NACH IST ER IM GOTHAMER STADT-ZENTRUM.
NOCH EINEN BLOCK ÖSTLICH VON HIER.
IN DEM GEBÄUDE?
„OBEN DRAUF."
NNNNGH ...
GAHHH ...
NEIL.
ER IST-- $#!&.
GAHH!
SEINE AUGEN ...
NICHT NÄHER RAN.
NUR SEKUNDEN NACH UNSERER ANKUNFT IST NEIL TOT.

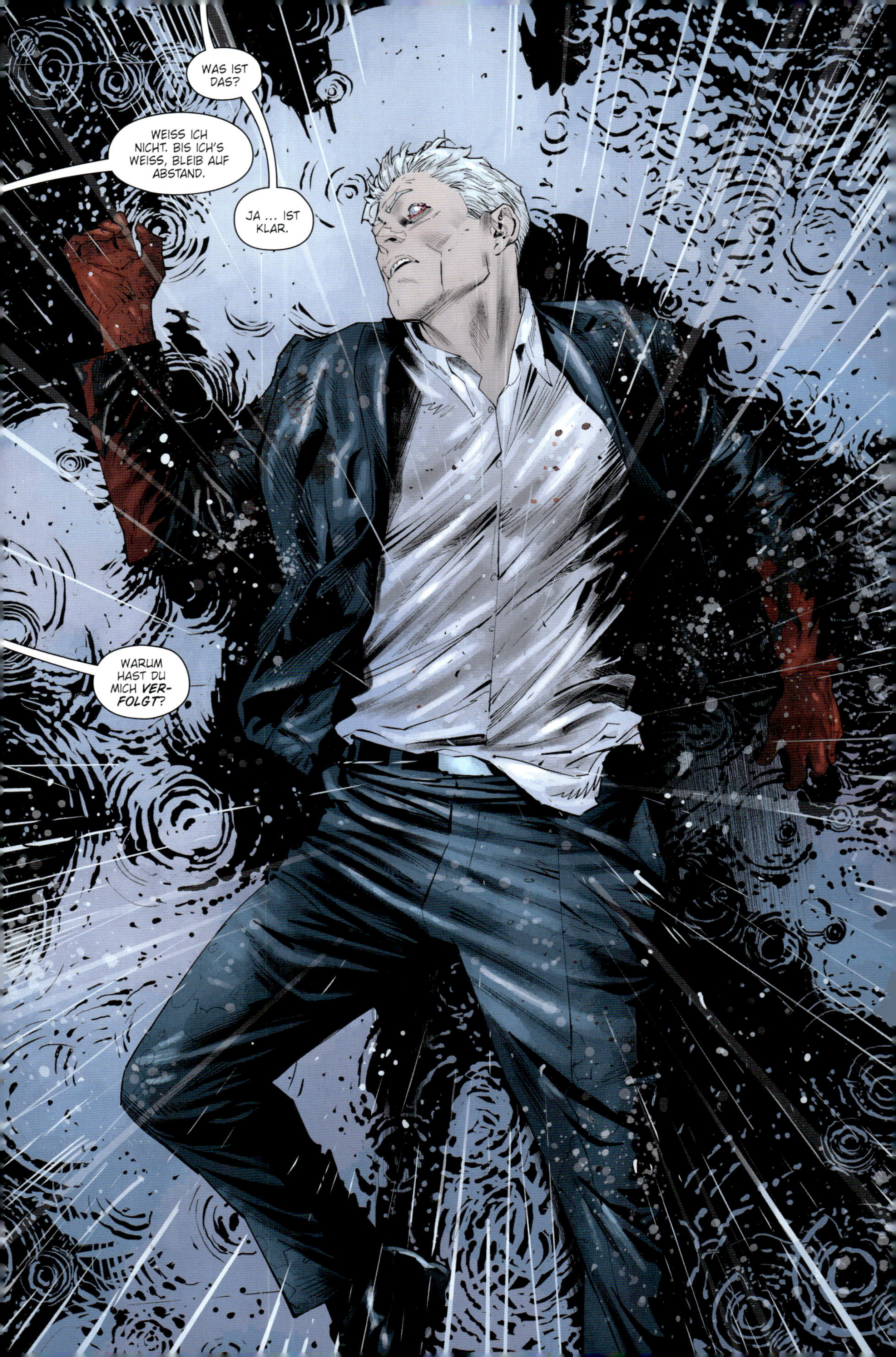
WAS IST DAS?
WEISS ICH NICHT. BIS ICH'S WEISS, BLEIB AUF ABSTAND.
JA ... IST KLAR.
WARUM HAST DU MICH VERFOLGT?

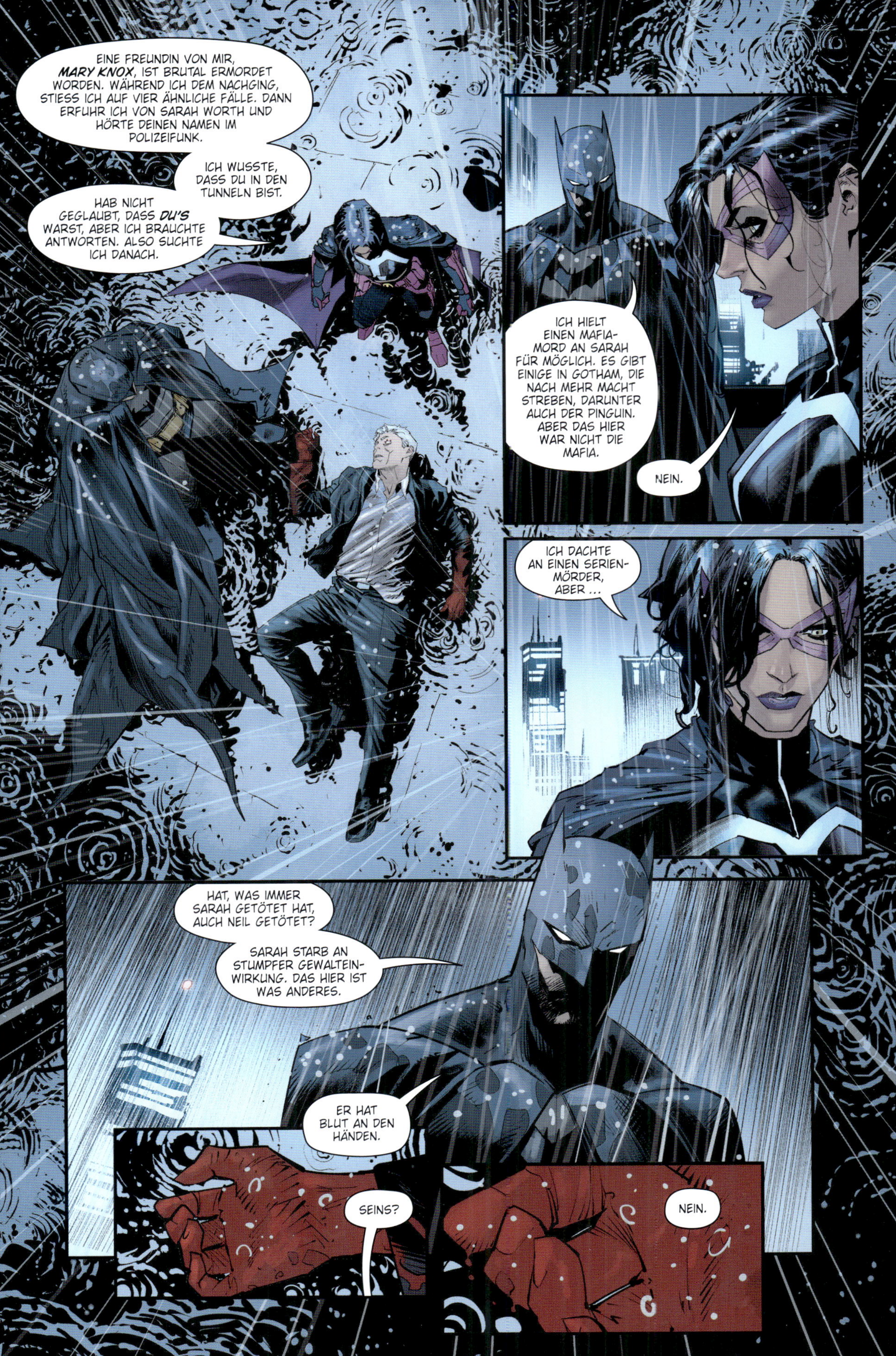
EINE FREUNDIN VON MIR, MARY KNOX, IST BRUTAL ERMORDET WORDEN. WÄHREND ICH DEM NACHGING, STIESS ICH AUF VIER ÄHNLICHE FÄLLE. DANN ERFUHR ICH VON SARAH WORTH UND HÖRTE DEINEN NAMEN IM POLIZEIFUNK.
ICH WUSSTE, DASS DU IN DEN TUNNELN BIST.
HAB NICHT GEGLAUBT, DASS DU'S WARST, ABER ICH BRAUCHTE ANTWORTEN. ALSO SUCHTE ICH DANACH.
ICH HIELT EINEN MAFIA-MORD AN SARAH FÜR MÖGLICH. ES GIBT EINIGE IN GOTHAM, DIE NACH MEHR MACHT STREBEN, DARUNTER AUCH DER PINGUIN. ABER DAS HIER WAR NICHT DIE MAFIA.
NEIN.
ICH DACHTE AN EINEN SERIEN-MÖRDER, ABER ...
HAT, WAS IMMER SARAH GETÖTET HAT, AUCH NEIL GETÖTET?
SARAH STARB AN STUMPFER GEWALTEIN-WIRKUNG. DAS HIER IST WAS ANDERES.
ER HAT BLUT AN DEN HÄNDEN.
SEINS?
NEIN.

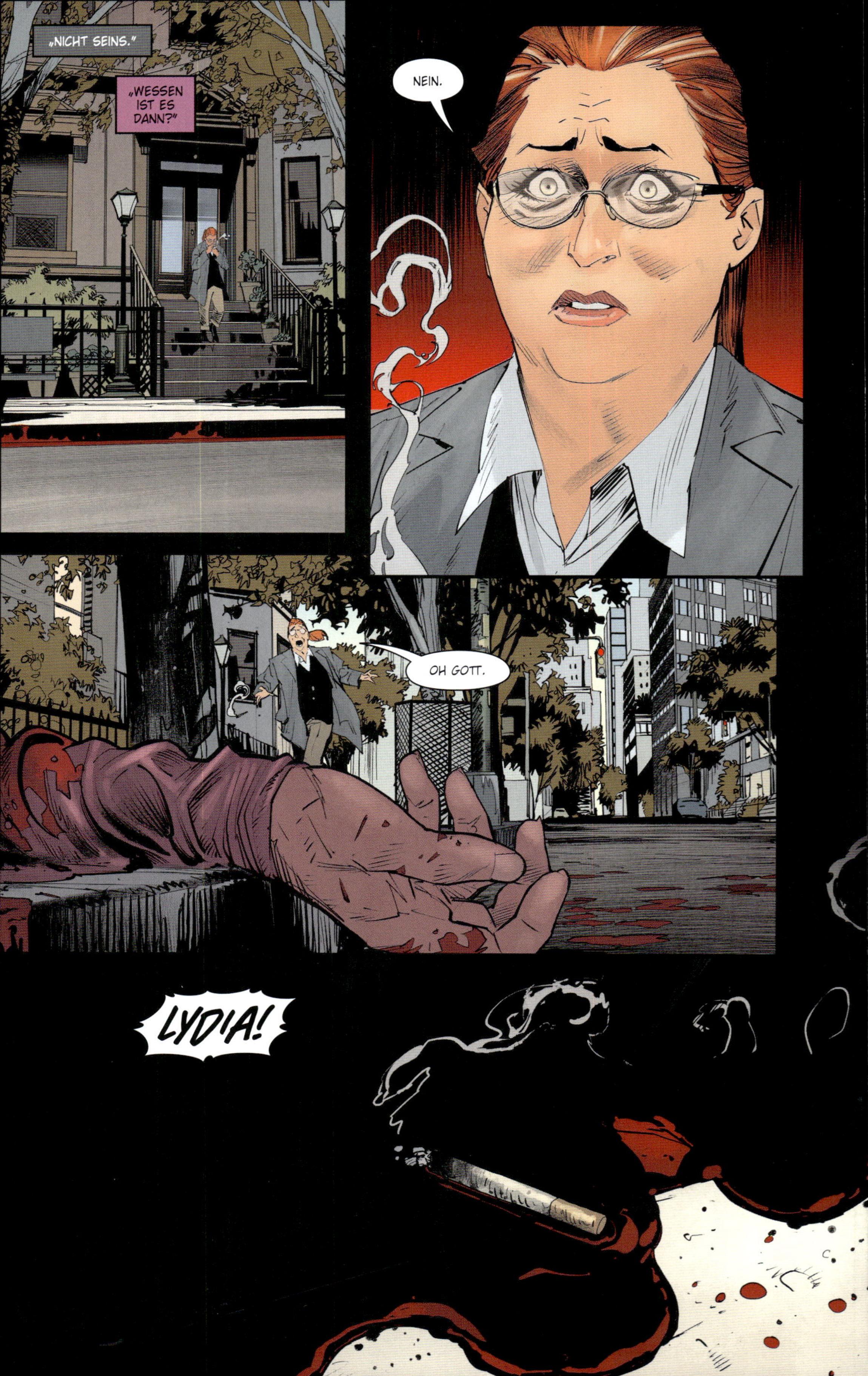
„NICHT SEINS."
„WESSEN IST ES DANN?"
NEIN.
OH GOTT.
LYDIA!

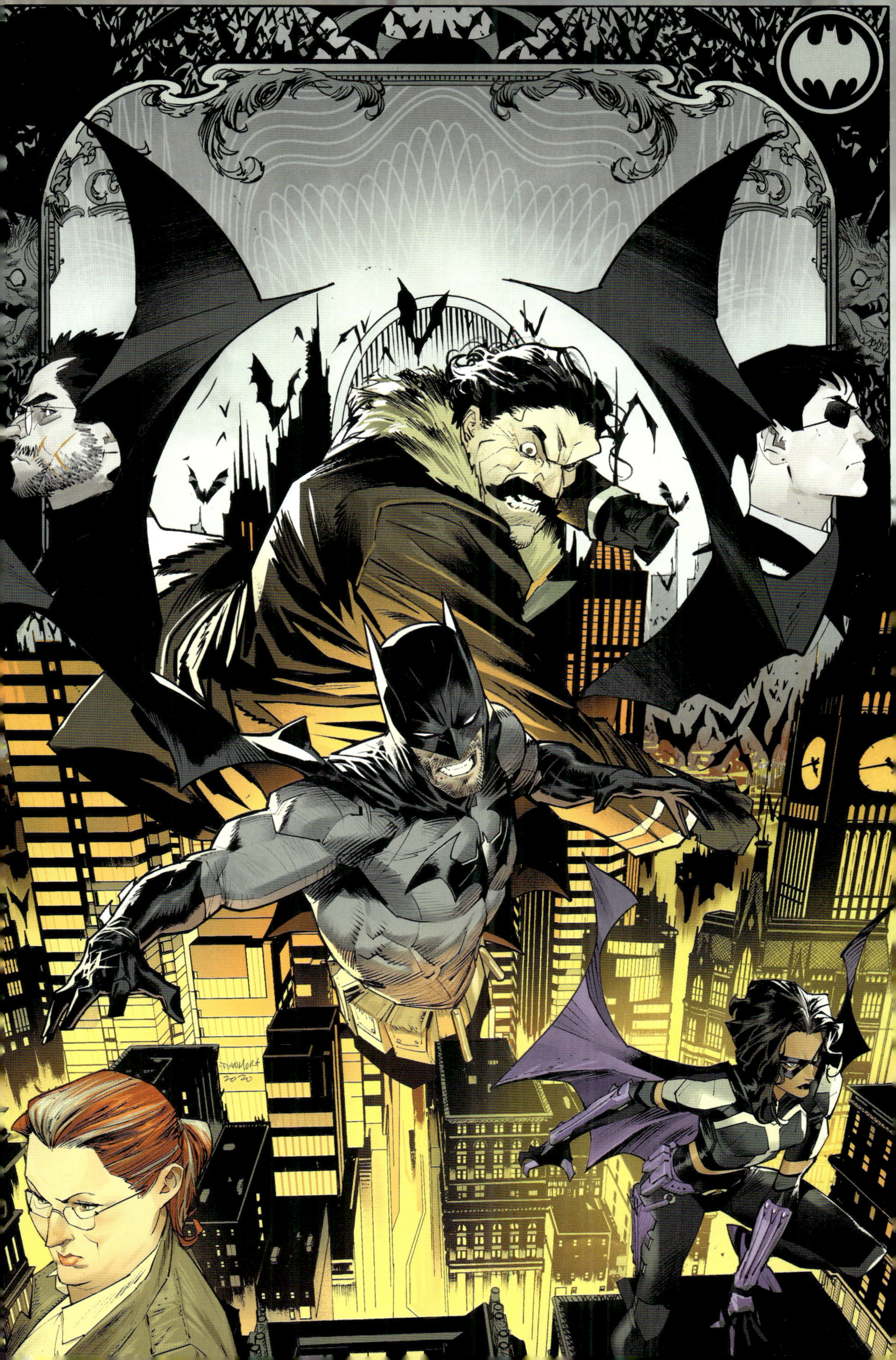

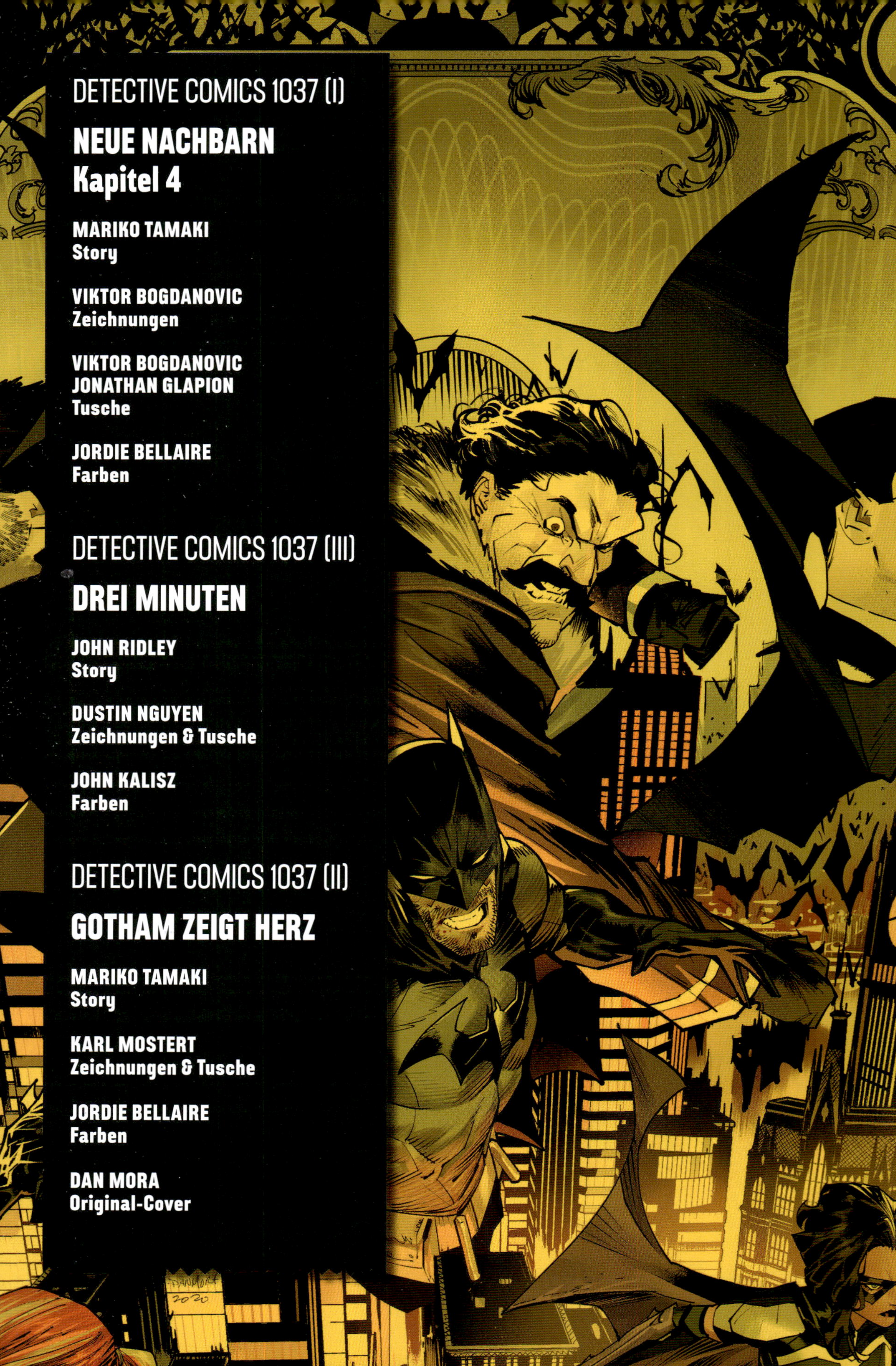

DETECTIVE COMICS 1037 (I)

NEUE NACHBARN
Kapitel 4

MARIKO TAMAKI
Story

VIKTOR BOGDANOVIC
Zeichnungen

VIKTOR BOGDANOVIC
JONATHAN GLAPION
Tusche

JORDIE BELLAIRE
Farben

DETECTIVE COMICS 1037 (III)

DREI MINUTEN

JOHN RIDLEY
Story

DUSTIN NGUYEN
Zeichnungen & Tusche

JOHN KALISZ
Farben

DETECTIVE COMICS 1037 (II)

GOTHAM ZEIGT HERZ

MARIKO TAMAKI
Story

KARL MOSTERT
Zeichnungen & Tusche

JORDIE BELLAIRE
Farben

DAN MORA
Original-Cover

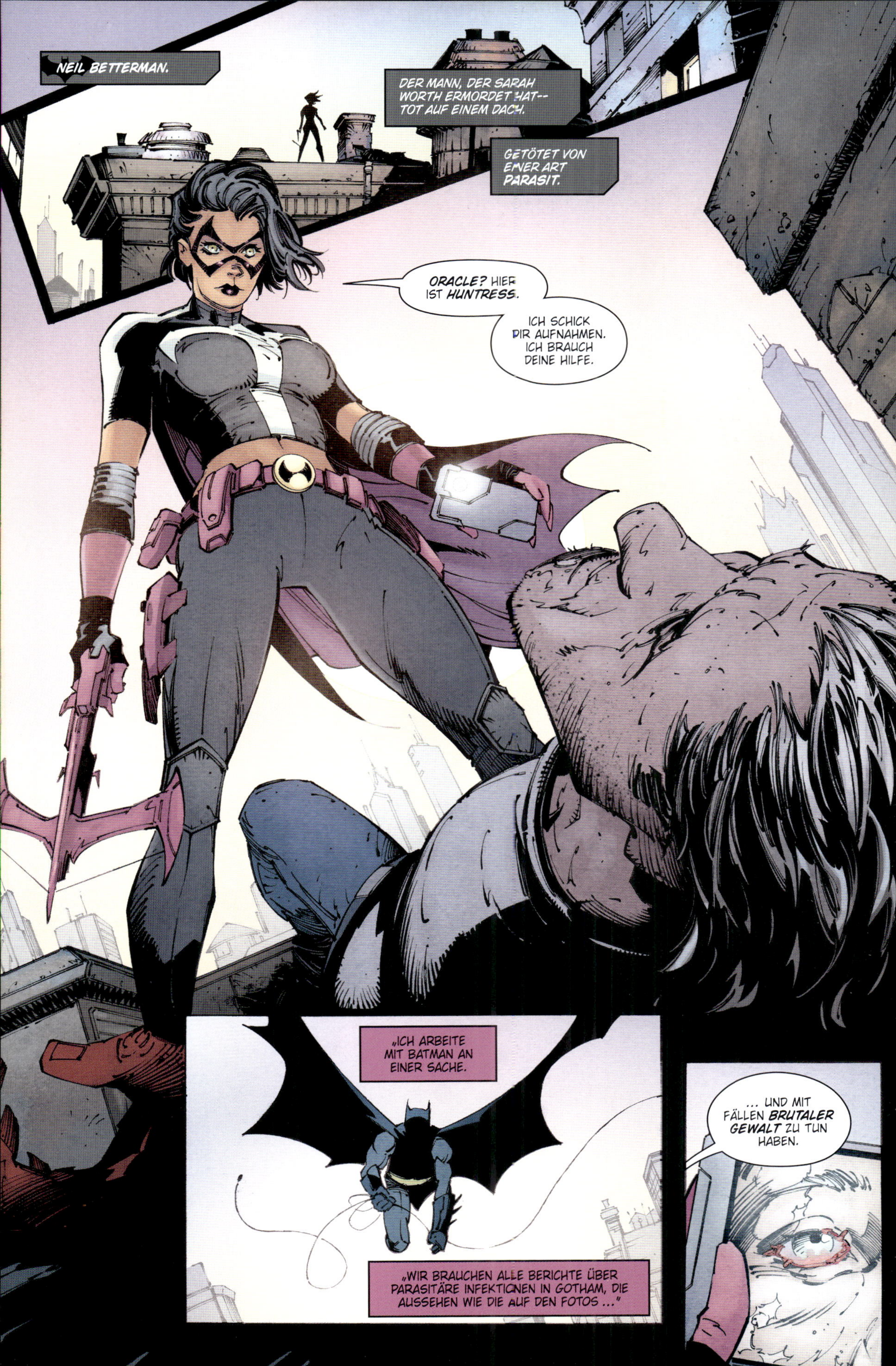
NEIL BETTERMAN.
DER MANN, DER SARAH WORTH ERMORDET HAT-- TOT AUF EINEM DACH.
GETÖTET VON EINER ART PARASIT.
ORACLE? HIER IST HUNTRESS.
ICH SCHICK DIR AUFNAHMEN. ICH BRAUCH DEINE HILFE.
„ICH ARBEITE MIT BATMAN AN EINER SACHE.
... UND MIT FÄLLEN BRUTALER GEWALT ZU TUN HABEN.
„WIR BRAUCHEN ALLE BERICHTE ÜBER PARASITÄRE INFEKTIONEN IN GOTHAM, DIE AUSSEHEN WIE DIE AUF DEN FOTOS ...“

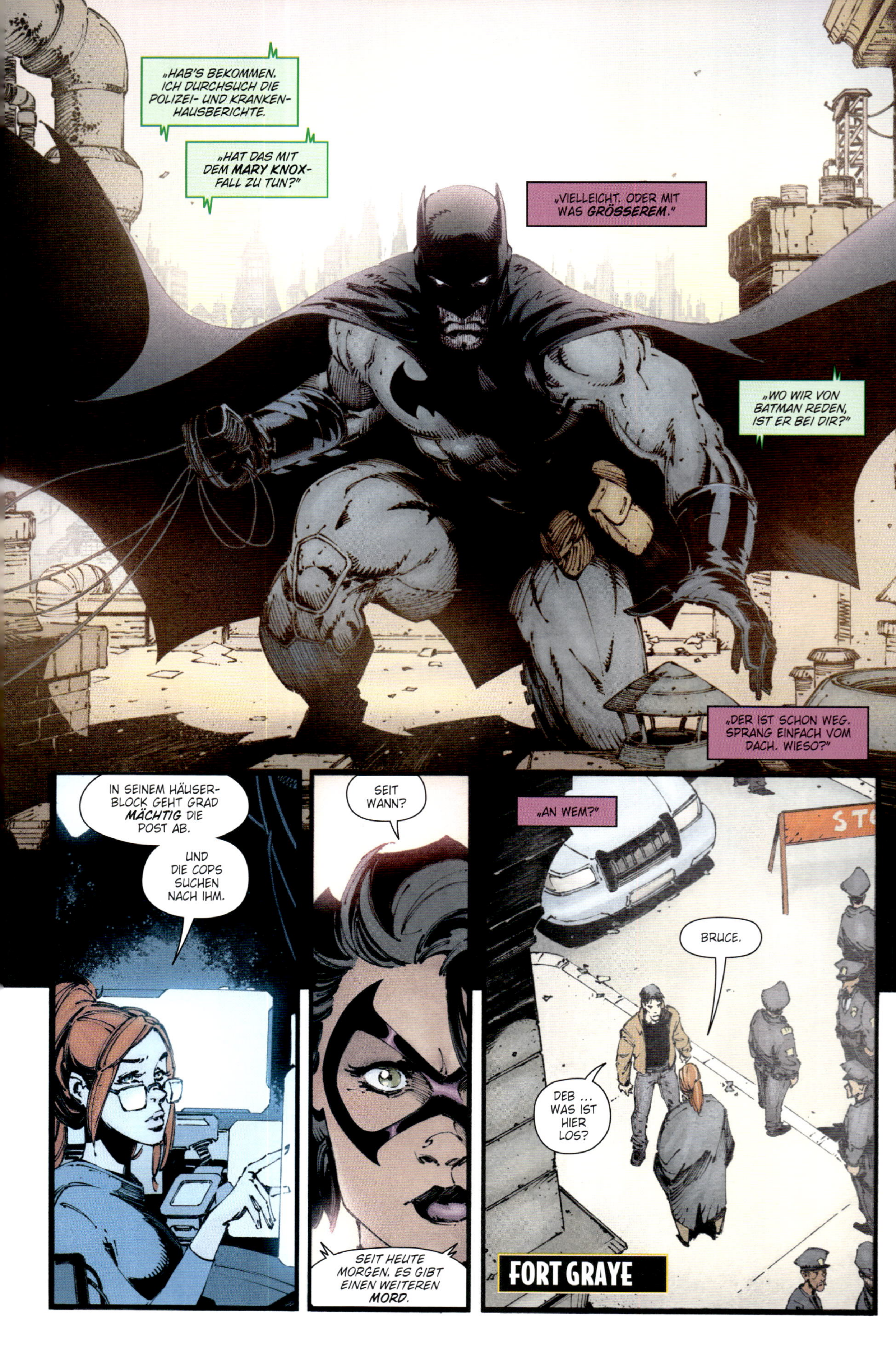
„HAB'S BEKOMMEN. ICH DURCHSUCH DIE POLIZEI- UND KRANKEN-HAUSBERICHTE.
„HAT DAS MIT DEM MARY KNOX-FALL ZU TUN?"
„VIELLEICHT. ODER MIT WAS GRÖSSEREM."
„WO WIR VON BATMAN REDEN, IST ER BEI DIR?"
„DER IST SCHON WEG. SPRANG EINFACH VOM DACH. WIESO?"
IN SEINEM HÄUSER-BLOCK GEHT GRAD MÄCHTIG DIE POST AB.
UND DIE COPS SUCHEN NACH IHM.
SEIT WANN?
SEIT HEUTE MORGEN. ES GIBT EINEN WEITEREN MORD.
„AN WEM?"
FORT GRAYE
BRUCE.
DEB ... WAS IST HIER LOS?

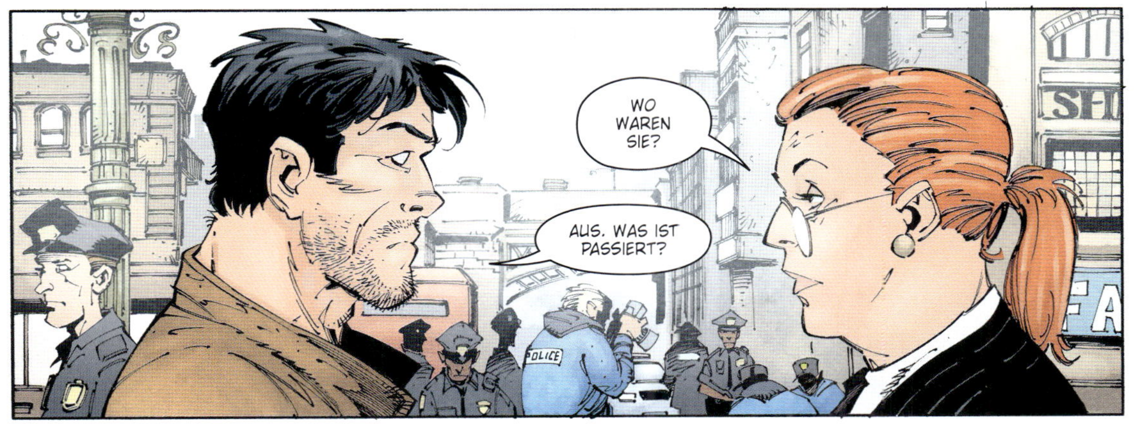
WO WAREN SIE?
AUS. WAS IST PASSIERT?
POLICE

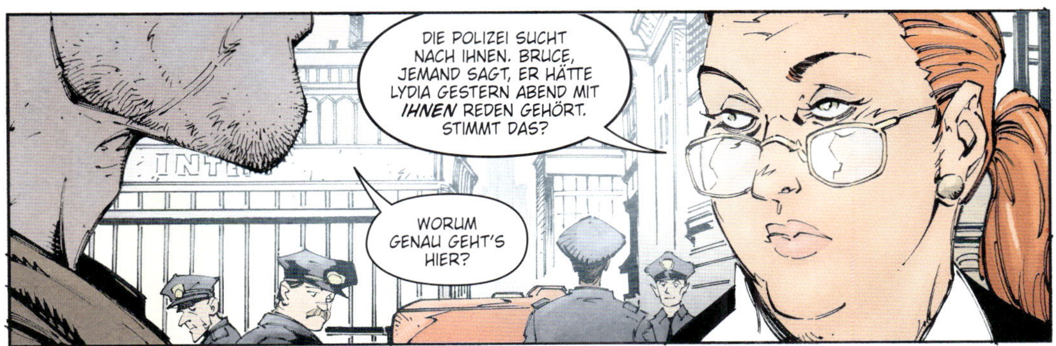
DIE POLIZEI SUCHT NACH IHNEN. BRUCE, JEMAND SAGT, ER HÄTTE LYDIA GESTERN ABEND MIT *IHNEN* REDEN GEHÖRT. STIMMT DAS?
WORUM GENAU GEHT'S HIER?

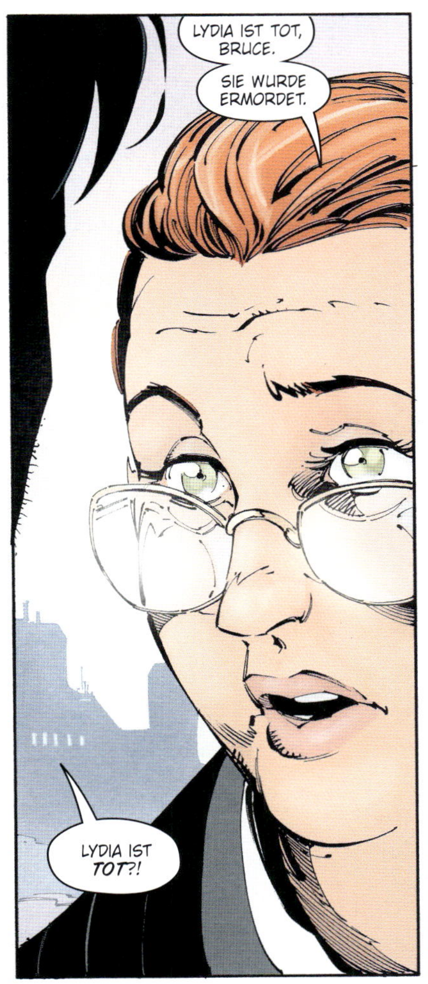
LYDIA IST TOT, BRUCE.
SIE WURDE ERMORDET.
LYDIA IST *TOT*?!

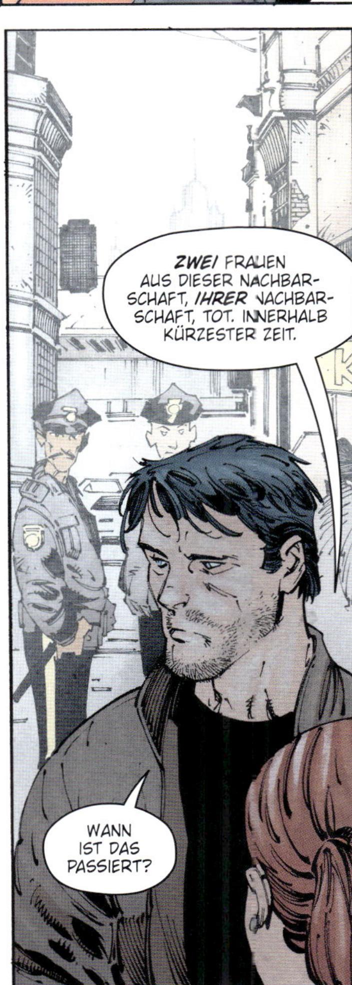
WANN IST DAS PASSIERT?
ZWEI FRAUEN AUS DIESER NACHBARSCHAFT, *IHRER* NACHBARSCHAFT, TOT. INNERHALB KÜRZESTER ZEIT.

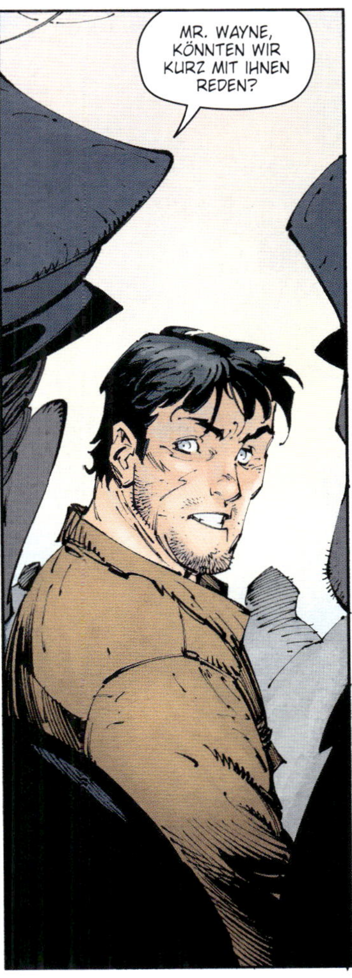
MR. WAYNE, KÖNNTEN WIR KURZ MIT IHNEN REDEN?

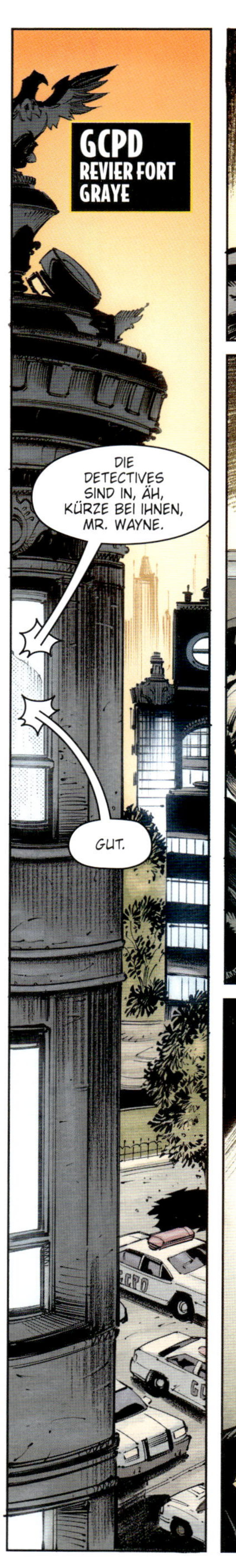
GCPD
REVIER FORT GRAYE
DIE DETECTIVES SIND IN, ÄH, KÜRZE BEI IHNEN, MR. WAYNE.
GUT.

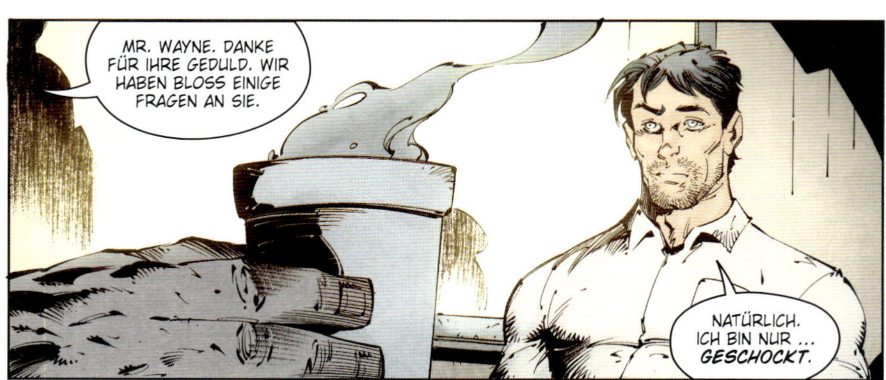
MR. WAYNE. DANKE FÜR IHRE GEDULD. WIR HABEN BLOSS EINIGE FRAGEN AN SIE.
NATÜRLICH. ICH BIN NUR ... *GESCHOCKT*.

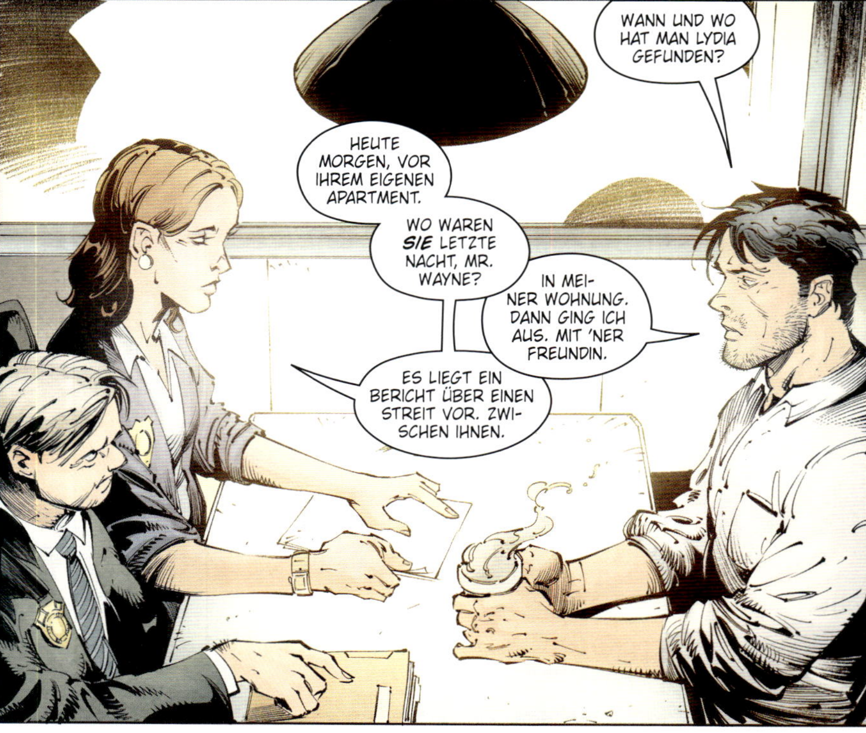
WANN UND WO HAT MAN LYDIA GEFUNDEN?
HEUTE MORGEN, VOR IHREM EIGENEN APARTMENT.
WO WAREN *SIE* LETZTE NACHT, MR. WAYNE?
IN MEINER WOHNUNG. DANN GING ICH AUS. MIT 'NER FREUNDIN.
ES LIEGT EIN BERICHT ÜBER EINEN STREIT VOR. ZWISCHEN IHNEN.

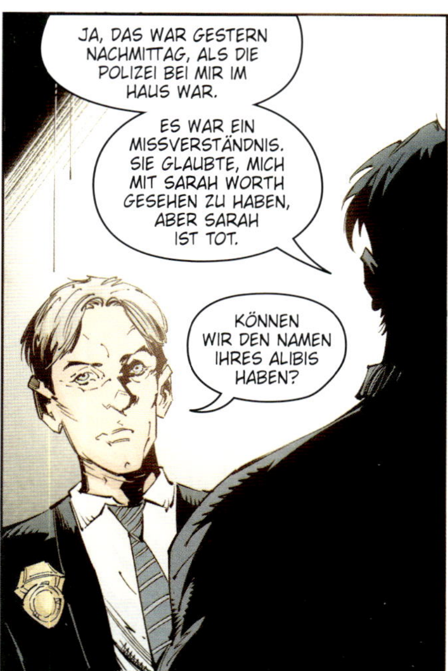
JA, DAS WAR GESTERN NACHMITTAG, ALS DIE POLIZEI BEI MIR IM HAUS WAR.
ES WAR EIN MISSVERSTÄNDNIS. SIE GLAUBTE, MICH MIT SARAH WORTH GESEHEN ZU HABEN, ABER SARAH IST TOT.
KÖNNEN WIR DEN NAMEN IHRES ALIBIS HABEN?

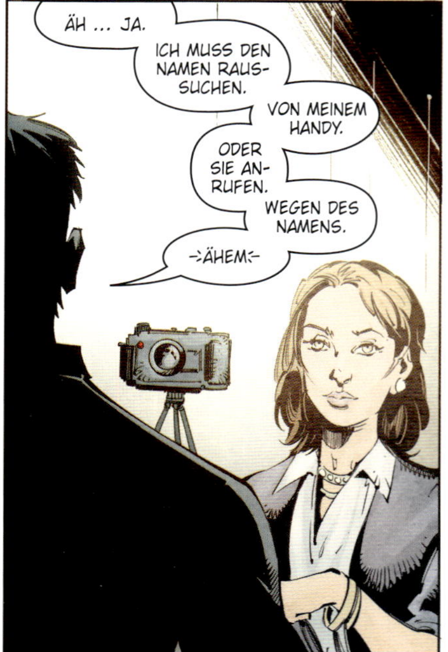
ÄH ... JA.
ICH MUSS DEN NAMEN RAUSSUCHEN.
VON MEINEM HANDY.
ODER SIE ANRUFEN.
WEGEN DES NAMENS.
-ÄHEM-

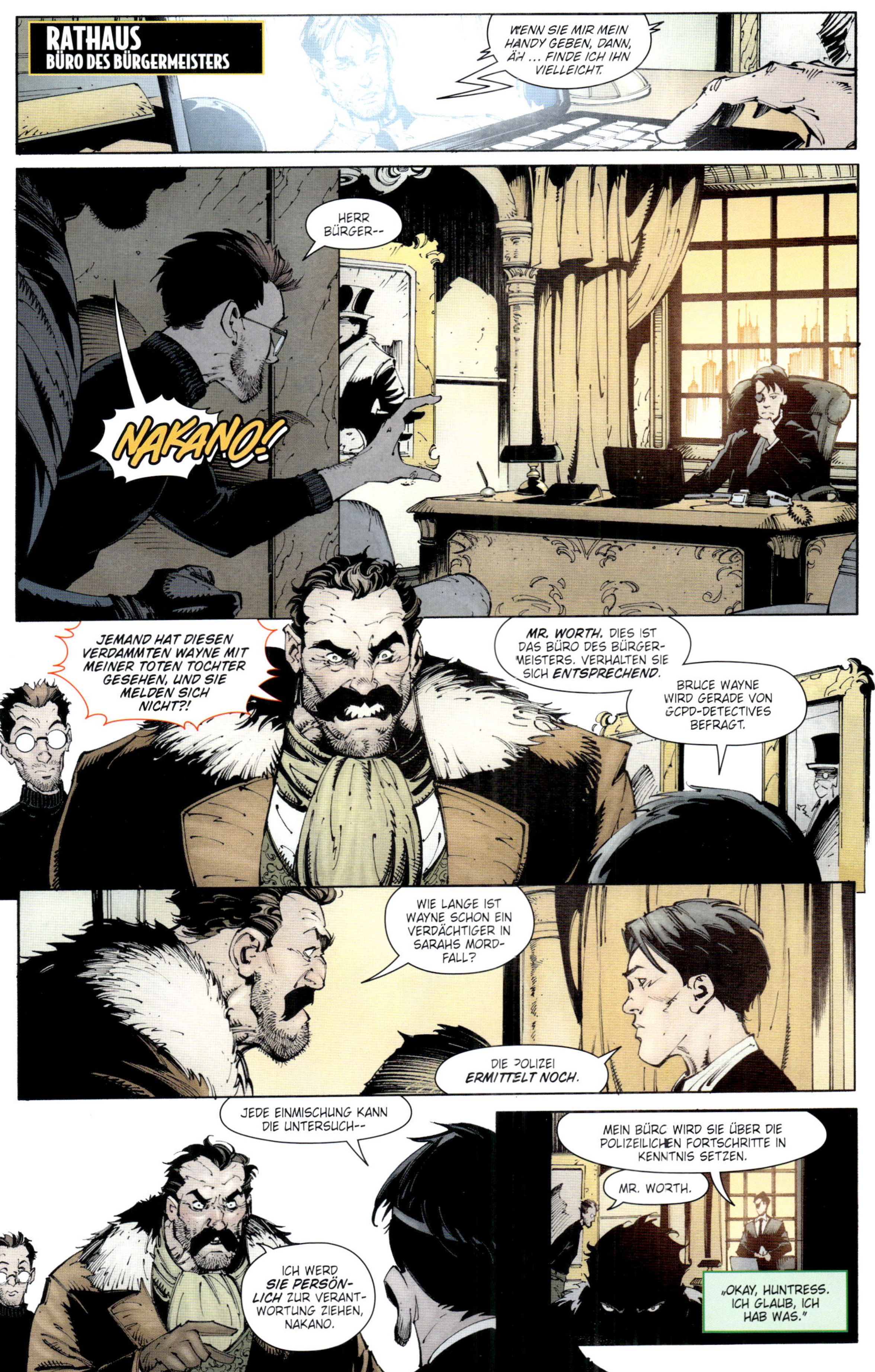
RATHAUS
BÜRO DES BÜRGERMEISTERS
WENN SIE MIR MEIN HANDY GEBEN, DANN, ÄH ... FINDE ICH IHN VIELLEICHT.
HERR BÜRGER--
NAKANO!
JEMAND HAT DIESEN VERDAMMTEN WAYNE MIT MEINER TOTEN TOCHTER GESEHEN, UND SIE MELDEN SICH NICHT?!
MR. WORTH. DIES IST DAS BÜRO DES BÜRGERMEISTERS. VERHALTEN SIE SICH ENTSPRECHEND.
BRUCE WAYNE WIRD GERADE VON GCPD-DETECTIVES BEFRAGT.
WIE LANGE IST WAYNE SCHON EIN VERDÄCHTIGER IN SARAHS MORDFALL?
DIE POLIZEI ERMITTELT NOCH.
JEDE EINMISCHUNG KANN DIE UNTERSUCH--
ICH WERD SIE PERSÖNLICH ZUR VERANTWORTUNG ZIEHEN, NAKANO.
MEIN BÜRO WIRD SIE ÜBER DIE POLIZEILICHEN FORTSCHRITTE IN KENNTNIS SETZEN.
MR. WORTH.
„OKAY, HUNTRESS. ICH GLAUB, ICH HAB WAS.“

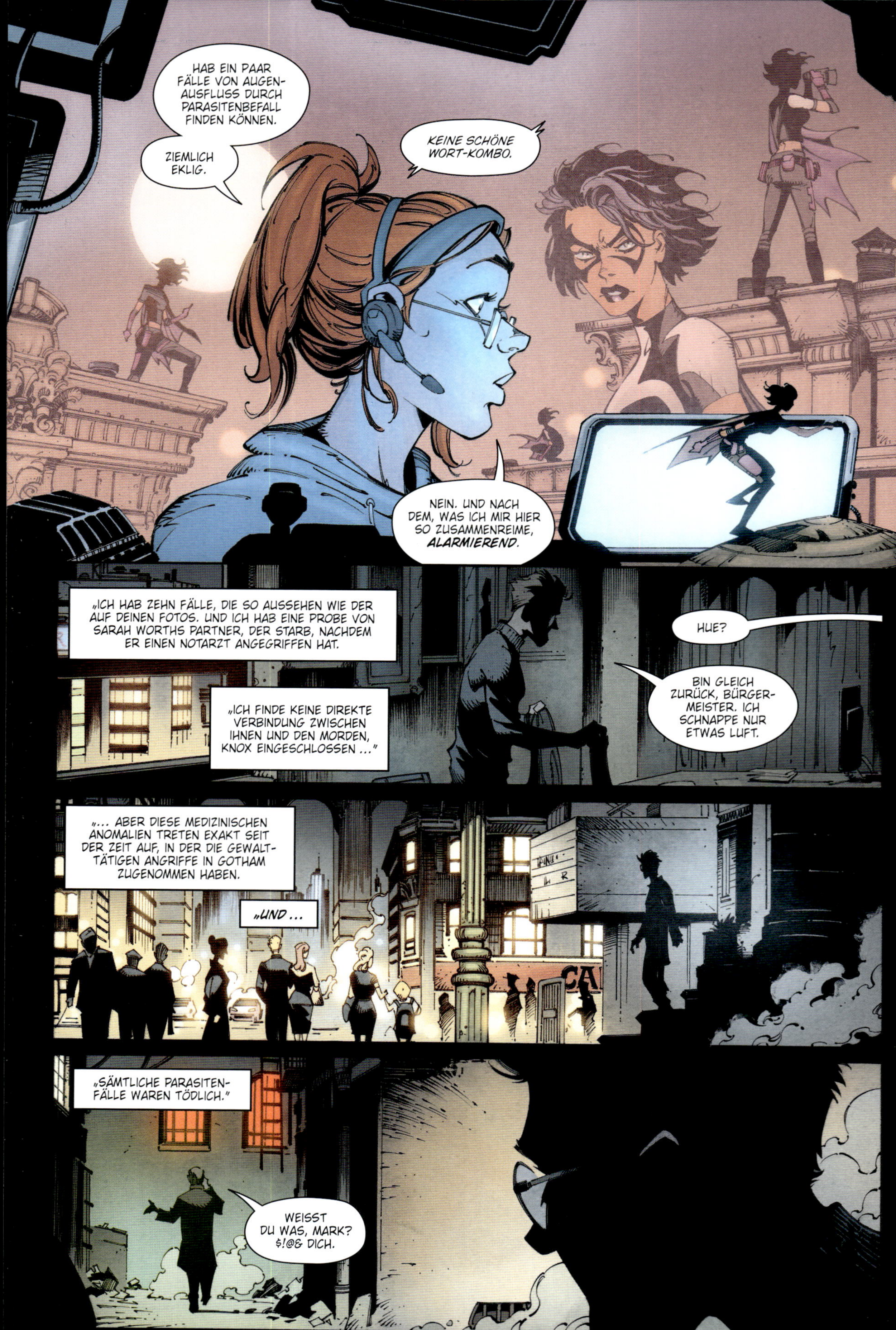
HAB EIN PAAR FÄLLE VON AUGEN-AUSFLUSS DURCH PARASITENBEFALL FINDEN KÖNNEN.
ZIEMLICH EKLIG.
KEINE SCHÖNE WORT-KOMBO.
NEIN. UND NACH DEM, WAS ICH MIR HIER SO ZUSAMMENREIME, ALARMIEREND.
„ICH HAB ZEHN FÄLLE, DIE SO AUSSEHEN WIE DER AUF DEINEN FOTOS. UND ICH HAB EINE PROBE VON SARAH WORTHS PARTNER, DER STARB, NACHDEM ER EINEN NOTARZT ANGEGRIFFEN HAT.
HUE?
BIN GLEICH ZURÜCK, BÜRGER-MEISTER. ICH SCHNAPPE NUR ETWAS LUFT.
„ICH FINDE KEINE DIREKTE VERBINDUNG ZWISCHEN IHNEN UND DEN MORDEN, KNOX EINGESCHLOSSEN ...“
„... ABER DIESE MEDIZINISCHEN ANOMALIEN TRETEN EXAKT SEIT DER ZEIT AUF, IN DER DIE GEWALT-TÄTIGEN ANGRIFFE IN GOTHAM ZUGENOMMEN HABEN.
„UND ...
„SÄMTLICHE PARASITEN-FÄLLE WAREN TÖDLICH.“
WEISST DU WAS, MARK? $!@& DICH.

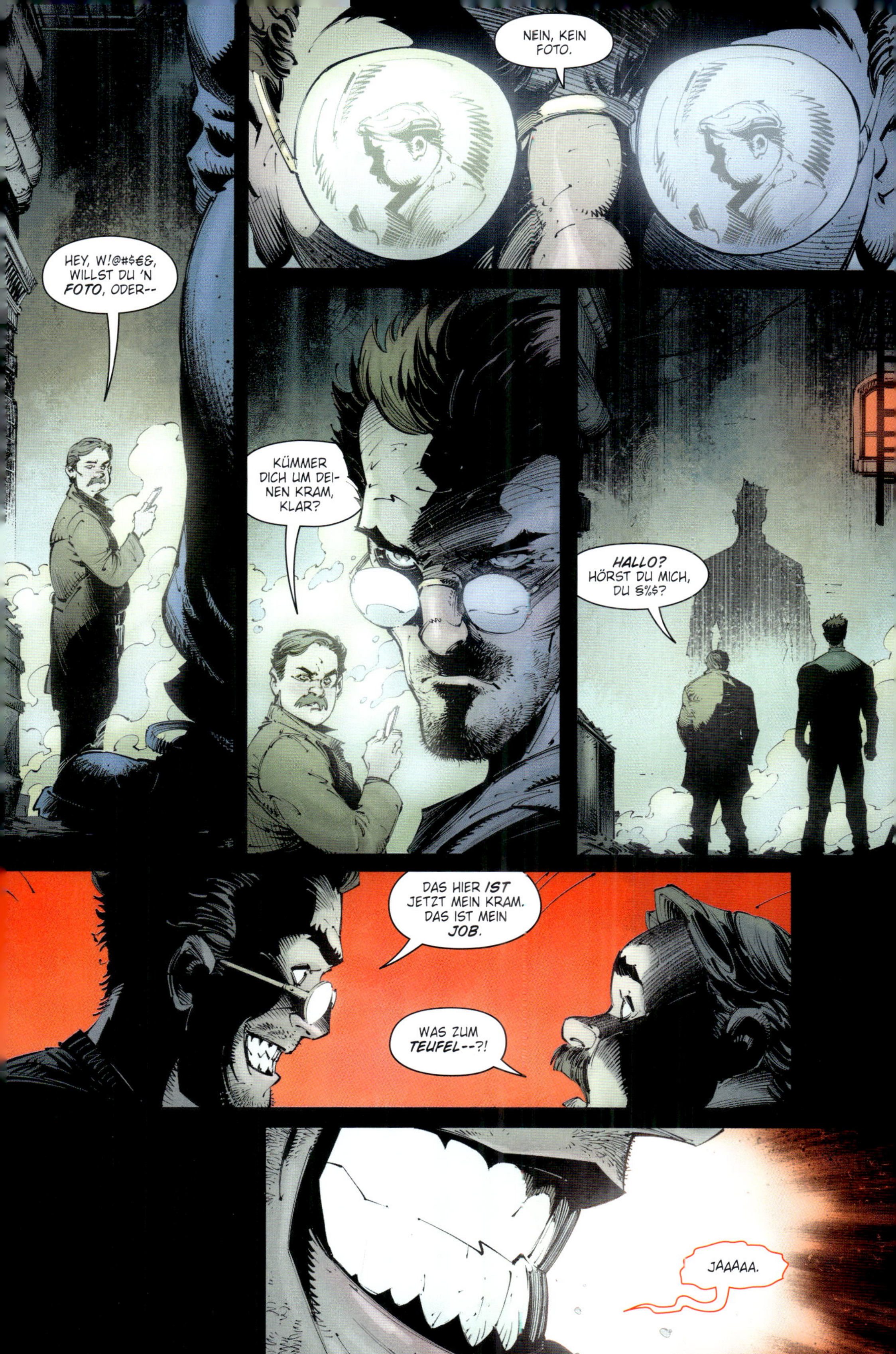

HEY, W!@#$€&, WILLST DU 'N *FOTO*, ODER--
NEIN, KEIN FOTO.
KÜMMER DICH UM DEINEN KRAM, KLAR?
HALLO? HÖRST DU MICH, DU $%$?
DAS HIER *IST* JETZT MEIN KRAM. DAS IST MEIN *JOB*.
WAS ZUM *TEUFEL*--?!
JAAAAA.

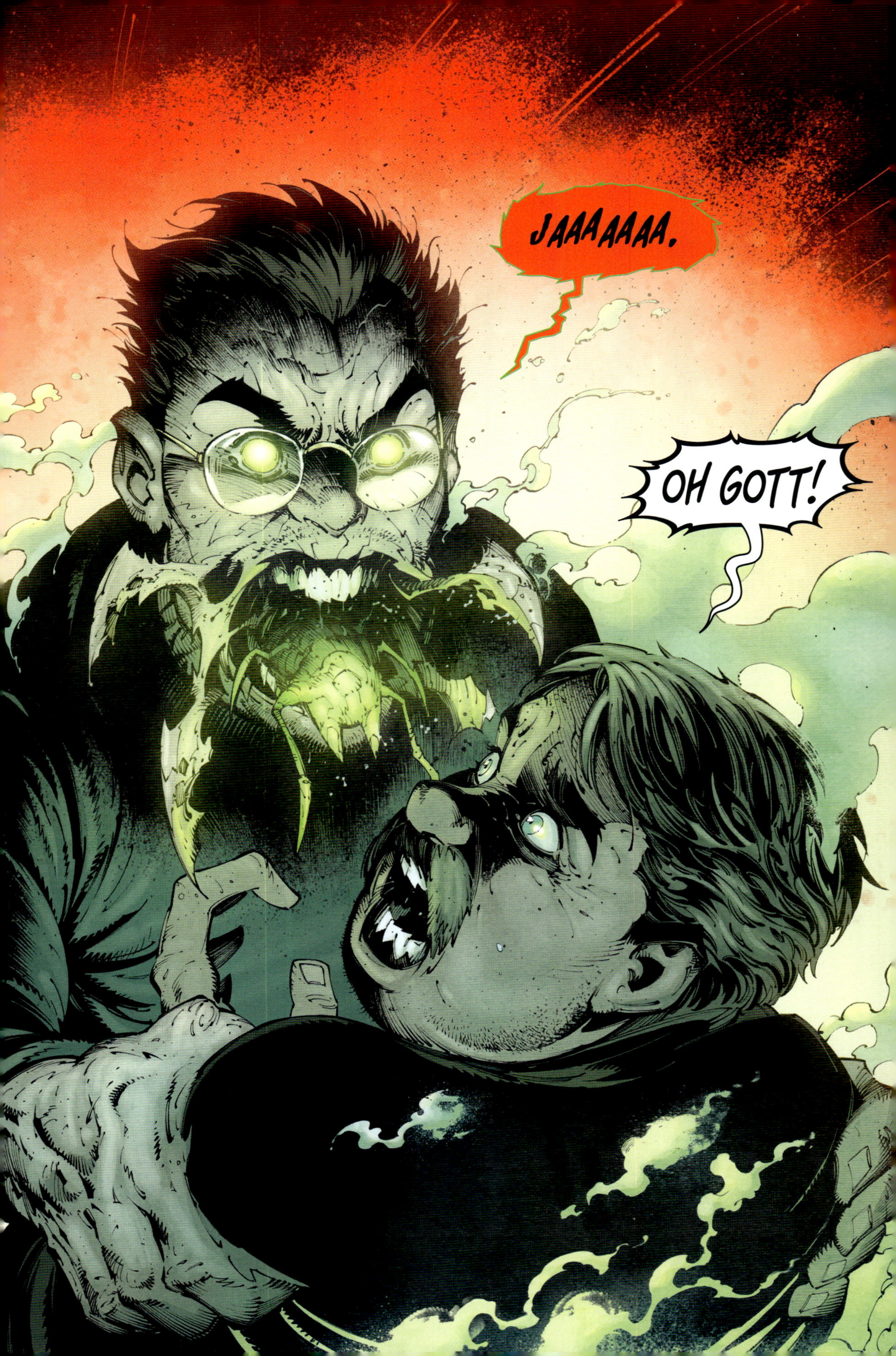
JAAAAAAA.
OH GOTT!

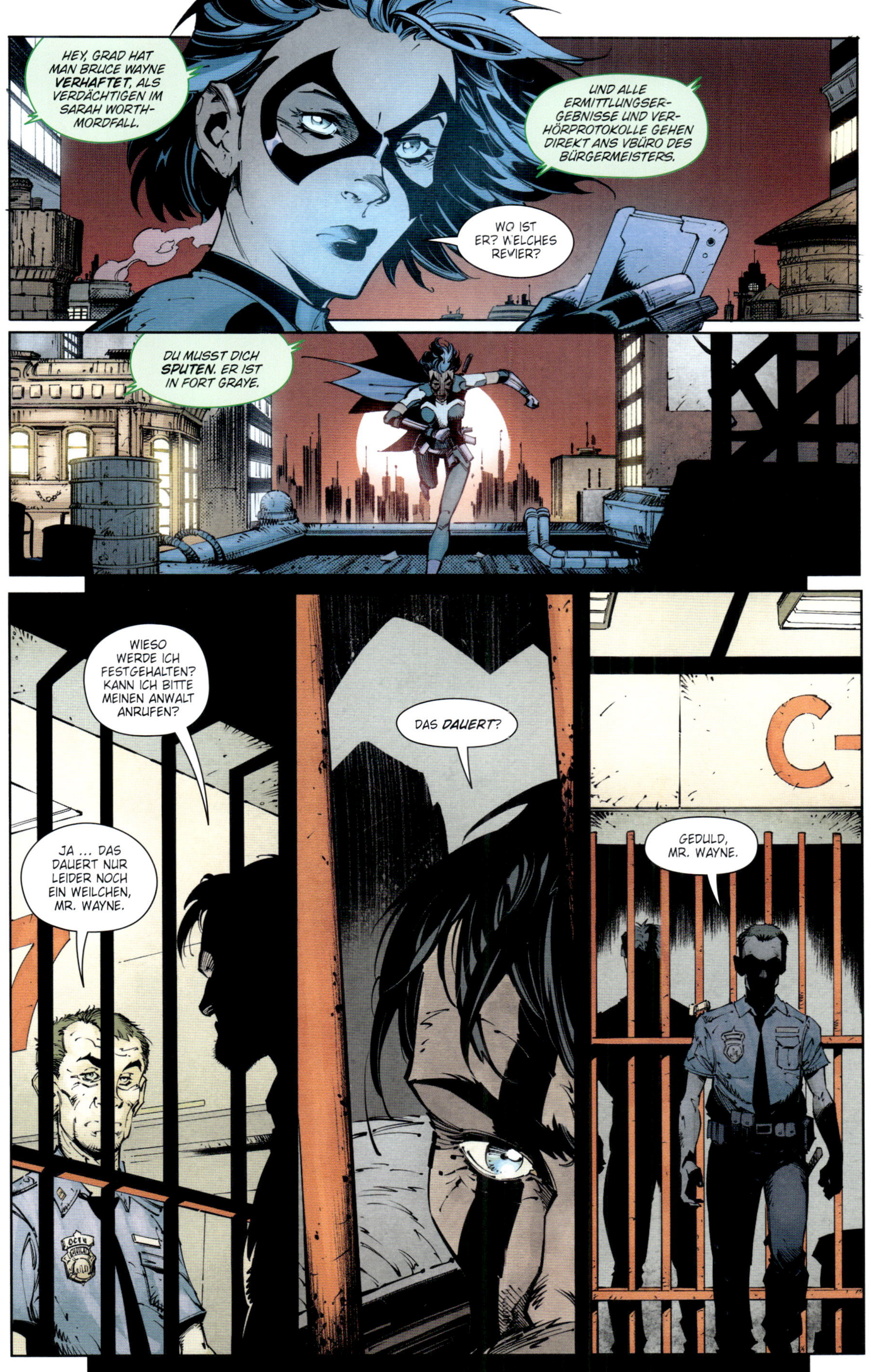
HEY, GRAD HAT MAN BRUCE WAYNE VERHAFTET, ALS VERDÄCHTIGEN IM SARAH WORTH-MORDFALL.
UND ALLE ERMITTLUNGSERGEBNISSE UND VERHÖRPROTOKOLLE GEHEN DIREKT ANS VBÜRO DES BÜRGERMEISTERS.
WO IST ER? WELCHES REVIER?
DU MUSST DICH SPUTEN. ER IST IN FORT GRAYE.
WIESO WERDE ICH FESTGEHALTEN? KANN ICH BITTE MEINEN ANWALT ANRUFEN?
JA ... DAS DAUERT NUR LEIDER NOCH EIN WEILCHEN, MR. WAYNE.
DAS DAUERT?
GEDULD, MR. WAYNE.
C-

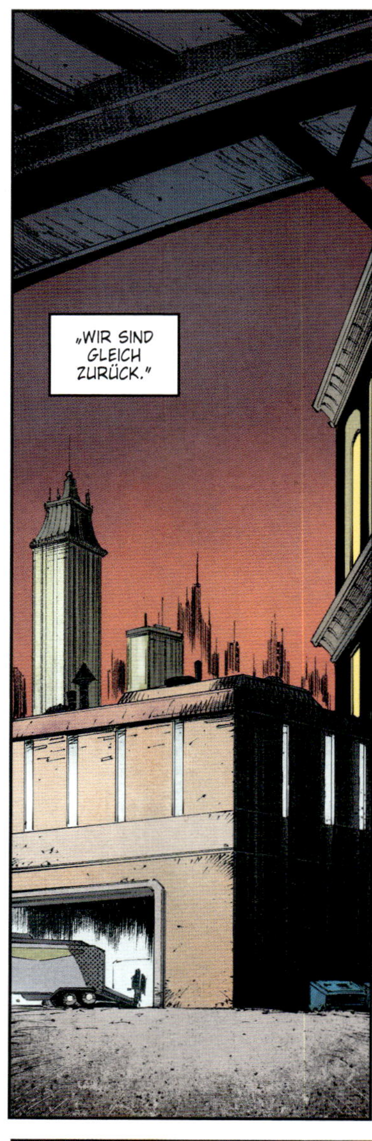
„WIR SIND GLEICH ZURÜCK."

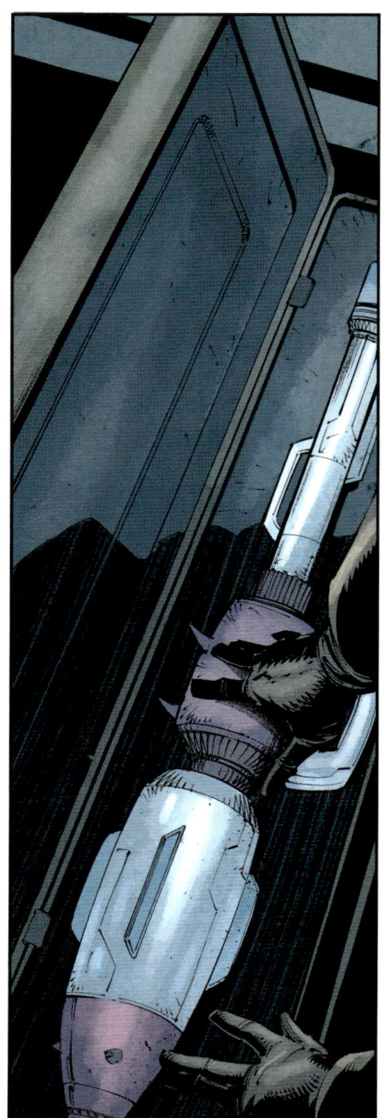

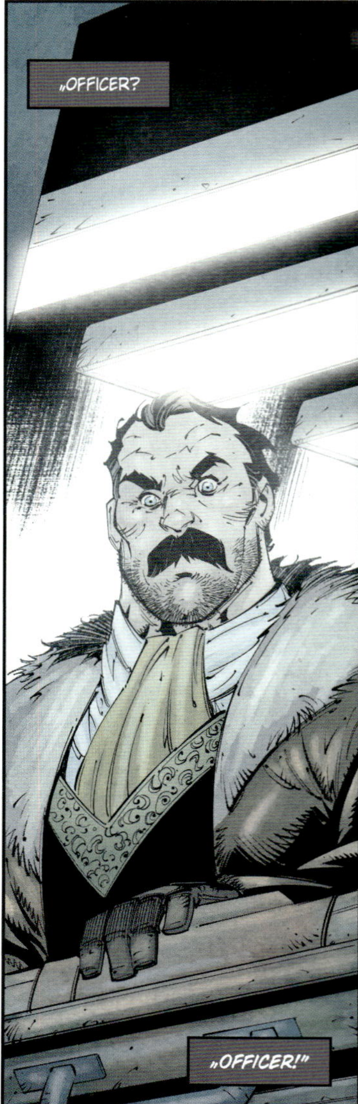
„OFFICER?
„OFFICER!"

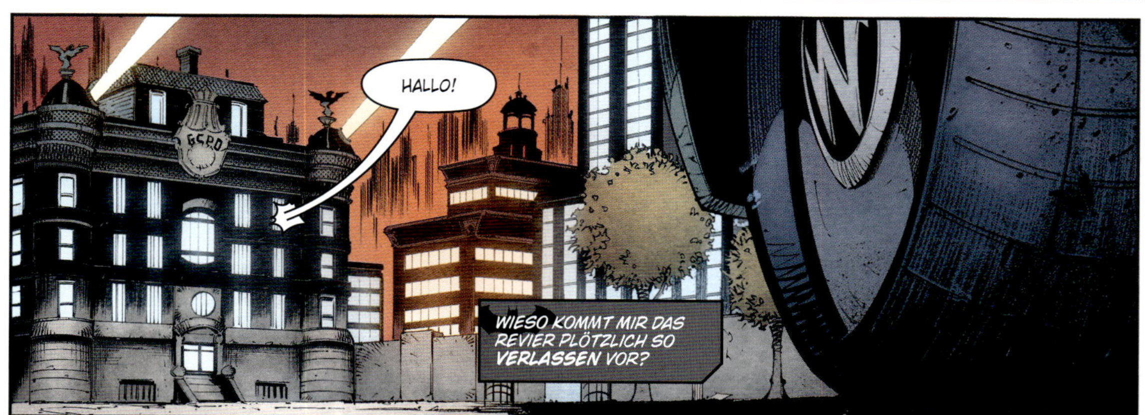
HALLO!
WIESO KOMMT MIR DAS REVIER PLÖTZLICH SO VERLASSEN VOR?

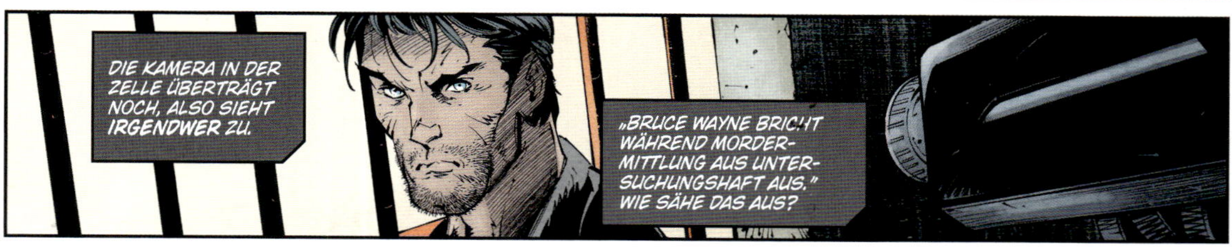
DIE KAMERA IN DER ZELLE ÜBERTRÄGT NOCH, ALSO SIEHT IRGENDWER ZU.
„BRUCE WAYNE BRICHT WÄHREND MORDERMITTLUNG AUS UNTERSUCHUNGSHAFT AUS." WIE SÄHE DAS AUS?

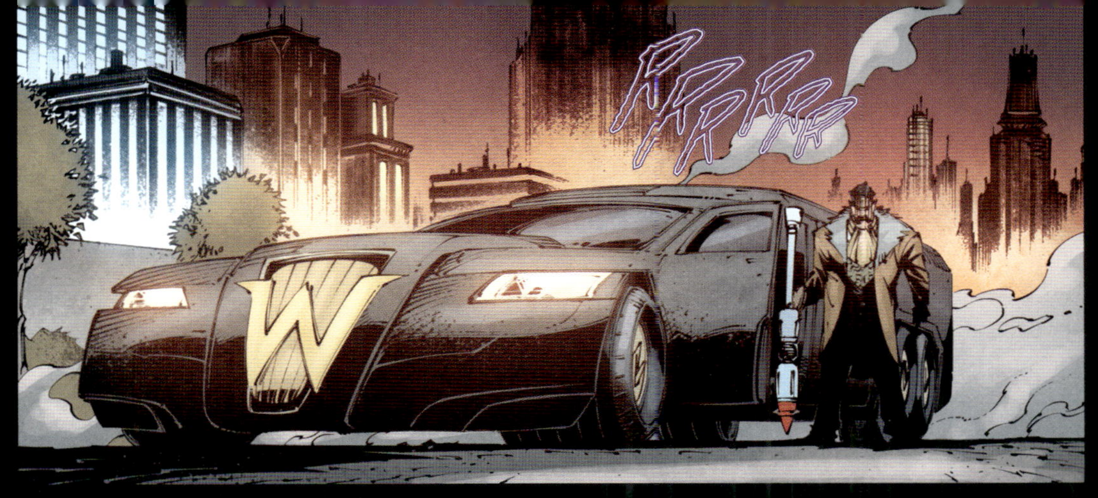
RRRRRR

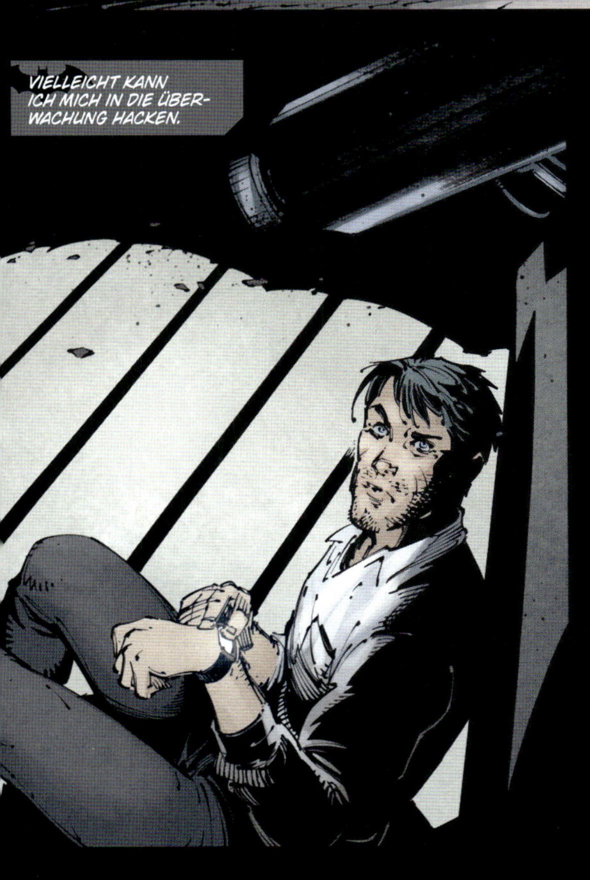
VIELLEICHT KANN ICH MICH IN DIE ÜBER-WACHUNG HACKEN.

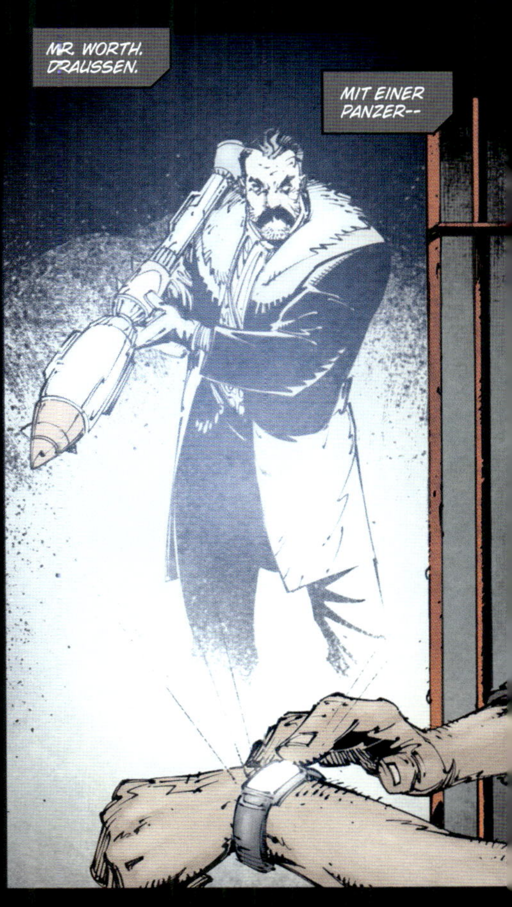
MR. WORTH. DRAUSSEN.
MIT EINER PANZER--

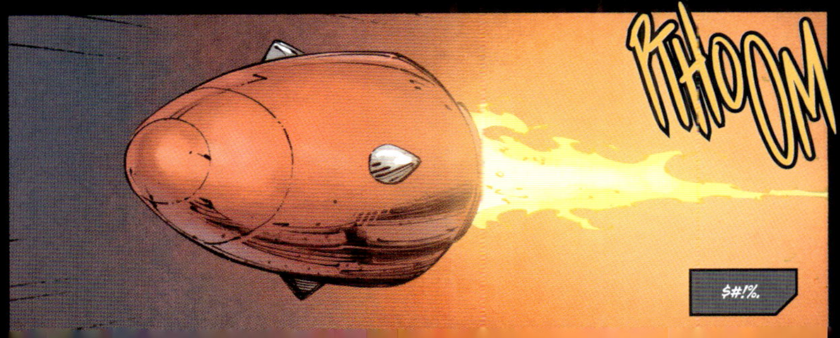
FTHOOM
$#!%.

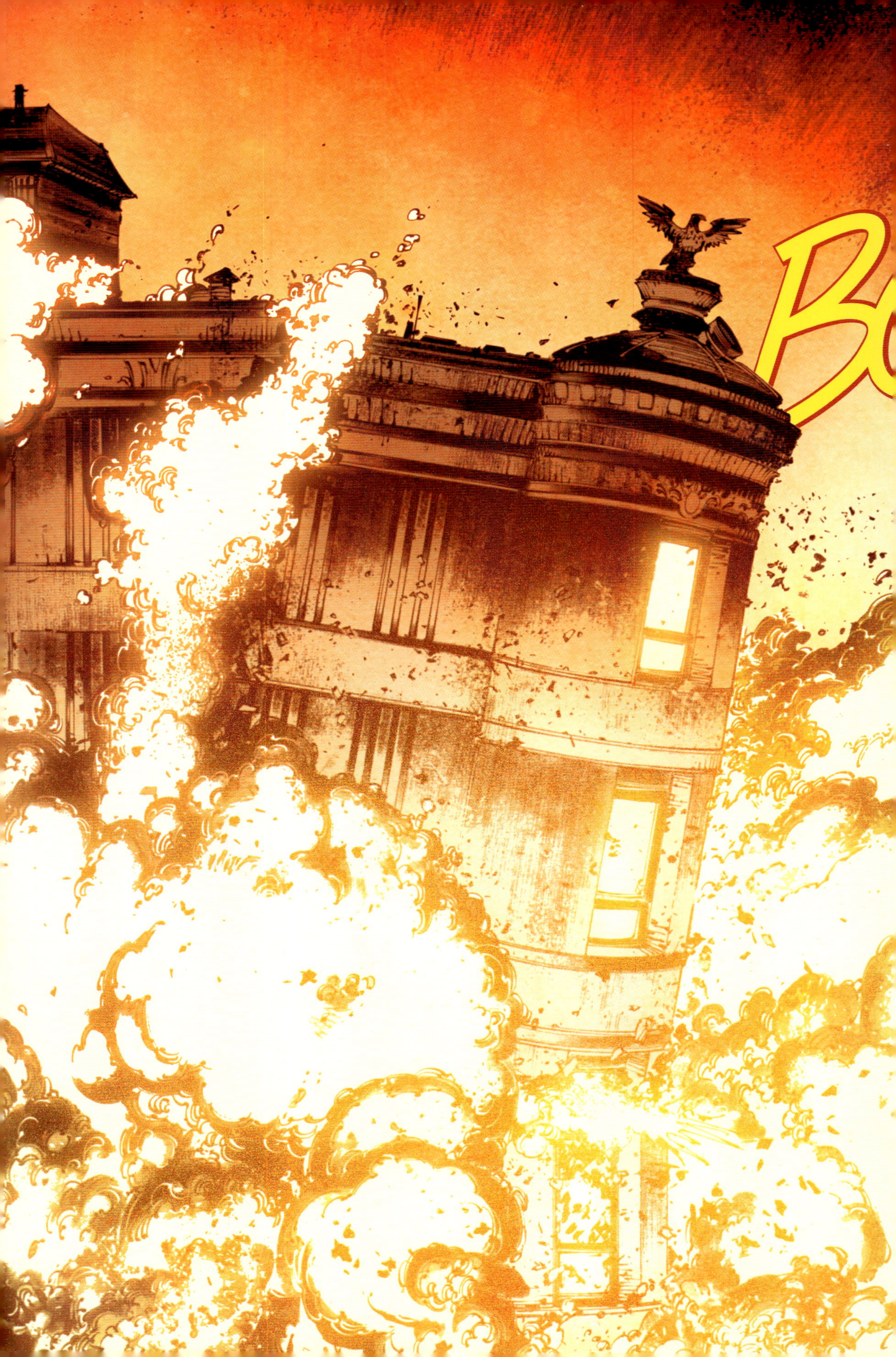

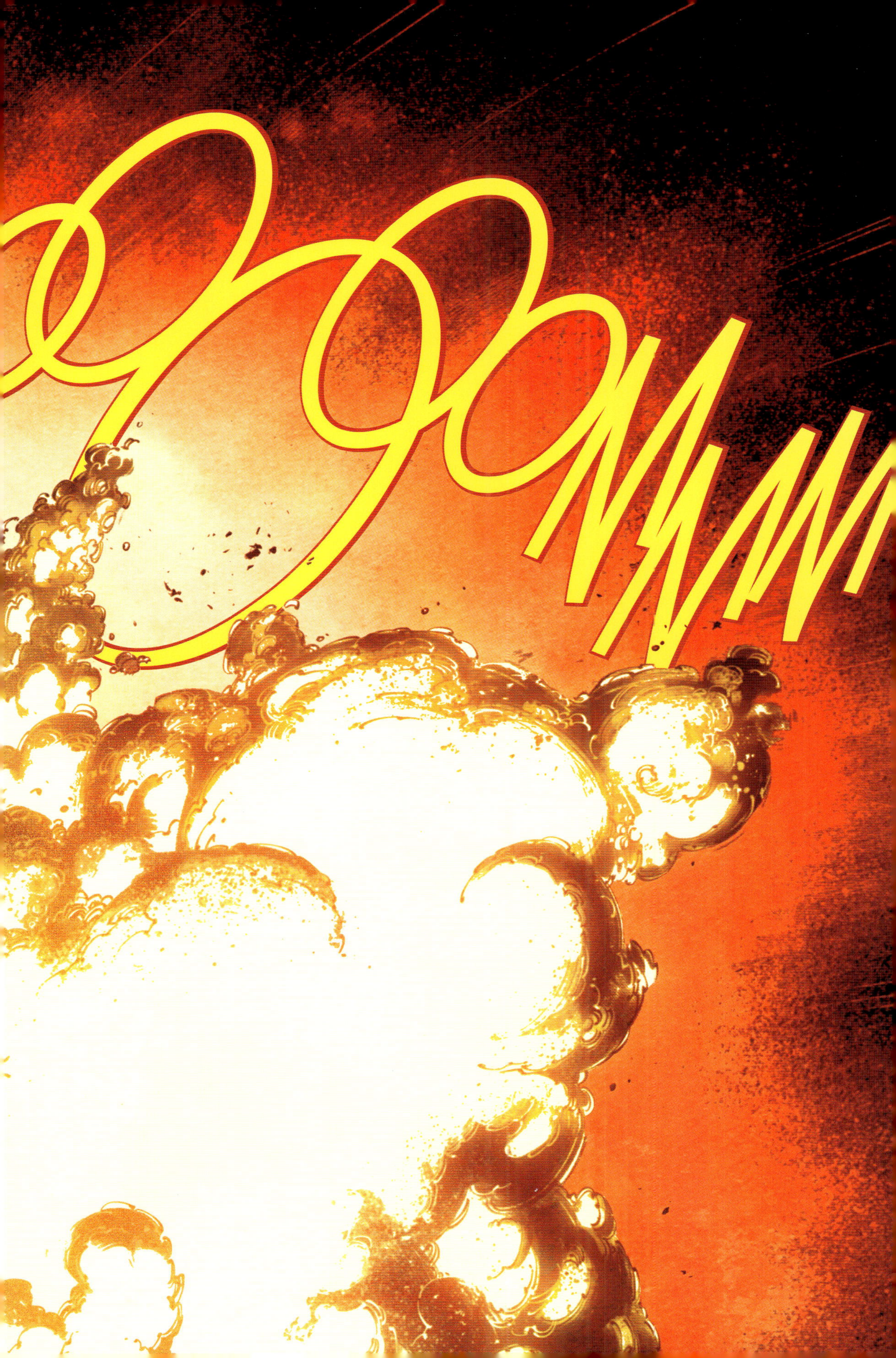

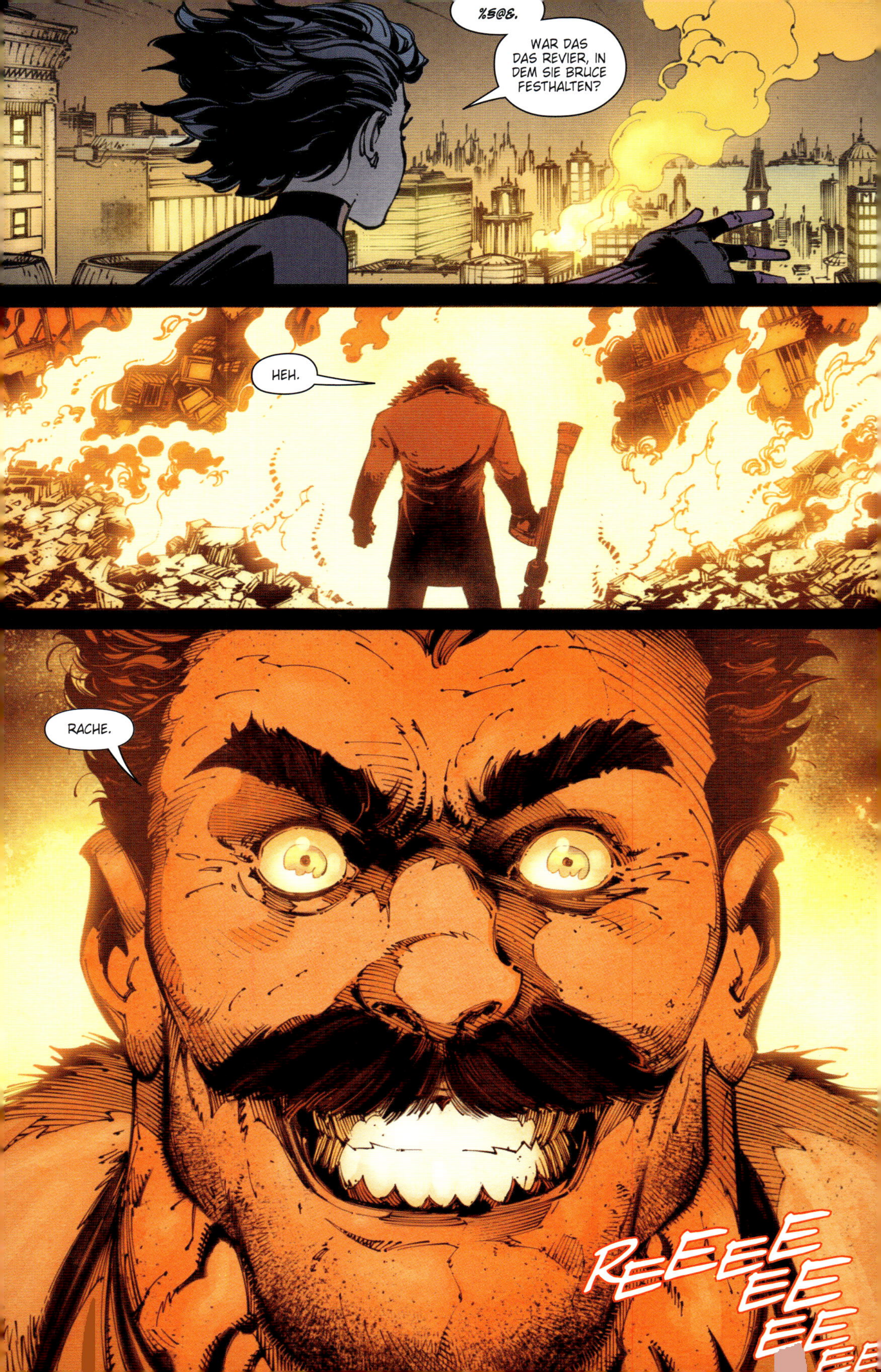
%$@&.
WAR DAS DAS REVIER, IN DEM SIE BRUCE FESTHALTEN?
HEH.
RACHE.
REEEEEEEEEE

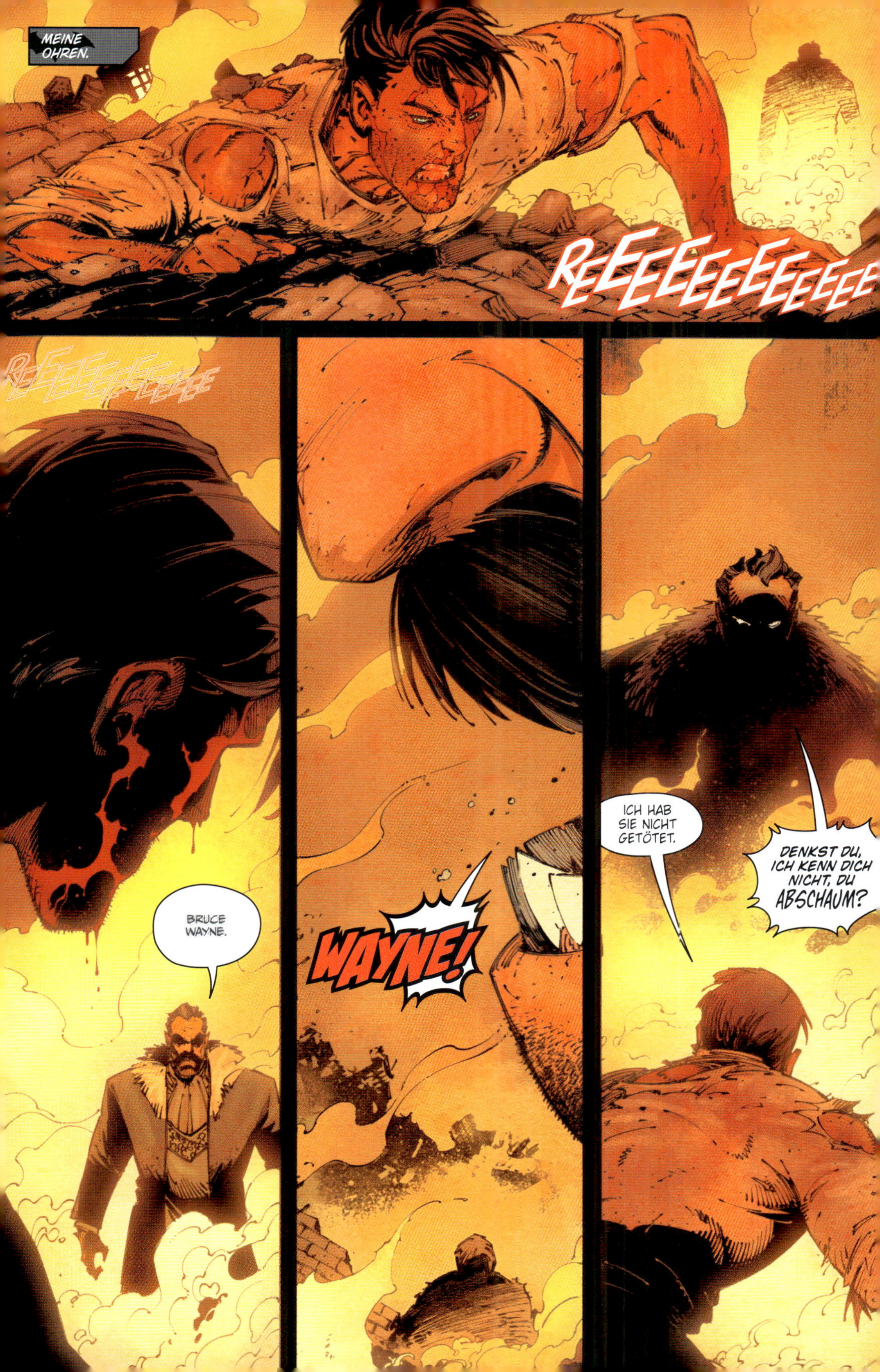
MEINE OHREN.
REEEEEEEEEEEEE
REEEEEEEEEEEEE
BRUCE WAYNE.
WAYNE!
ICH HAB SIE NICHT GETÖTET.
DENKST DU, ICH KENN DICH NICHT, DU ABSCHAUM?

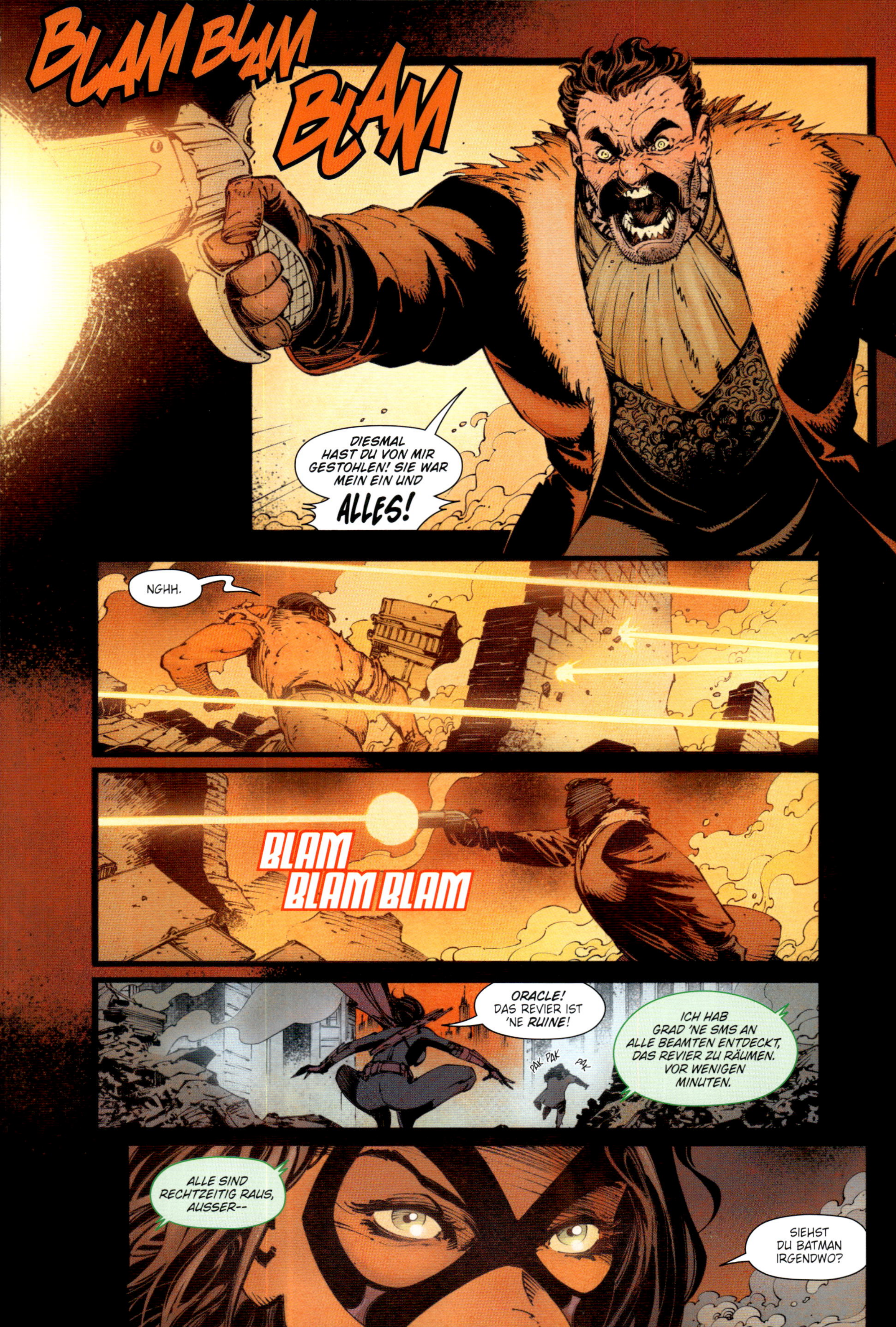
BLAM BLAM
BLAM
DIESMAL HAST DU VON MIR GESTOHLEN! SIE WAR MEIN EIN UND ALLES!
NGHH.
BLAM BLAM BLAM
ORACLE! DAS REVIER IST 'NE RUINE!
ICH HAB GRAD 'NE SMS AN ALLE BEAMTEN ENTDECKT, DAS REVIER ZU RÄUMEN. VOR WENIGEN MINUTEN.
PAK PAK PAK
ALLE SIND RECHTZEITIG RAUS, AUSSER--
SIEHST DU BATMAN IRGENDWO?

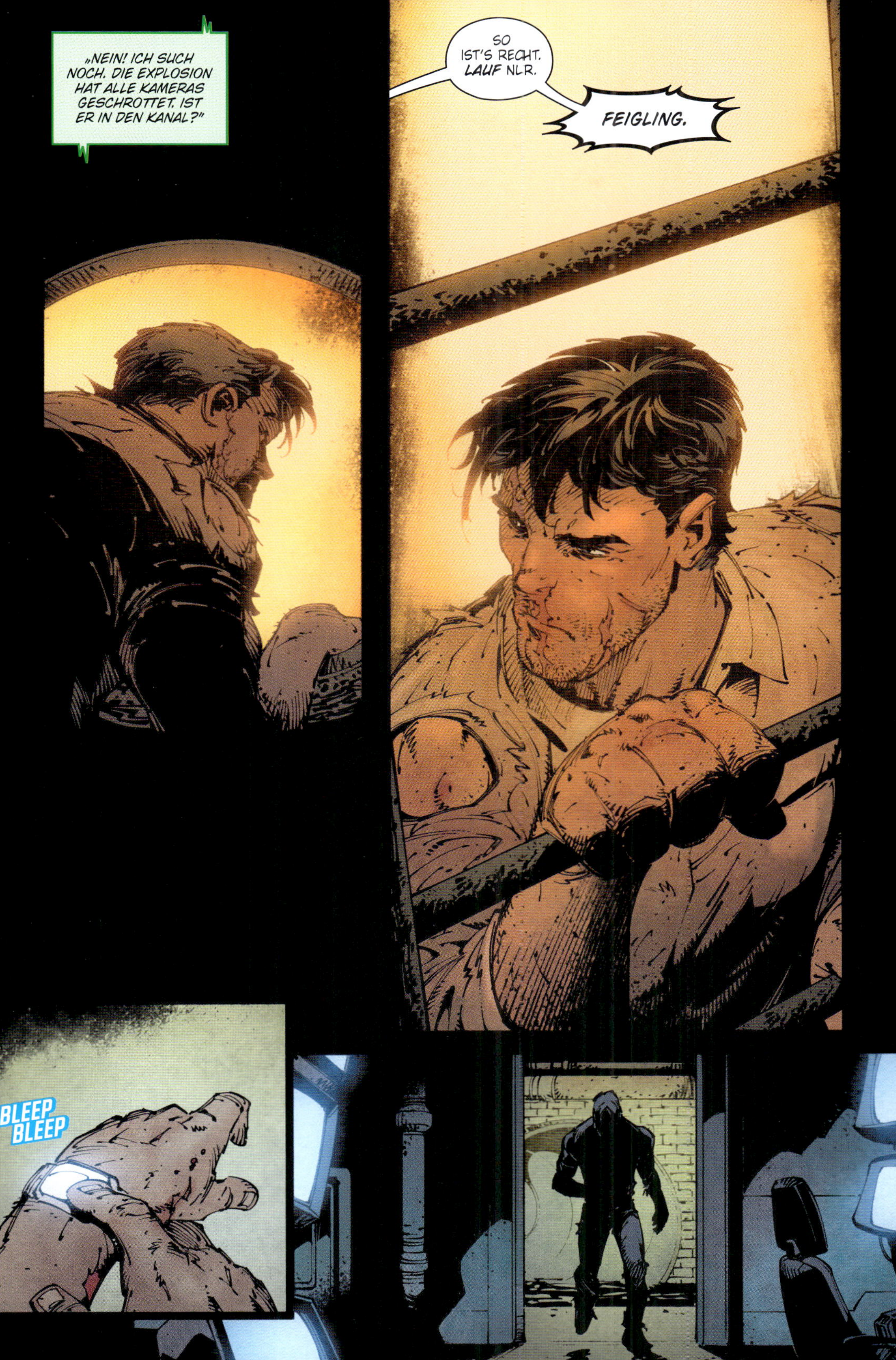
„NEIN! ICH SUCH NOCH. DIE EXPLOSION HAT ALLE KAMERAS GESCHROTTET. IST ER IN DEN KANAL?"
SO IST'S RECHT. LAUF NUR.
FEIGLING.
BLEEP BLEEP

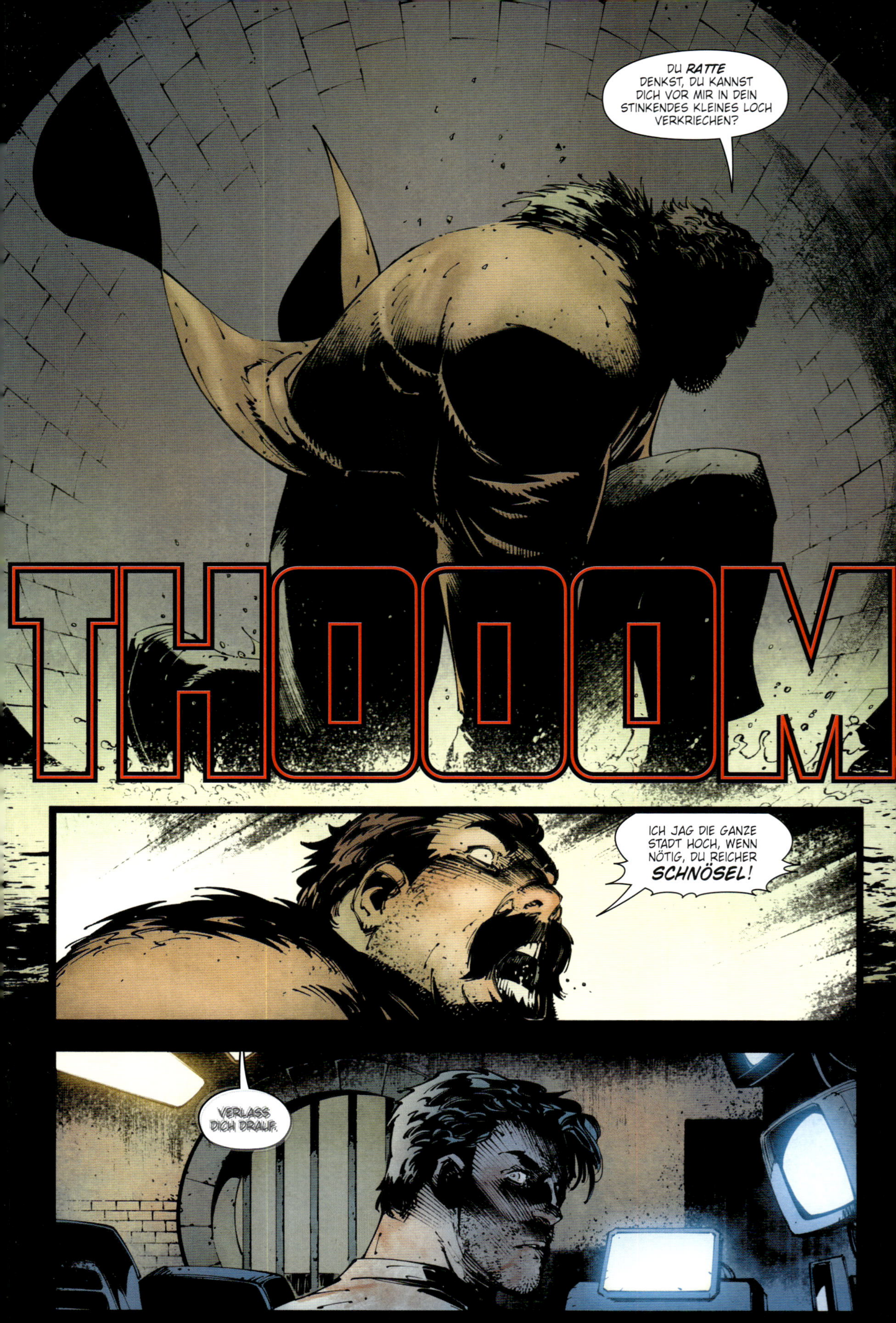
DU RATTE DENKST, DU KANNST DICH VOR MIR IN DEIN STINKENDES KLEINES LOCH VERKRIECHEN?
THOOOM
ICH JAG DIE GANZE STADT HOCH, WENN NÖTIG, DU REICHER SCHNÖSEL!
VERLASS DICH DRAUF.

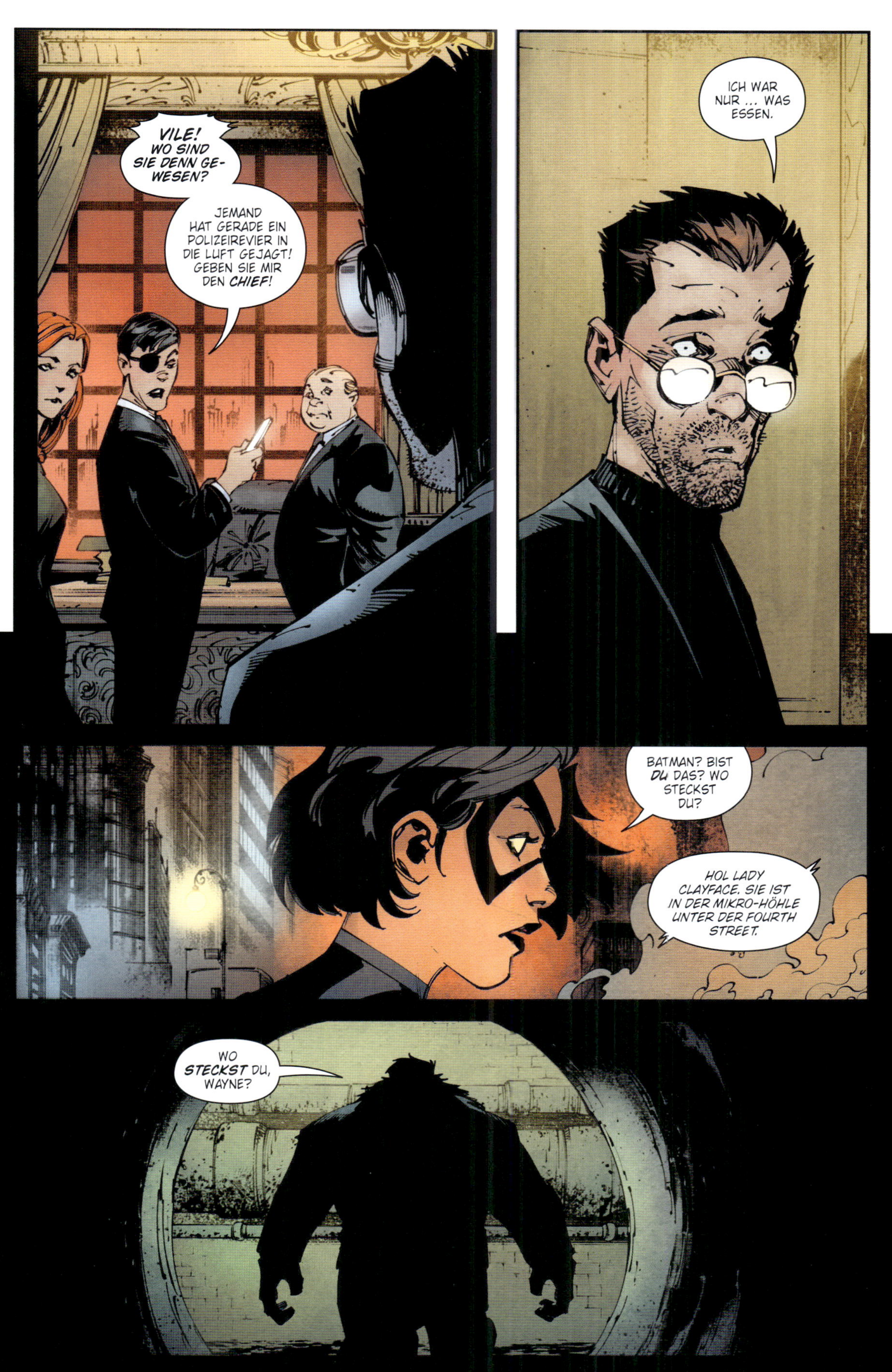
VILE! WO SIND SIE DENN GE-WESEN?
JEMAND HAT GERADE EIN POLIZEIREVIER IN DIE LUFT GEJAGT! GEBEN SIE MIR DEN CHIEF!
ICH WAR NUR ... WAS ESSEN.
BATMAN? BIST DU DAS? WO STECKST DU?
HOL LADY CLAYFACE. SIE IST IN DER MIKRO-HÖHLE UNTER DER FOURTH STREET.
WO STECKST DU, WAYNE?

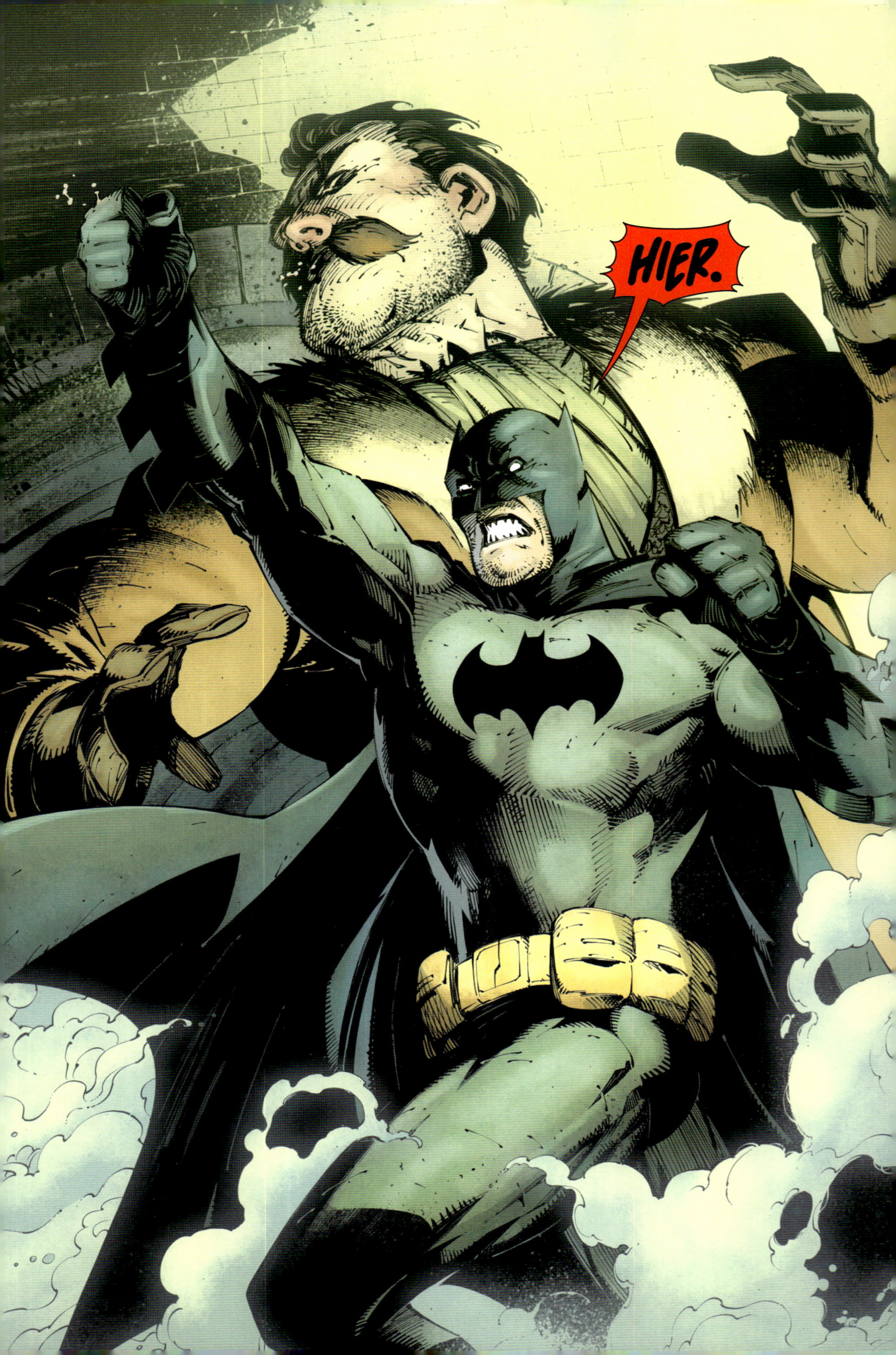
HIER.

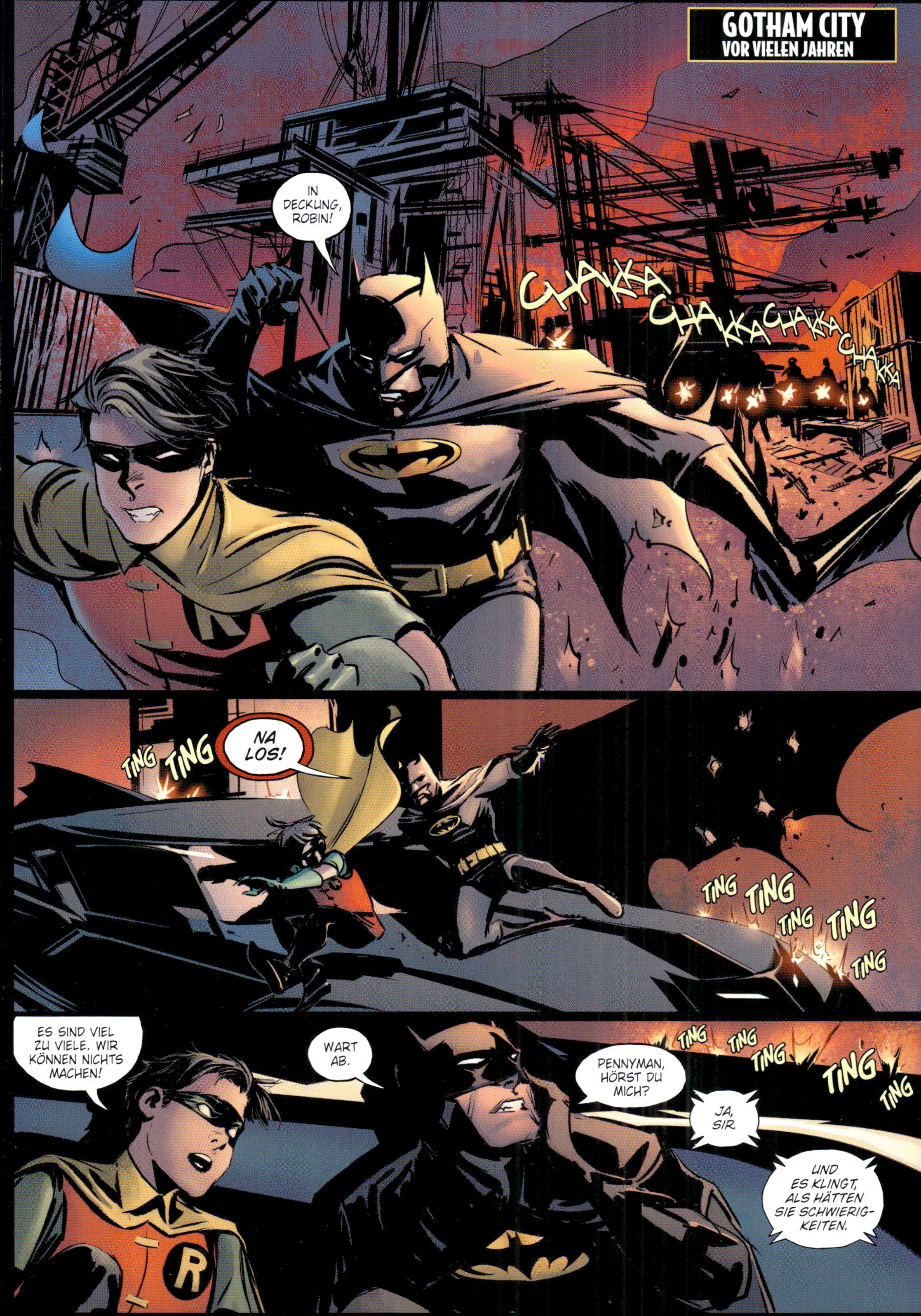
GOTHAM CITY
VOR VIELEN JAHREN
IN DECKUNG, ROBIN!
CHAKKA CHAKKA CHAKKA CHAKKA
TING TING
NA LOS!
TING TING TING TING TING
ES SIND VIEL ZU VIELE. WIR KÖNNEN NICHTS MACHEN!
WART AB.
PENNYMAN, HÖRST DU MICH?
JA, SIR.
TING TING TING TING TING
UND ES KLINGT, ALS HÄTTEN SIE SCHWIERIG-KEITEN.

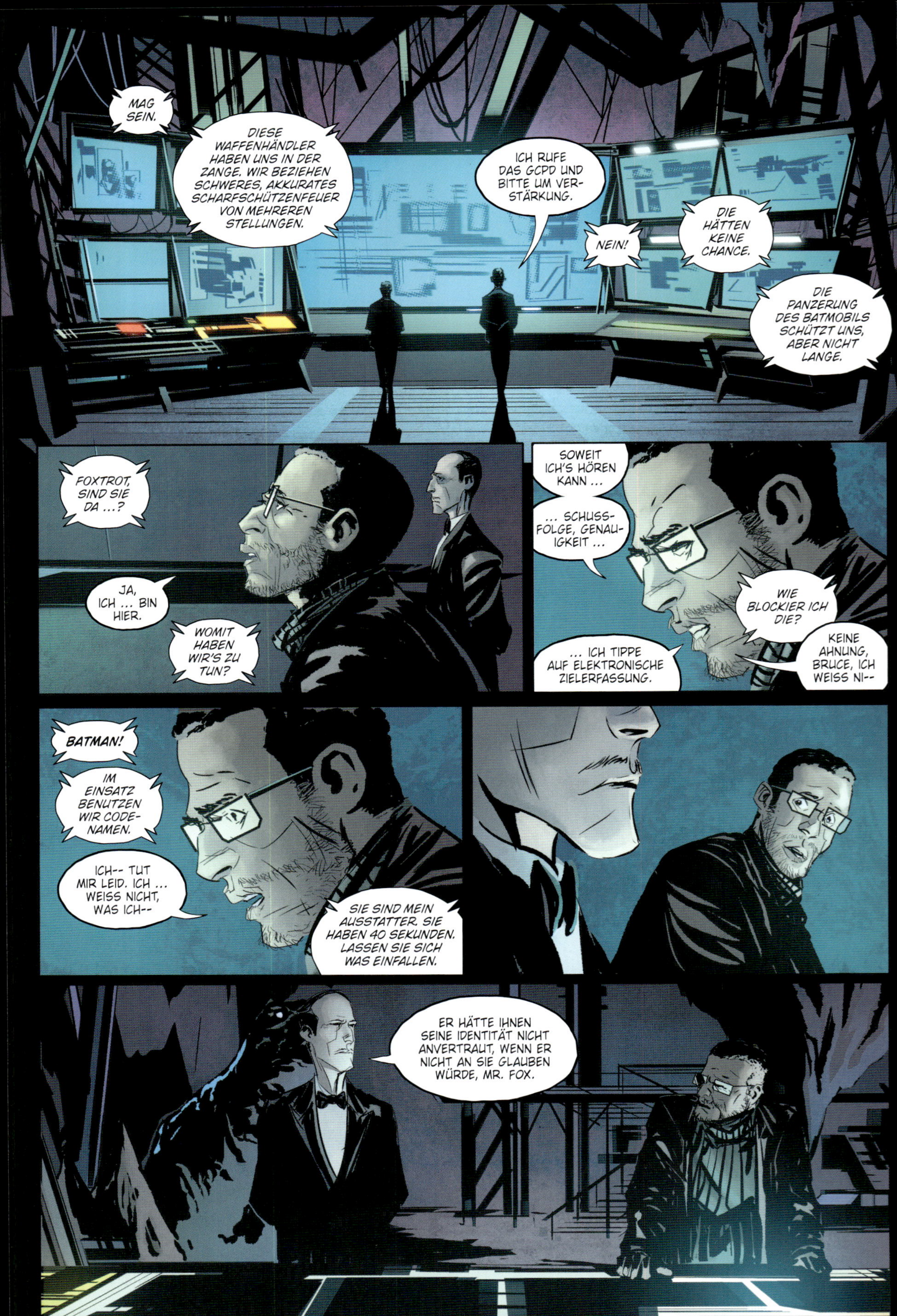
MAG SEIN.
DIESE WAFFENHÄNDLER HABEN UNS IN DER ZANGE. WIR BEZIEHEN SCHWERES, AKKURATES SCHARFSCHÜTZENFEUER VON MEHREREN STELLUNGEN.
ICH RUFE DAS GCPD UND BITTE UM VERSTÄRKUNG.
NEIN!
DIE HÄTTEN KEINE CHANCE.
DIE PANZERUNG DES BATMOBILS SCHÜTZT UNS, ABER NICHT LANGE.
FOXTROT, SIND SIE DA ...?
JA, ICH ... BIN HIER.
WOMIT HABEN WIR'S ZU TUN?
SOWEIT ICH'S HÖREN KANN ...
... SCHUSSFOLGE, GENAUIGKEIT ...
... ICH TIPPE AUF ELEKTRONISCHE ZIELERFASSUNG.
WIE BLOCKIER ICH DIE?
KEINE AHNUNG, BRUCE, ICH WEISS NI--
BATMAN!
IM EINSATZ BENUTZEN WIR CODENAMEN.
ICH-- TUT MIR LEID. ICH ... WEISS NICHT, WAS ICH--
SIE SIND MEIN AUSSTATTER. SIE HABEN 40 SEKUNDEN. LASSEN SIE SICH WAS EINFALLEN.
ER HÄTTE IHNEN SEINE IDENTITÄT NICHT ANVERTRAUT, WENN ER NICHT AN SIE GLAUBEN WÜRDE, MR. FOX.

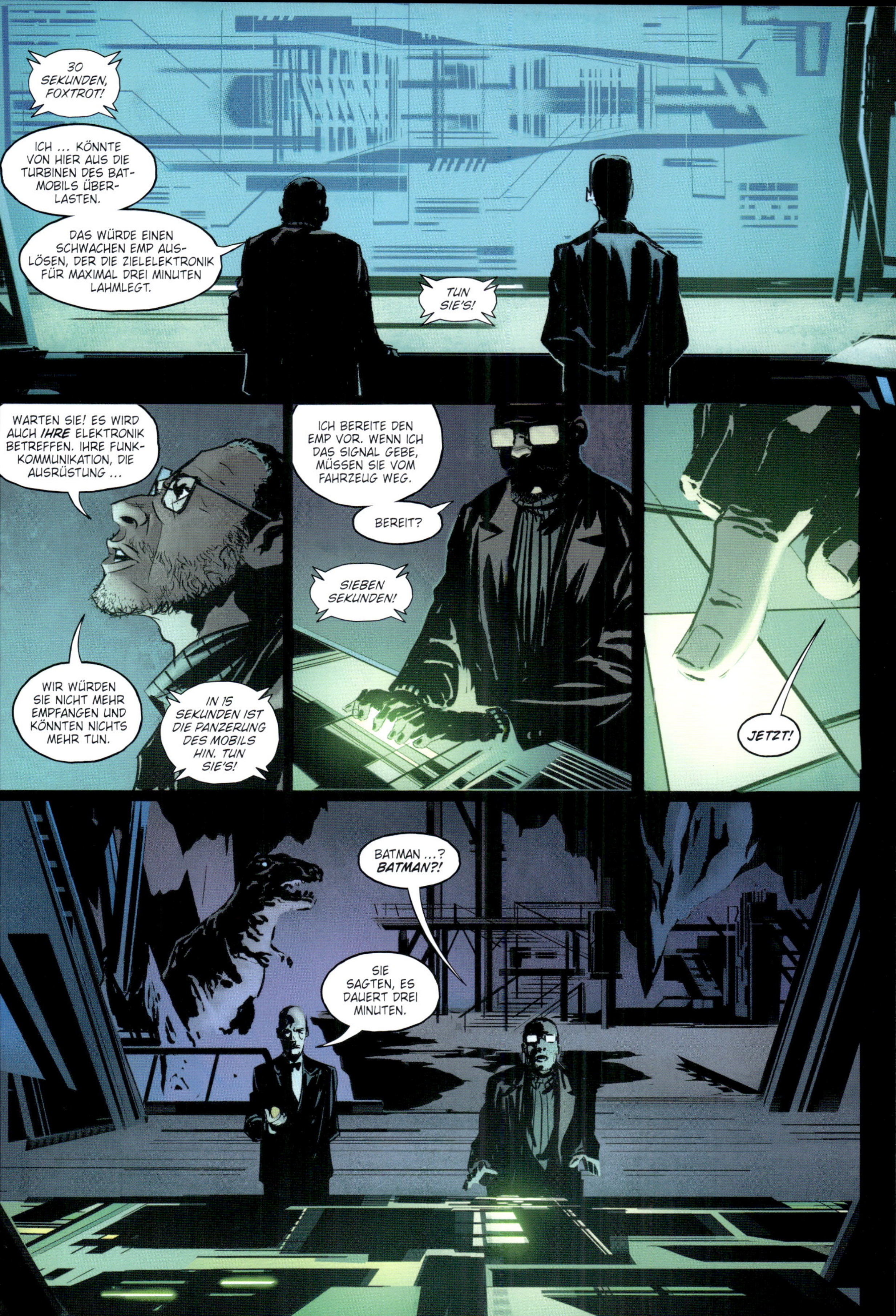
30 SEKUNDEN, FOXTROT!
ICH ... KÖNNTE VON HIER AUS DIE TURBINEN DES BATMOBILS ÜBERLASTEN.
DAS WÜRDE EINEN SCHWACHEN EMP AUSLÖSEN, DER DIE ZIELELEKTRONIK FÜR MAXIMAL DREI MINUTEN LAHMLEGT.
TUN SIE'S!
WARTEN SIE! ES WIRD AUCH *IHRE* ELEKTRONIK BETREFFEN. IHRE FUNKKOMMUNIKATION, DIE AUSRÜSTUNG ...
WIR WÜRDEN SIE NICHT MEHR EMPFANGEN UND KÖNNTEN NICHTS MEHR TUN.
IN 15 SEKUNDEN IST DIE PANZERUNG DES MOBILS HIN. TUN SIE'S!
ICH BEREITE DEN EMP VOR. WENN ICH DAS SIGNAL GEBE, MÜSSEN SIE VOM FAHRZEUG WEG.
BEREIT?
SIEBEN SEKUNDEN!
JETZT!
BATMAN ...? **BATMAN?!**
SIE SAGTEN, ES DAUERT DREI MINUTEN.

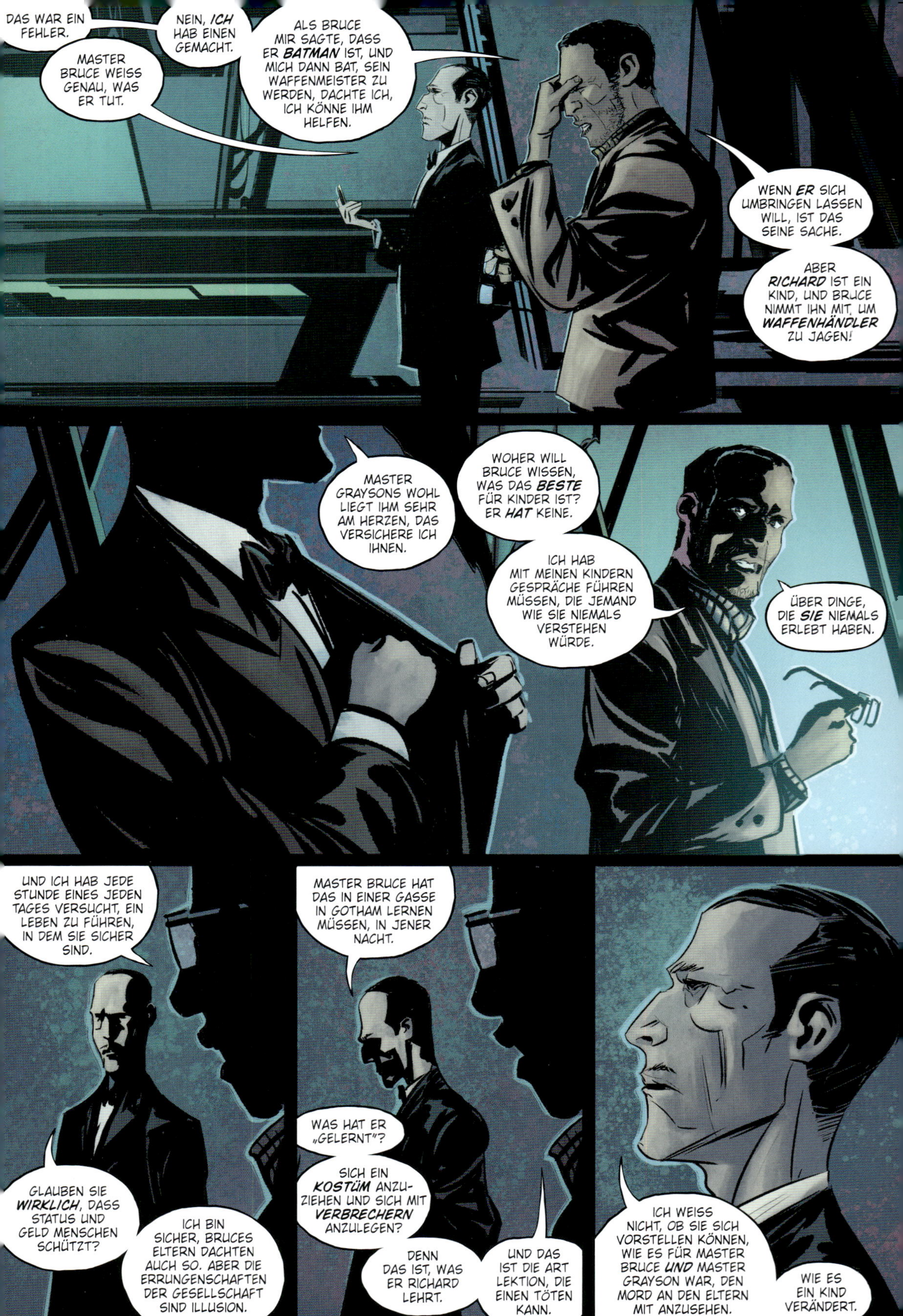
DAS WAR EIN FEHLER.
NEIN, ICH HAB EINEN GEMACHT.
MASTER BRUCE WEISS GENAU, WAS ER TUT.
ALS BRUCE MIR SAGTE, DASS ER BATMAN IST, UND MICH DANN BAT, SEIN WAFFENMEISTER ZU WERDEN, DACHTE ICH, ICH KÖNNE IHM HELFEN.
WENN ER SICH UMBRINGEN LASSEN WILL, IST DAS SEINE SACHE.
ABER RICHARD IST EIN KIND, UND BRUCE NIMMT IHN MIT, UM WAFFENHÄNDLER ZU JAGEN!
MASTER GRAYSONS WOHL LIEGT IHM SEHR AM HERZEN, DAS VERSICHERE ICH IHNEN.
WOHER WILL BRUCE WISSEN, WAS DAS BESTE FÜR KINDER IST? ER HAT KEINE.
ICH HAB MIT MEINEN KINDERN GESPRÄCHE FÜHREN MÜSSEN, DIE JEMAND WIE SIE NIEMALS VERSTEHEN WÜRDE.
ÜBER DINGE, DIE SIE NIEMALS ERLEBT HABEN.
UND ICH HAB JEDE STUNDE EINES JEDEN TAGES VERSUCHT, EIN LEBEN ZU FÜHREN, IN DEM SIE SICHER SIND.
GLAUBEN SIE WIRKLICH, DASS STATUS UND GELD MENSCHEN SCHÜTZT?
ICH BIN SICHER, BRUCES ELTERN DACHTEN AUCH SO. ABER DIE ERRUNGENSCHAFTEN DER GESELLSCHAFT SIND ILLUSION.
MASTER BRUCE HAT DAS IN EINER GASSE IN GOTHAM LERNEN MÜSSEN, IN JENER NACHT.
WAS HAT ER „GELERNT"?
SICH EIN KOSTÜM ANZU-ZIEHEN UND SICH MIT VERBRECHERN ANZULEGEN?
DENN DAS IST, WAS ER RICHARD LEHRT.
UND DAS IST DIE ART LEKTION, DIE EINEN TÖTEN KANN.
ICH WEISS NICHT, OB SIE SICH VORSTELLEN KÖNNEN, WIE ES FÜR MASTER BRUCE UND MASTER GRAYSON WAR, DEN MORD AN DEN ELTERN MIT ANZUSEHEN.
WIE ES EIN KIND VERÄNDERT.

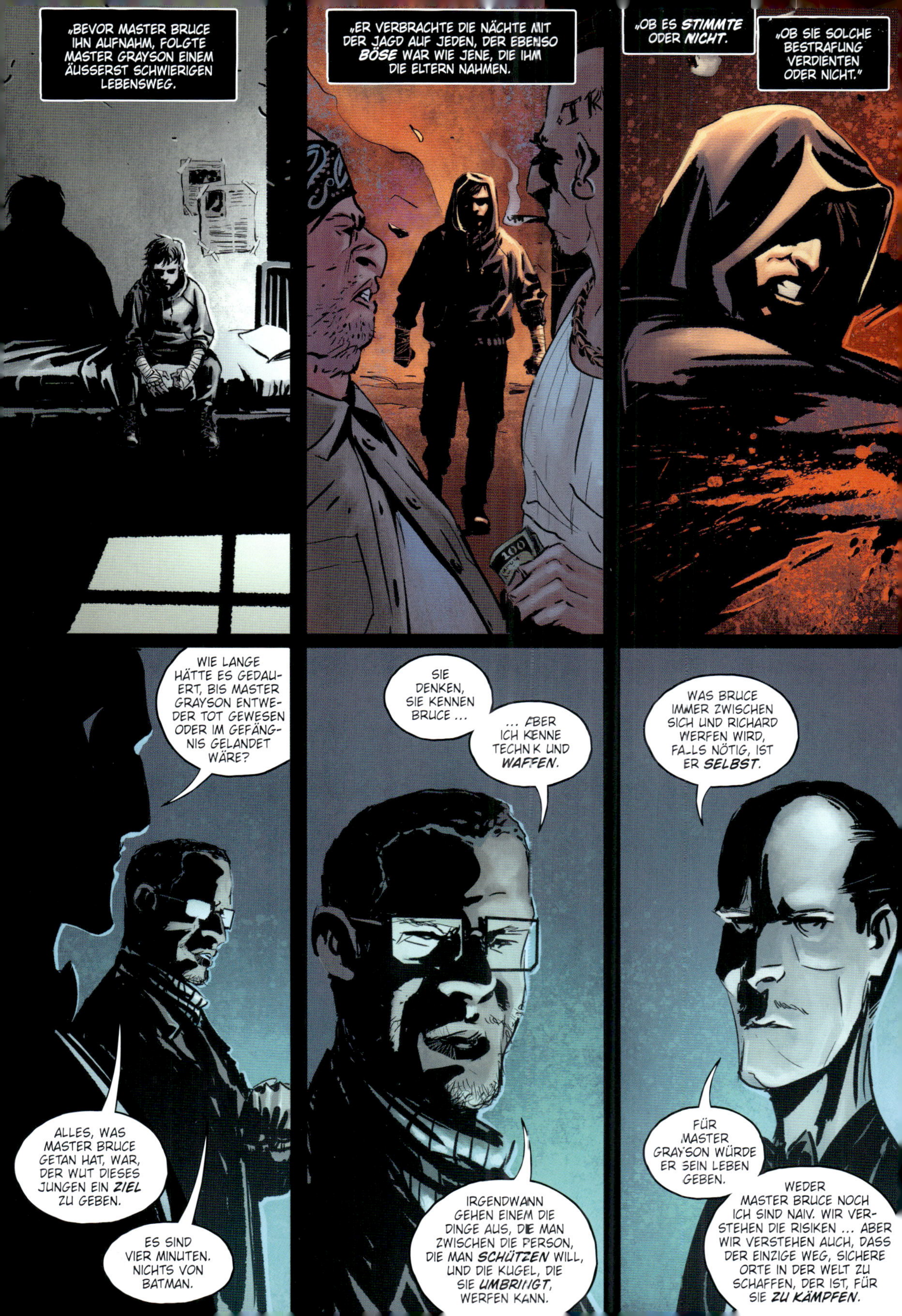

„BEVOR MASTER BRUCE IHN AUFNAHM, FOLGTE MASTER GRAYSON EINEM ÄUSSERST SCHWIERIGEN LEBENSWEG.

„ER VERBRACHTE DIE NÄCHTE MIT DER JAGD AUF JEDEN, DER EBENSO *BÖSE* WAR WIE JENE, DIE IHM DIE ELTERN NAHMEN.

„OB ES *STIMMTE* ODER *NICHT*.

„OB SIE SOLCHE BESTRAFUNG VERDIENTEN ODER NICHT."

WIE LANGE HÄTTE ES GEDAUERT, BIS MASTER GRAYSON ENTWEDER TOT GEWESEN ODER IM GEFÄNGNIS GELANDET WÄRE?

ALLES, WAS MASTER BRUCE GETAN HAT, WAR, DER WUT DIESES JUNGEN EIN *ZIEL* ZU GEBEN.

ES SIND VIER MINUTEN. NICHTS VON BATMAN.

SIE DENKEN, SIE KENNEN BRUCE ...

... ABER ICH KENNE TECHNIK UND *WAFFEN*.

IRGENDWANN GEHEN EINEM DIE DINGE AUS, DIE MAN ZWISCHEN DIE PERSON, DIE MAN *SCHÜTZEN* WILL, UND DIE KUGEL, DIE SIE *UMBRINGT*, WERFEN KANN.

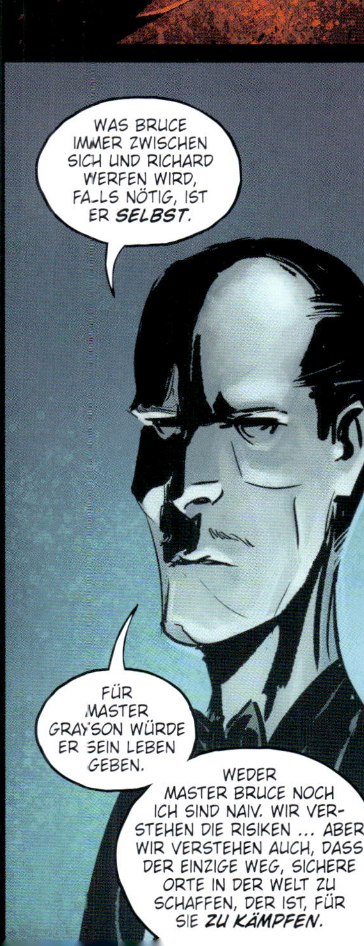

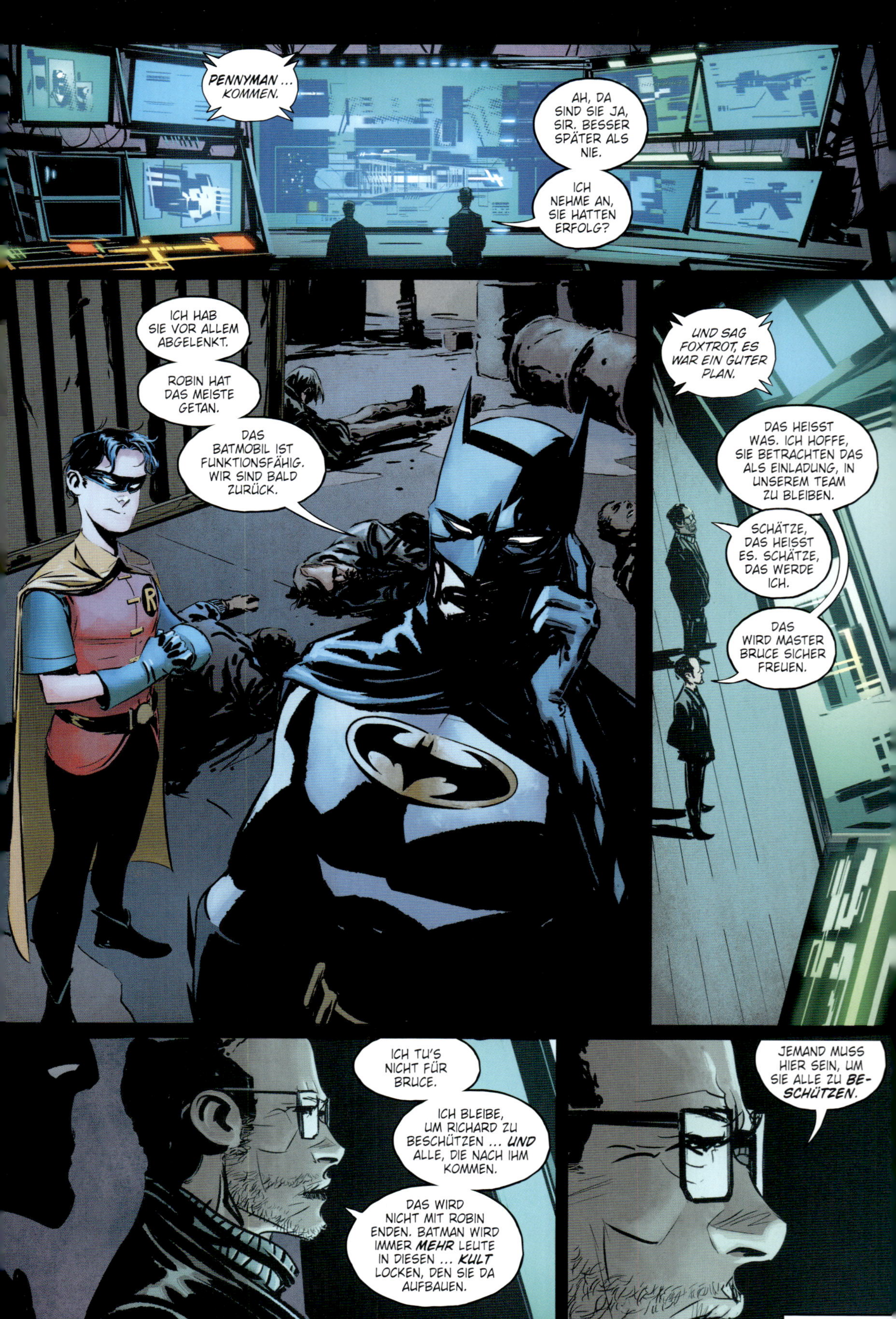
PENNYMAN ... KOMMEN.
AH, DA SIND SIE JA, SIR. BESSER SPÄTER ALS NIE.
ICH NEHME AN, SIE HATTEN ERFOLG?
ICH HAB SIE VOR ALLEM ABGELENKT.
ROBIN HAT DAS MEISTE GETAN.
DAS BATMOBIL IST FUNKTIONSFÄHIG. WIR SIND BALD ZURÜCK.
UND SAG FOXTROT, ES WAR EIN GUTER PLAN.
DAS HEISST WAS. ICH HOFFE, SIE BETRACHTEN DAS ALS EINLADUNG, IN UNSEREM TEAM ZU BLEIBEN.
SCHÄTZE, DAS HEISST ES. SCHÄTZE, DAS WERDE ICH.
DAS WIRD MASTER BRUCE SICHER FREUEN.
ICH TU'S NICHT FÜR BRUCE.
ICH BLEIBE, UM RICHARD ZU BESCHÜTZEN ... UND ALLE, DIE NACH IHM KOMMEN.
DAS WIRD NICHT MIT ROBIN ENDEN. BATMAN WIRD IMMER MEHR LEUTE IN DIESEN ... KULT LOCKEN, DEN SIE DA AUFBAUEN.
JEMAND MUSS HIER SEIN, UM SIE ALLE ZU BESCHÜTZEN.
DER ANFANG

Gotham zeigt Herz

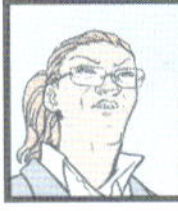

EXKLUSIV

Von Deb Donovan

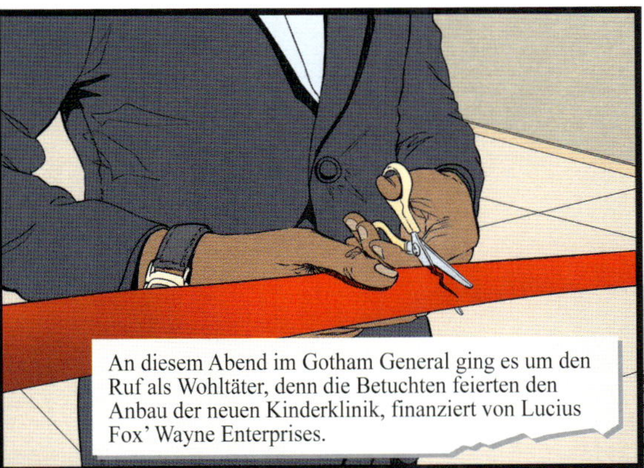

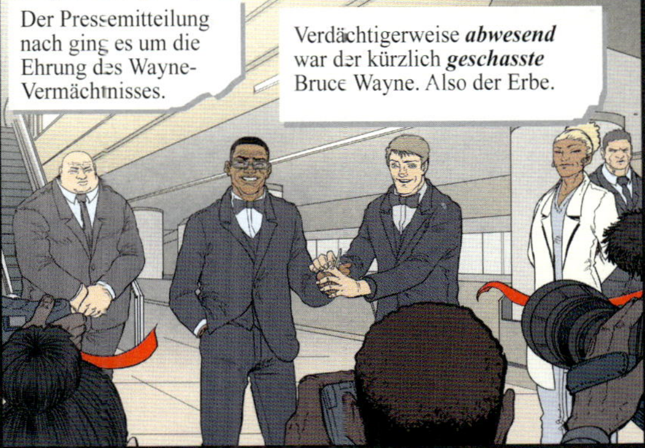

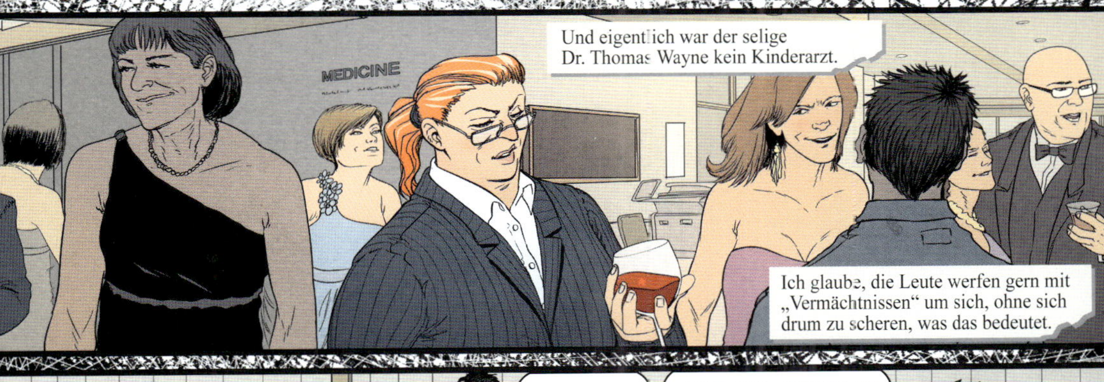

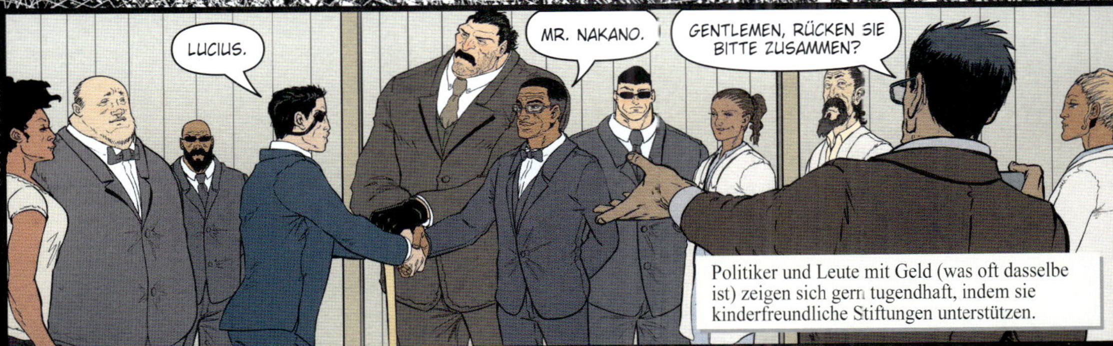

Wenn es um den Wert eines *Kindes* geht …

… sind sich *alle* einig.

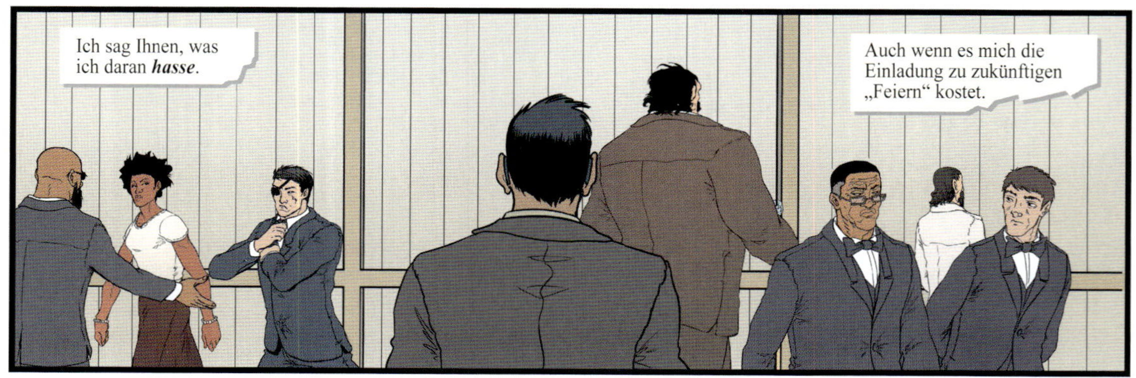
Ich sag Ihnen, was ich daran *hasse*.
Auch wenn es mich die Einladung zu zukünftigen „Feiern“ kostet.

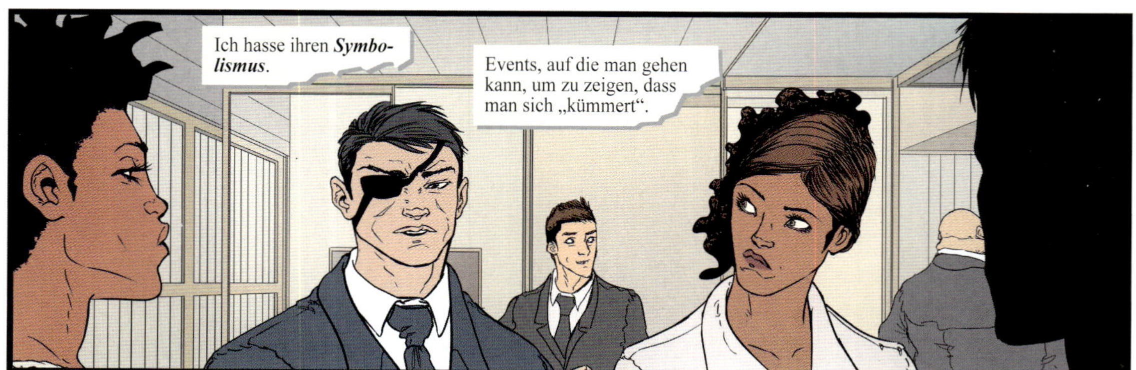
Ich hasse ihren *Symbolismus*.
Events, auf die man gehen kann, um zu zeigen, dass man sich „kümmert“.

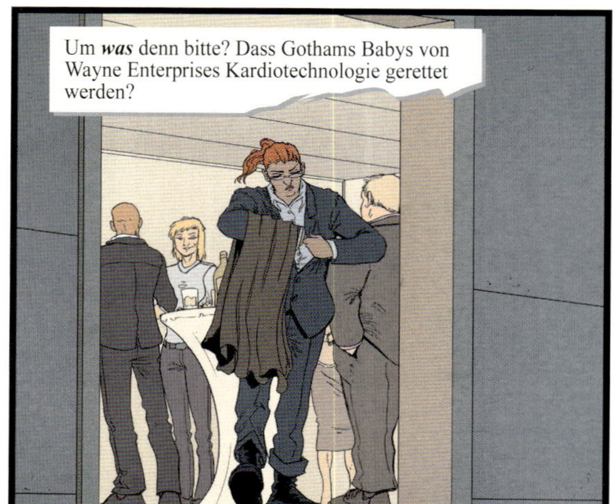
Um *was* denn bitte? Dass Gothams Babys von Wayne Enterprises Kardiotechnologie gerettet werden?

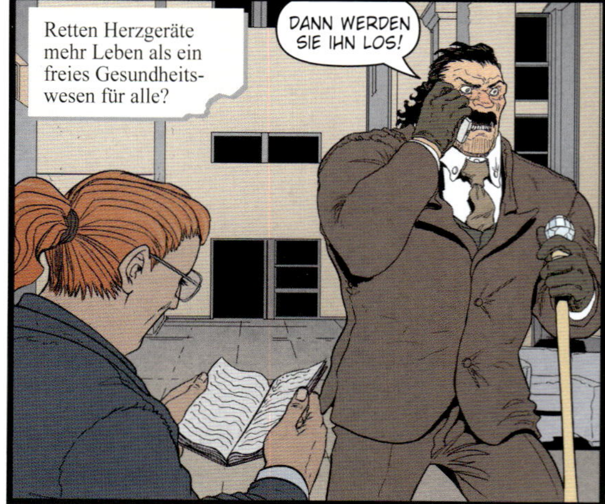
Retten Herzgeräte mehr Leben als ein freies Gesundheitswesen für alle?
DANN WERDEN SIE IHN LOS!

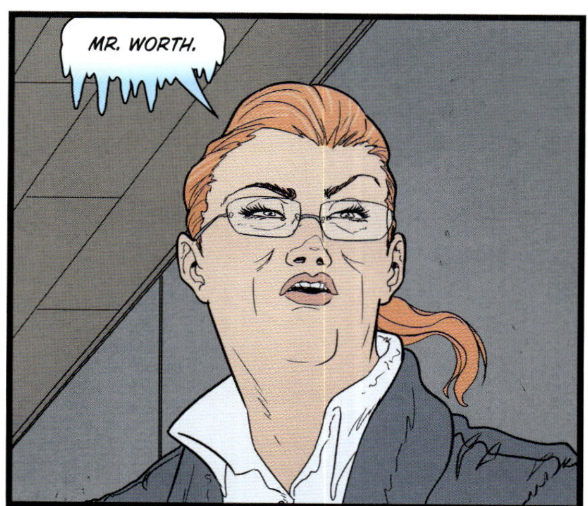
MR. WORTH.

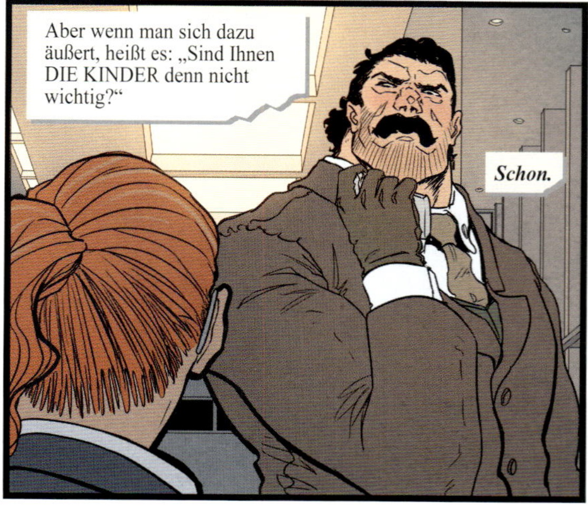
Aber wenn man sich dazu äußert, heißt es: „Sind Ihnen DIE KINDER denn nicht wichtig?“
Schon.

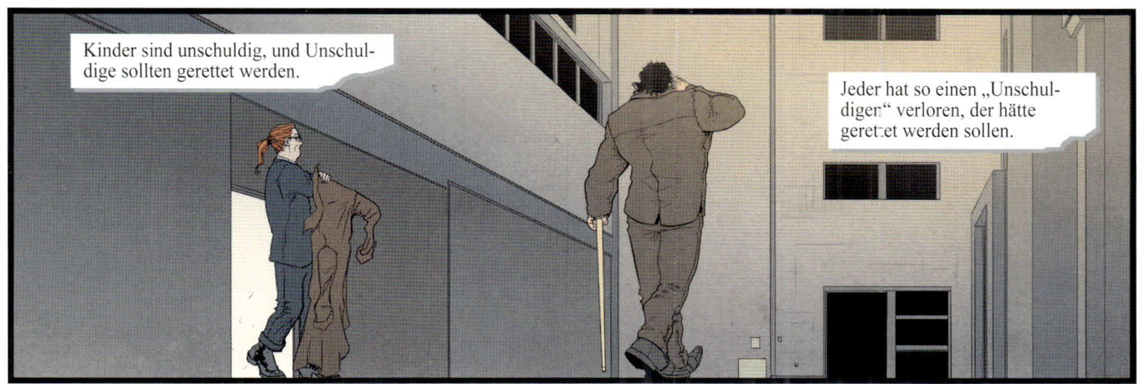
Kinder sind unschuldig, und Unschuldige sollten gerettet werden.
Jeder hat so einen „Unschuldigen“ verloren, der hätte gerettet werden sollen.

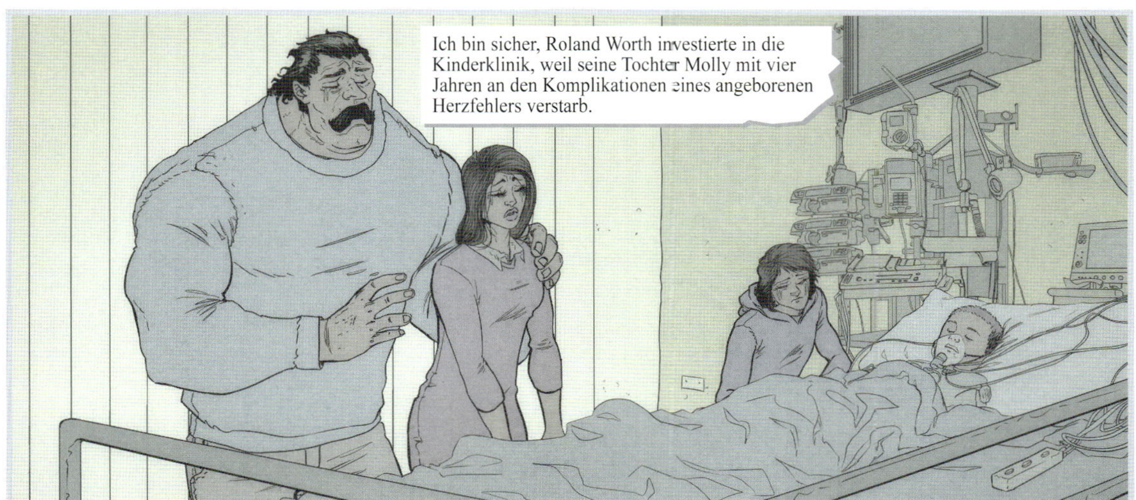
Ich bin sicher, Roland Worth investierte in die Kinderklinik, weil seine Tochter Molly mit vier Jahren an den Komplikationen eines angeborenen Herzfehlers verstarb.

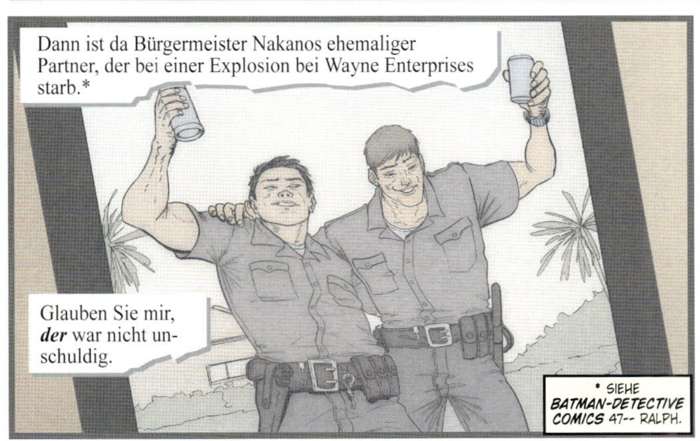
Dann ist da Bürgermeister Nakanos ehemaliger Partner, der bei einer Explosion bei Wayne Enterprises starb.*
Glauben Sie mir, ***der*** war nicht unschuldig.
* SIEHE BATMAN-DETECTIVE COMICS 47-- RALPH.

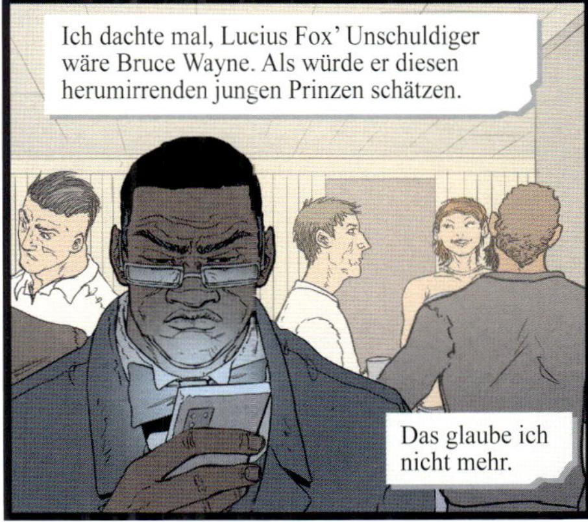
Ich dachte mal, Lucius Fox’ Unschuldiger wäre Bruce Wayne. Als würde er diesen herumirrenden jungen Prinzen schätzen.
Das glaube ich nicht mehr.

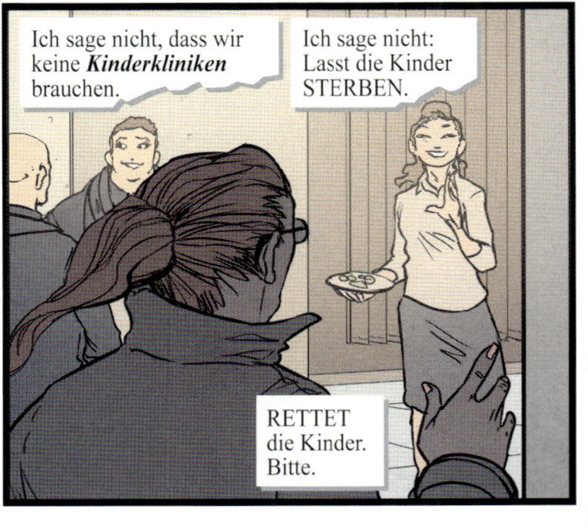
Ich sage nicht, dass wir keine ***Kinderkliniken*** brauchen.
Ich sage nicht: Lasst die Kinder STERBEN.
RETTET die Kinder. Bitte.

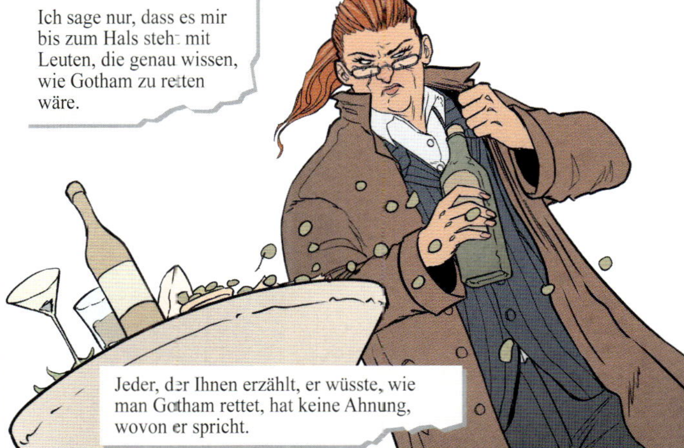
Ich sage nur, dass es mir bis zum Hals steht mit Leuten, die genau wissen, wie Gotham zu retten wäre.
Jeder, der Ihnen erzählt, er wüsste, wie man Gotham rettet, hat keine Ahnung, wovon er spricht.

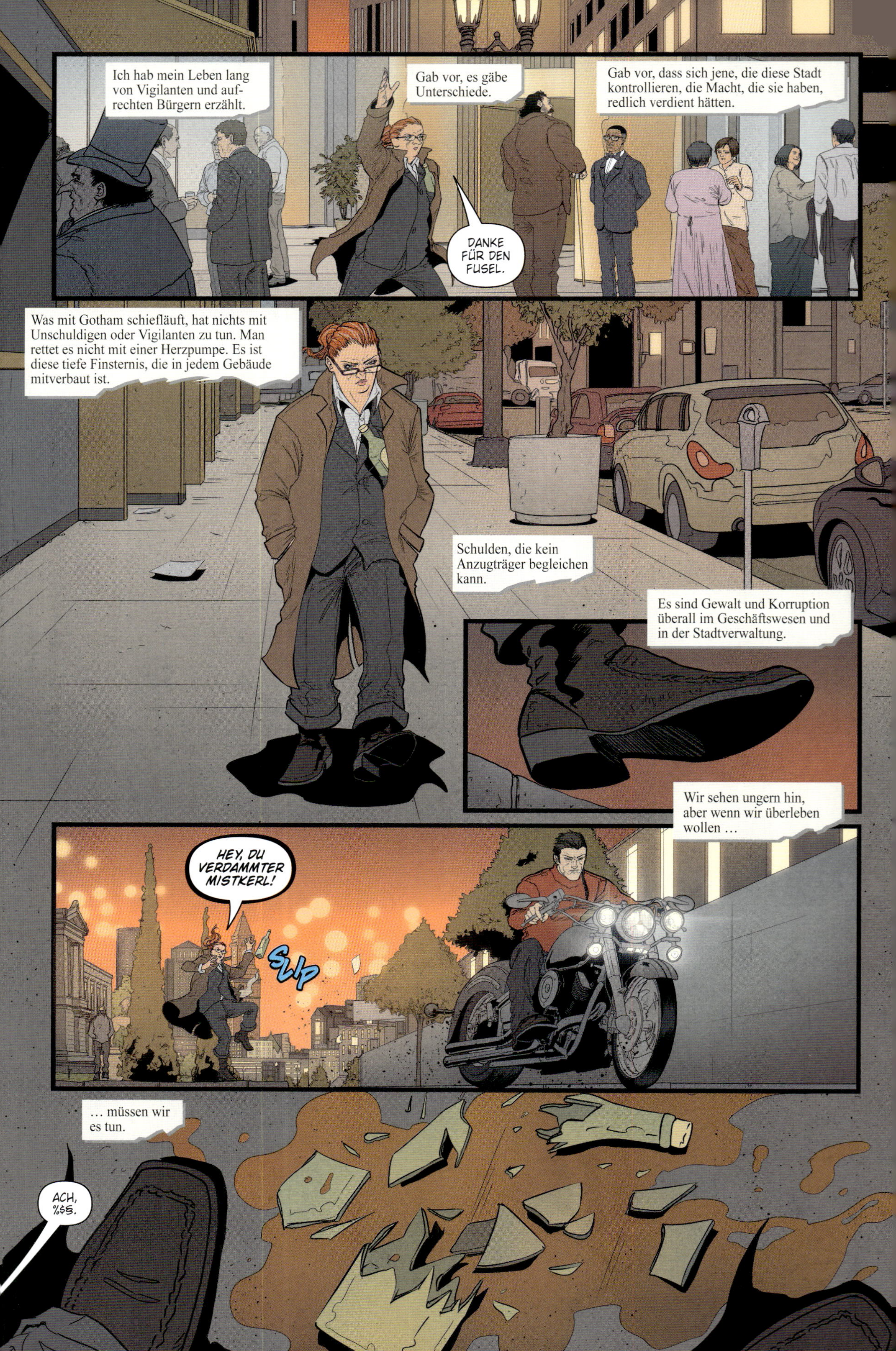

Ich hab mein Leben lang von Vigilanten und aufrechten Bürgern erzählt.
Gab vor, es gäbe Unterschiede.
Gab vor, dass sich jene, die diese Stadt kontrollieren, die Macht, die sie haben, redlich verdient hätten.
DANKE FÜR DEN FUSEL.
Was mit Gotham schiefläuft, hat nichts mit Unschuldigen oder Vigilanten zu tun. Man rettet es nicht mit einer Herzpumpe. Es ist diese tiefe Finsternis, die in jedem Gebäude mitverbaut ist.
Schulden, die kein Anzugträger begleichen kann.
Es sind Gewalt und Korruption überall im Geschäftswesen und in der Stadtverwaltung.
Wir sehen ungern hin, aber wenn wir überleben wollen …
HEY, DU VERDAMMTER MISTKERL!
SLIP
… müssen wir es tun.
ACH, %$§.

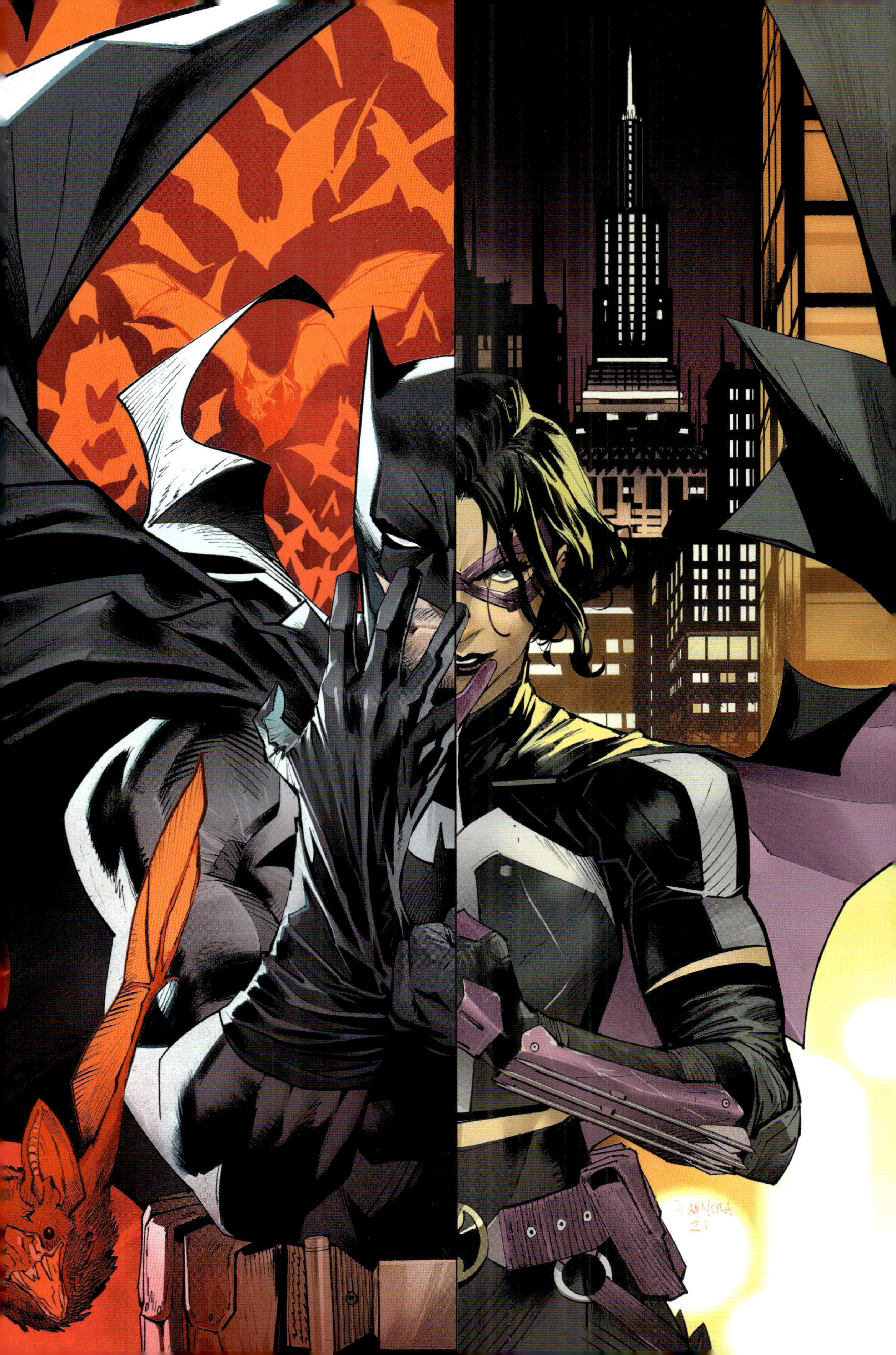

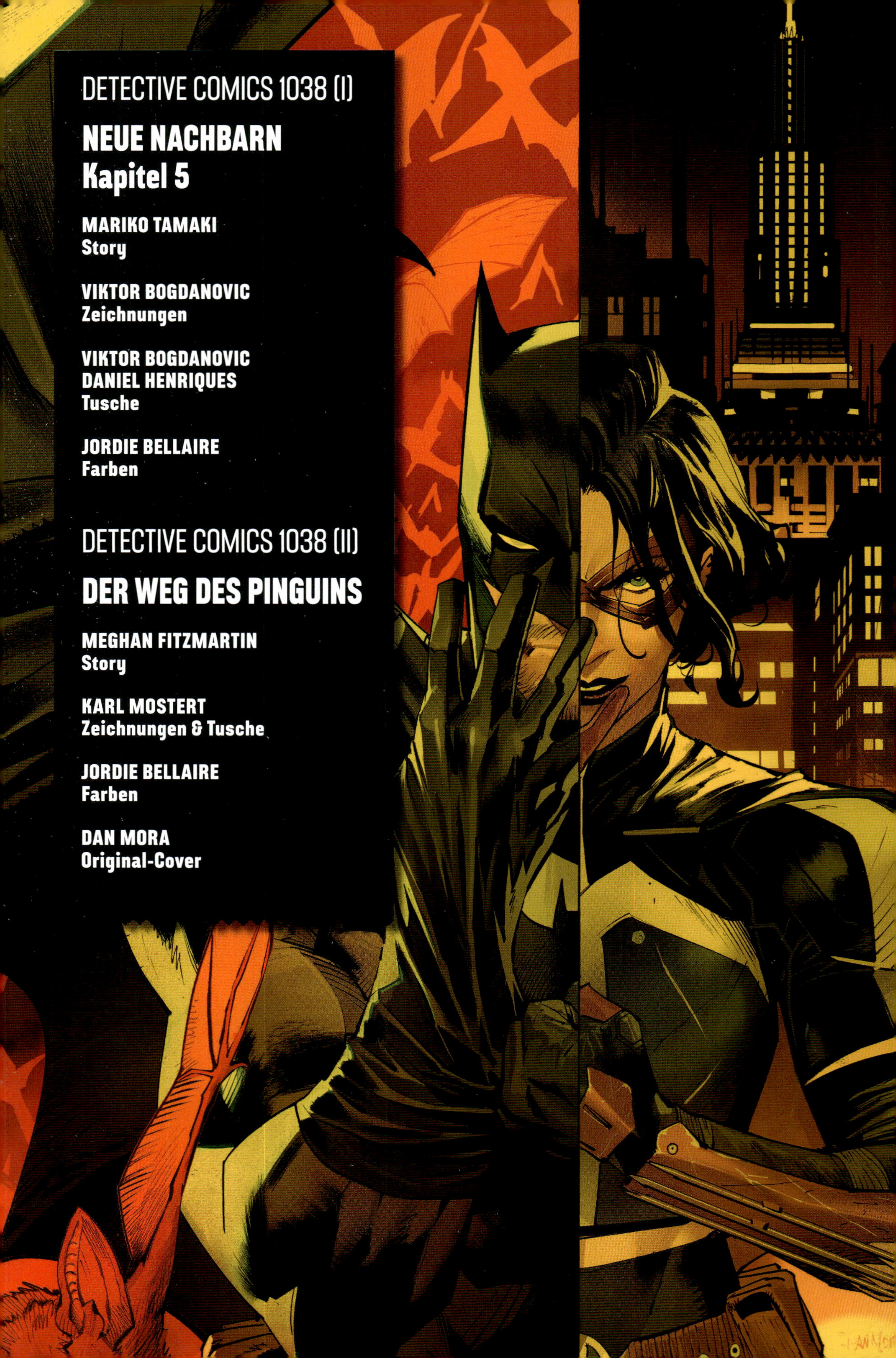

DETECTIVE COMICS 1038 (I)

NEUE NACHBARN
Kapitel 5

MARIKO TAMAKI
Story

VIKTOR BOGDANOVIC
Zeichnungen

VIKTOR BOGDANOVIC
DANIEL HENRIQUES
Tusche

JORDIE BELLAIRE
Farben

DETECTIVE COMICS 1038 (II)

DER WEG DES PINGUINS

MEGHAN FITZMARTIN
Story

KARL MOSTERT
Zeichnungen & Tusche

JORDIE BELLAIRE
Farben

DAN MORA
Original-Cover

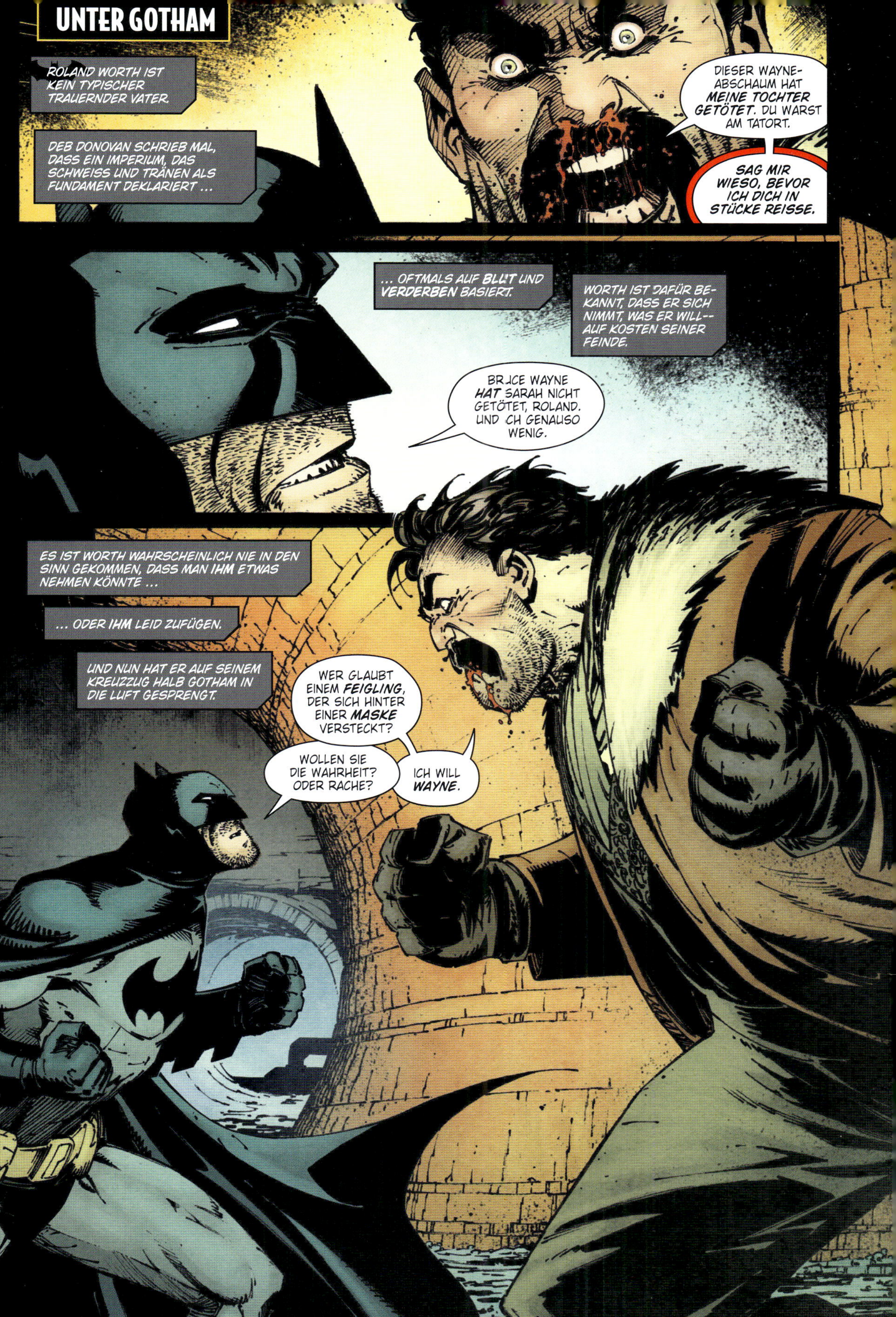
ROLAND WORTH IST KEIN TYPISCHER TRAUERNDER VATER.
DEB DONOVAN SCHRIEB MAL, DASS EIN IMPERIUM, DAS SCHWEISS UND TRÄNEN ALS FUNDAMENT DEKLARIERT ...
DIESER WAYNE-ABSCHAUM HAT MEINE TOCHTER GETÖTET. DU WARST AM TATORT.
SAG MIR WIESO, BEVOR ICH DICH IN STÜCKE REISSE.
... OFTMALS AUF BLUT UND VERDERBEN BASIERT.
WORTH IST DAFÜR BEKANNT, DASS ER SICH NIMMT, WAS ER WILL-- AUF KOSTEN SEINER FEINDE.
BRUCE WAYNE HAT SARAH NICHT GETÖTET, ROLAND. UND ICH GENAUSO WENIG.
ES IST WORTH WAHRSCHEINLICH NIE IN DEN SINN GEKOMMEN, DASS MAN IHM ETWAS NEHMEN KÖNNTE ...
... ODER IHM LEID ZUFÜGEN.
UND NUN HAT ER AUF SEINEM KREUZZUG HALB GOTHAM IN DIE LUFT GESPRENGT.
WER GLAUBT EINEM FEIGLING, DER SICH HINTER EINER MASKE VERSTECKT?
WOLLEN SIE DIE WAHRHEIT? ODER RACHE?
ICH WILL WAYNE.

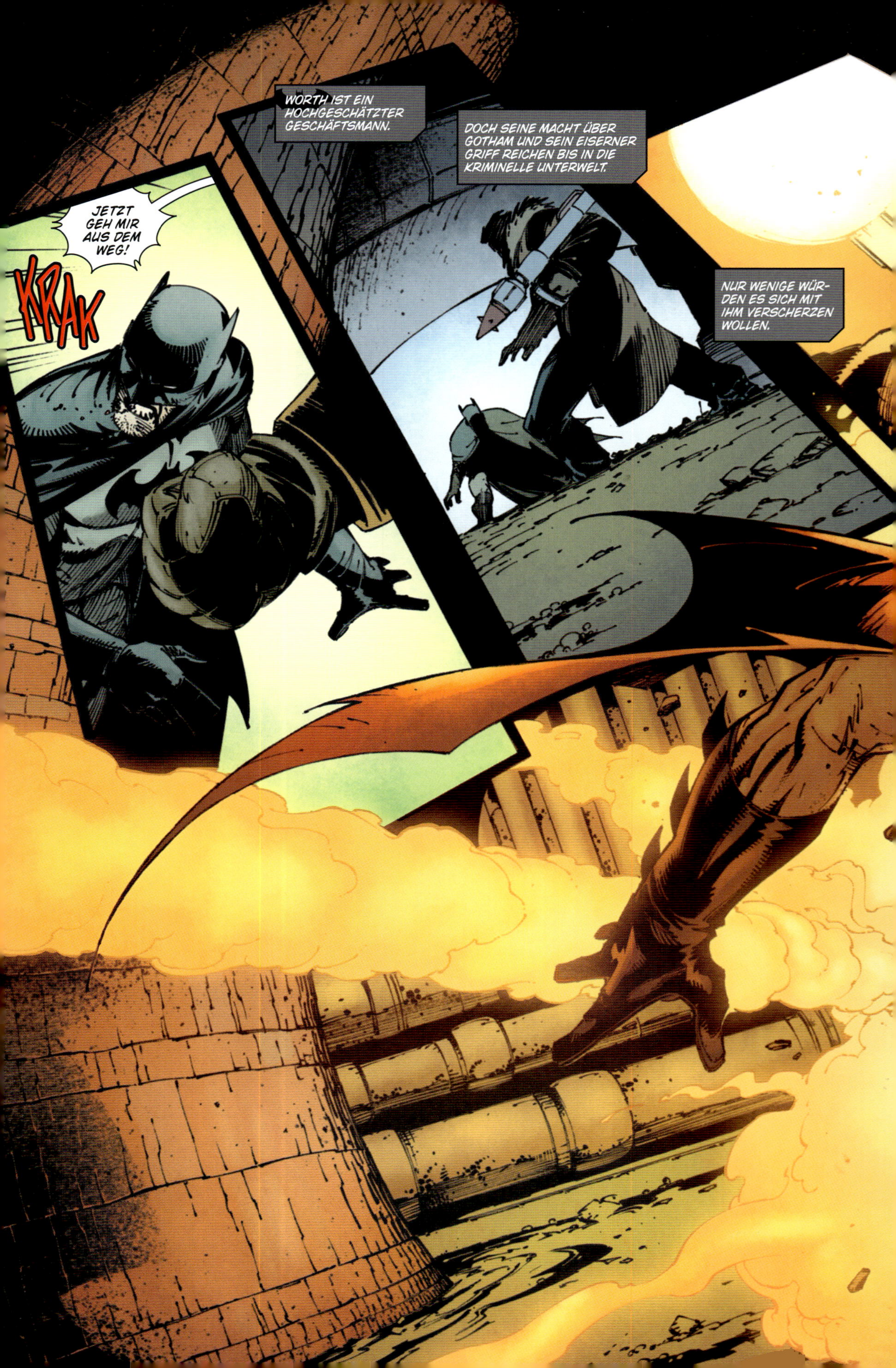
JETZT GEH MIR AUS DEM WEG!
KRAK
WORTH IST EIN HOCHGESCHÄTZTER GESCHÄFTSMANN.
DOCH SEINE MACHT ÜBER GOTHAM UND SEIN EISERNER GRIFF REICHEN BIS IN DIE KRIMINELLE UNTERWELT.
NUR WENIGE WÜR-DEN ES SICH MIT IHM VERSCHERZEN WOLLEN.

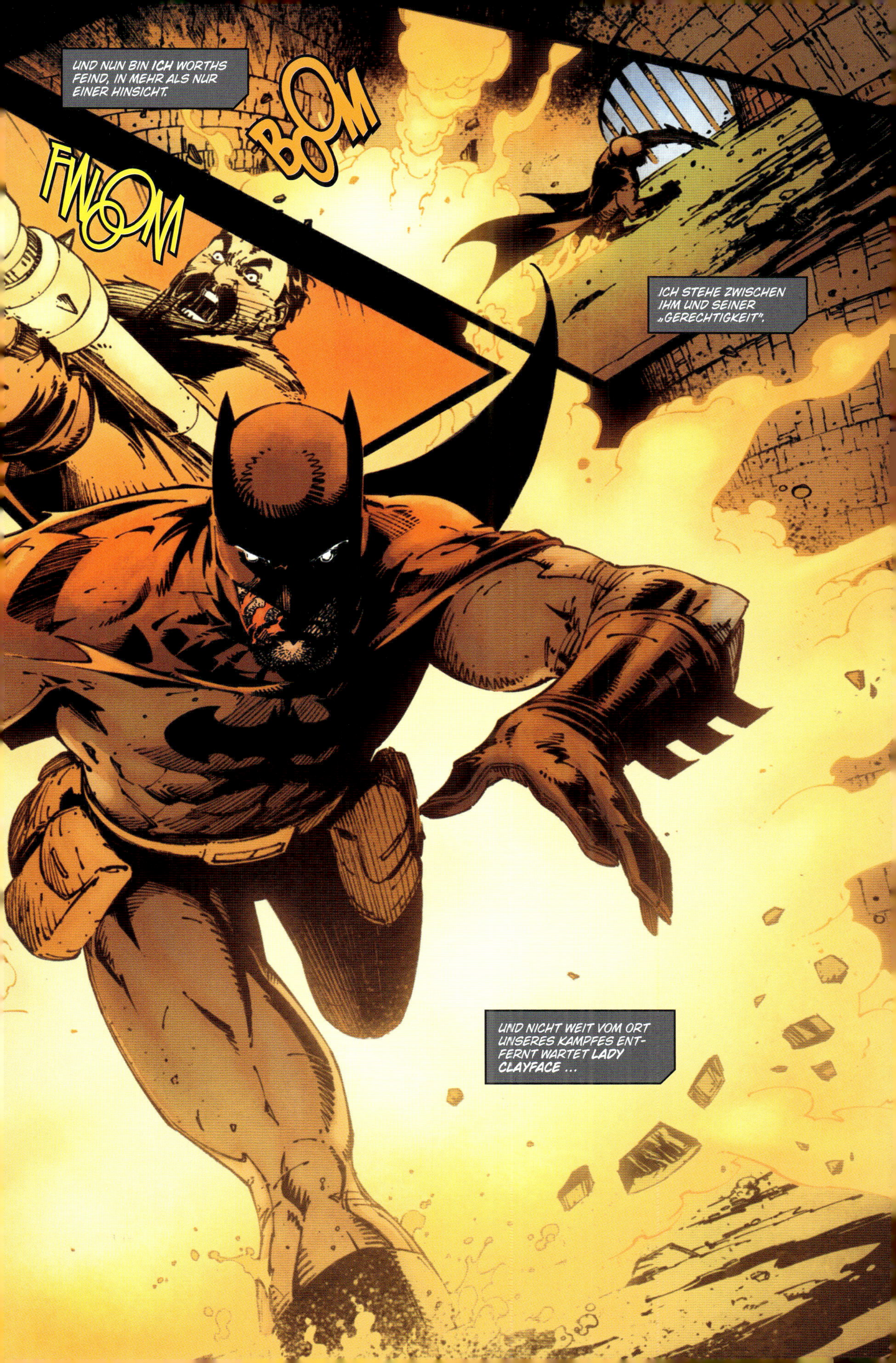
UND NUN BIN ICH WORTHS FEIND, IN MEHR ALS NUR EINER HINSICHT.
BOOM
FWOOM
ICH STEHE ZWISCHEN IHM UND SEINER „GERECHTIGKEIT".
UND NICHT WEIT VOM ORT UNSERES KAMPFES ENTFERNT WARTET LADY CLAYFACE ...

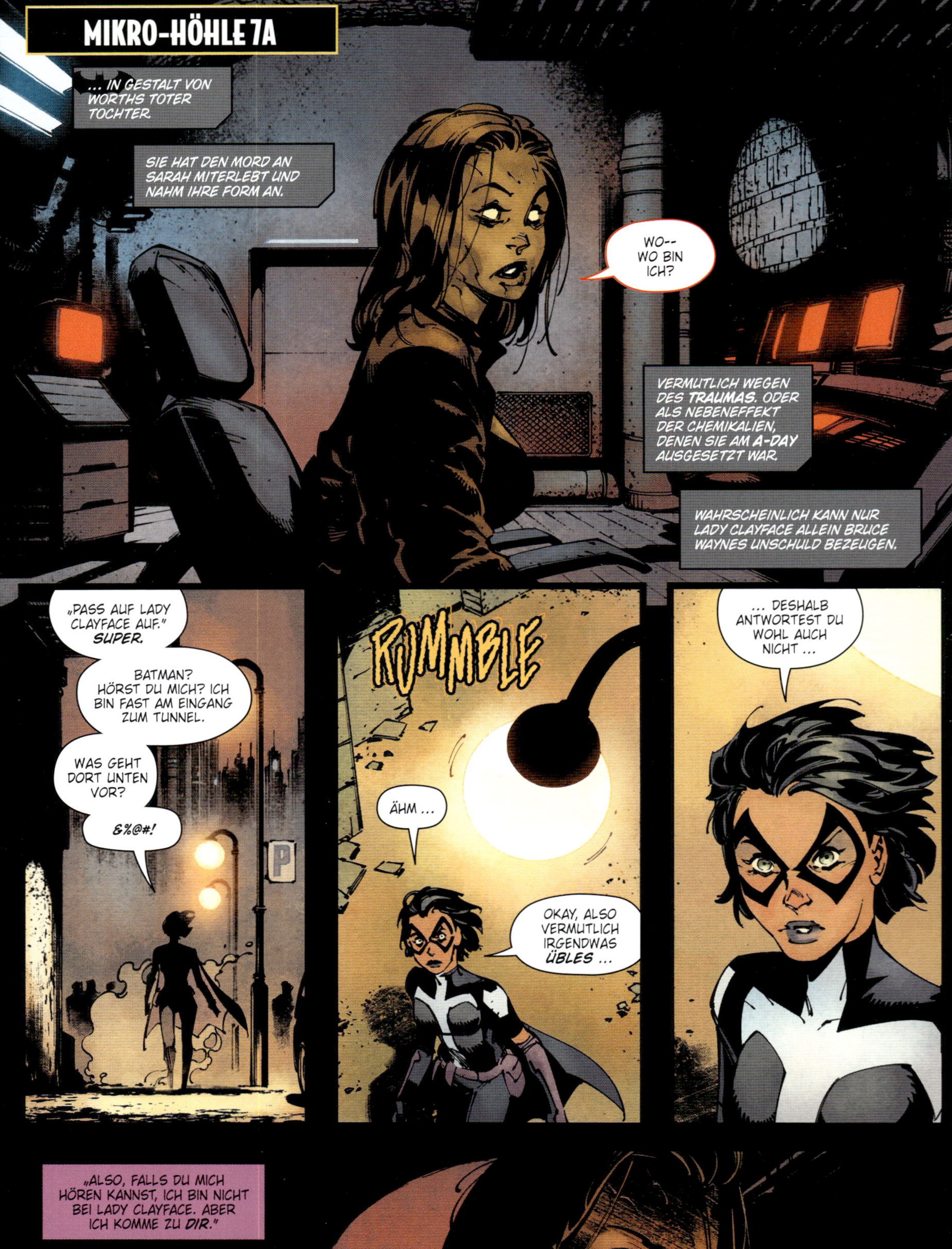
MIKRO-HÖHLE 7A
... IN GESTALT VON WORTHS TOTER TOCHTER.
SIE HAT DEN MORD AN SARAH MITERLEBT UND NAHM IHRE FORM AN.
WO-- WO BIN ICH?
VERMUTLICH WEGEN DES TRAUMAS. ODER ALS NEBENEFFEKT DER CHEMIKALIEN, DENEN SIE AM A-DAY AUSGESETZT WAR.
WAHRSCHEINLICH KANN NUR LADY CLAYFACE ALLEIN BRUCE WAYNES UNSCHULD BEZEUGEN.
„PASS AUF LADY CLAYFACE AUF." SUPER.
BATMAN? HÖRST DU MICH? ICH BIN FAST AM EINGANG ZUM TUNNEL.
WAS GEHT DORT UNTEN VOR?
&%@#!
P
RUMMBLE
ÄHM ...
OKAY, ALSO VERMUTLICH IRGENDWAS ÜBLES ...
... DESHALB ANTWORTEST DU WOHL AUCH NICHT ...
„ALSO, FALLS DU MICH HÖREN KANNST, ICH BIN NICHT BEI LADY CLAYFACE. ABER ICH KOMME ZU DIR."
ICH MUSS HIER RAUS. HIER IST ES ...

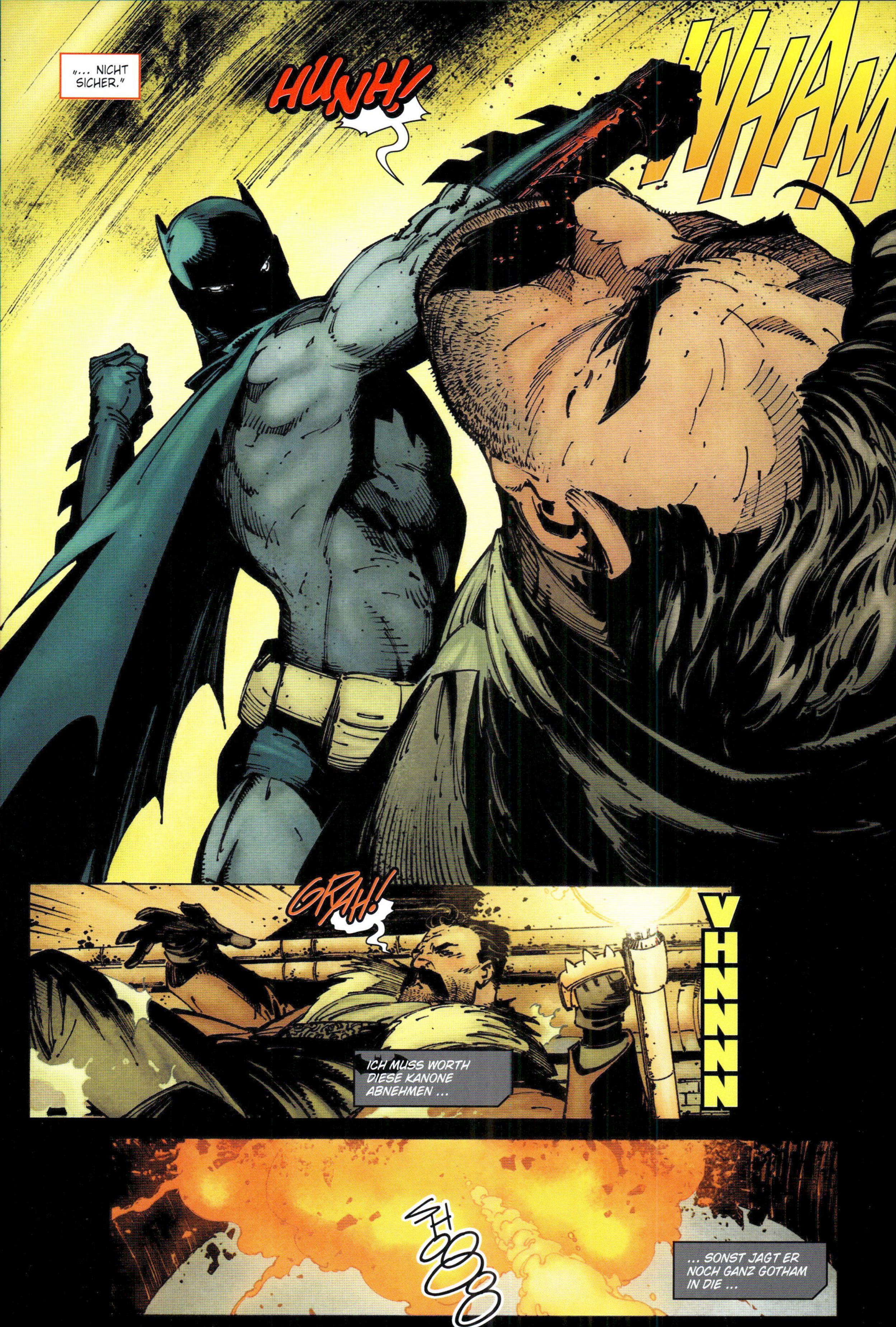
"... NICHT SICHER."
HUNH!
WHAM
GRAH!
VHNNNN
ICH MUSS WORTH DIESE KANONE ABNEHMEN ...
... SONST JAGT ER NOCH GANZ GOTHAM IN DIE ...

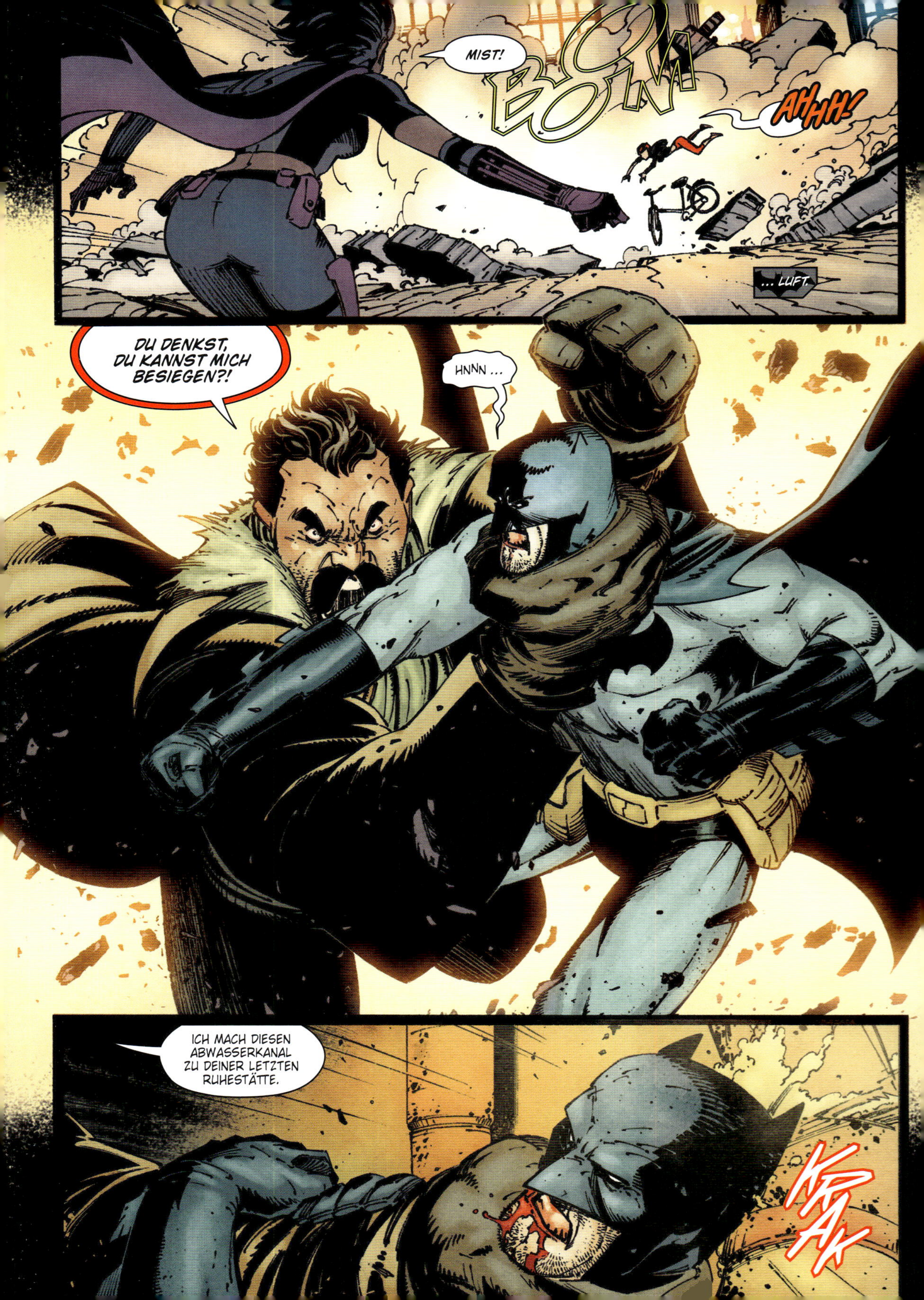
MIST!
BOOM
AHHH!
... LUFT.
DU DENKST, DU KANNST MICH BESIEGEN?!
HNNN ...
ICH MACH DIESEN ABWASSERKANAL ZU DEINER LETZTEN RUHESTÄTTE.
KRAK

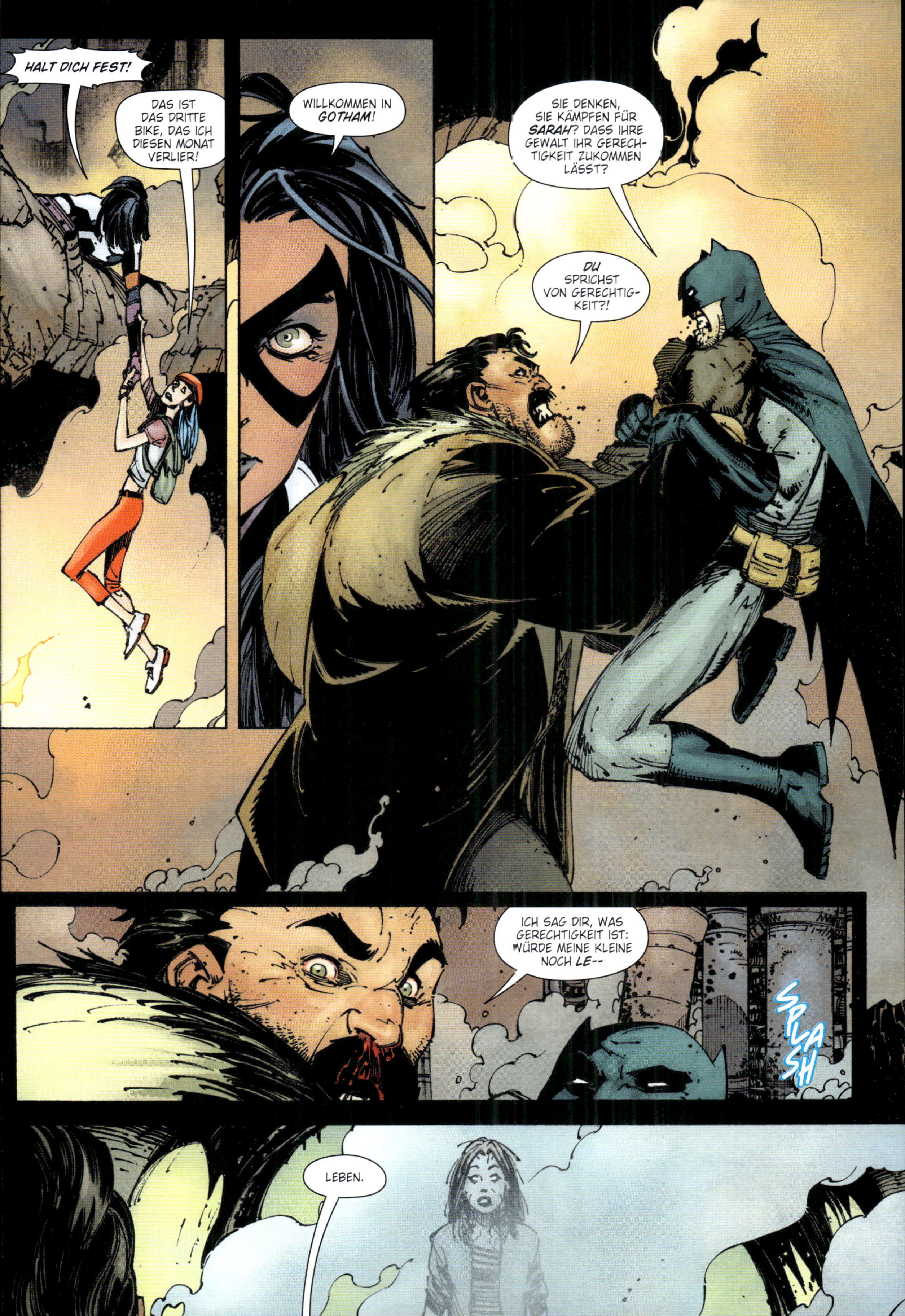
HALT DICH FEST!
DAS IST DAS DRITTE BIKE, DAS ICH DIESEN MONAT VERLIER!
WILLKOMMEN IN GOTHAM!
SIE DENKEN, SIE KÄMPFEN FÜR SARAH? DASS IHRE GEWALT IHR GERECHTIGKEIT ZUKOMMEN LÄSST?
DU SPRICHST VON GERECHTIGKEIT?!
ICH SAG DIR, WAS GERECHTIGKEIT IST: WÜRDE MEINE KLEINE NOCH LE--
SPLASH
LEBEN.

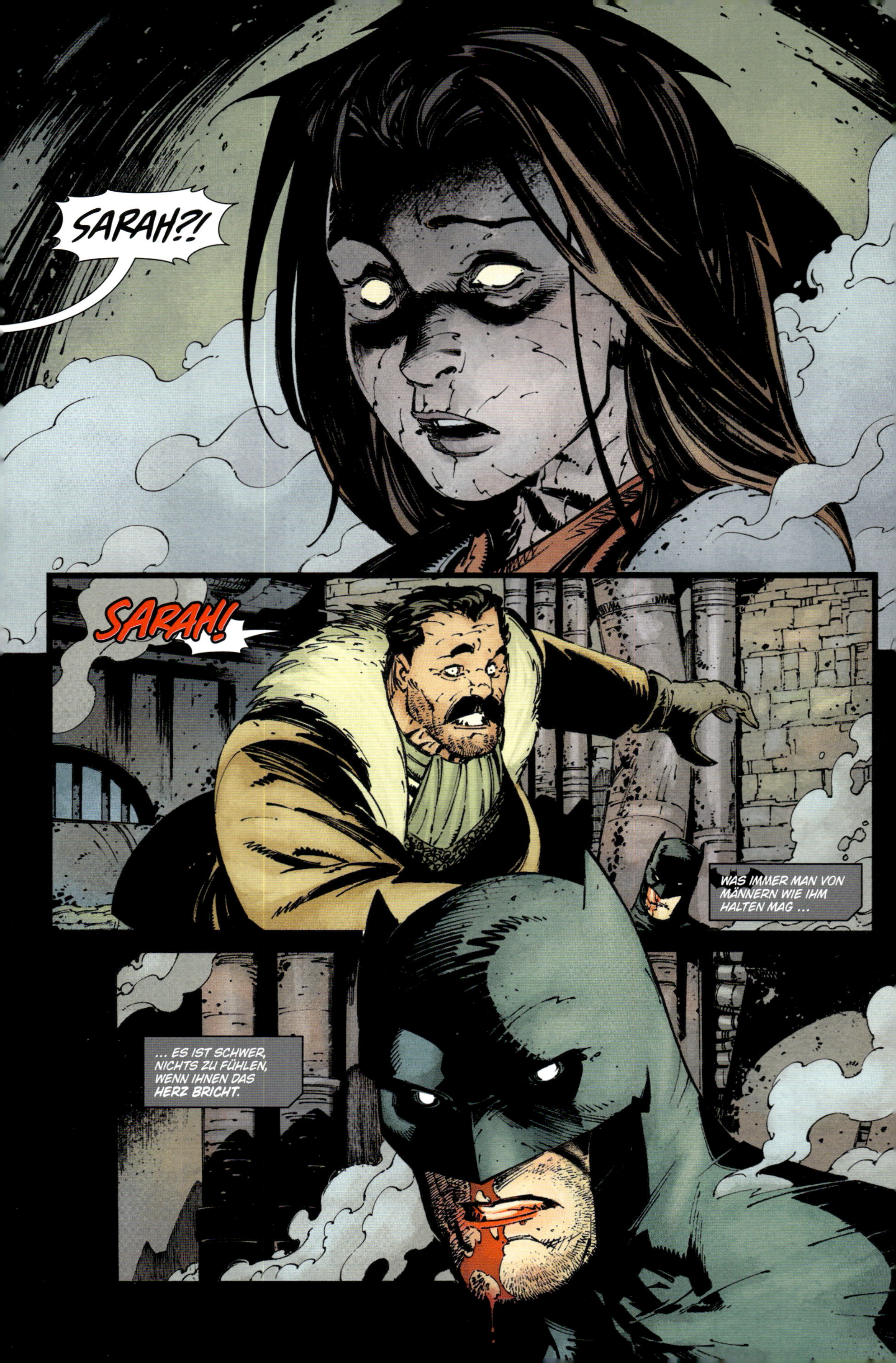
SARAH?!
SARAH!
WAS IMMER MAN VON MÄNNERN WIE IHM HALTEN MAG …
… ES IST SCHWER, NICHTS ZU FÜHLEN, WENN IHNEN DAS HERZ BRICHT.

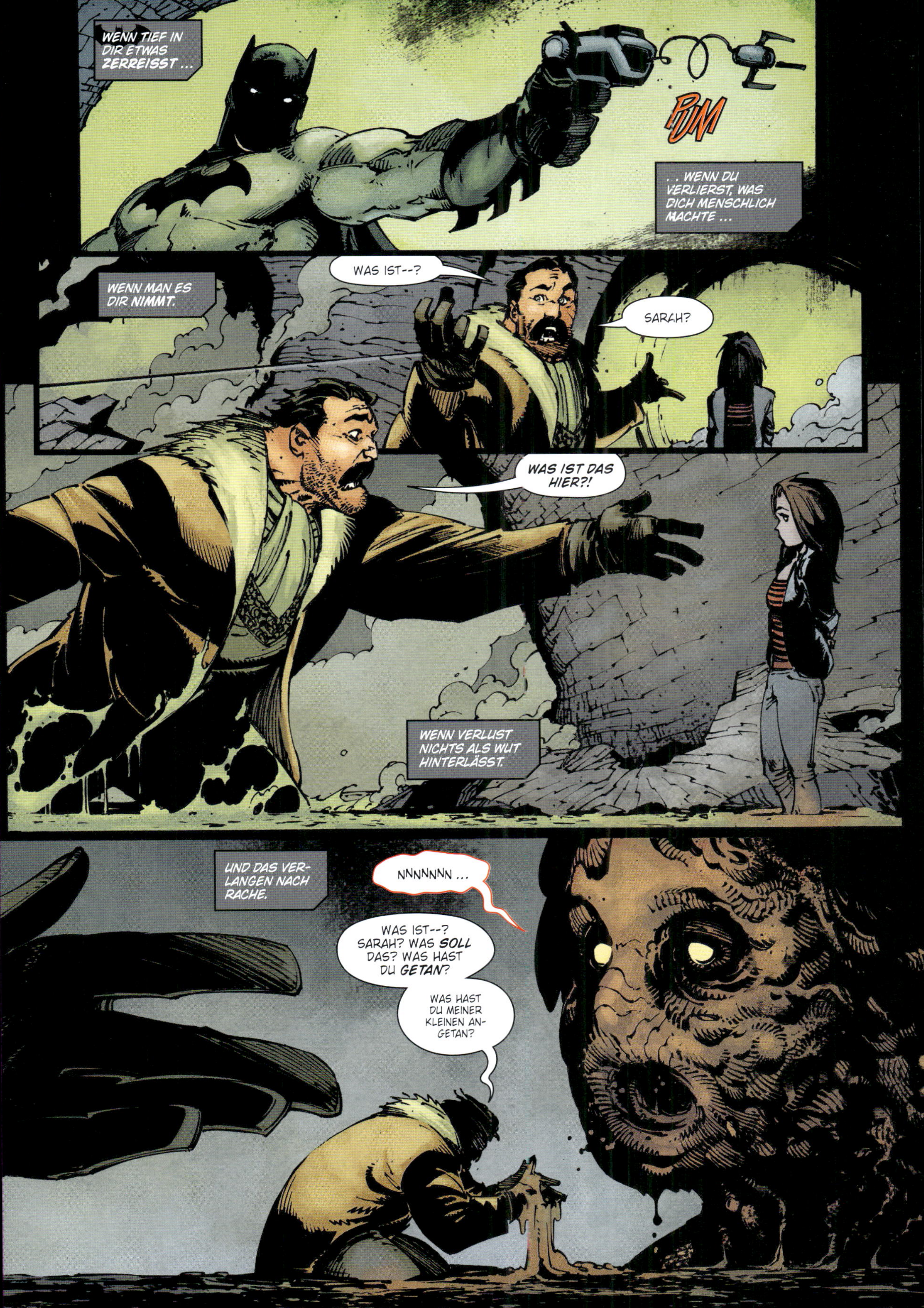
WENN TIEF IN DIR ETWAS ZERREISST ...
PLOM
. . WENN DU VERLIERST, WAS DICH MENSCHLICH MACHTE ...
WENN MAN ES DIR NIMMT.
WAS IST--?
SARAH?
WAS IST DAS HIER?!
WENN VERLUST NICHTS ALS WUT HINTERLÄSST.
UND DAS VERLANGEN NACH RACHE.
NNNNNNN ...
WAS IST--? SARAH? WAS SOLL DAS? WAS HAST DU GETAN?
WAS HAST DU MEINER KLEINEN ANGETAN?

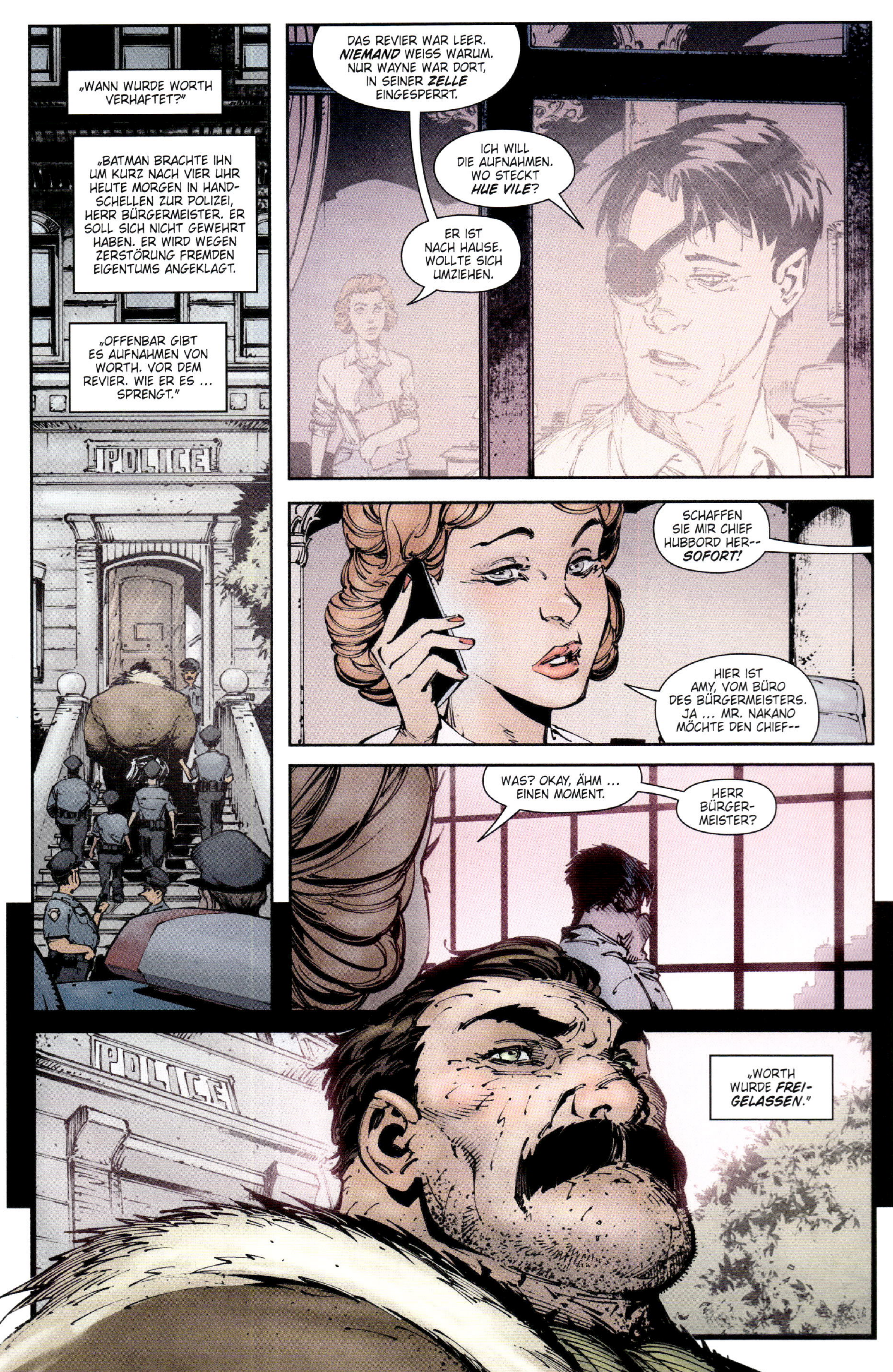
„WANN WURDE WORTH VERHAFTET?"
„BATMAN BRACHTE IHN UM KURZ NACH VIER UHR HEUTE MORGEN IN HANDSCHELLEN ZUR POLIZEI, HERR BÜRGERMEISTER. ER SOLL SICH NICHT GEWEHRT HABEN. ER WIRD WEGEN ZERSTÖRUNG FREMDEN EIGENTUMS ANGEKLAGT.
„OFFENBAR GIBT ES AUFNAHMEN VON WORTH. VOR DEM REVIER. WIE ER ES ... SPRENGT."
POLICE
DAS REVIER WAR LEER. **NIEMAND** WEISS WARUM. NUR WAYNE WAR DORT, IN SEINER **ZELLE** EINGESPERRT.
ICH WILL DIE AUFNAHMEN. WO STECKT **HUE VILE**?
ER IST NACH HAUSE. WOLLTE SICH UMZIEHEN.
SCHAFFEN SIE MIR CHIEF HUBBORD HER-- **SOFORT!**
HIER IST AMY, VOM BÜRO DES BÜRGERMEISTERS. JA ... MR. NAKANO MÖCHTE DEN CHIEF--
WAS? OKAY, ÄHM ... EINEN MOMENT.
HERR BÜRGERMEISTER?
POLICE
„WORTH WURDE **FREIGELASSEN**."

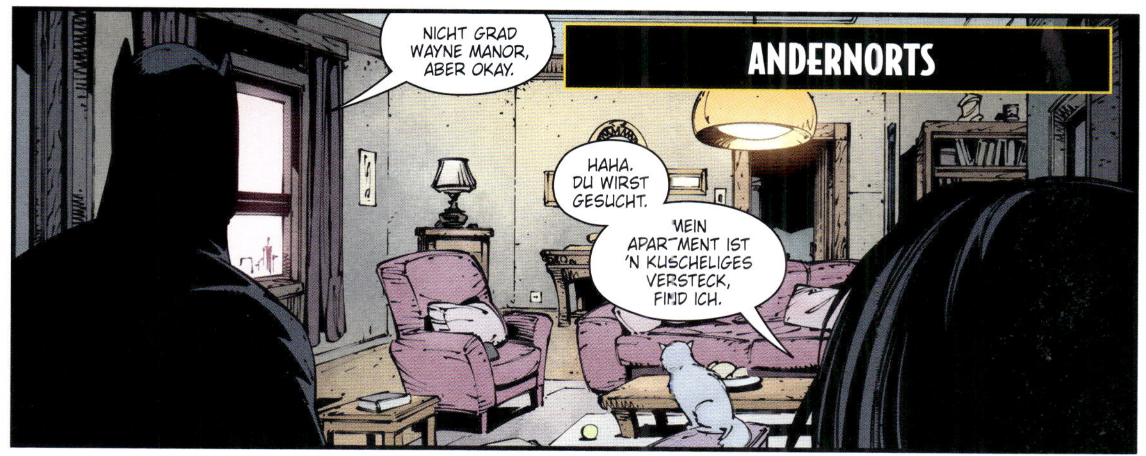
ANDERNORTS
NICHT GRAD WAYNE MANOR, ABER OKAY.
HAHA. DU WIRST GESUCHT.
MEIN APARTMENT IST 'N KUSCHELIGES VERSTECK, FIND ICH.

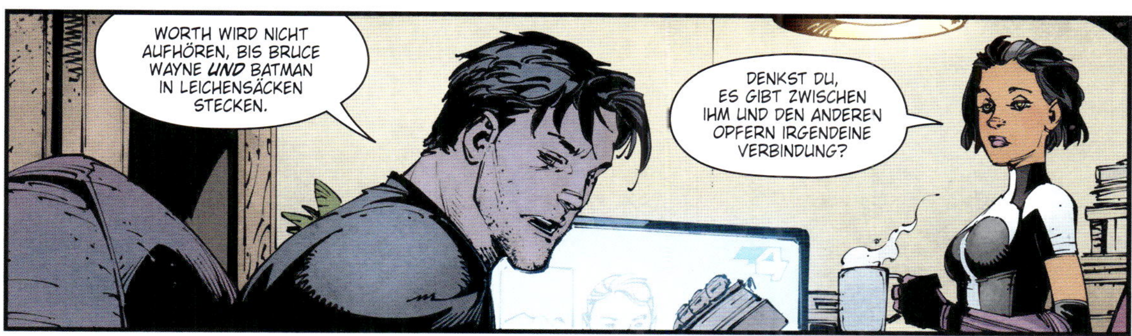
WORTH WIRD NICHT AUFHÖREN, BIS BRUCE WAYNE *UND* BATMAN IN LEICHENSÄCKEN STECKEN.
DENKST DU, ES GIBT ZWISCHEN IHM UND DEN ANDEREN OPFERN IRGENDEINE VERBINDUNG?

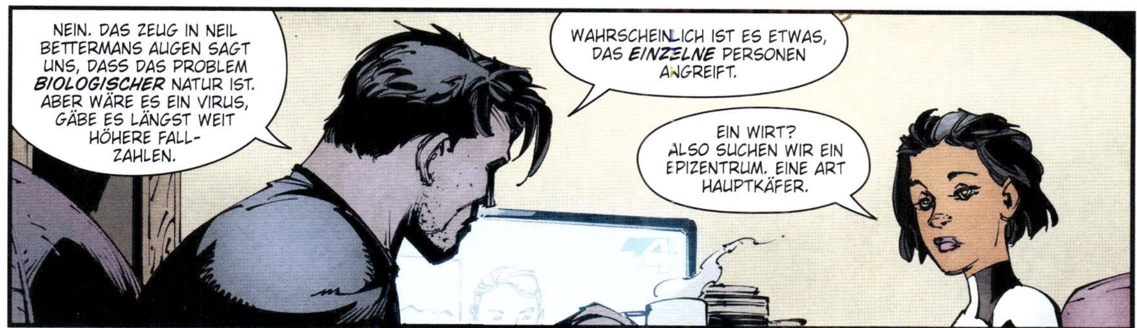
NEIN. DAS ZEUG IN NEIL BETTERMANS AUGEN SAGT UNS, DASS DAS PROBLEM ***BIOLOGISCHER*** NATUR IST. ABER WÄRE ES EIN VIRUS, GÄBE ES LÄNGST WEIT HÖHERE FALL-ZAHLEN.
WAHRSCHEINLICH IST ES ETWAS, DAS *EINZELNE* PERSONEN ANGREIFT.
EIN WIRT? ALSO SUCHEN WIR EIN EPIZENTRUM. EINE ART HAUPTKÄFER.

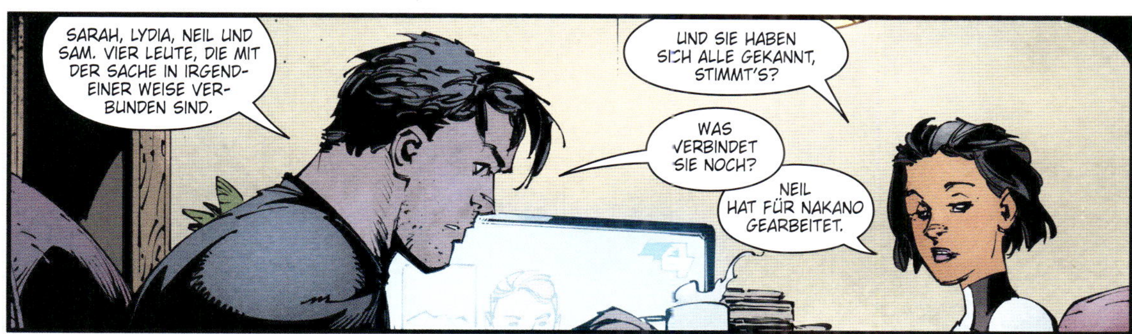
SARAH, LYDIA, NEIL UND SAM. VIER LEUTE, DIE MIT DER SACHE IN IRGEND-EINER WEISE VER-BUNDEN SIND.
UND SIE HABEN SICH ALLE GEKANNT, STIMMT'S?
WAS VERBINDET SIE NOCH?
NEIL HAT FÜR NAKANO GEARBEITET.

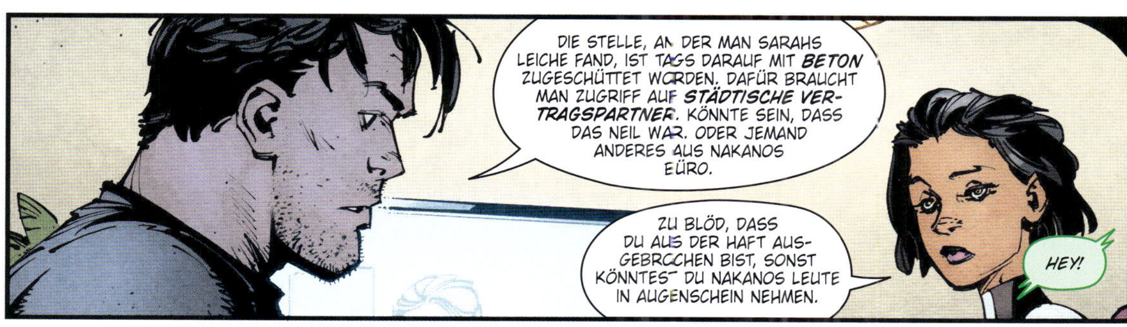
DIE STELLE, AN DER MAN SARAHS LEICHE FAND, IST TAGS DARAUF MIT ***BETON*** ZUGESCHÜTTET WORDEN. DAFÜR BRAUCHT MAN ZUGRIFF AUF ***STÄDTISCHE VER-TRAGSPARTNER***. KÖNNTE SEIN, DASS DAS NEIL WAR. ODER JEMAND ANDERES AUS NAKANOS BÜRO.
ZU BLÖD, DASS DU AUS DER HAFT AUS-GEBROCHEN BIST, SONST KÖNNTEST DU NAKANOS LEUTE IN AUGENSCHEIN NEHMEN.
HEY!

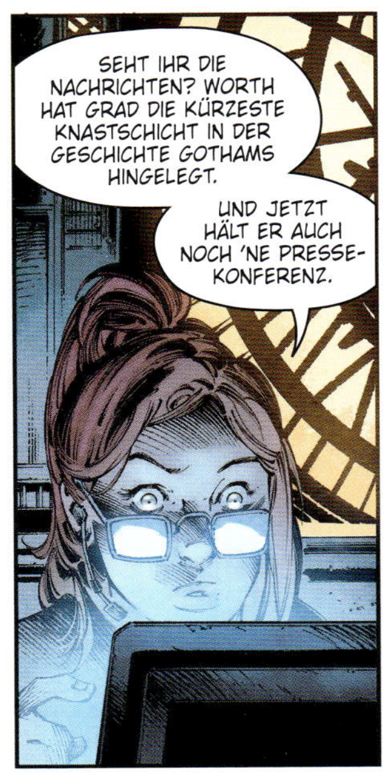
SEHT IHR DIE NACHRICHTEN? WORTH HAT GRAD DIE KÜRZESTE KNASTSCHICHT IN DER GESCHICHTE GOTHAMS HINGELEGT.
UND JETZT HÄLT ER AUCH NOCH 'NE PRESSE-KONFERENZ.

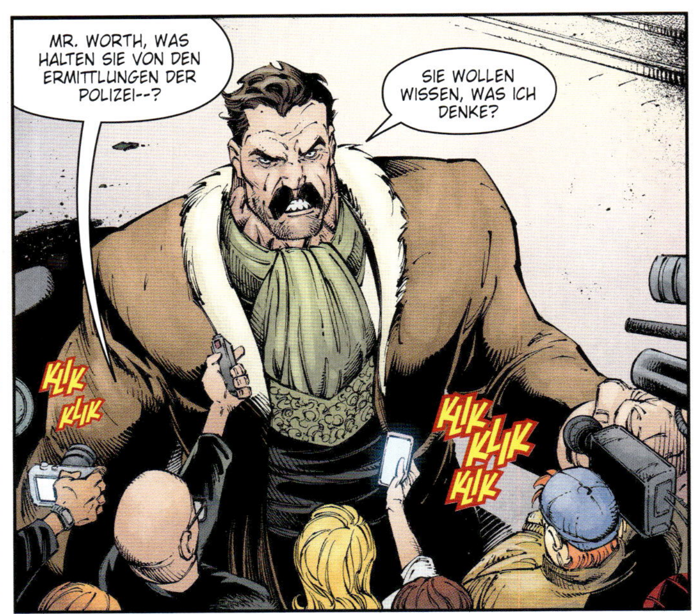
MR. WORTH, WAS HALTEN SIE VON DEN ERMITTLUNGEN DER POLIZEI--?
SIE WOLLEN WISSEN, WAS ICH DENKE?
KLIK
KLIK
KLIK
KLIK
KLIK

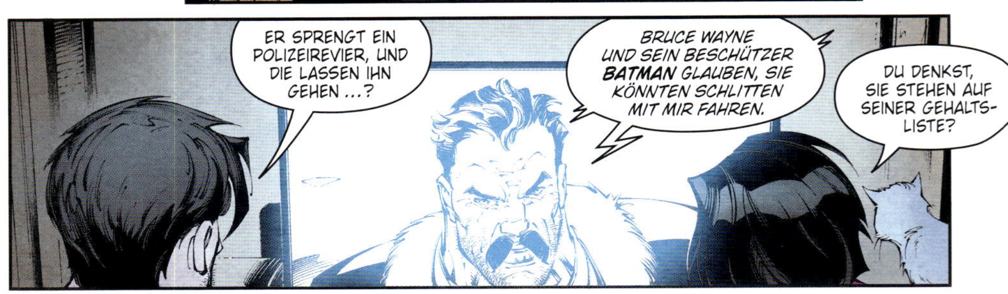
ER SPRENGT EIN POLIZEIREVIER, UND DIE LASSEN IHN GEHEN ...?
BRUCE WAYNE UND SEIN BESCHÜTZER BATMAN GLAUBEN, SIE KÖNNTEN SCHLITTEN MIT MIR FAHREN.
DU DENKST, SIE STEHEN AUF SEINER GEHALTS-LISTE?

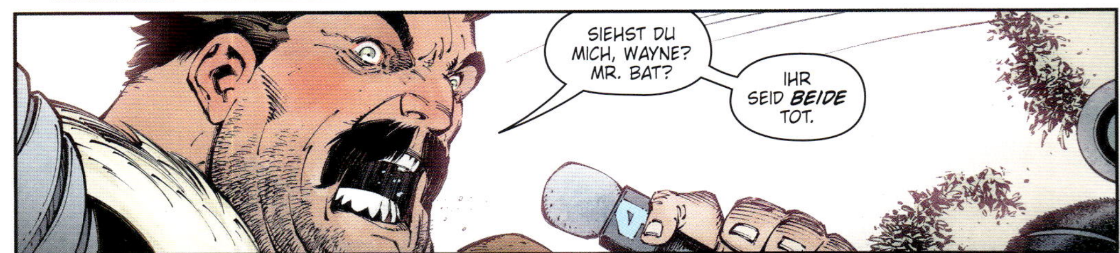
SIEHST DU MICH, WAYNE? MR. BAT?
IHR SEID BEIDE TOT.

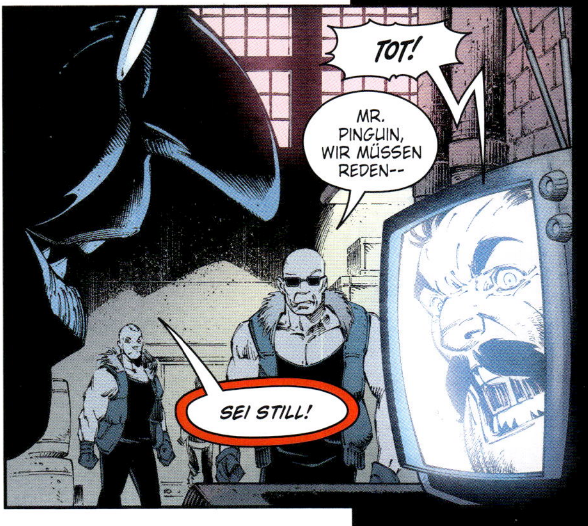
TOT!
MR. PINGUIN, WIR MÜSSEN REDEN--
SEI STILL!

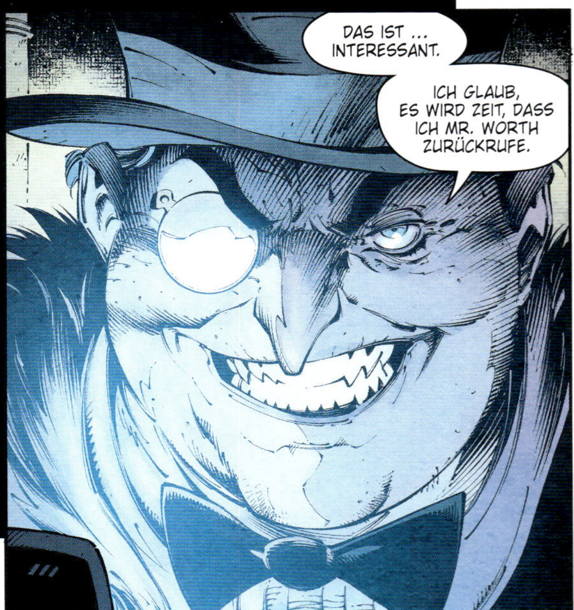
DAS IST ... INTERESSANT.
ICH GLAUB, ES WIRD ZEIT, DASS ICH MR. WORTH ZURÜCKRUFE.

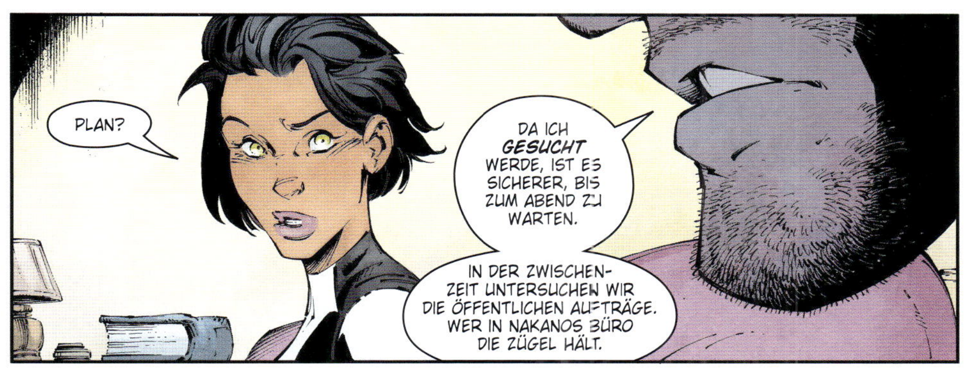
PLAN?
DA ICH GESUCHT WERDE, IST ES SICHERER, BIS ZUM ABEND ZU WARTEN.
IN DER ZWISCHENZEIT UNTERSUCHEN WIR DIE ÖFFENTLICHEN AUFTRÄGE. WER IN NAKANOS BÜRO DIE ZÜGEL HÄLT.

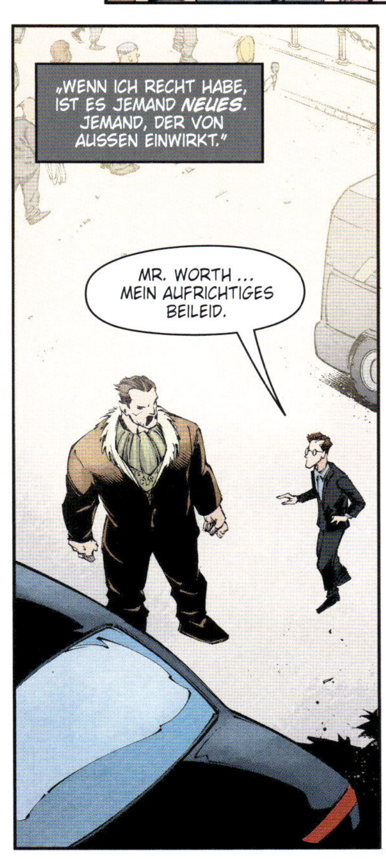
„WENN ICH RECHT HABE, IST ES JEMAND NEUES. JEMAND, DER VON AUSSEN EINWIRKT."
MR. WORTH … MEIN AUFRICHTIGES BEILEID.

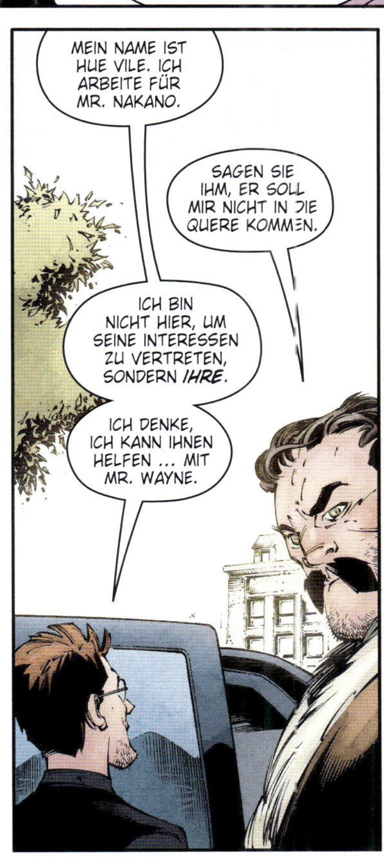
MEIN NAME IST HUE VILE. ICH ARBEITE FÜR MR. NAKANO.
SAGEN SIE IHM, ER SOLL MIR NICHT IN DIE QUERE KOMMEN.
ICH BIN NICHT HIER, UM SEINE INTERESSEN ZU VERTRETEN, SONDERN IHRE.
ICH DENKE, ICH KANN IHNEN HELFEN … MIT MR. WAYNE.

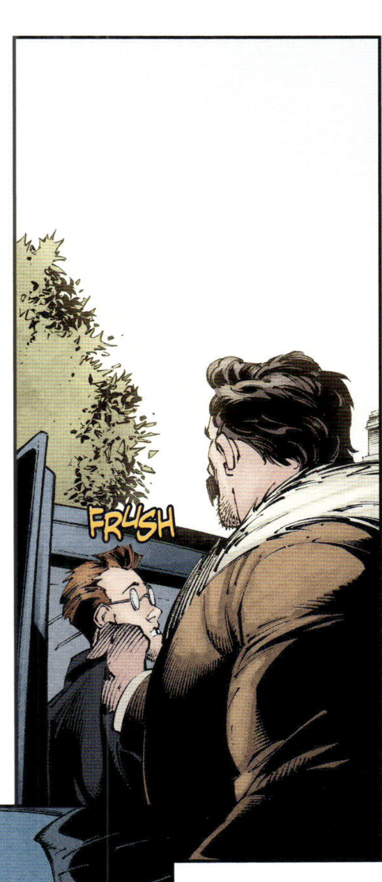
FRUSH

FAHR LOS.

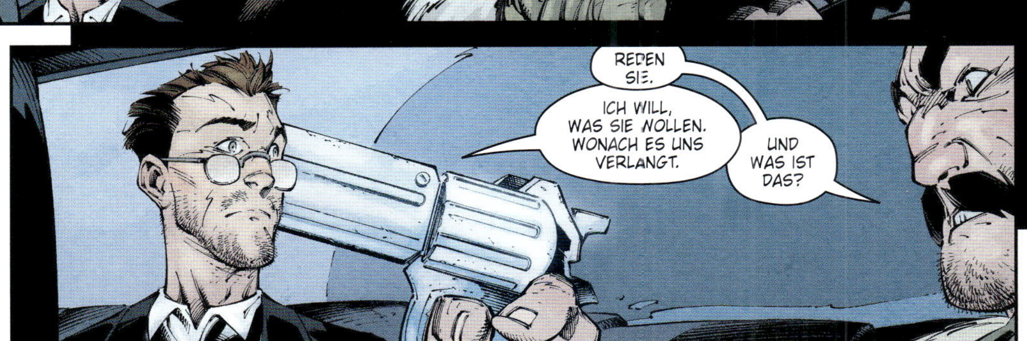
REDEN SIE.
ICH WILL, WAS SIE WOLLEN. WONACH ES UNS VERLANGT.
UND WAS IST DAS?

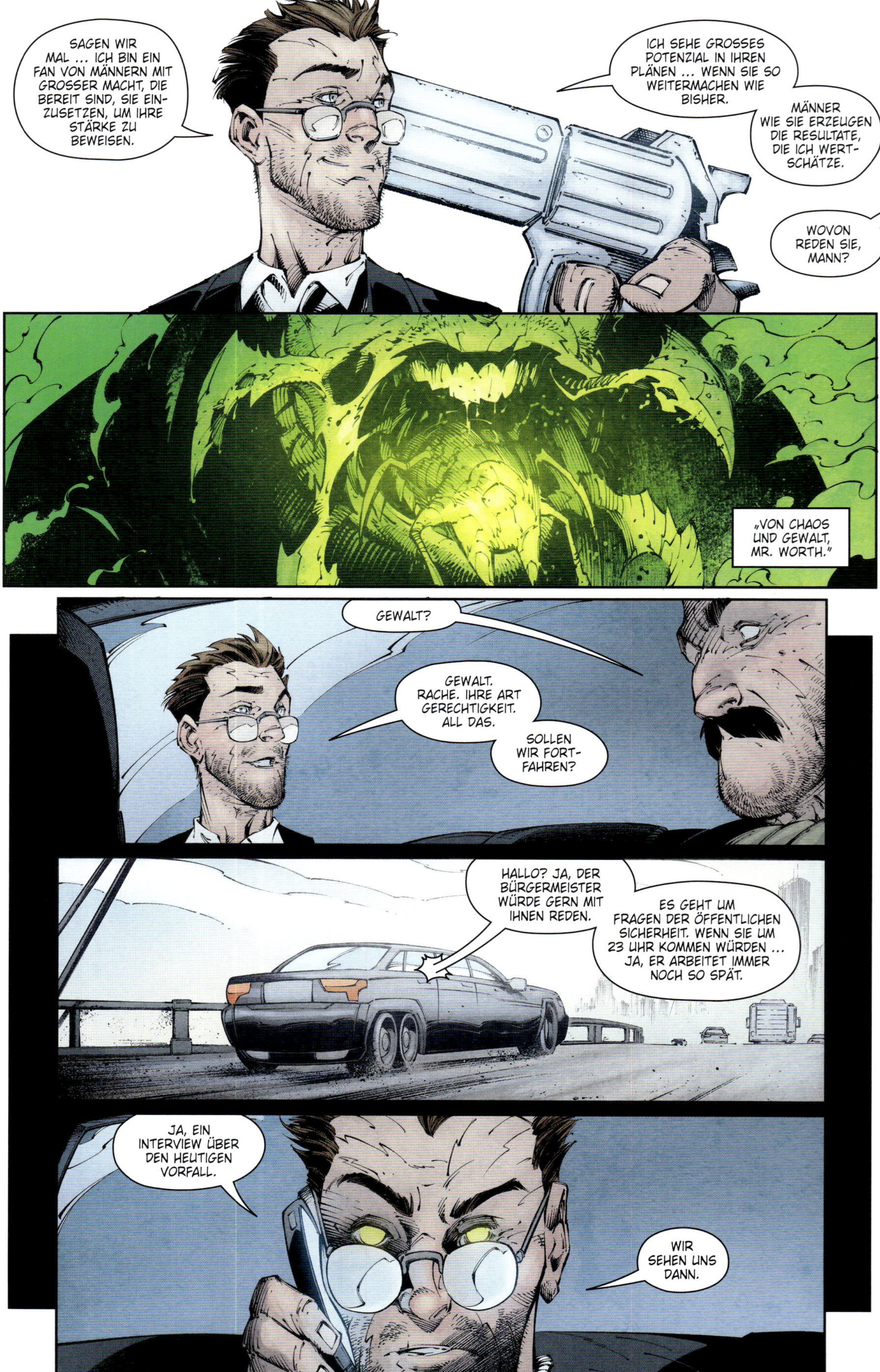
SAGEN WIR MAL ... ICH BIN EIN FAN VON MÄNNERN MIT GROSSER MACHT, DIE BEREIT SIND, SIE EINZUSETZEN, UM IHRE STÄRKE ZU BEWEISEN.
ICH SEHE GROSSES POTENZIAL IN IHREN PLÄNEN ... WENN SIE SO WEITERMACHEN WIE BISHER.
MÄNNER WIE SIE ERZEUGEN DIE RESULTATE, DIE ICH WERTSCHÄTZE.
WOVON REDEN SIE, MANN?
„VON CHAOS UND GEWALT, MR. WORTH."
GEWALT?
GEWALT. RACHE. IHRE ART GERECHTIGKEIT. ALL DAS.
SOLLEN WIR FORTFAHREN?
HALLO? JA, DER BÜRGERMEISTER WÜRDE GERN MIT IHNEN REDEN.
ES GEHT UM FRAGEN DER ÖFFENTLICHEN SICHERHEIT. WENN SIE UM 23 UHR KOMMEN WÜRDEN ... JA, ER ARBEITET IMMER NOCH SO SPÄT.
JA, EIN INTERVIEW ÜBER DEN HEUTIGEN VORFALL.
WIR SEHEN UNS DANN.

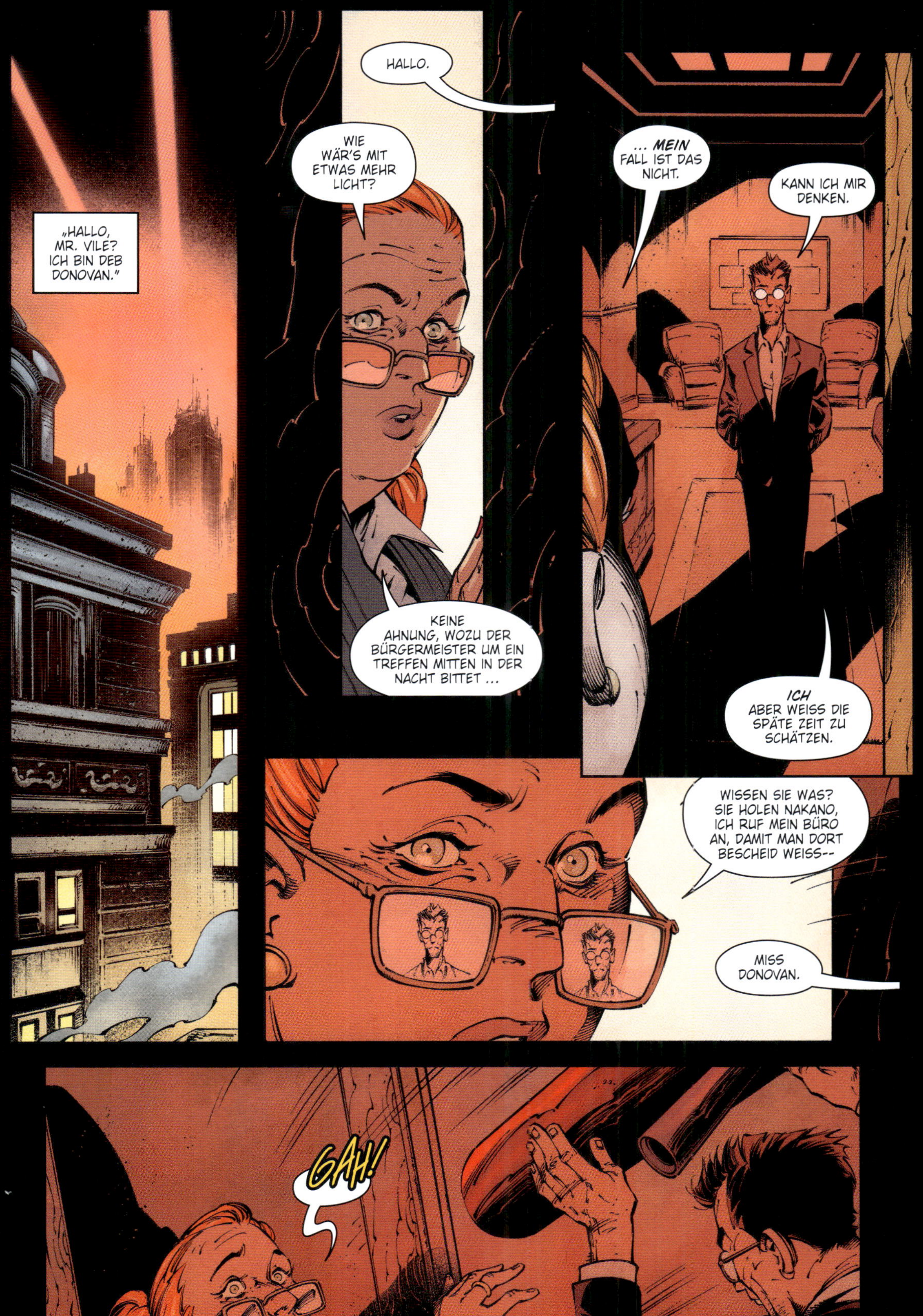
„HALLO, MR. VILE? ICH BIN DEB DONOVAN."
HALLO.
WIE WÄR'S MIT ETWAS MEHR LICHT?
KEINE AHNUNG, WOZU DER BÜRGERMEISTER UM EIN TREFFEN MITTEN IN DER NACHT BITTET ...
... MEIN FALL IST DAS NICHT.
KANN ICH MIR DENKEN.
ICH ABER WEISS DIE SPÄTE ZEIT ZU SCHÄTZEN.
WISSEN SIE WAS? SIE HOLEN NAKANO, ICH RUF MEIN BÜRO AN, DAMIT MAN DORT BESCHEID WEISS--
MISS DONOVAN.
GAH!

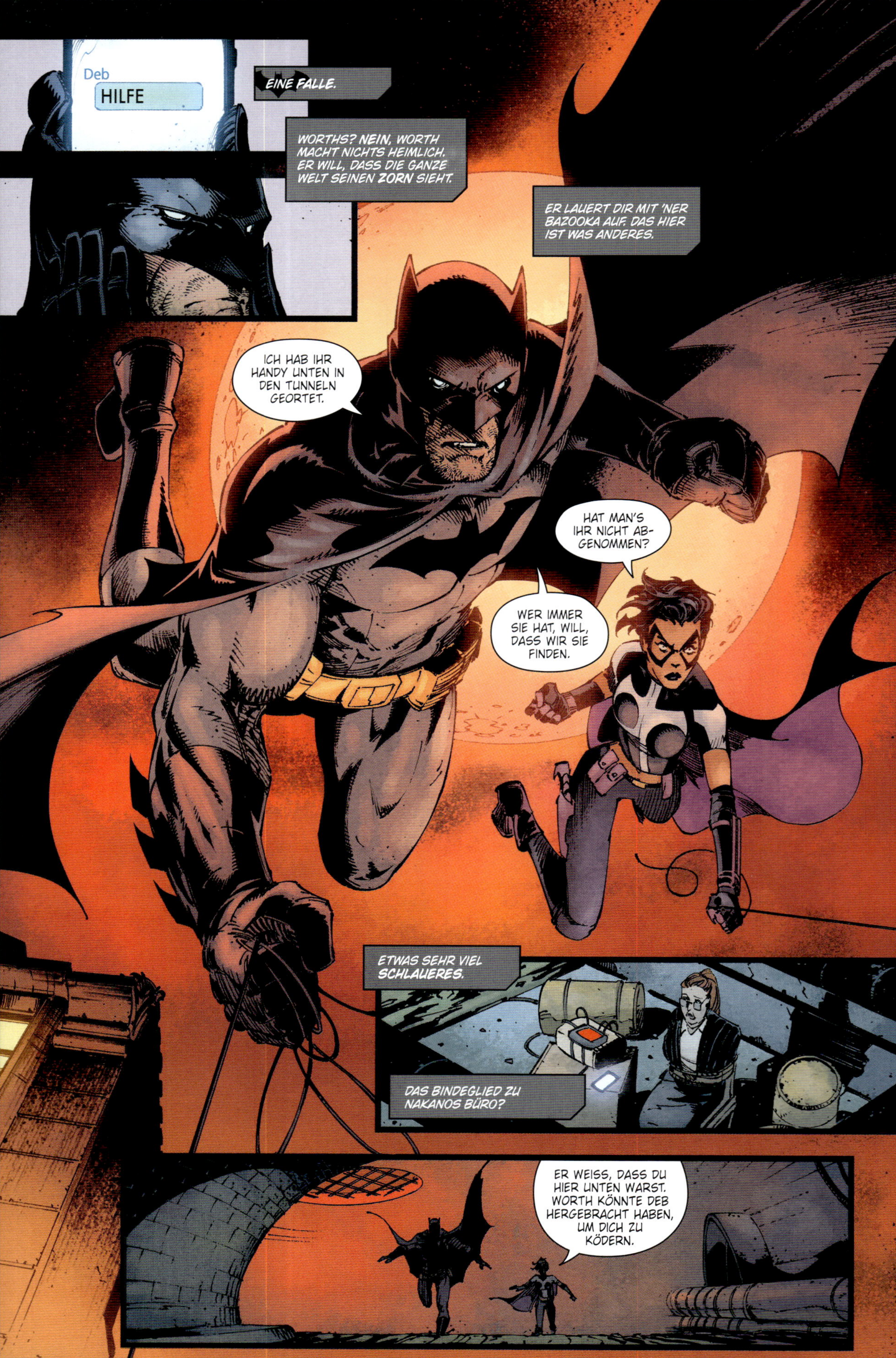
Deb
HILFE
EINE FALLE.
WORTHS? NEIN, WORTH MACHT NICHTS HEIMLICH. ER WILL, DASS DIE GANZE WELT SEINEN ZORN SIEHT.
ER LAUERT DIR MIT 'NER BAZOOKA AUF. DAS HIER IST WAS ANDERES.
ICH HAB IHR HANDY UNTEN IN DEN TUNNELN GEORTET.
HAT MAN'S IHR NICHT AB-GENOMMEN?
WER IMMER SIE HAT, WILL, DASS WIR SIE FINDEN.
ETWAS SEHR VIEL SCHLAUERES.
DAS BINDEGLIED ZU NAKANOS BÜRO?
ER WEISS, DASS DU HIER UNTEN WARST. WORTH KÖNNTE DEB HERGEBRACHT HABEN, UM DICH ZU KÖDERN.

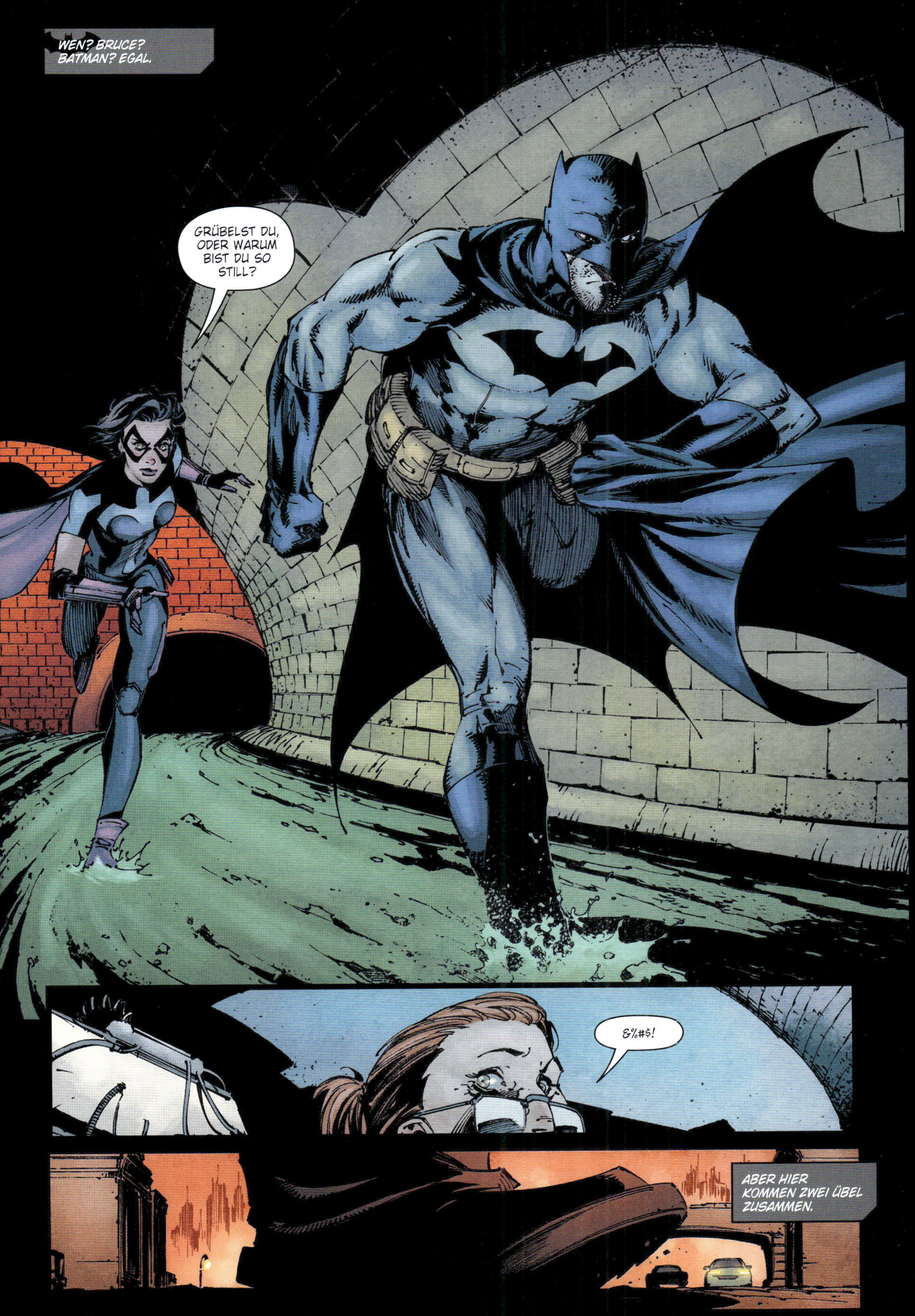
WEN? BRUCE? BATMAN? EGAL.
GRÜBELST DU, ODER WARUM BIST DU SO STILL?
&%#$!
ABER HIER KOMMEN ZWEI ÜBEL ZUSAMMEN.

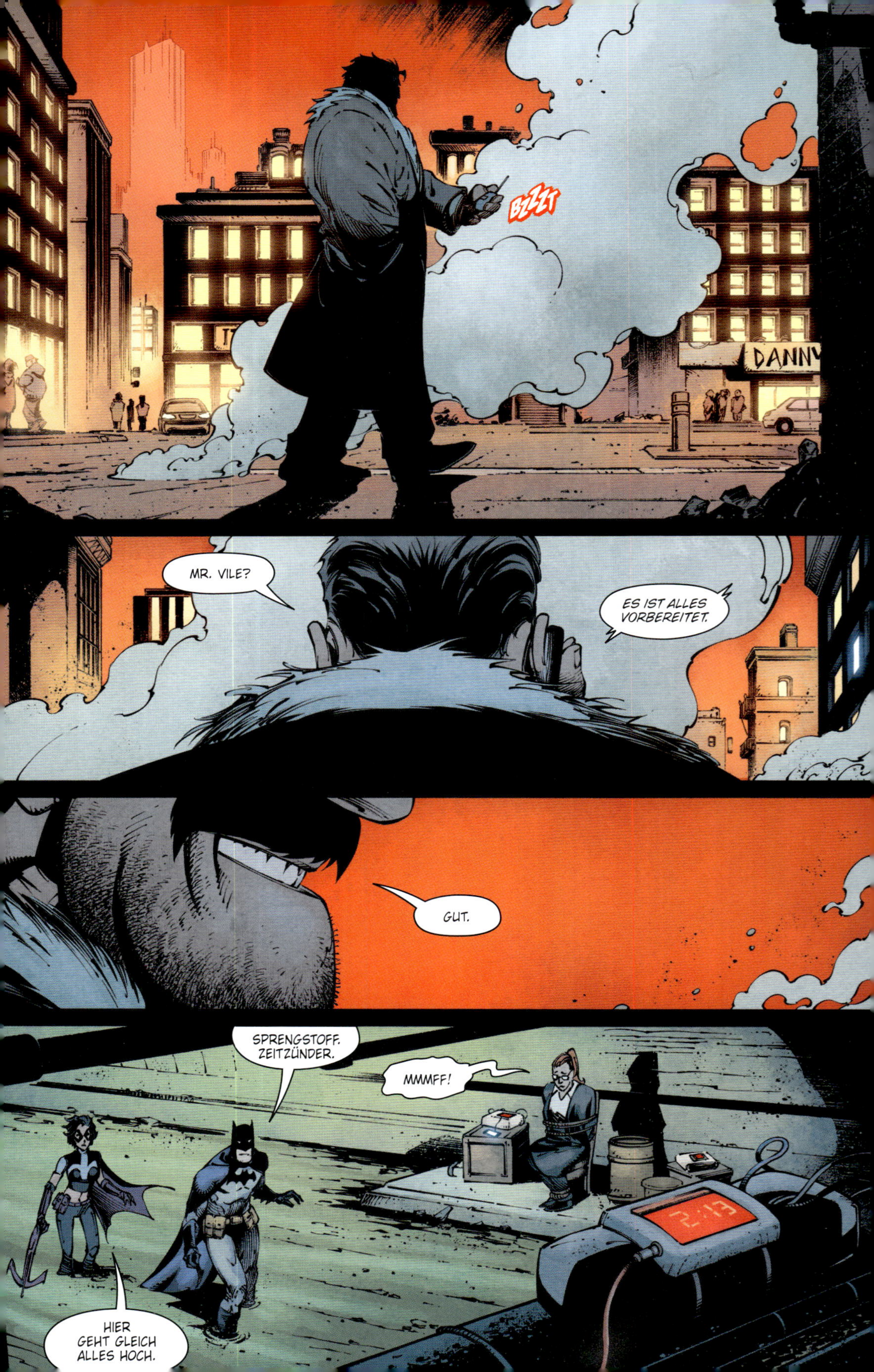
BZZZT
DANNY
MR. VILE?
ES IST ALLES VORBEREITET.
GUT.
SPRENGSTOFF. ZEITZÜNDER.
MMMFF!
HIER GEHT GLEICH ALLES HOCH.

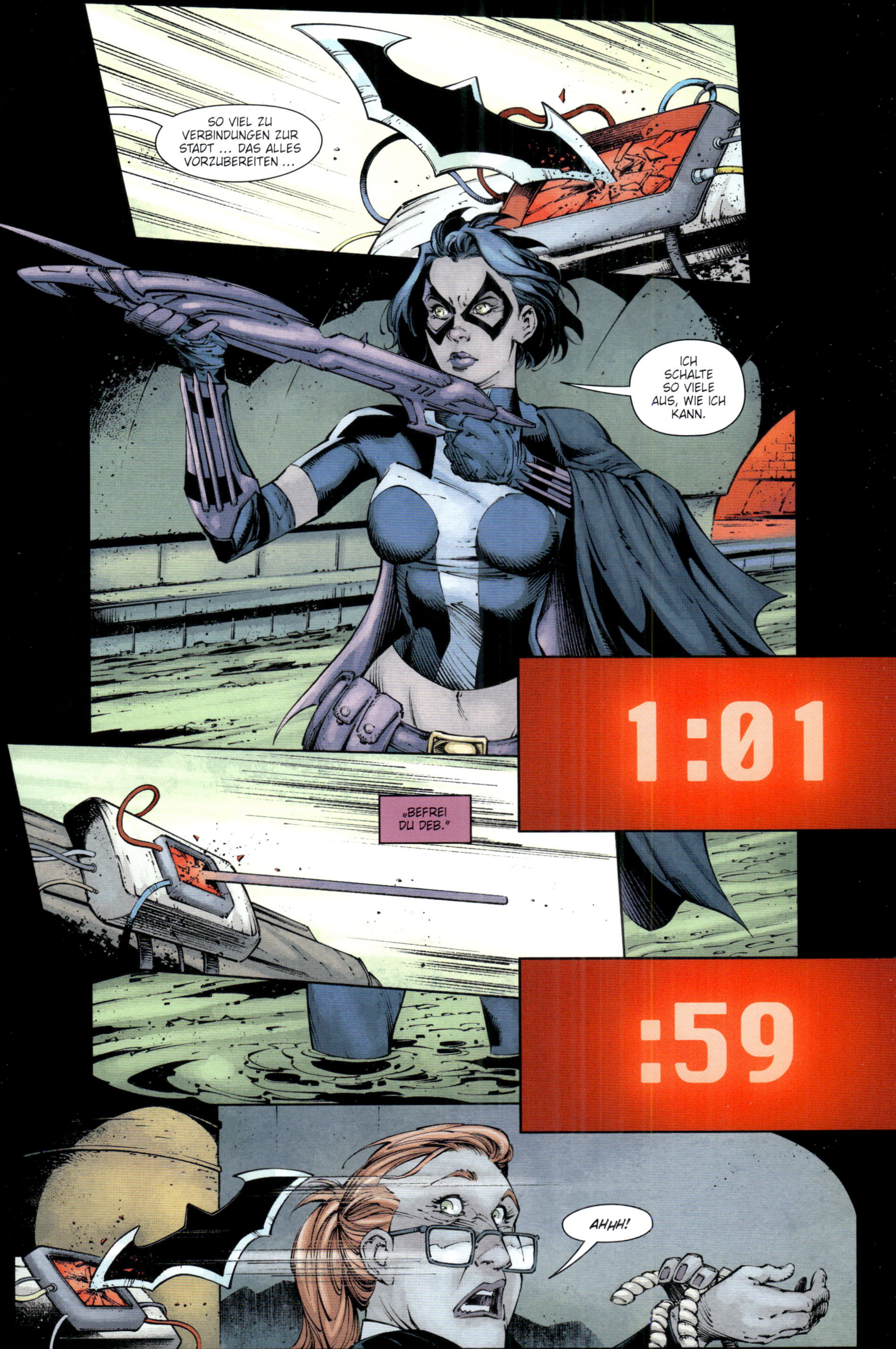
SO VIEL ZU VERBINDUNGEN ZUR STADT ... DAS ALLES VORZUBEREITEN ...
ICH SCHALTE SO VIELE AUS, WIE ICH KANN.
1:01
„BEFREI DU DEB."
:59
AHHH!

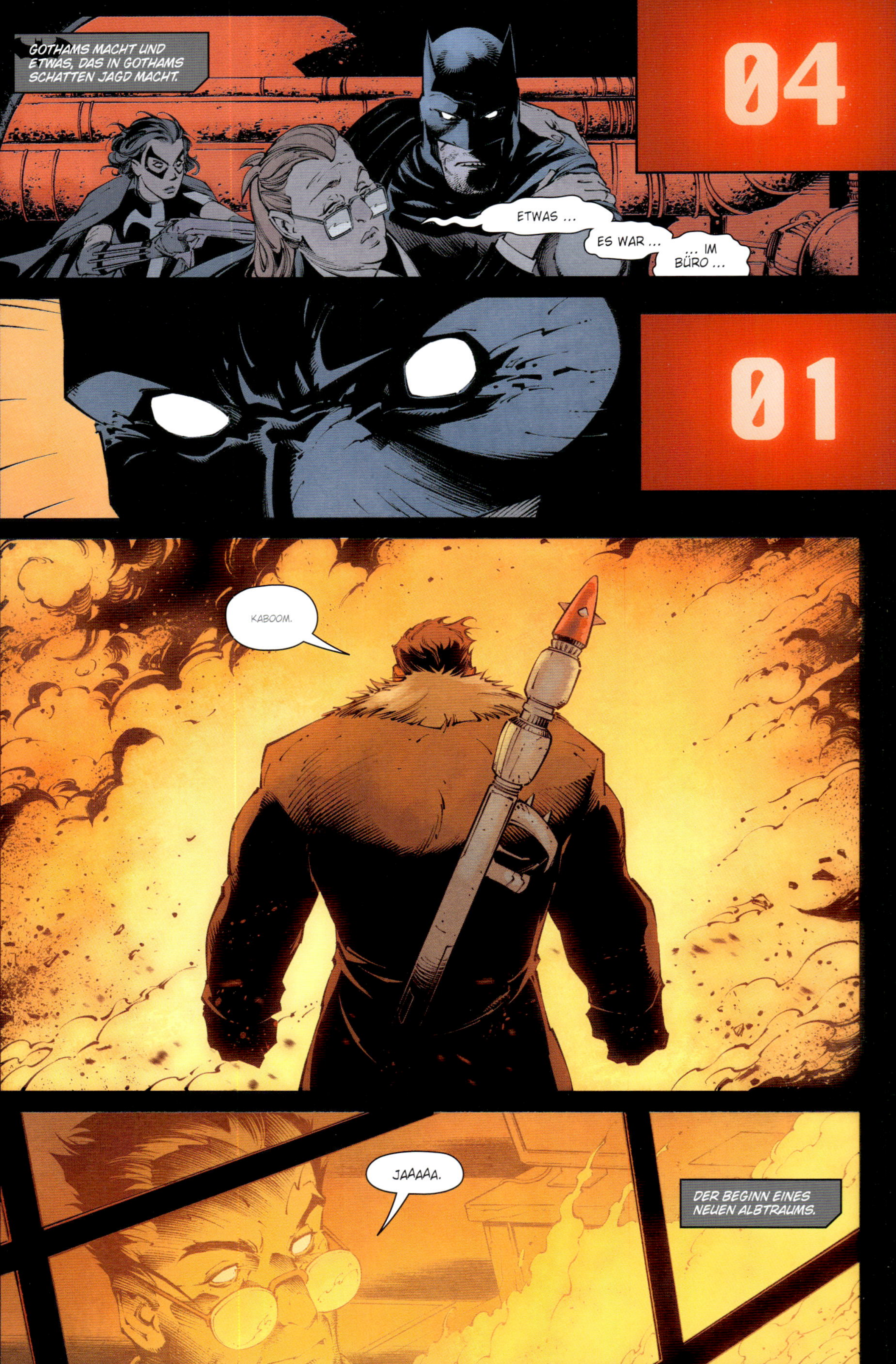
GOTHAMS MACHT UND ETWAS, DAS IN GOTHAMS SCHATTEN JAGD MACHT.
04
ETWAS ...
ES WAR ...
... IM BÜRO ...
01
KABOOM.
JAAAAA.
DER BEGINN EINES NEUEN ALBTRAUMS.

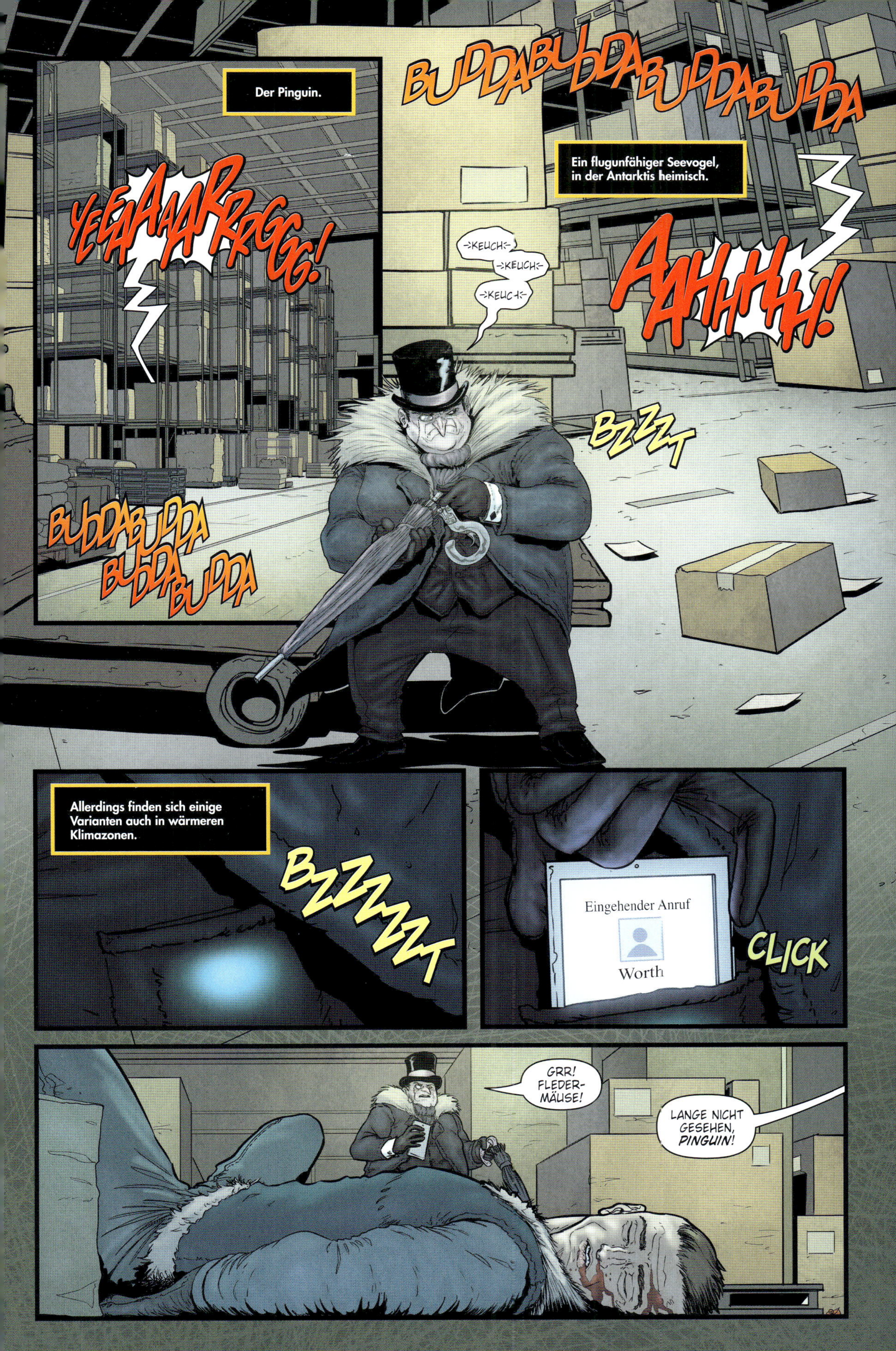
Der Pinguin.
BUDDABUDDABUDDABUDDA
YEEAAAARRRGGGG!
Ein flugunfähiger Seevogel, in der Antarktis heimisch.
KEUCH
KEUCH
KEUCH
AAHHHHH!
BUDDABUDDA BUDDABUDDA
BZZZT
Allerdings finden sich einige Varianten auch in wärmeren Klimazonen.
BZZZZZT
Eingehender Anruf
Worth
CLICK
GRR! FLEDERMÄUSE!
LANGE NICHT GESEHEN, PINGUIN!

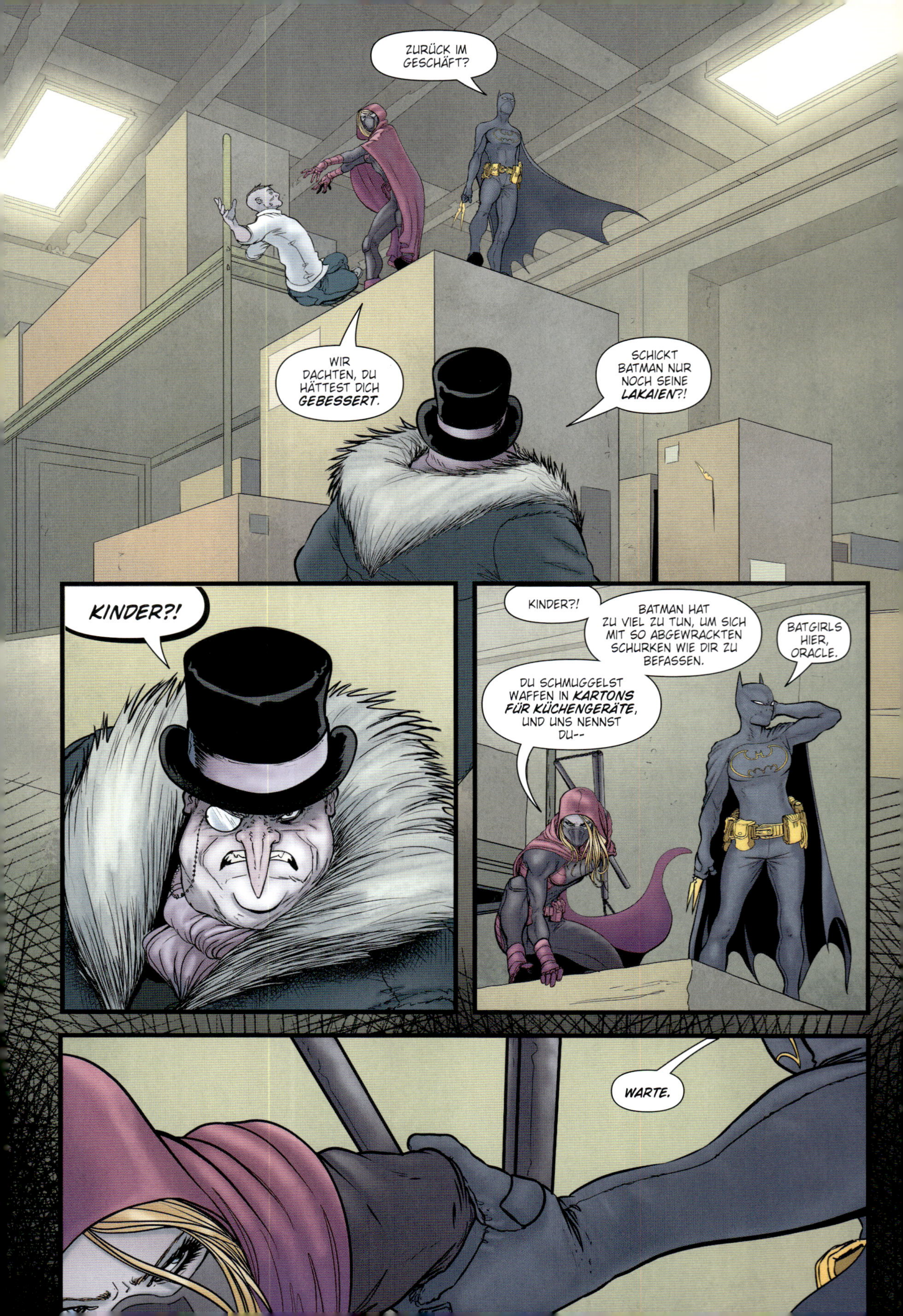
ZURÜCK IM GESCHÄFT?
WIR DACHTEN, DU HÄTTEST DICH GEBESSERT.
SCHICKT BATMAN NUR NOCH SEINE LAKAIEN?!
KINDER?!
KINDER?!
BATMAN HAT ZU VIEL ZU TUN, UM SICH MIT SO ABGEWRACKTEN SCHURKEN WIE DIR ZU BEFASSEN.
DU SCHMUGGELST WAFFEN IN KARTONS FÜR KÜCHENGERÄTE, UND UNS NENNST DU--
BATGIRLS HIER, ORACLE.
WARTE.

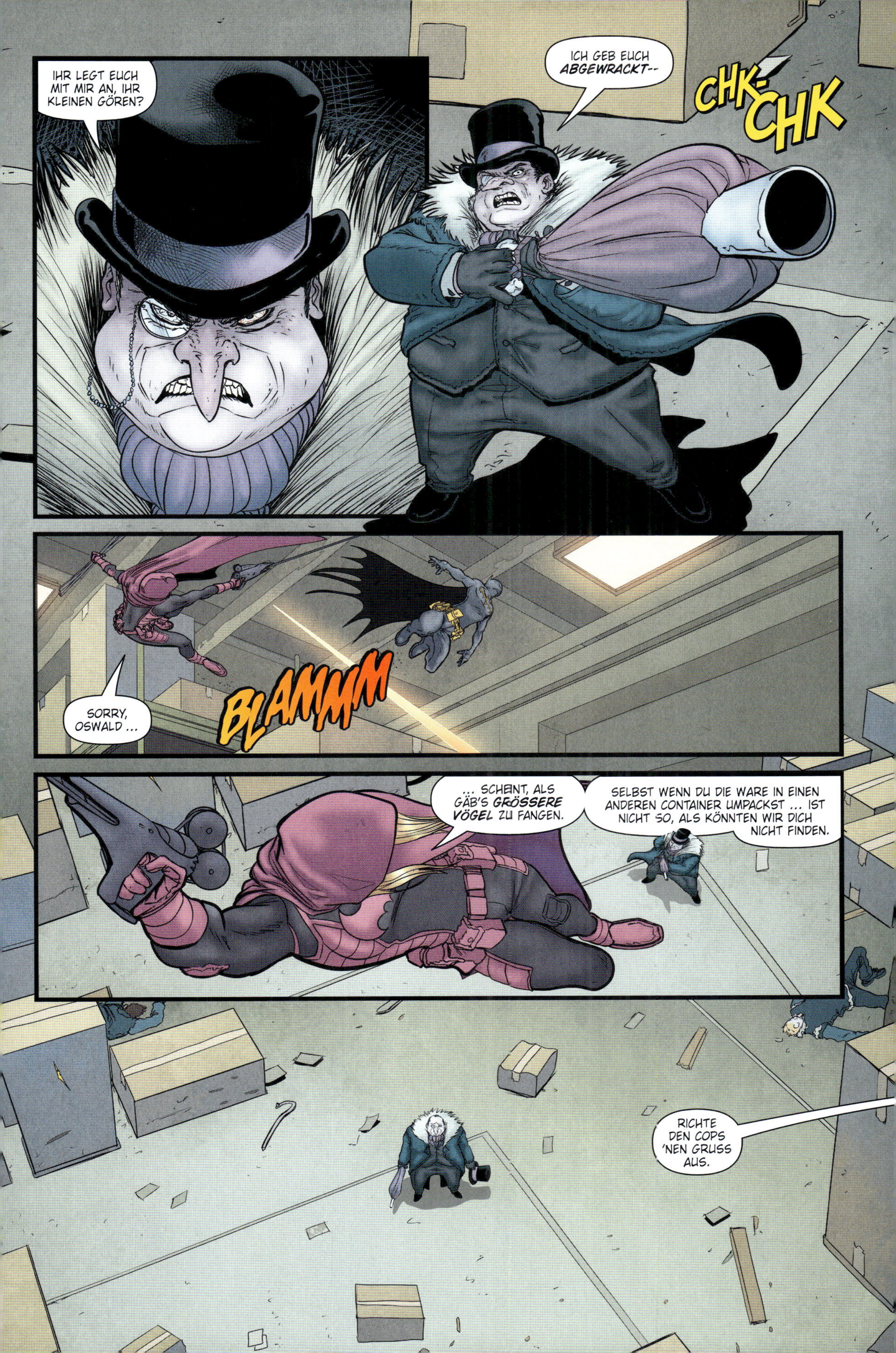
IHR LEGT EUCH MIT MIR AN, IHR KLEINEN GÖREN?
ICH GEB EUCH ABGEWRACKT--
CHK-CHK
SORRY, OSWALD ...
BLAMMM
... SCHEINT, ALS GÄB'S GRÖSSERE VÖGEL ZU FANGEN.
SELBST WENN DU DIE WARE IN EINEN ANDEREN CONTAINER UMPACKST ... IST NICHT SO, ALS KÖNNTEN WIR DICH NICHT FINDEN.
RICHTE DEN COPS 'NEN GRUSS AUS.

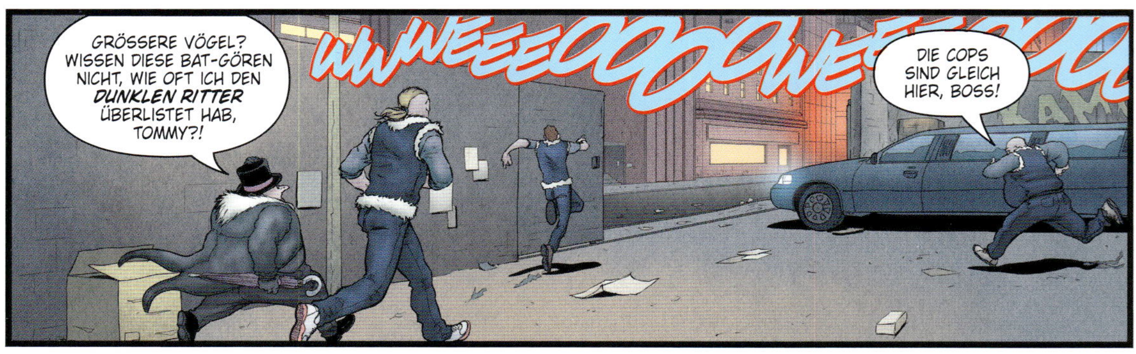
GRÖSSERE VÖGEL? WISSEN DIESE BAT-GÖREN NICHT, WIE OFT ICH DEN **DUNKLEN RITTER** ÜBERLISTET HAB, TOMMY?!
WWWEEEOOOOWEE
DIE COPS SIND GLEICH HIER, BOSS!

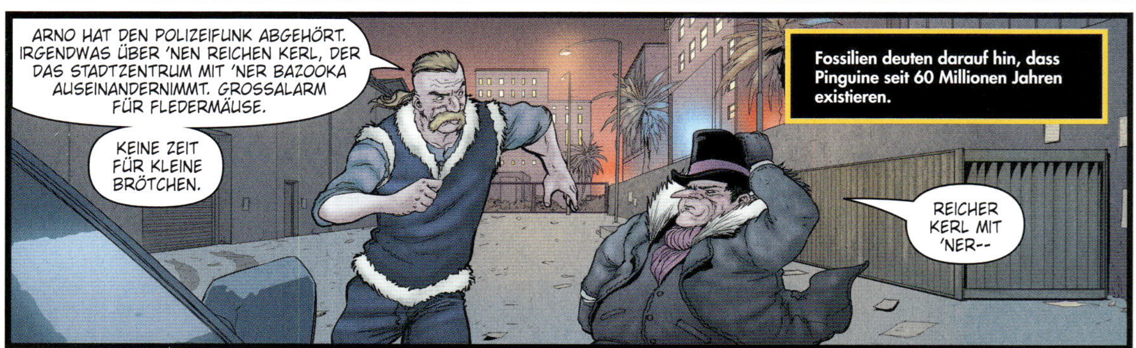
ARNO HAT DEN POLIZEIFUNK ABGEHÖRT. IRGENDWAS ÜBER 'NEN REICHEN KERL, DER DAS STADTZENTRUM MIT 'NER BAZOOKA AUSEINANDERNIMMT. GROSSALARM FÜR FLEDERMÄUSE.
KEINE ZEIT FÜR KLEINE BRÖTCHEN.
Fossilien deuten darauf hin, dass Pinguine seit 60 Millionen Jahren existieren.
REICHER KERL MIT 'NER--

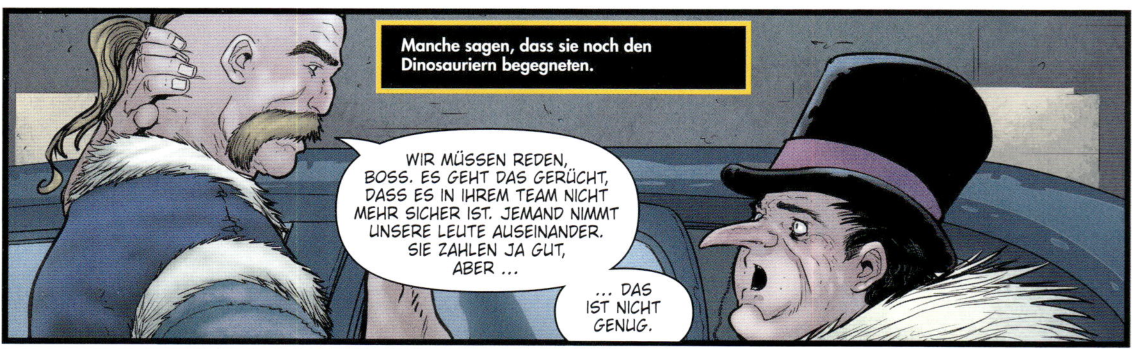
Manche sagen, dass sie noch den Dinosauriern begegneten.
WIR MÜSSEN REDEN, BOSS. ES GEHT DAS GERÜCHT, DASS ES IN IHREM TEAM NICHT MEHR SICHER IST. JEMAND NIMMT UNSERE LEUTE AUSEINANDER. SIE ZAHLEN JA GUT, ABER ...
... DAS IST NICHT GENUG.

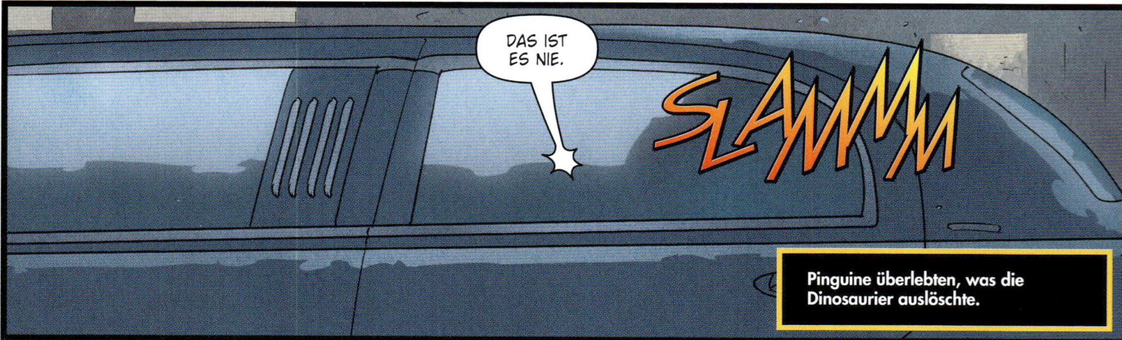
DAS IST ES NIE.
SLAMMM
Pinguine überlebten, was die Dinosaurier auslöschte.

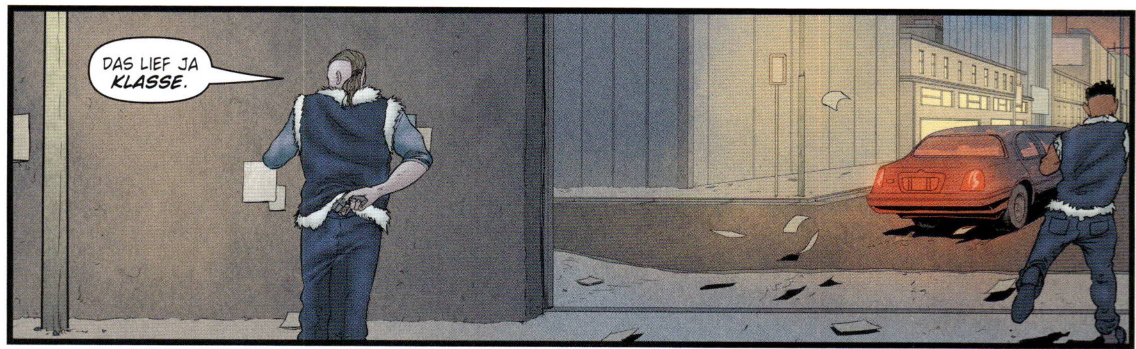
DAS LIEF JA **KLASSE**.

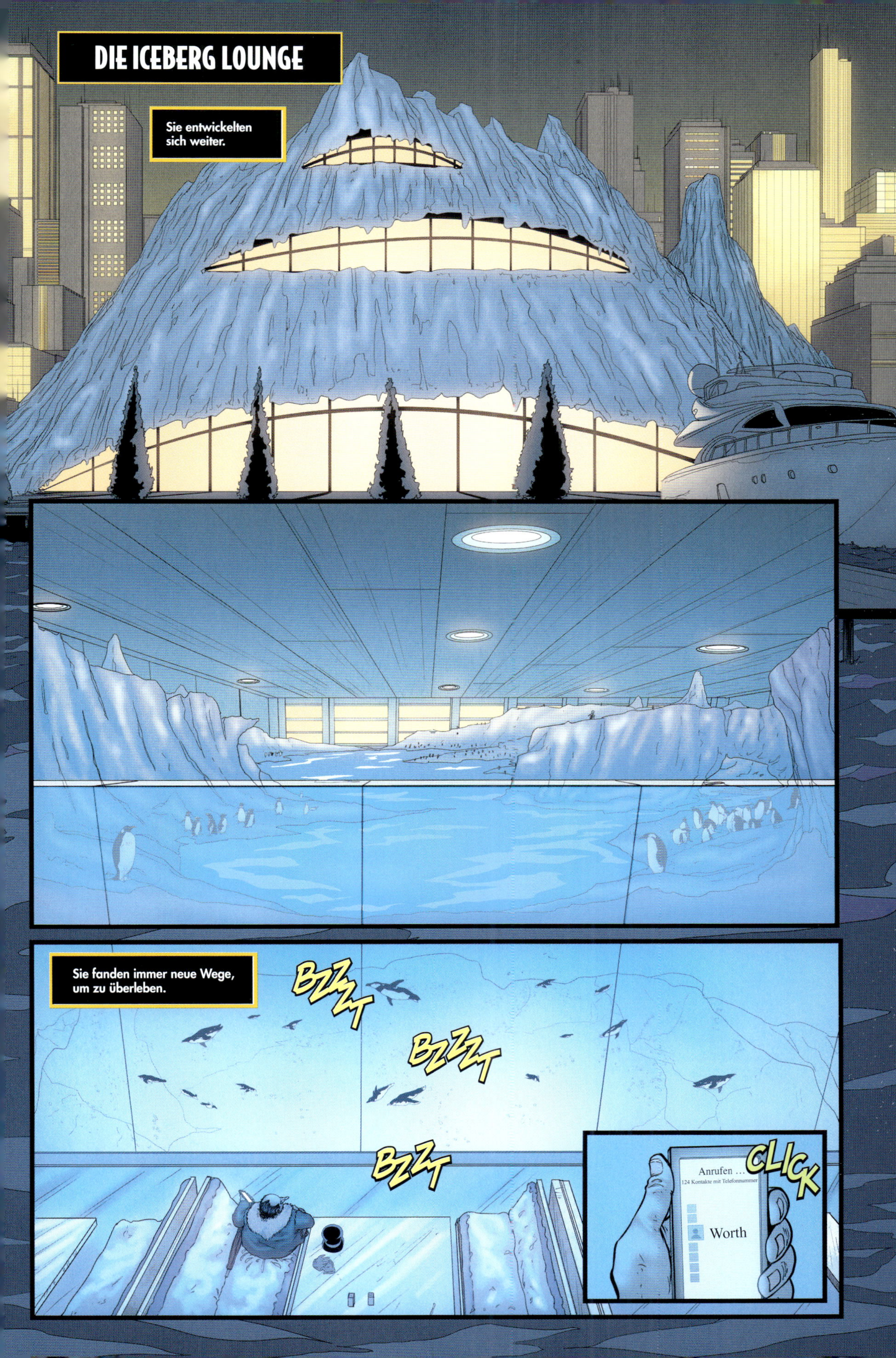
DIE ICEBERG LOUNGE
Sie entwickelten sich weiter.
Sie fanden immer neue Wege, um zu überleben.
BZZZT
BZZZT
BZZT
Anrufen …
124 Kontakte mit Telefonnummer
Worth
CLICK

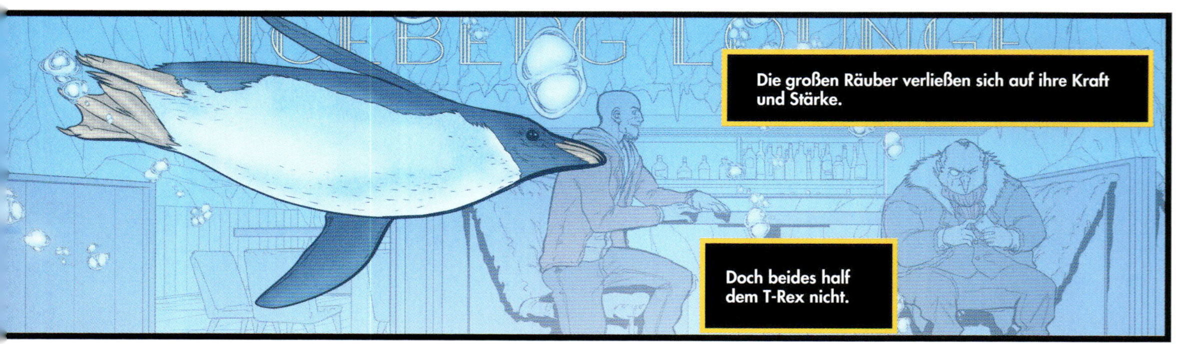
Die großen Räuber verließen sich auf ihre Kraft und Stärke.
Doch beides half dem T-Rex nicht.

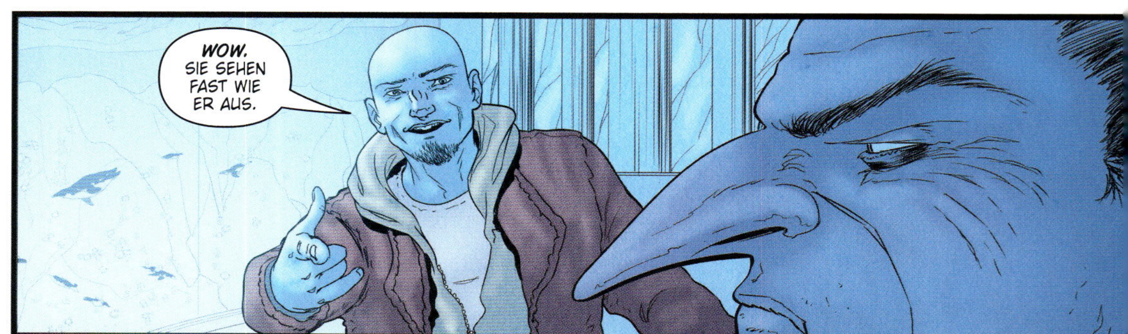
WOW. SIE SEHEN FAST WIE ER AUS.

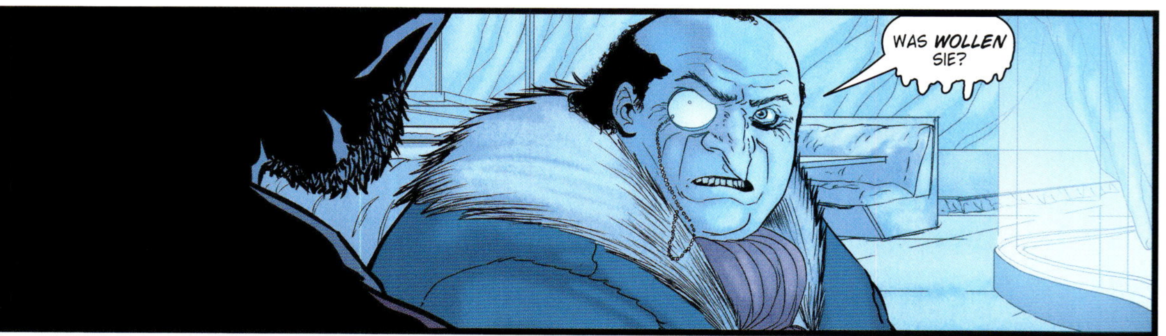
WAS WOLLEN SIE?

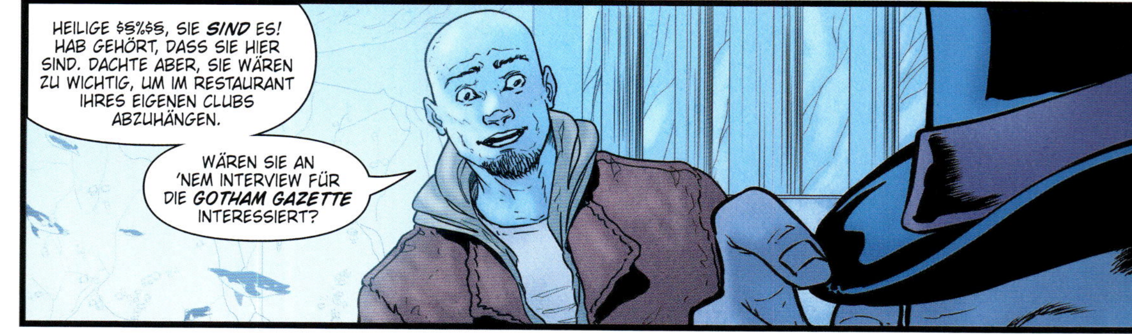
HEILIGE $§%$§, SIE SIND ES! HAB GEHÖRT, DASS SIE HIER SIND. DACHTE ABER, SIE WÄREN ZU WICHTIG, UM IM RESTAURANT IHRES EIGENEN CLUBS ABZUHÄNGEN.
WÄREN SIE AN 'NEM INTERVIEW FÜR DIE GOTHAM GAZETTE INTERESSIERT?

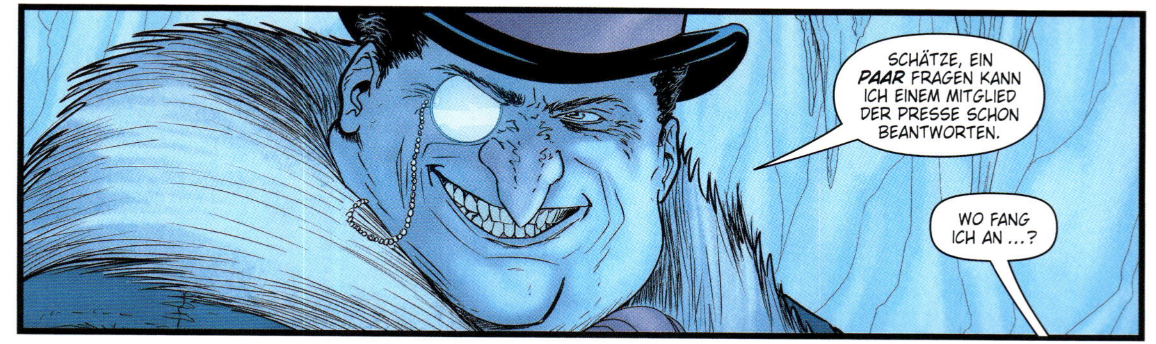
SCHÄTZE, EIN PAAR FRAGEN KANN ICH EINEM MITGLIED DER PRESSE SCHON BEANTWORTEN.
WO FANG ICH AN ...?

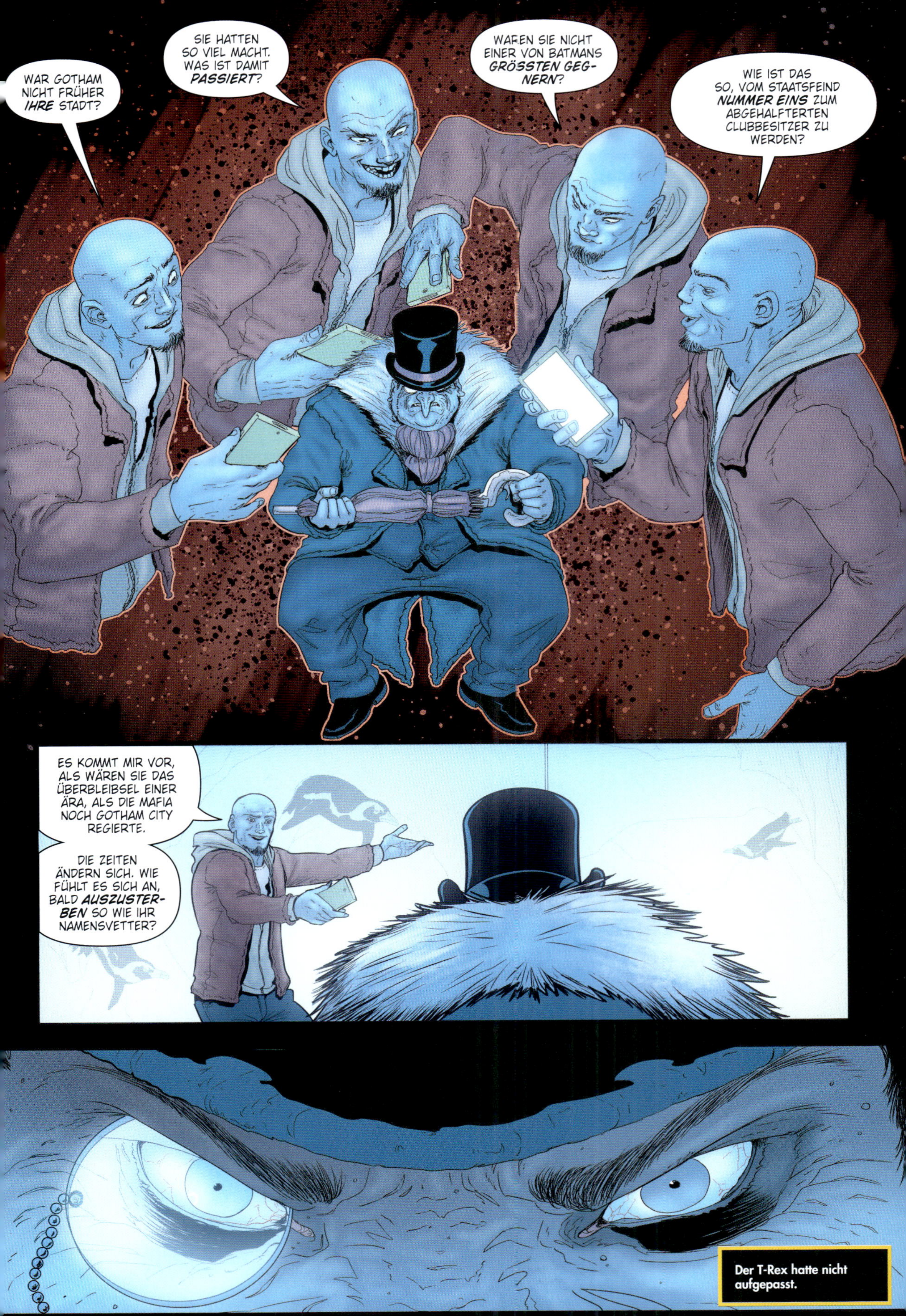
WAR GOTHAM NICHT FRÜHER *IHRE* STADT?
SIE HATTEN SO VIEL MACHT. WAS IST DAMIT *PASSIERT*?
WAREN SIE NICHT EINER VON BATMANS *GRÖSSTEN GEG-NERN*?
WIE IST DAS SO, VOM STAATSFEIND *NUMMER EINS* ZUM ABGEHALFTERTEN CLUBBESITZER ZU WERDEN?
ES KOMMT MIR VOR, ALS WÄREN SIE DAS ÜBERBLEIBSEL EINER ÄRA, ALS DIE MAFIA NOCH GOTHAM CITY REGIERTE.
DIE ZEITEN ÄNDERN SICH. WIE FÜHLT ES SICH AN, BALD *AUSZUSTER-BEN* SO WIE IHR NAMENSVETTER?
Der T-Rex hatte nicht aufgepasst.

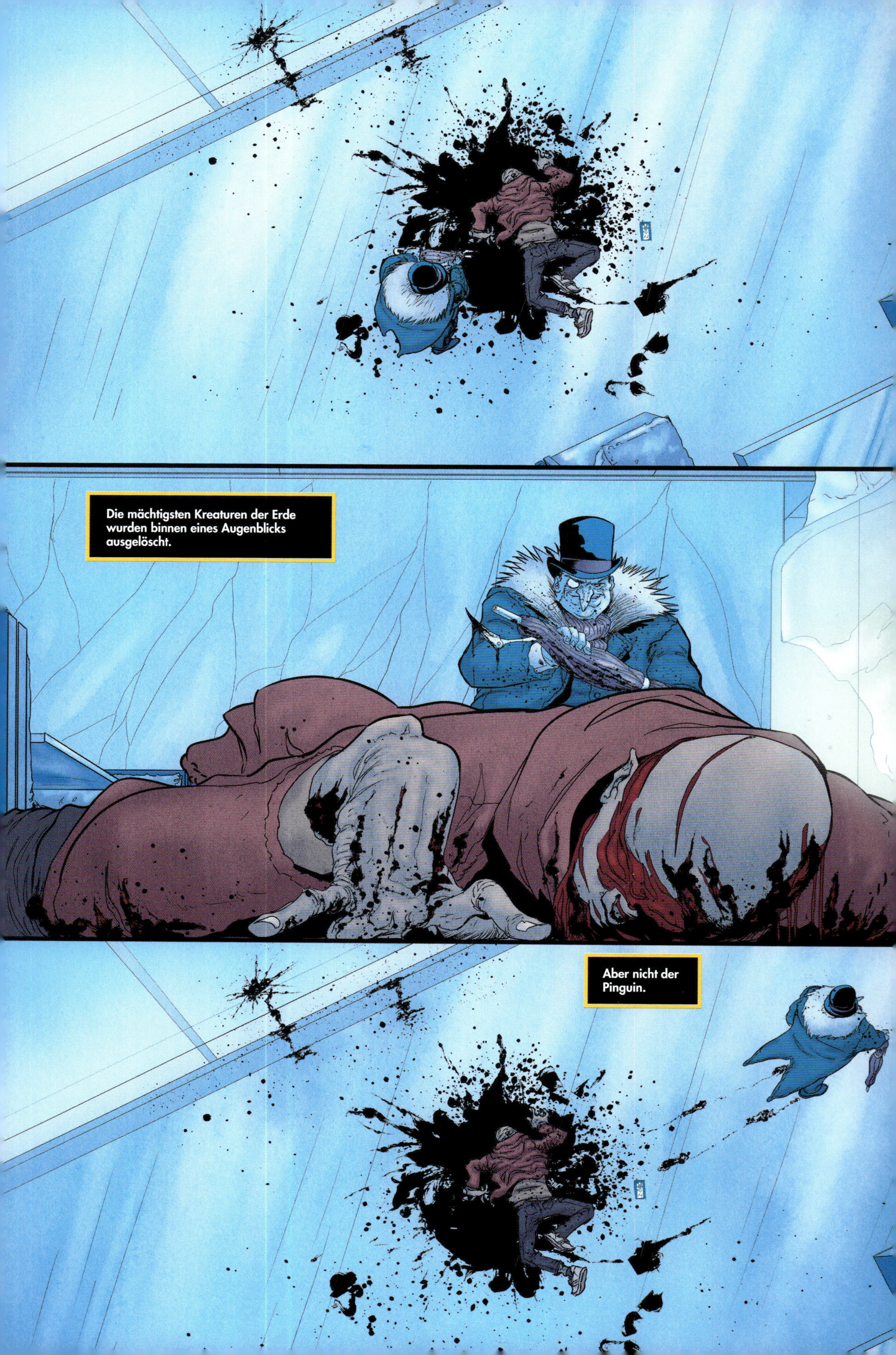
Die mächtigsten Kreaturen der Erde wurden binnen eines Augenblicks ausgelöscht.
Aber nicht der Pinguin.

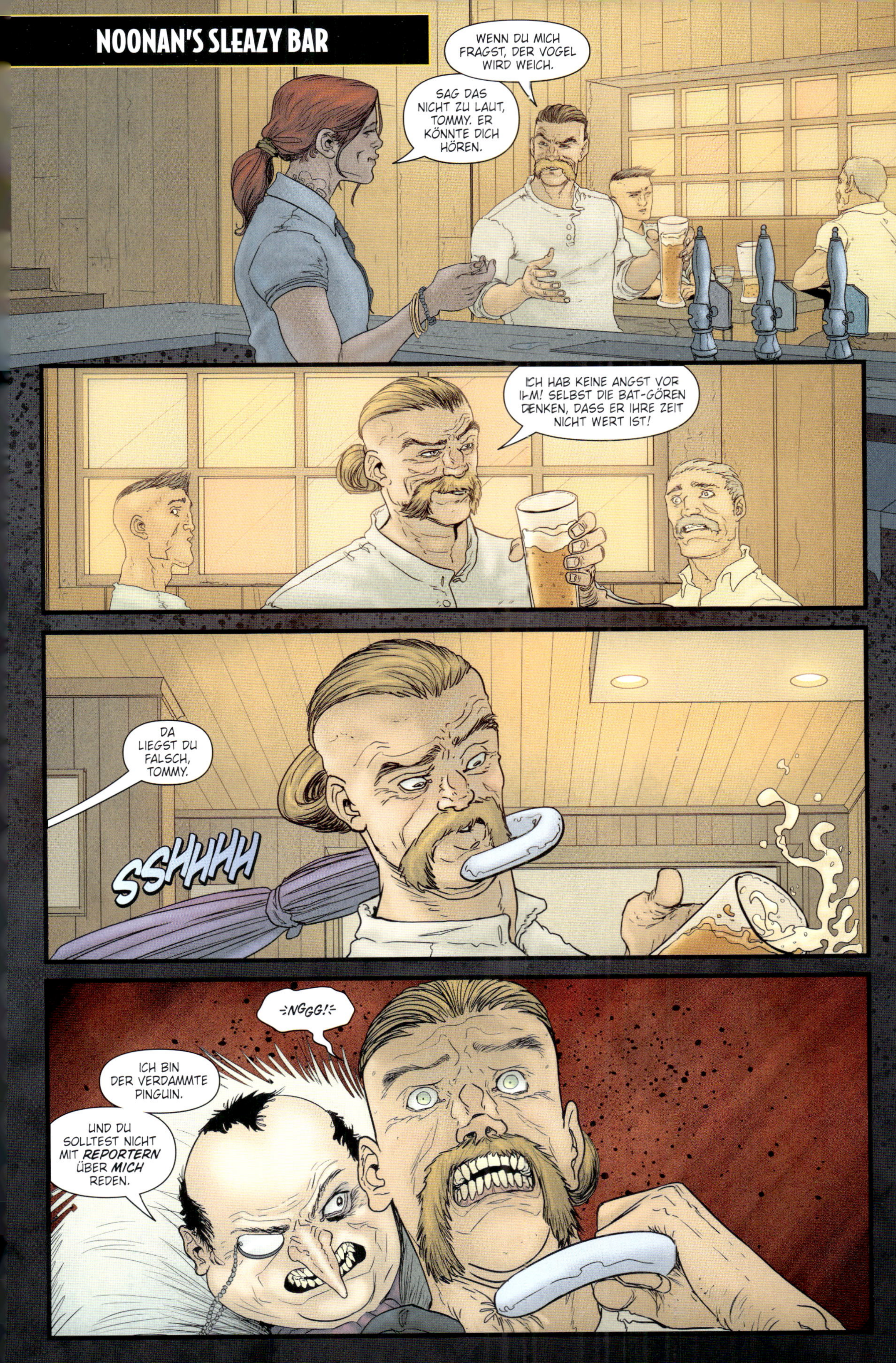
NOONAN'S SLEAZY BAR
WENN DU MICH FRAGST, DER VOGEL WIRD WEICH.
SAG DAS NICHT ZU LAUT, TOMMY. ER KÖNNTE DICH HÖREN.
ICH HAB KEINE ANGST VOR IHM! SELBST DIE BAT-GÖREN DENKEN, DASS ER IHRE ZEIT NICHT WERT IST!
DA LIEGST DU FALSCH, TOMMY.
SSHHHH
-NGGG!-
ICH BIN DER VERDAMMTE PINGUIN.
UND DU SOLLTEST NICHT MIT *REPORTERN* ÜBER *MICH* REDEN.

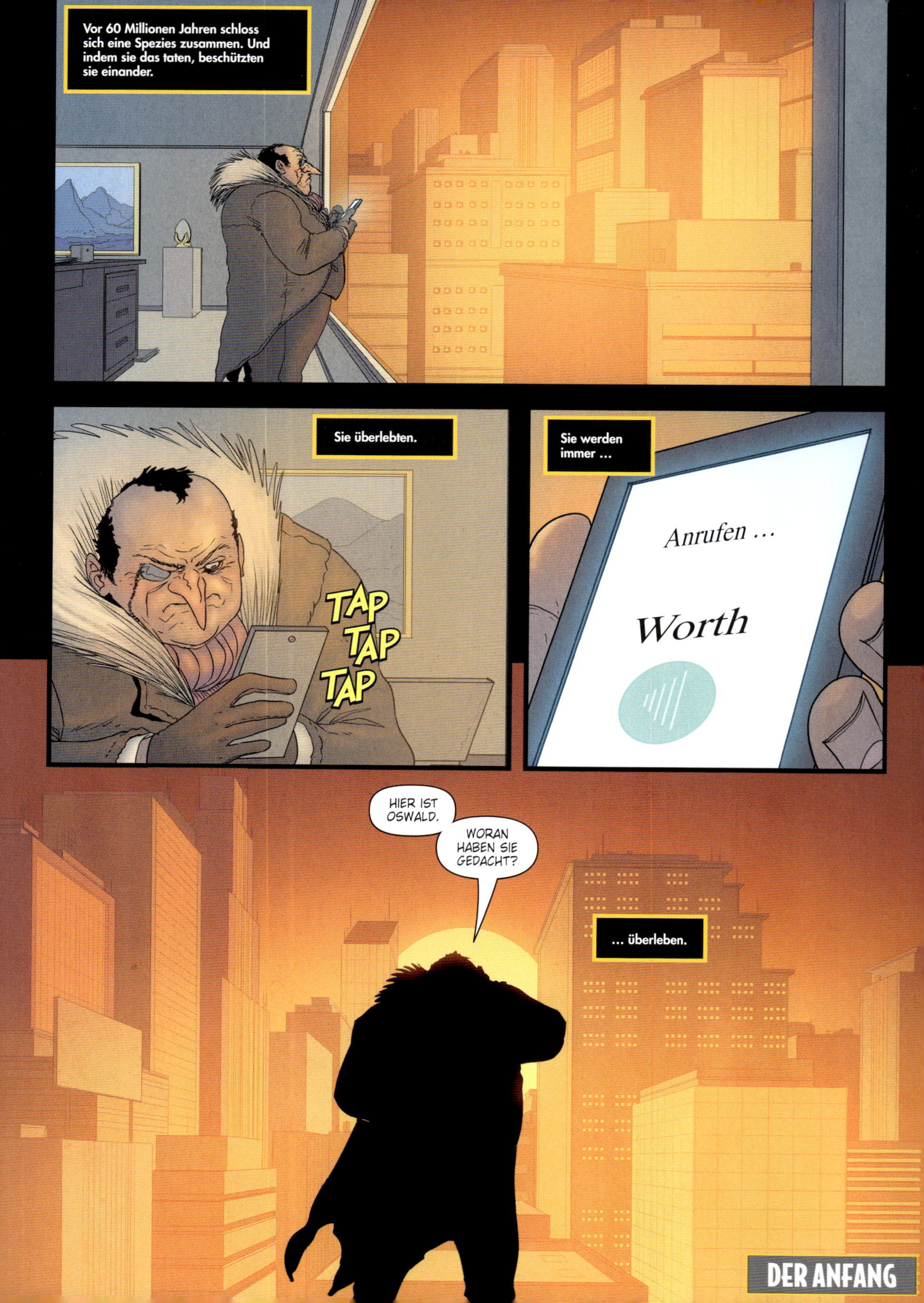
Vor 60 Millionen Jahren schloss sich eine Spezies zusammen. Und indem sie das taten, beschützten sie einander.
Sie überlebten.
TAP
TAP
TAP
Sie werden immer …
Anrufen …
Worth
HIER IST OSWALD.
WORAN HABEN SIE GEDACHT?
… überleben.
DER ANFANG

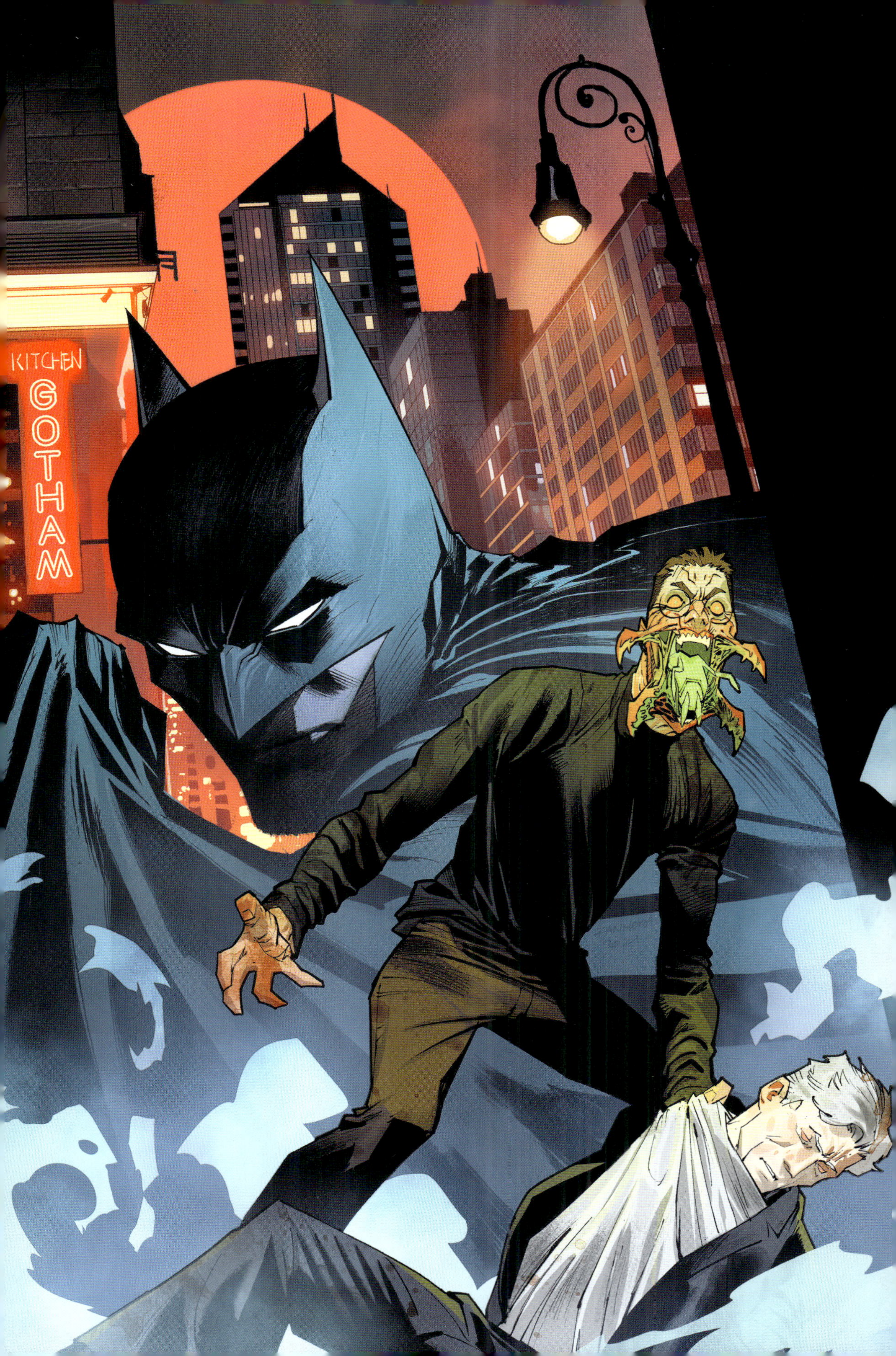
KITCHEN
GOTHAM

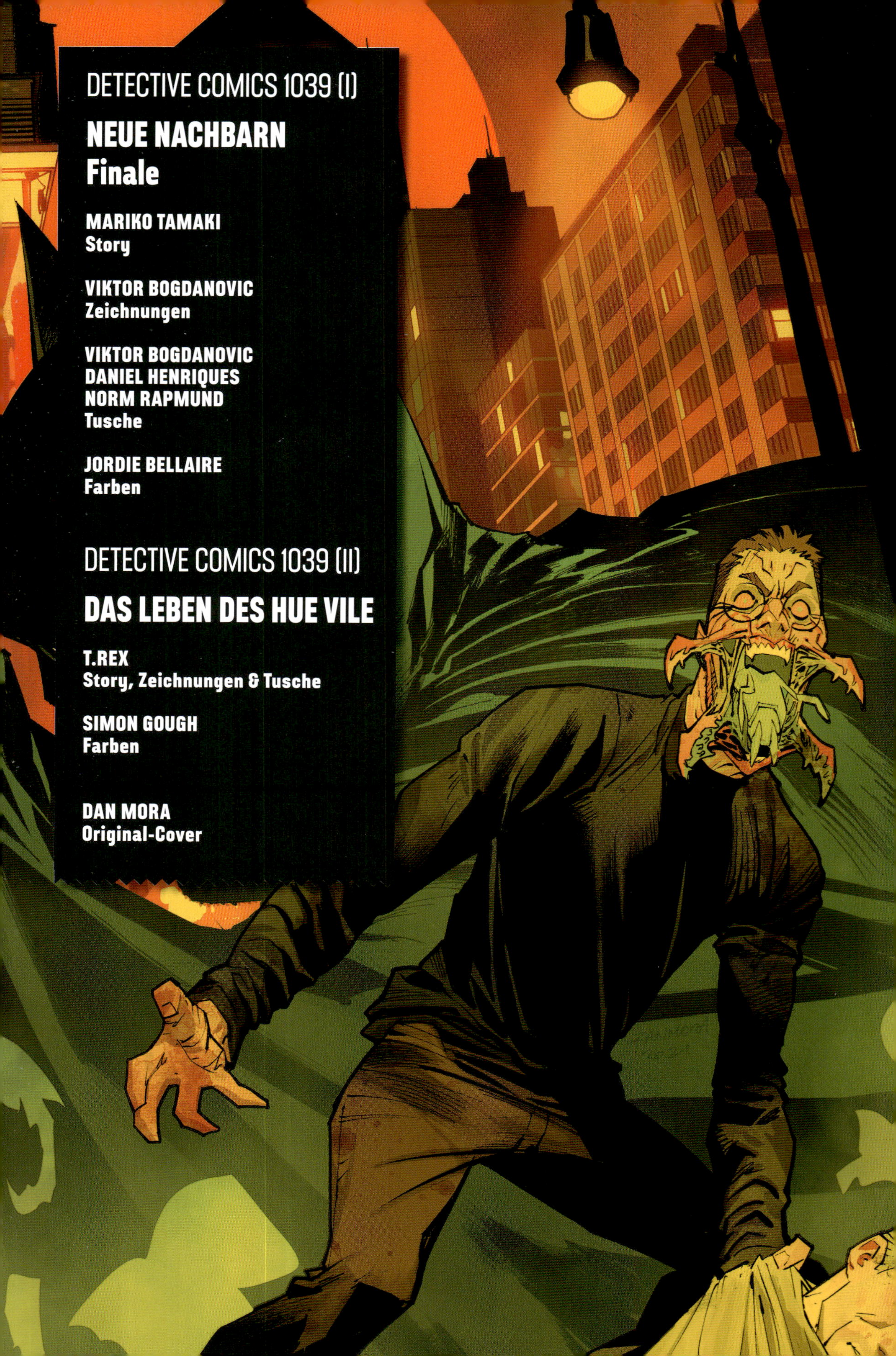

DETECTIVE COMICS 1039 (I)

NEUE NACHBARN
Finale

MARIKO TAMAKI
Story

VIKTOR BOGDANOVIC
Zeichnungen

VIKTOR BOGDANOVIC
DANIEL HENRIQUES
NORM RAPMUND
Tusche

JORDIE BELLAIRE
Farben

DETECTIVE COMICS 1039 (II)

DAS LEBEN DES HUE VILE

T.REX
Story, Zeichnungen & Tusche

SIMON GOUGH
Farben

DAN MORA
Original-Cover

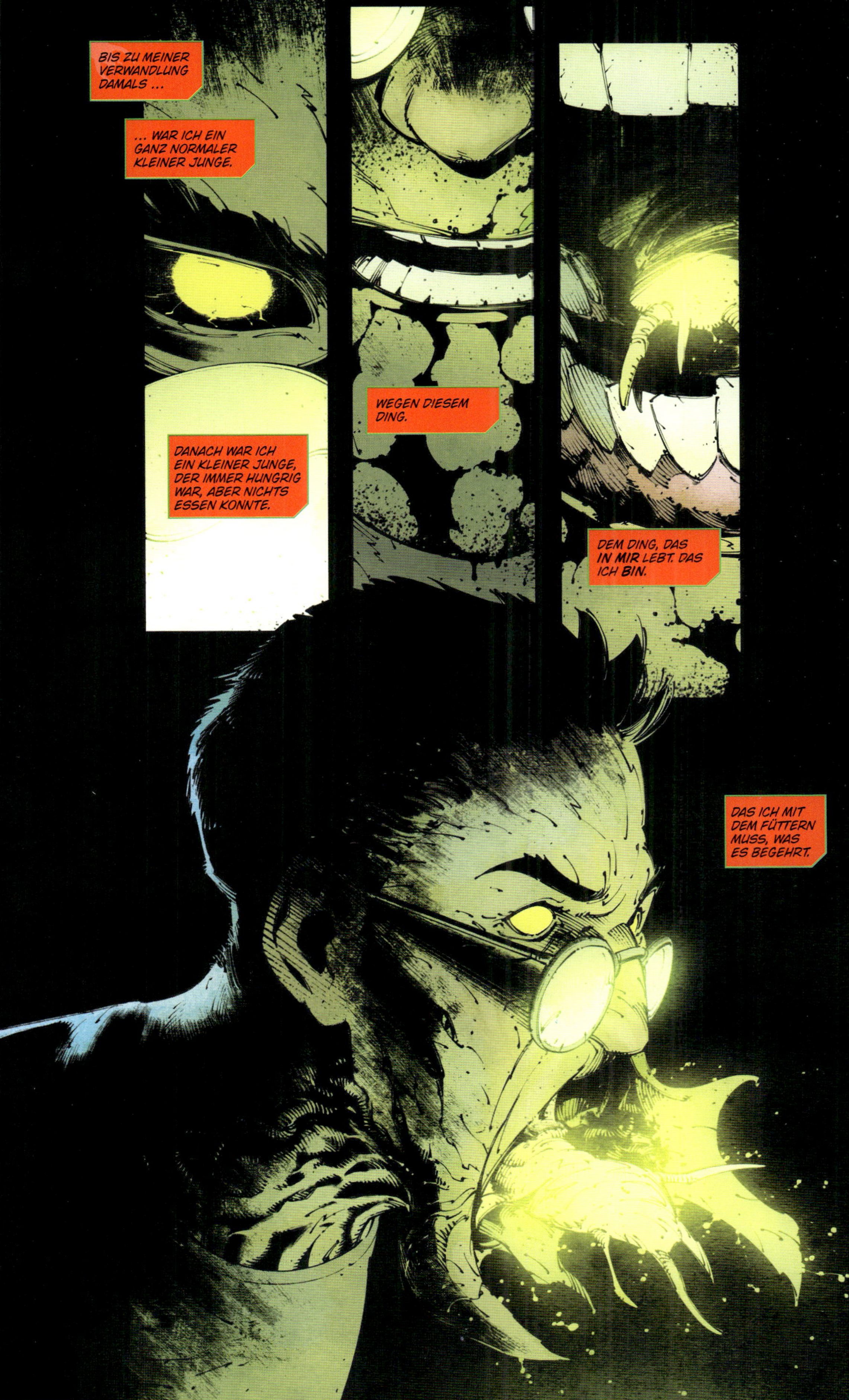
BIS ZU MEINER VERWANDLUNG DAMALS ...
... WAR ICH EIN GANZ NORMALER KLEINER JUNGE.
DANACH WAR ICH EIN KLEINER JUNGE, DER IMMER HUNGRIG WAR, ABER NICHTS ESSEN KONNTE.
WEGEN DIESEM DING.
DEM DING, DAS IN MIR LEBT. DAS ICH BIN.
DAS ICH MIT DEM FÜTTERN MUSS, WAS ES BEGEHRT.

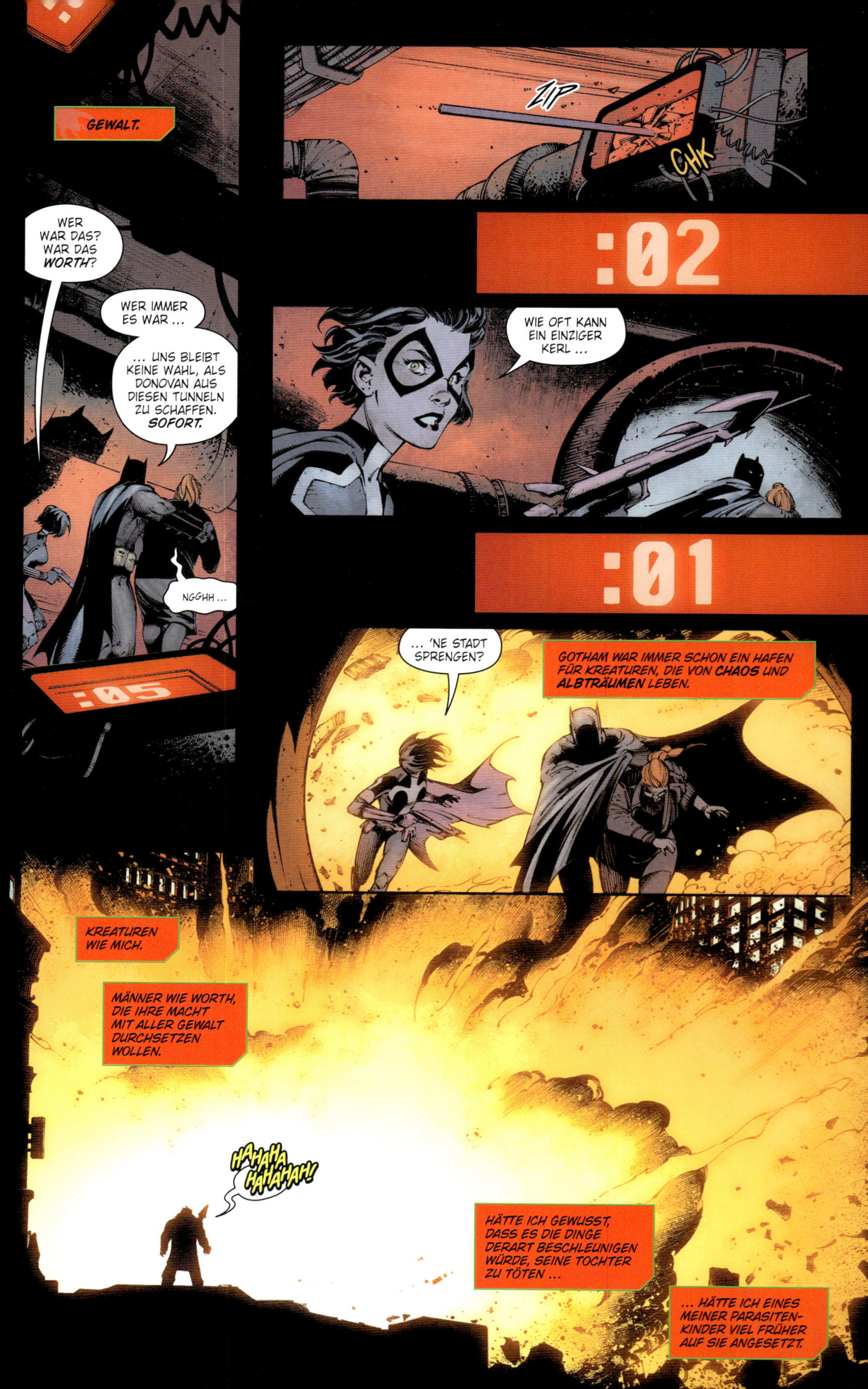
GEWALT.
ZIP
CHK
:02
WER WAR DAS? WAR DAS WORTH?
WER IMMER ES WAR ...
... UNS BLEIBT KEINE WAHL, ALS DONOVAN AUS DIESEN TUNNELN ZU SCHAFFEN. SOFORT.
NGGHH ...
:05
WIE OFT KANN EIN EINZIGER KERL ...
:01
... 'NE STADT SPRENGEN?
GOTHAM WAR IMMER SCHON EIN HAFEN FÜR KREATUREN, DIE VON CHAOS UND ALBTRÄUMEN LEBEN.
KREATUREN WIE MICH.
MÄNNER WIE WORTH, DIE IHRE MACHT MIT ALLER GEWALT DURCHSETZEN WOLLEN.
HAHAHA HAHAHAH!
HÄTTE ICH GEWUSST, DASS ES DIE DINGE DERART BESCHLEUNIGEN WÜRDE, SEINE TOCHTER ZU TÖTEN ...
... HÄTTE ICH EINES MEINER PARASITEN-KINDER VIEL FRÜHER AUF SIE ANGESETZT.

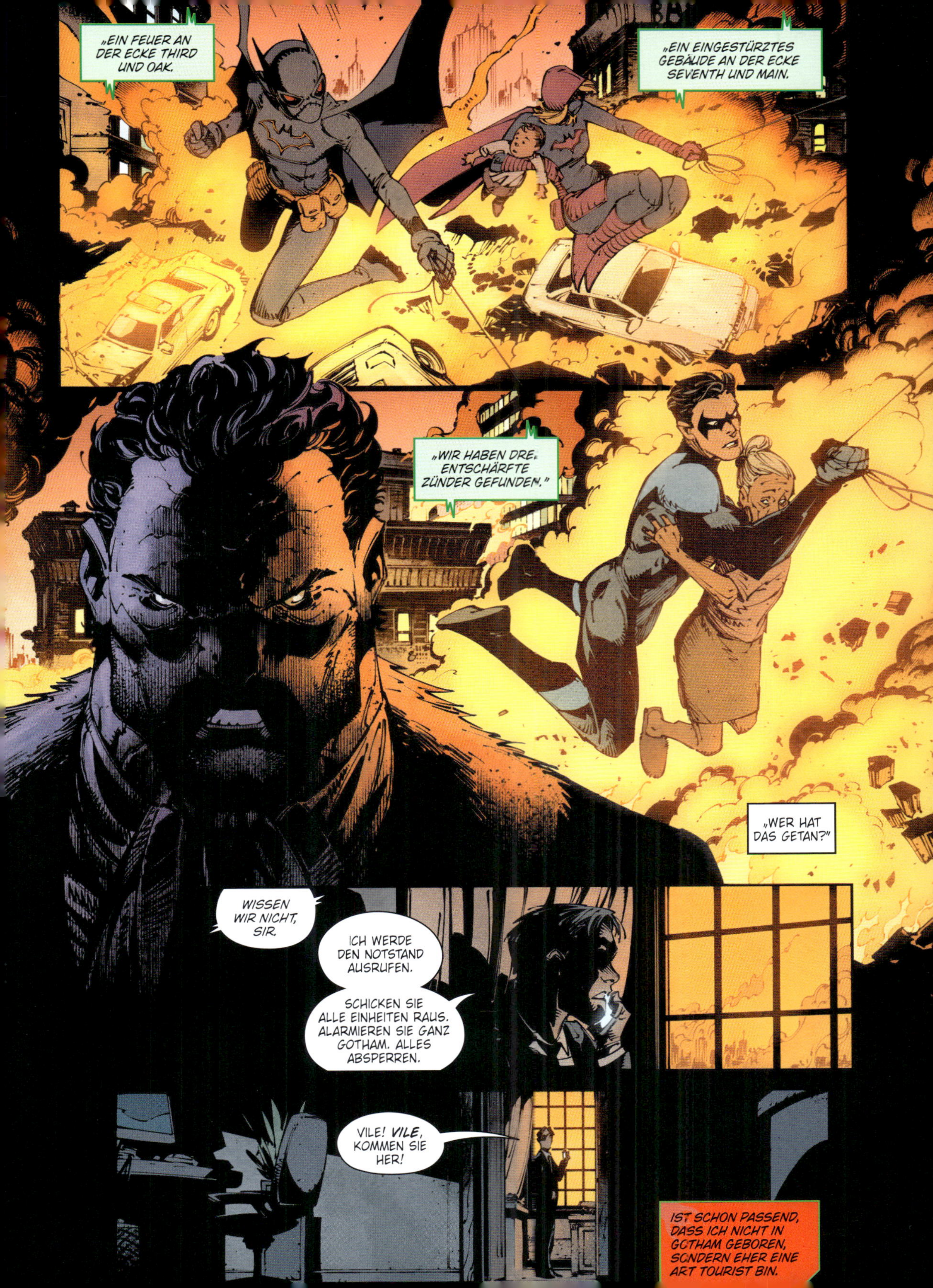
„EIN FEUER AN DER ECKE THIRD UND OAK.
„EIN EINGESTÜRZTES GEBÄUDE AN DER ECKE SEVENTH UND MAIN.
„WIR HABEN DREI ENTSCHÄRFTE ZÜNDER GEFUNDEN."
„WER HAT DAS GETAN?"
WISSEN WIR NICHT, SIR.
ICH WERDE DEN NOTSTAND AUSRUFEN.
SCHICKEN SIE ALLE EINHEITEN RAUS. ALARMIEREN SIE GANZ GOTHAM. ALLES ABSPERREN.
VILE! VILE, KOMMEN SIE HER!
IST SCHON PASSEND, DASS ICH NICHT IN GOTHAM GEBOREN, SONDERN EHER EINE ART TOURIST BIN.

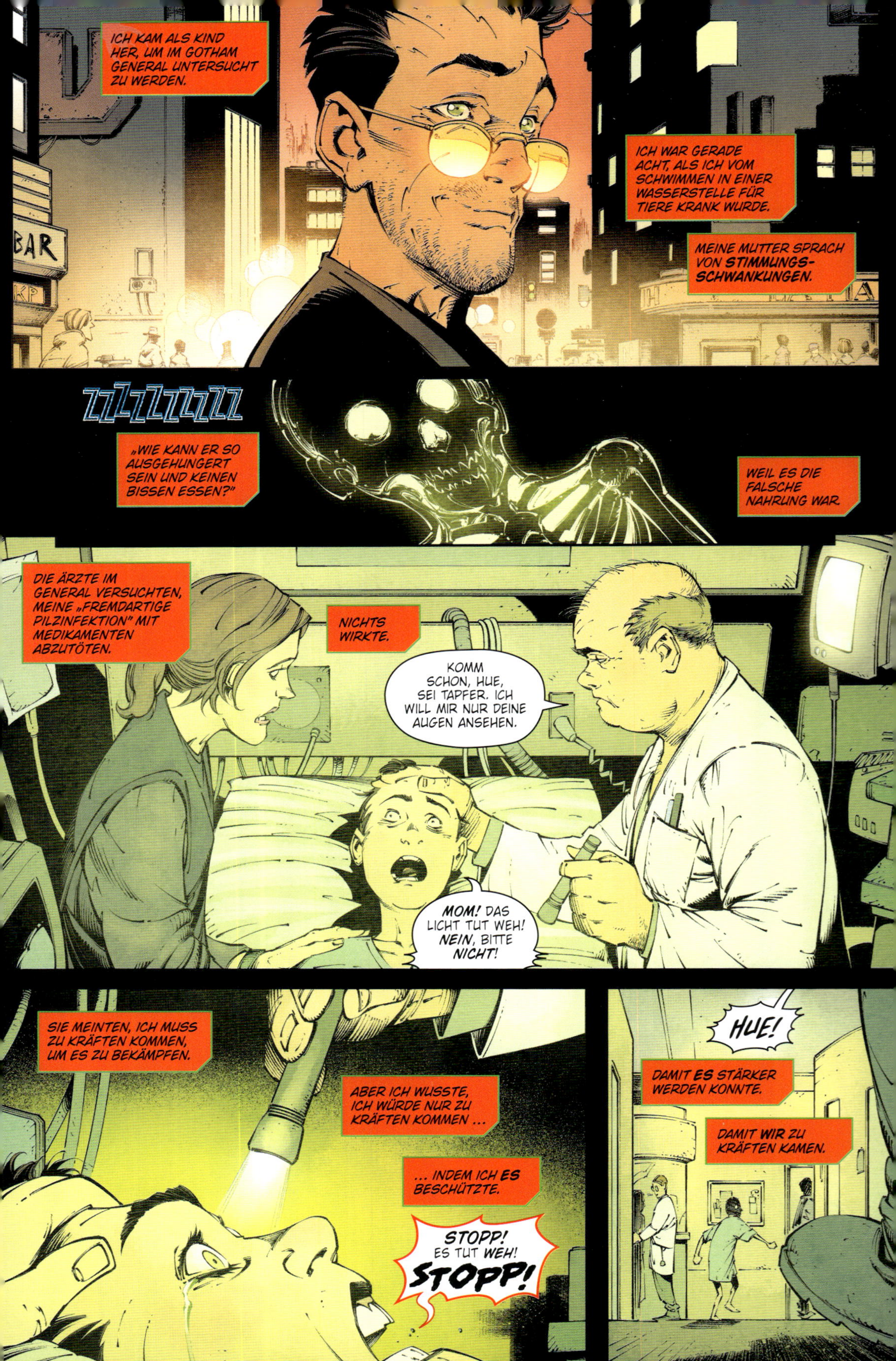
ICH KAM ALS KIND HER, UM IM GOTHAM GENERAL UNTERSUCHT ZU WERDEN.
ICH WAR GERADE ACHT, ALS ICH VOM SCHWIMMEN IN EINER WASSERSTELLE FÜR TIERE KRANK WURDE.
MEINE MUTTER SPRACH VON STIMMUNGS-SCHWANKUNGEN.
BAR
ZZZZZZZZZ
„WIE KANN ER SO AUSGEHUNGERT SEIN UND KEINEN BISSEN ESSEN?"
WEIL ES DIE FALSCHE NAHRUNG WAR.
DIE ÄRZTE IM GENERAL VERSUCHTEN, MEINE „FREMDARTIGE PILZINFEKTION" MIT MEDIKAMENTEN ABZUTÖTEN.
NICHTS WIRKTE.
KOMM SCHON, HUE, SEI TAPFER. ICH WILL MIR NUR DEINE AUGEN ANSEHEN.
MOM! DAS LICHT TUT WEH! NEIN, BITTE NICHT!
SIE MEINTEN, ICH MUSS ZU KRÄFTEN KOMMEN, UM ES ZU BEKÄMPFEN.
ABER ICH WUSSTE, ICH WÜRDE NUR ZU KRÄFTEN KOMMEN ...
... INDEM ICH ES BESCHÜTZTE.
STOPP! ES TUT WEH! STOPP!
HUE!
DAMIT ES STÄRKER WERDEN KONNTE.
DAMIT WIR ZU KRÄFTEN KAMEN.

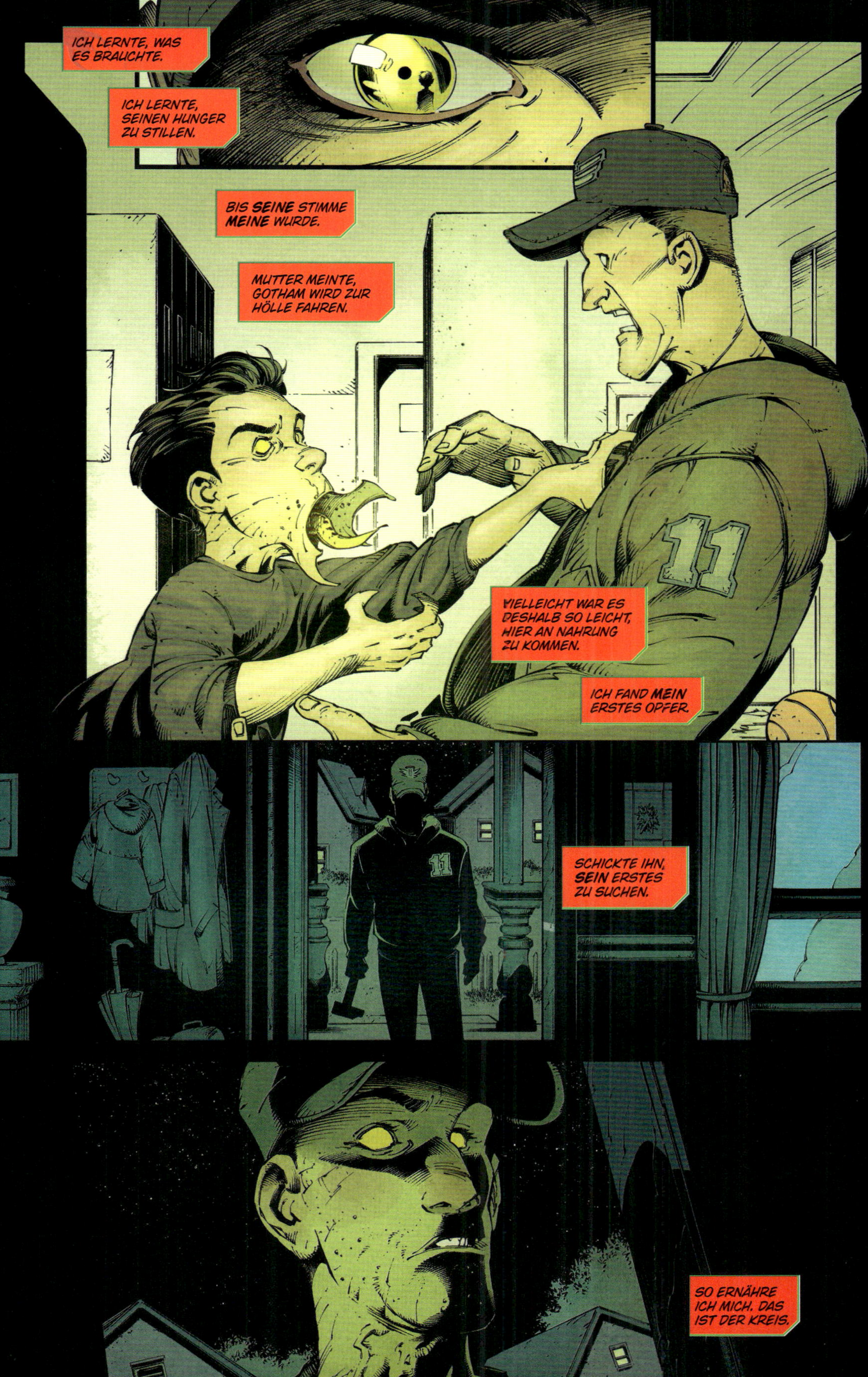
ICH LERNTE, WAS ES BRAUCHTE.
ICH LERNTE, SEINEN HUNGER ZU STILLEN.
BIS SEINE STIMME MEINE WURDE.
MUTTER MEINTE, GOTHAM WIRD ZUR HÖLLE FAHREN.
VIELLEICHT WAR ES DESHALB SO LEICHT, HIER AN NAHRUNG ZU KOMMEN.
ICH FAND MEIN ERSTES OPFER.
SCHICKTE IHN, SEIN ERSTES ZU SUCHEN.
SO ERNÄHRE ICH MICH. DAS IST DER KREIS.

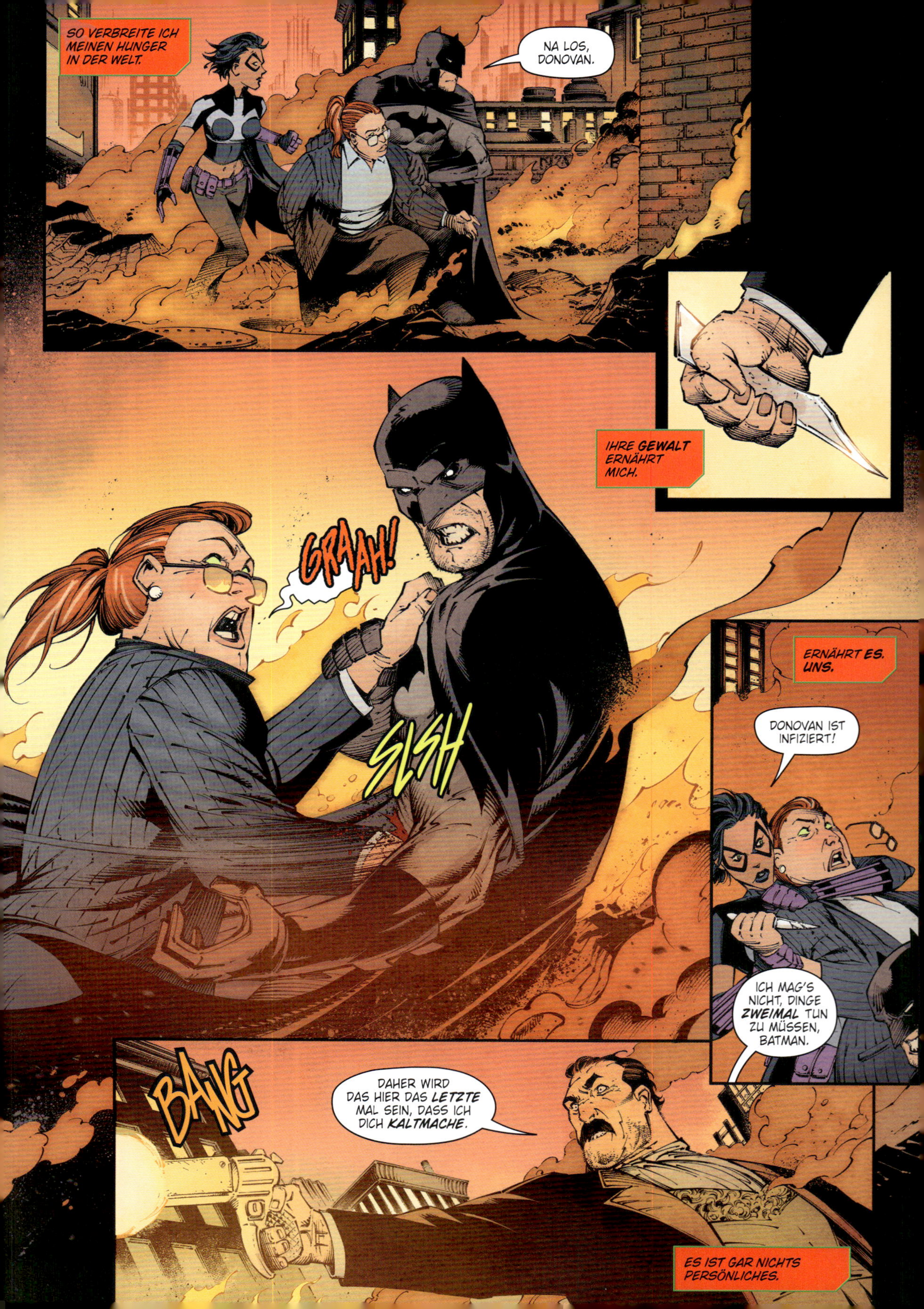
SO VERBREITE ICH MEINEN HUNGER IN DER WELT.
NA LOS, DONOVAN.
IHRE GEWALT ERNÄHRT MICH.
GRAAH!
SLSH
ERNÄHRT ES. UNS.
DONOVAN IST INFIZIERT!
ICH MAG'S NICHT, DINGE ZWEIMAL TUN ZU MÜSSEN, BATMAN.
BANG
DAHER WIRD DAS HIER DAS LETZTE MAL SEIN, DASS ICH DICH KALTMACHE.
ES IST GAR NICHTS PERSÖNLICHES.

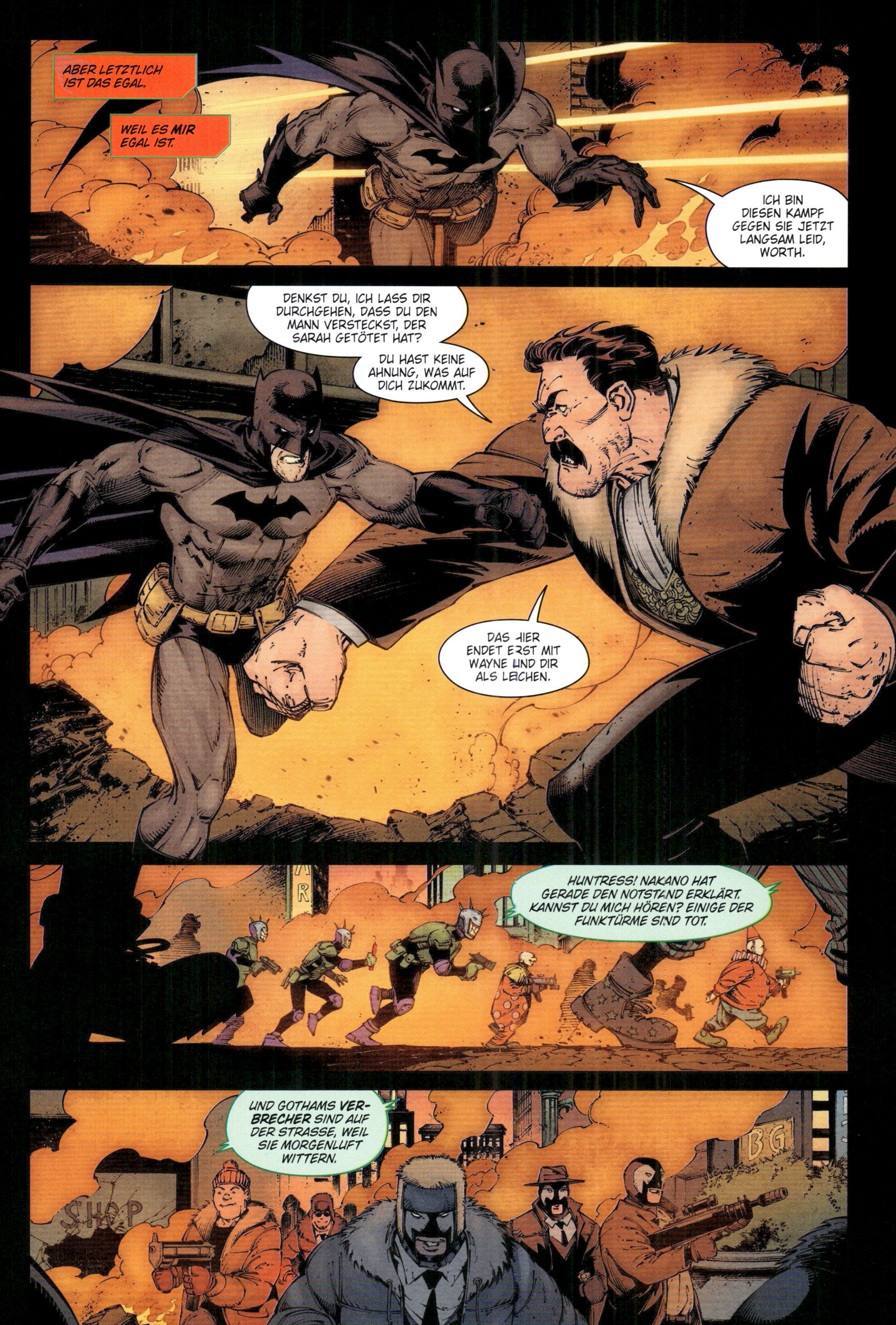
ABER LETZTLICH IST DAS EGAL.
WEIL ES MIR EGAL IST.
ICH BIN DIESEN KAMPF GEGEN SIE JETZT LANGSAM LEID, WORTH.
DENKST DU, ICH LASS DIR DURCHGEHEN, DASS DU DEN MANN VERSTECKST, DER SARAH GETÖTET HAT?
DU HAST KEINE AHNUNG, WAS AUF DICH ZUKOMMT.
DAS HIER ENDET ERST MIT WAYNE UND DIR ALS LEICHEN.
HUNTRESS! NAKANO HAT GERADE DEN NOTSTAND ERKLÄRT. KANNST DU MICH HÖREN? EINIGE DER FUNKTÜRME SIND TOT.
UND GOTHAMS VERBRECHER SIND AUF DER STRASSE, WEIL SIE MORGENLUFT WITTERN.

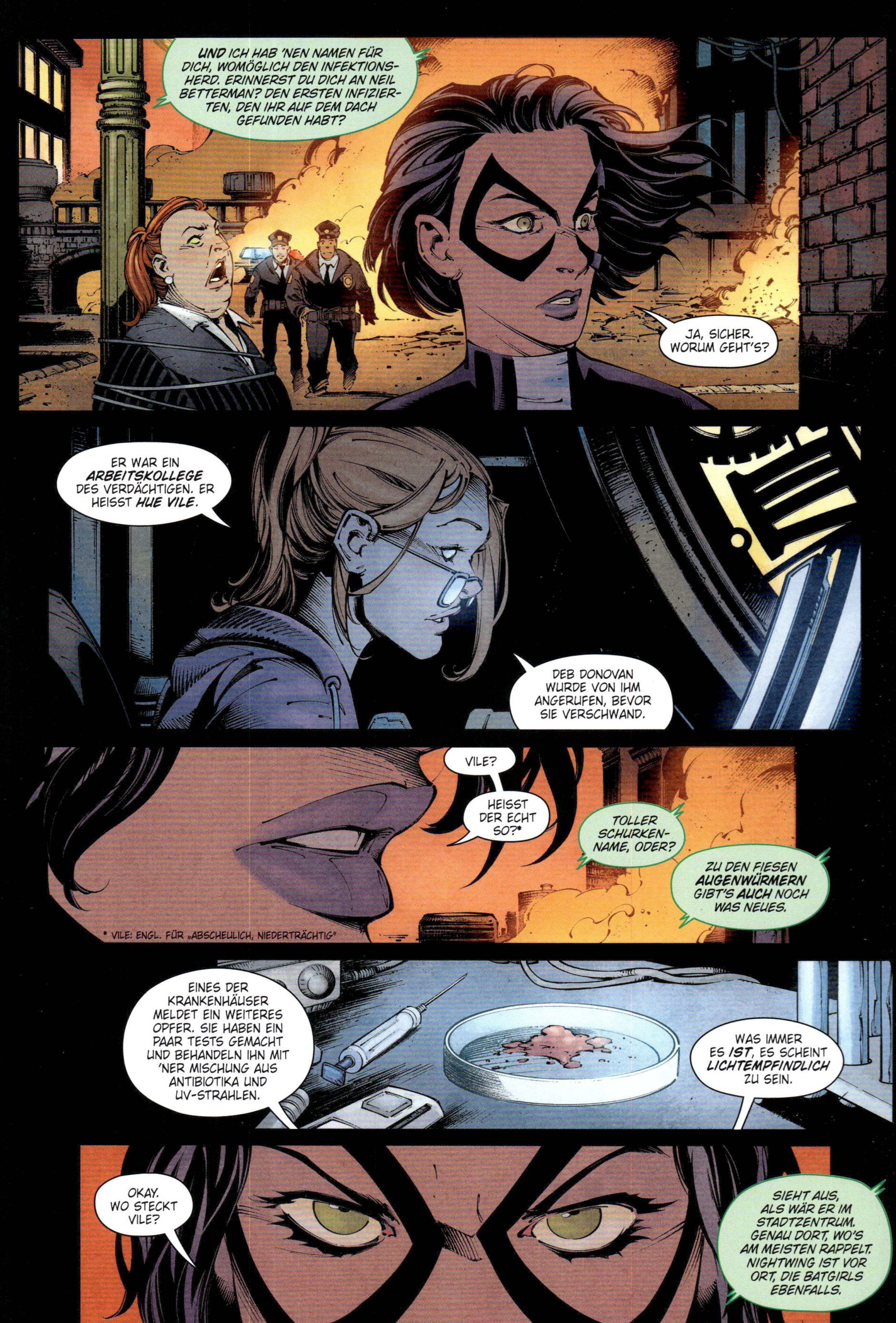
UND ICH HAB 'NEN NAMEN FÜR DICH, WOMÖGLICH DEN INFEKTIONSHERD. ERINNERST DU DICH AN NEIL BETTERMAN? DEN ERSTEN INFIZIERTEN, DEN IHR AUF DEM DACH GEFUNDEN HABT?
JA, SICHER. WORUM GEHT'S?
ER WAR EIN ARBEITSKOLLEGE DES VERDÄCHTIGEN. ER HEISST HUE VILE.
DEB DONOVAN WURDE VON IHM ANGERUFEN, BEVOR SIE VERSCHWAND.
VILE?
HEISST DER ECHT SO?*
TOLLER SCHURKENNAME, ODER?
ZU DEN FIESEN AUGENWÜRMERN GIBT'S AUCH NOCH WAS NEUES.
* VILE: ENGL. FÜR „ABSCHEULICH, NIEDERTRÄCHTIG"
EINES DER KRANKENHÄUSER MELDET EIN WEITERES OPFER. SIE HABEN EIN PAAR TESTS GEMACHT UND BEHANDELN IHN MIT 'NER MISCHUNG AUS ANTIBIOTIKA UND UV-STRAHLEN.
WAS IMMER ES IST, ES SCHEINT LICHTEMPFINDLICH ZU SEIN.
OKAY. WO STECKT VILE?
SIEHT AUS, ALS WÄR ER IM STADTZENTRUM. GENAU DORT, WO'S AM MEISTEN RAPPELT. NIGHTWING IST VOR ORT, DIE BATGIRLS EBENFALLS.

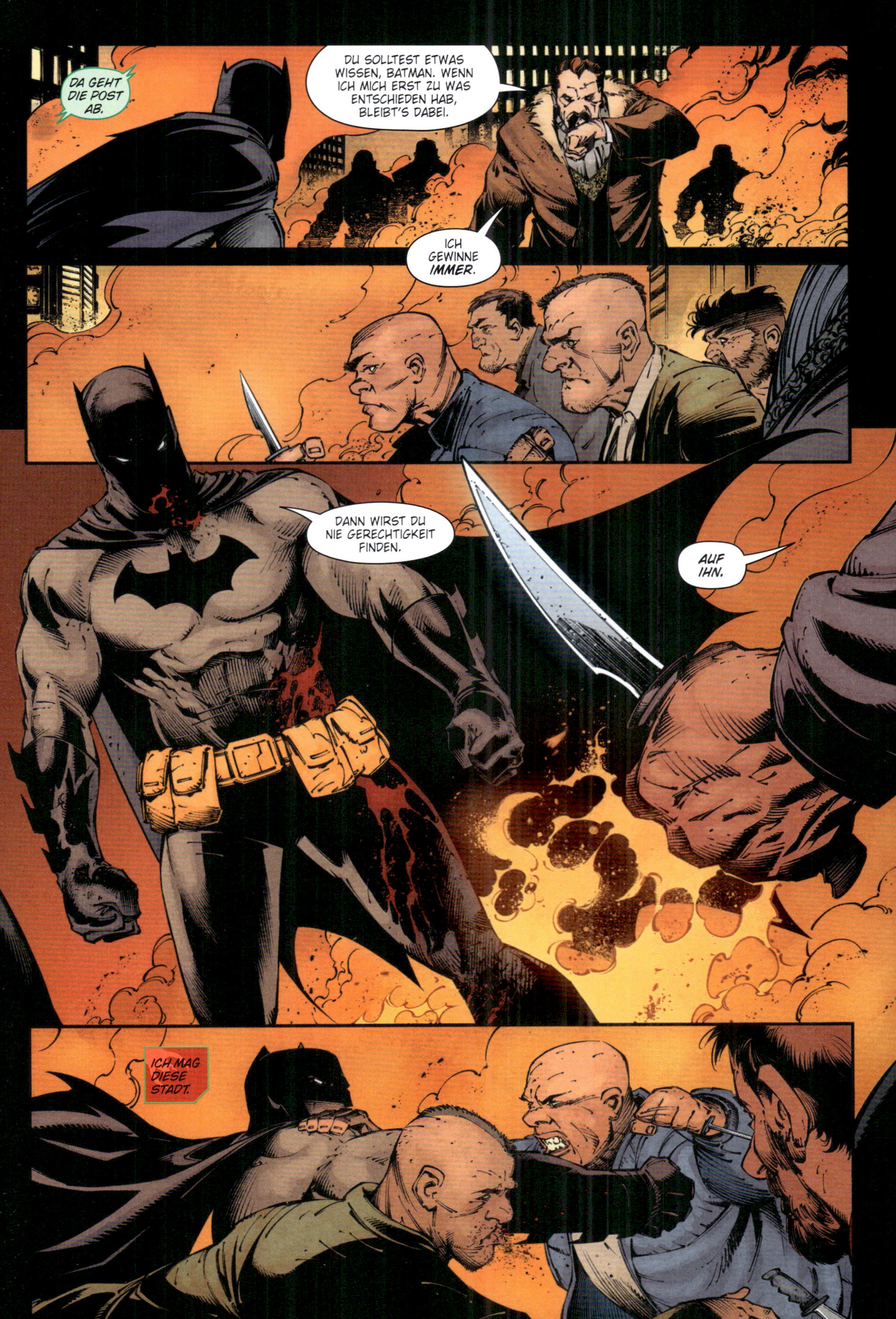
DA GEHT DIE POST AB.
DU SOLLTEST ETWAS WISSEN, BATMAN. WENN ICH MICH ERST ZU WAS ENTSCHIEDEN HAB, BLEIBT'S DABEI.
ICH GEWINNE IMMER.
DANN WIRST DU NIE GERECHTIGKEIT FINDEN.
AUF IHN.
ICH MAG DIESE STADT.

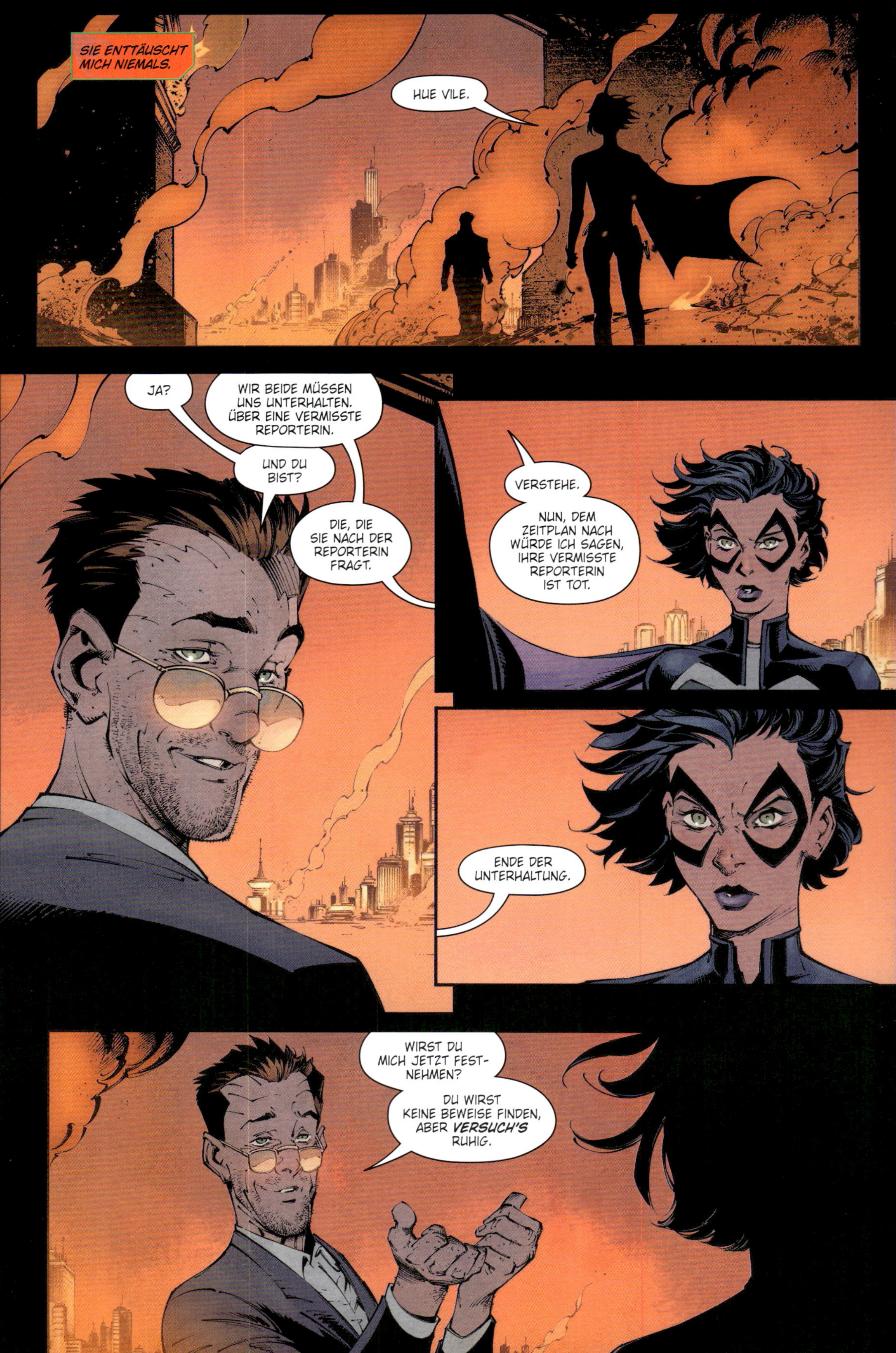
SIE ENTTÄUSCHT MICH NIEMALS.
HUE VILE.
JA?
WIR BEIDE MÜSSEN UNS UNTERHALTEN. ÜBER EINE VERMISSTE REPORTERIN.
UND DU BIST?
DIE, DIE SIE NACH DER REPORTERIN FRAGT.
VERSTEHE.
NUN, DEM ZEITPLAN NACH WÜRDE ICH SAGEN, IHRE VERMISSTE REPORTERIN IST TOT.
ENDE DER UNTERHALTUNG.
WIRST DU MICH JETZT FEST-NEHMEN?
DU WIRST KEINE BEWEISE FINDEN, ABER VERSUCH'S RUHIG.

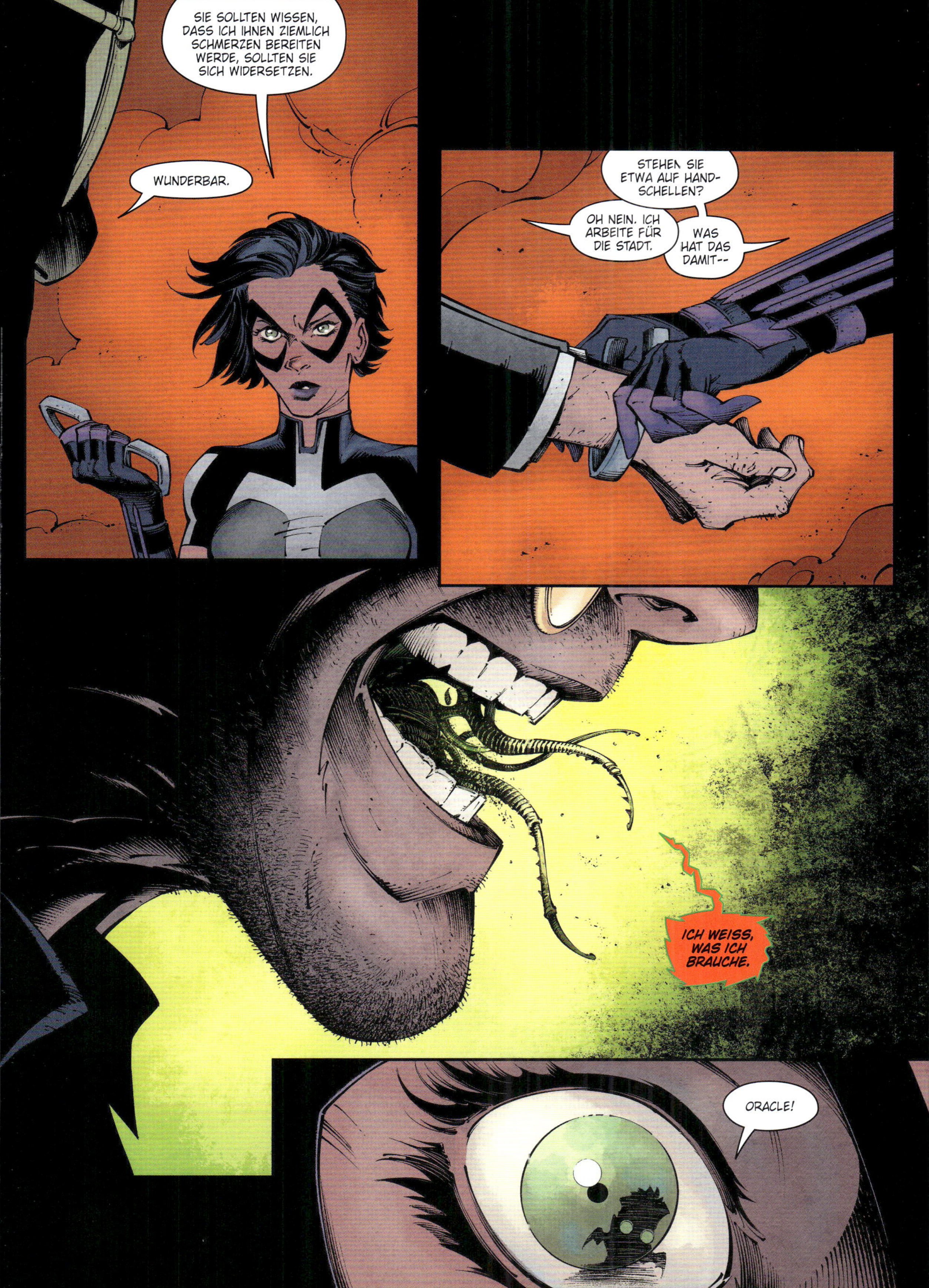
SIE SOLLTEN WISSEN, DASS ICH IHNEN ZIEMLICH SCHMERZEN BEREITEN WERDE, SOLLTEN SIE SICH WIDERSETZEN.
WUNDERBAR.
STEHEN SIE ETWA AUF HANDSCHELLEN?
OH NEIN. ICH ARBEITE FÜR DIE STADT.
WAS HAT DAS DAMIT--
ICH WEISS, WAS ICH BRAUCHE.
ORACLE!

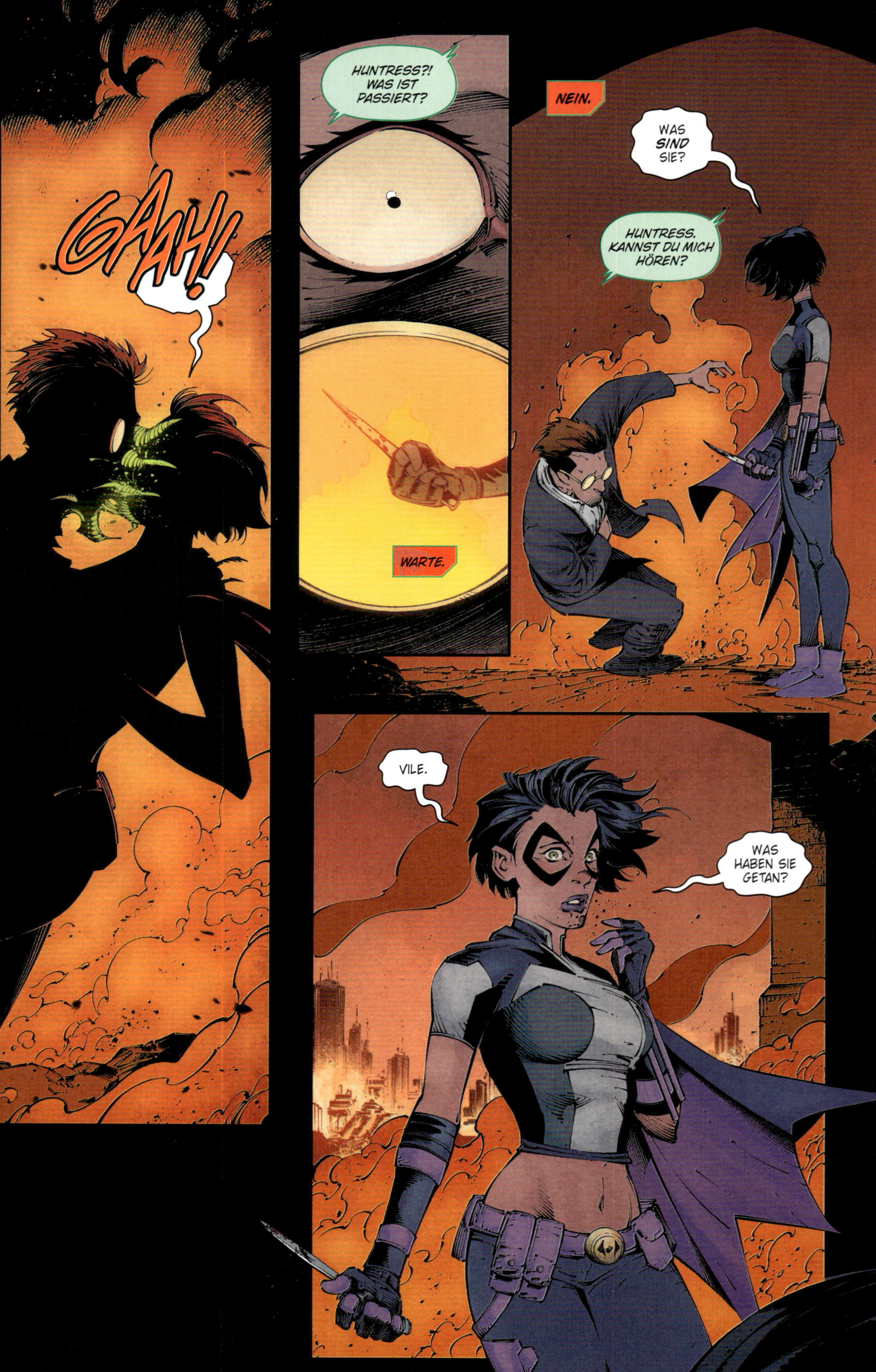
GAAH!
HUNTRESS?! WAS IST PASSIERT?
WARTE.
NEIN.
WAS SIND SIE?
HUNTRESS. KANNST DU MICH HÖREN?
VILE.
WAS HABEN SIE GETAN?

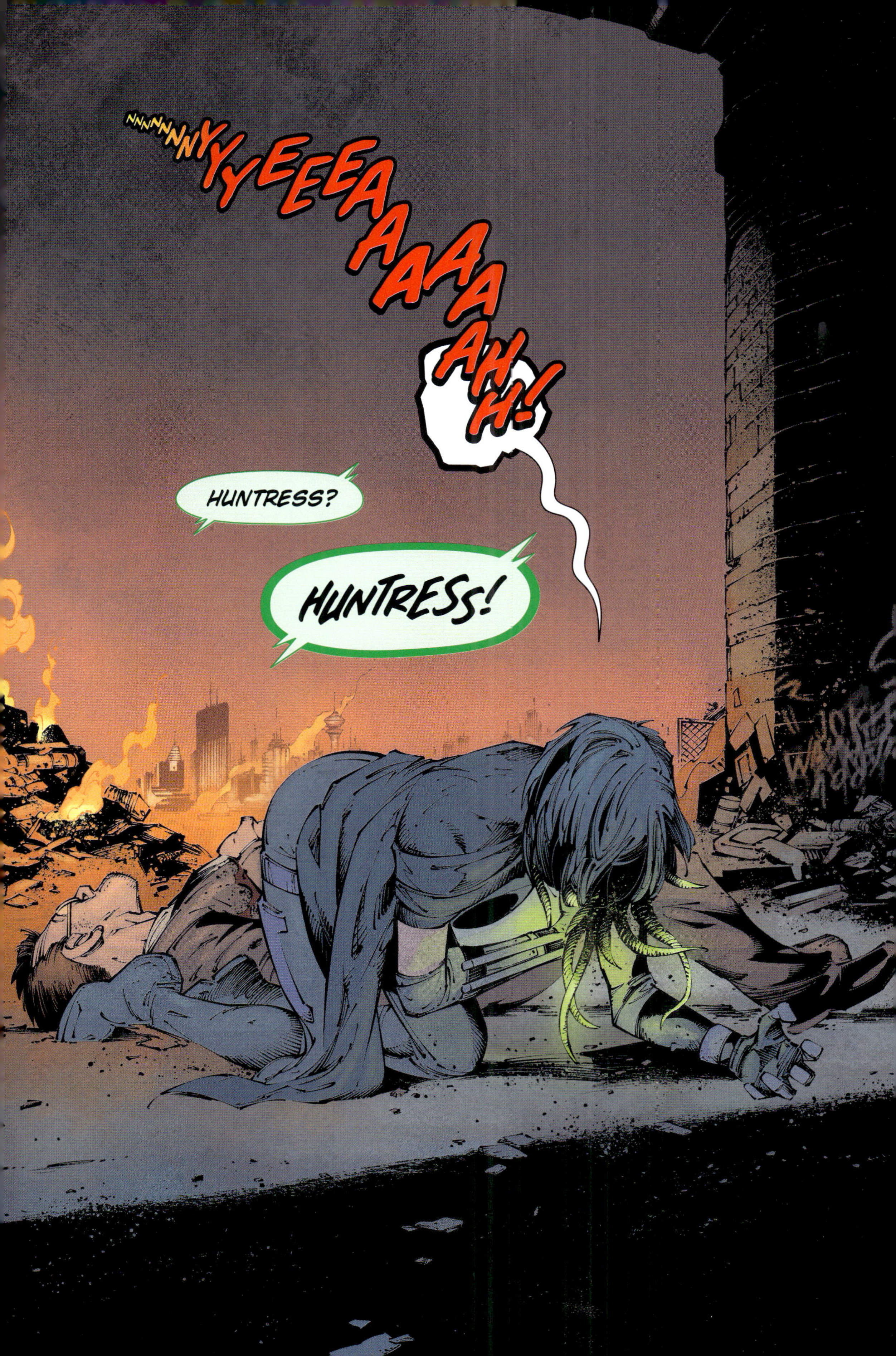

NNNNNNNYYYYEEEEAAAAAAAHH!
HUNTRESS?
HUNTRESS!

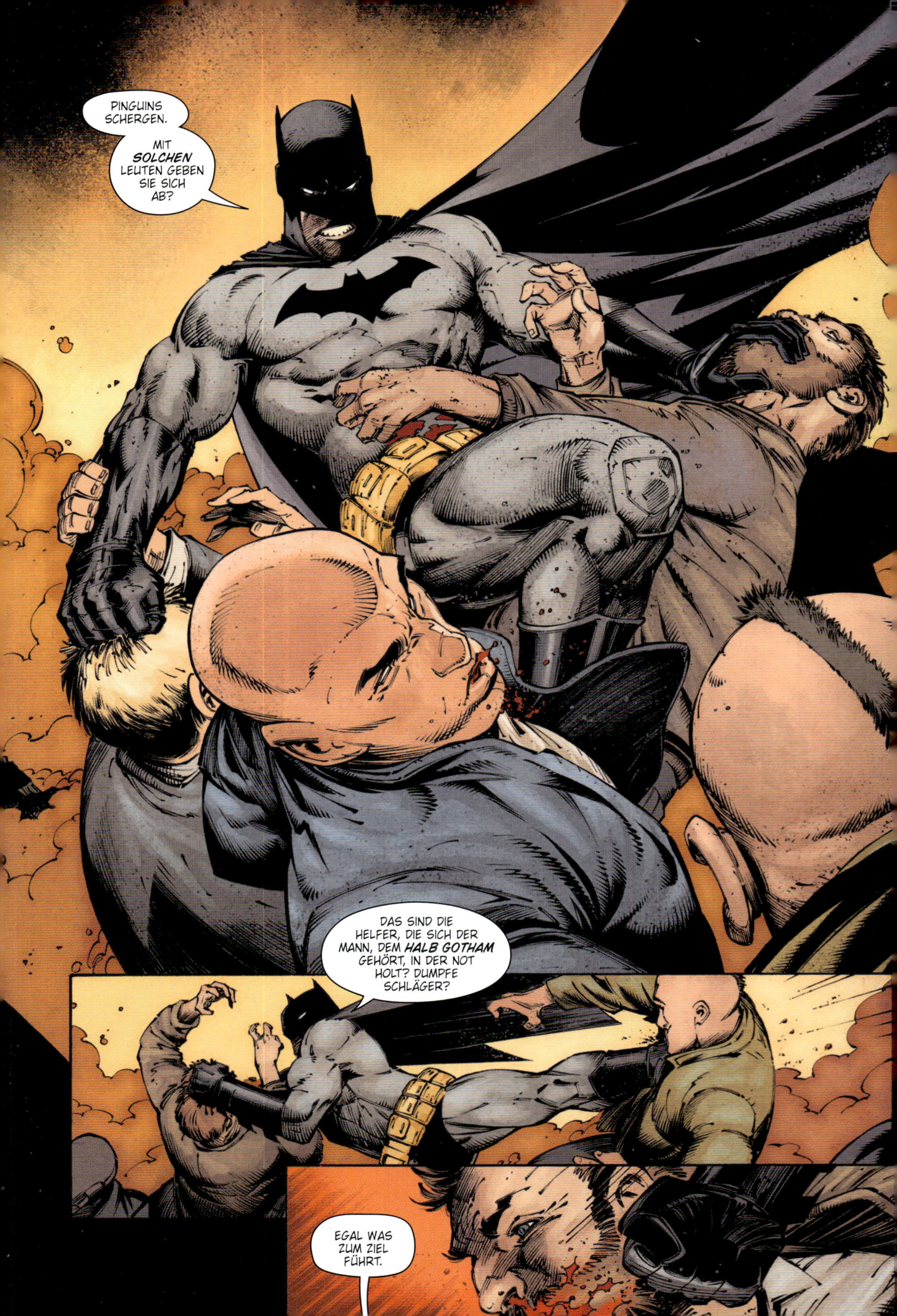
PINGUINS SCHERGEN.
MIT SOLCHEN LEUTEN GEBEN SIE SICH AB?
DAS SIND DIE HELFER, DIE SICH DER MANN, DEM HALB GOTHAM GEHÖRT, IN DER NOT HOLT? DUMPFE SCHLÄGER?
EGAL WAS ZUM ZIEL FÜHRT.

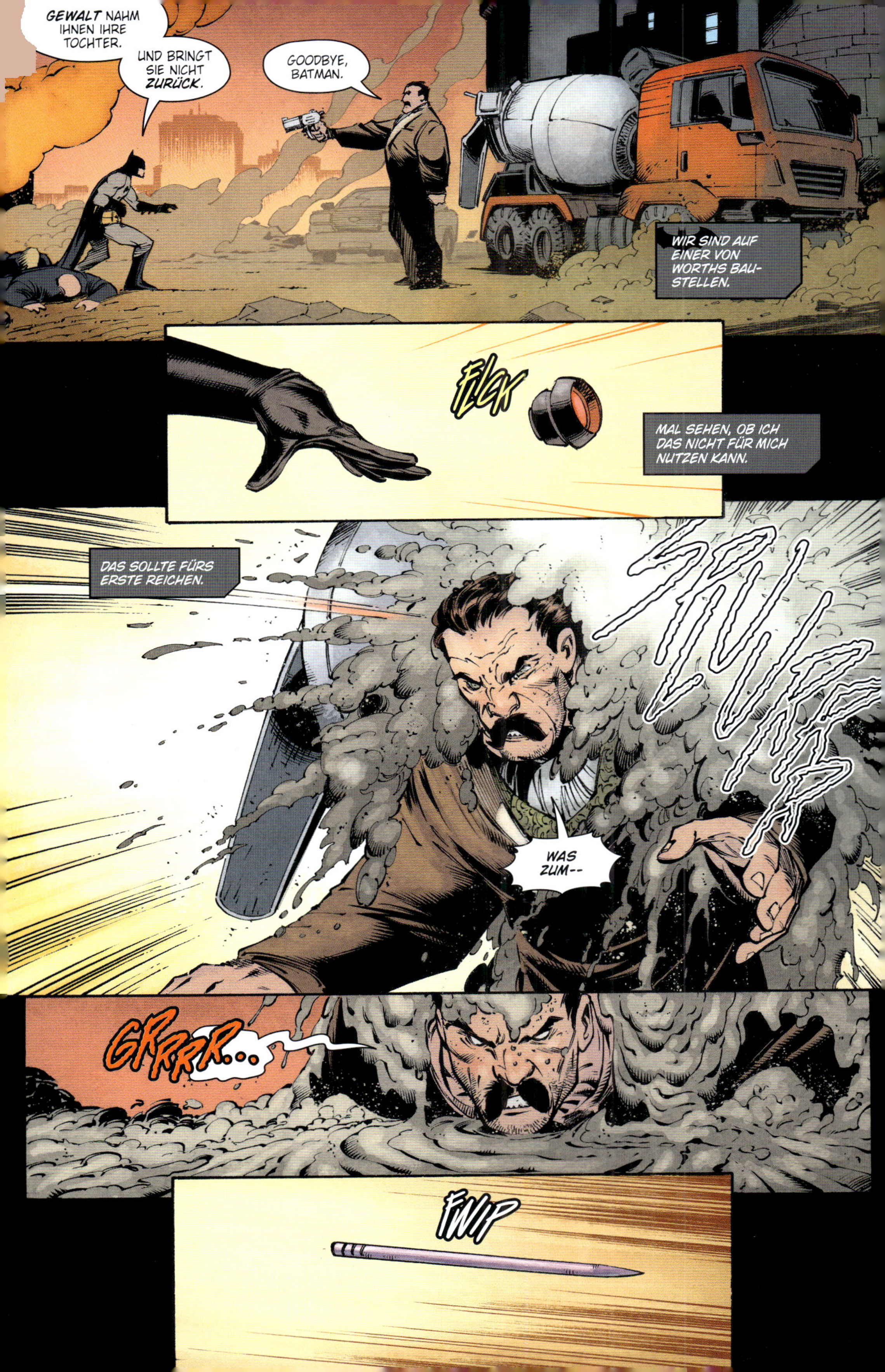
GEWALT NAHM IHNEN IHRE TOCHTER.
UND BRINGT SIE NICHT ZURÜCK.
GOODBYE, BATMAN.
WIR SIND AUF EINER VON WORTHS BAU-STELLEN.
FLICK
MAL SEHEN, OB ICH DAS NICHT FÜR MICH NUTZEN KANN.
DAS SOLLTE FÜRS ERSTE REICHEN.
WAS ZUM--
GRRRR...
FWIP

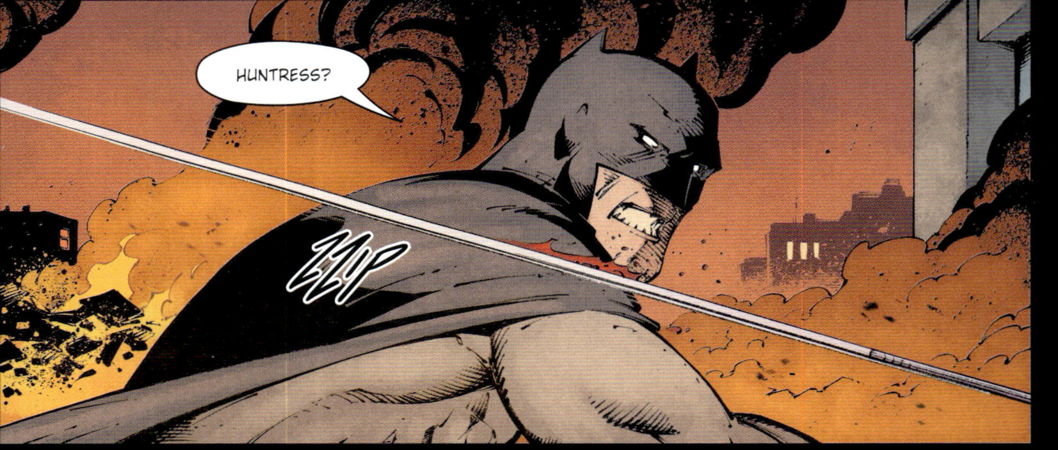
HUNTRESS?
ZZZIP
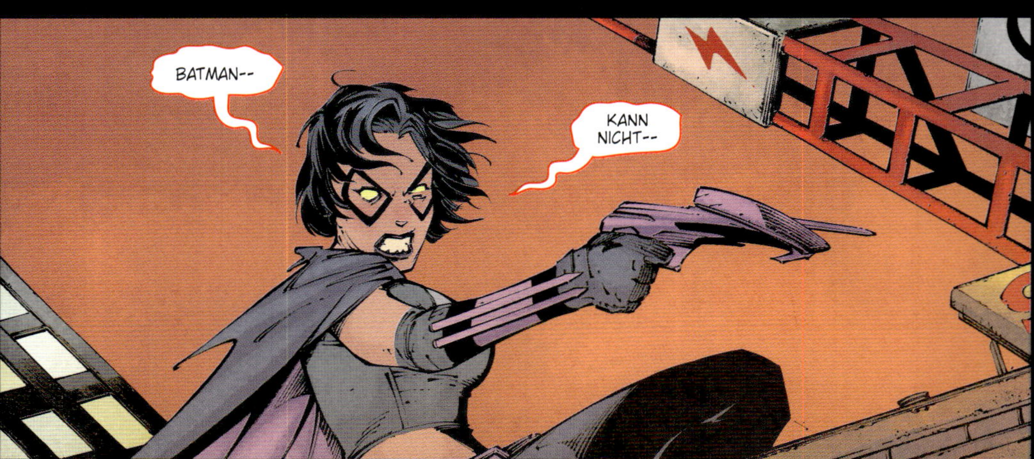
BATMAN--
KANN NICHT--
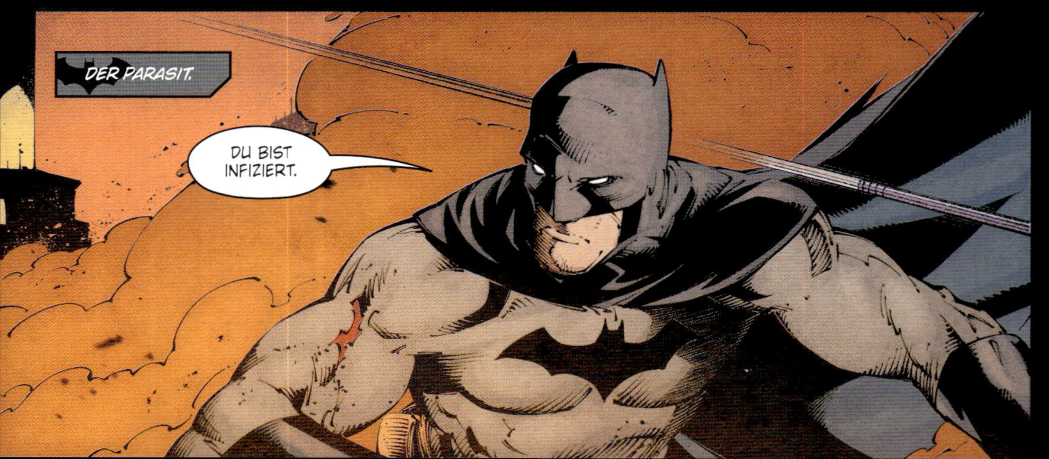
DER PARASIT.
DU BIST INFIZIERT.
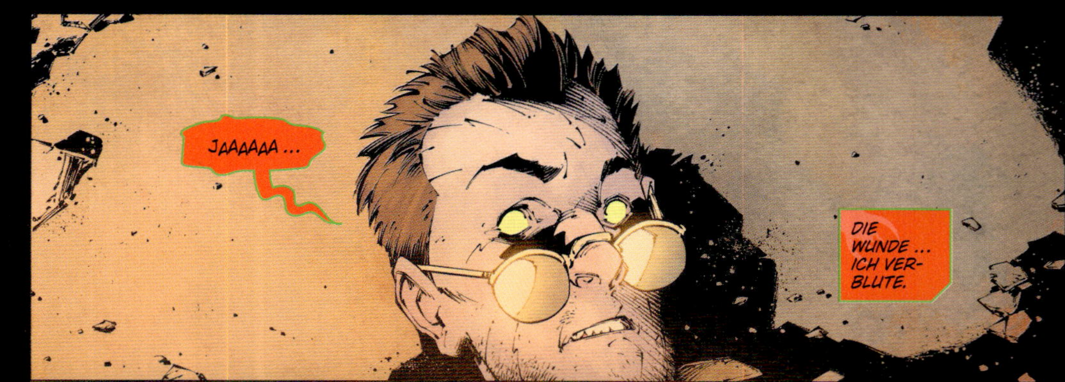
JAAAAAA ...
DIE WUNDE ... ICH VERBLUTE.

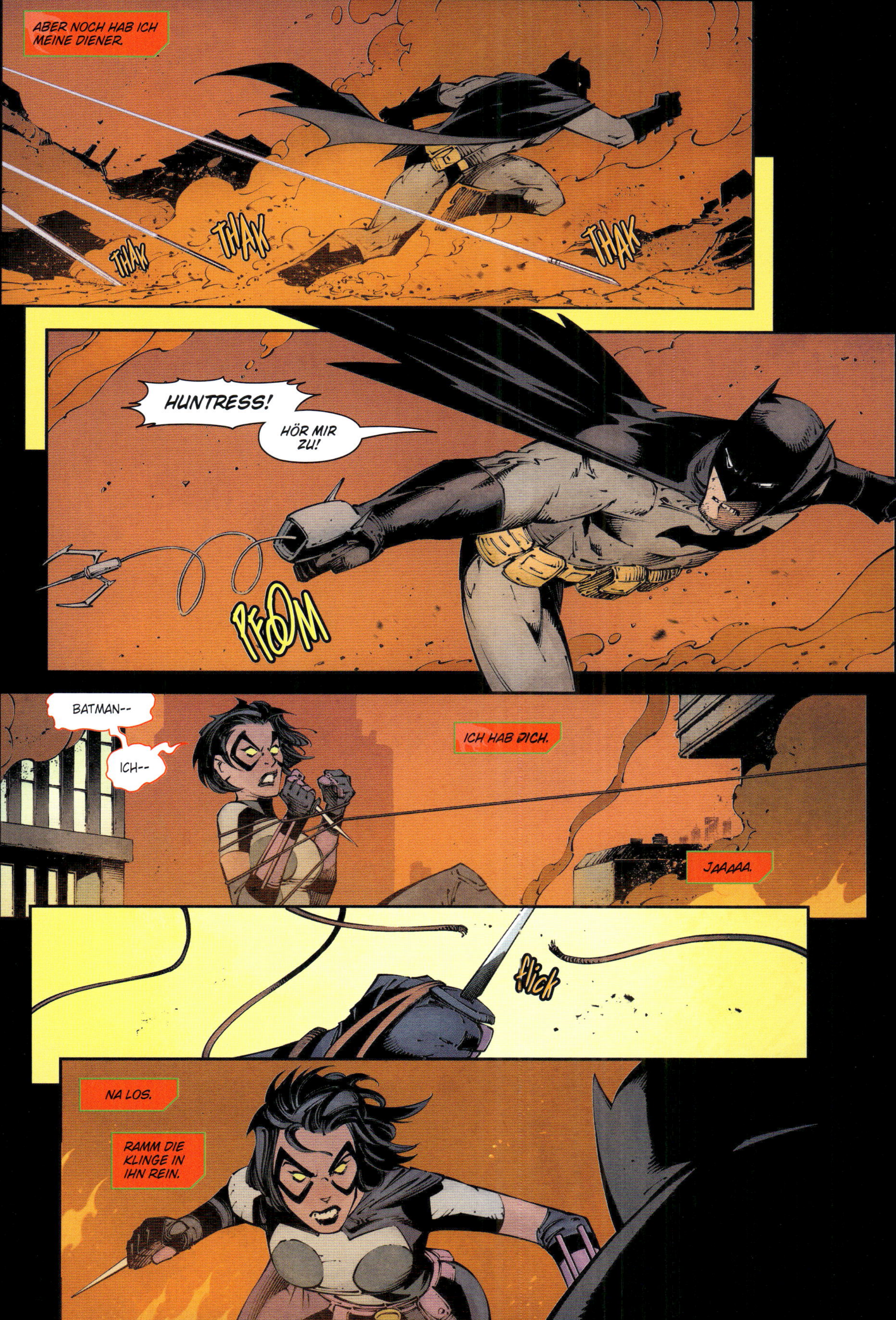
ABER NOCH HAB ICH MEINE DIENER.
THAK
THAK
THAK
HUNTRESS!
HÖR MIR ZU!
PFOOM
BATMAN--
ICH--
ICH HAB DICH.
JAAAAA.
flick
NA LOS.
RAMM DIE KLINGE IN IHN REIN.

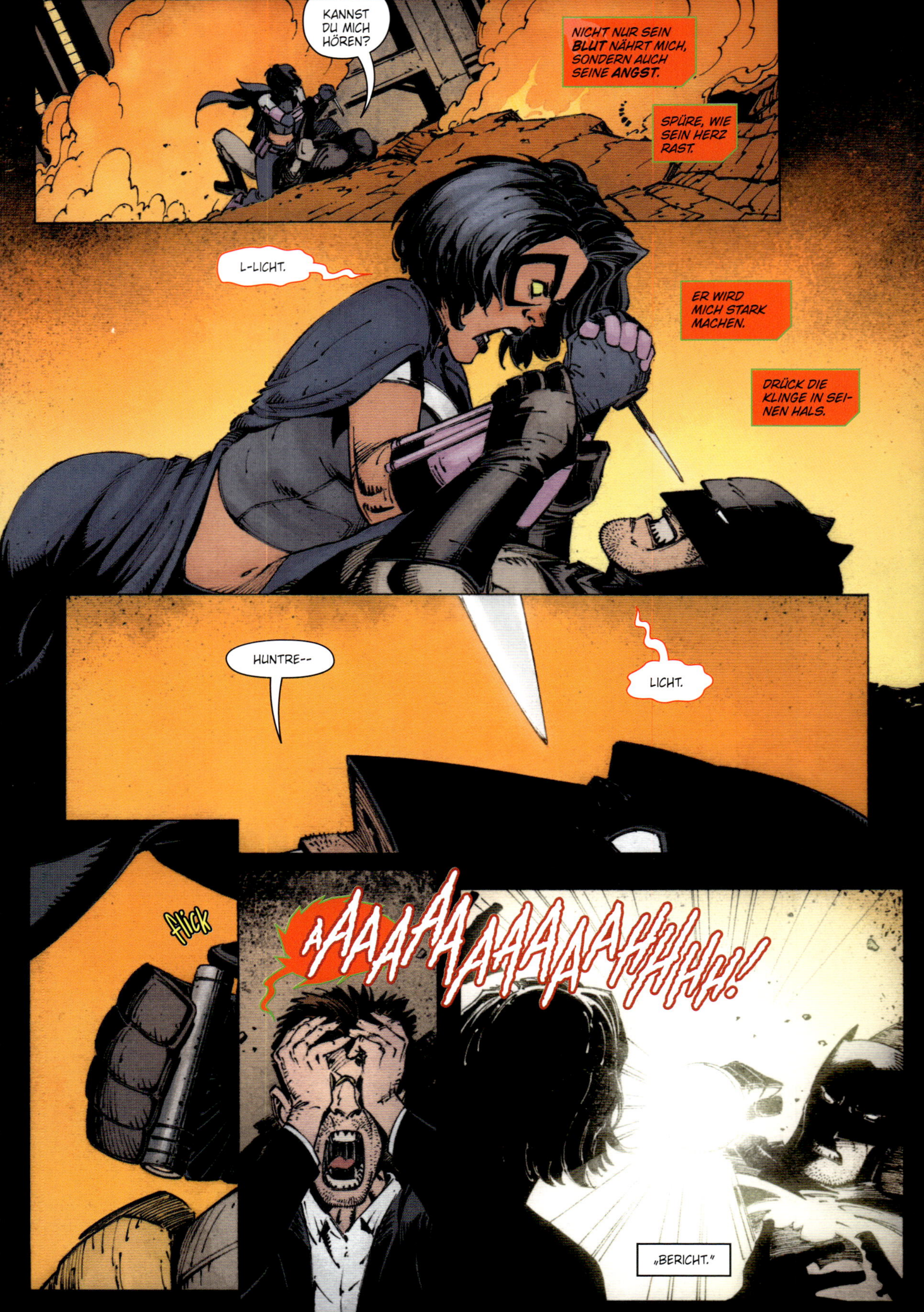
KANNST DU MICH HÖREN?
NICHT NUR SEIN BLUT NÄHRT MICH, SONDERN AUCH SEINE ANGST.
SPÜRE, WIE SEIN HERZ RAST.
L-LICHT.
ER WIRD MICH STARK MACHEN.
DRÜCK DIE KLINGE IN SEI-NEN HALS.
HUNTRE--
LICHT.
flick
AAAAAAAAAAAAAAHHHHH!
„BERICHT."

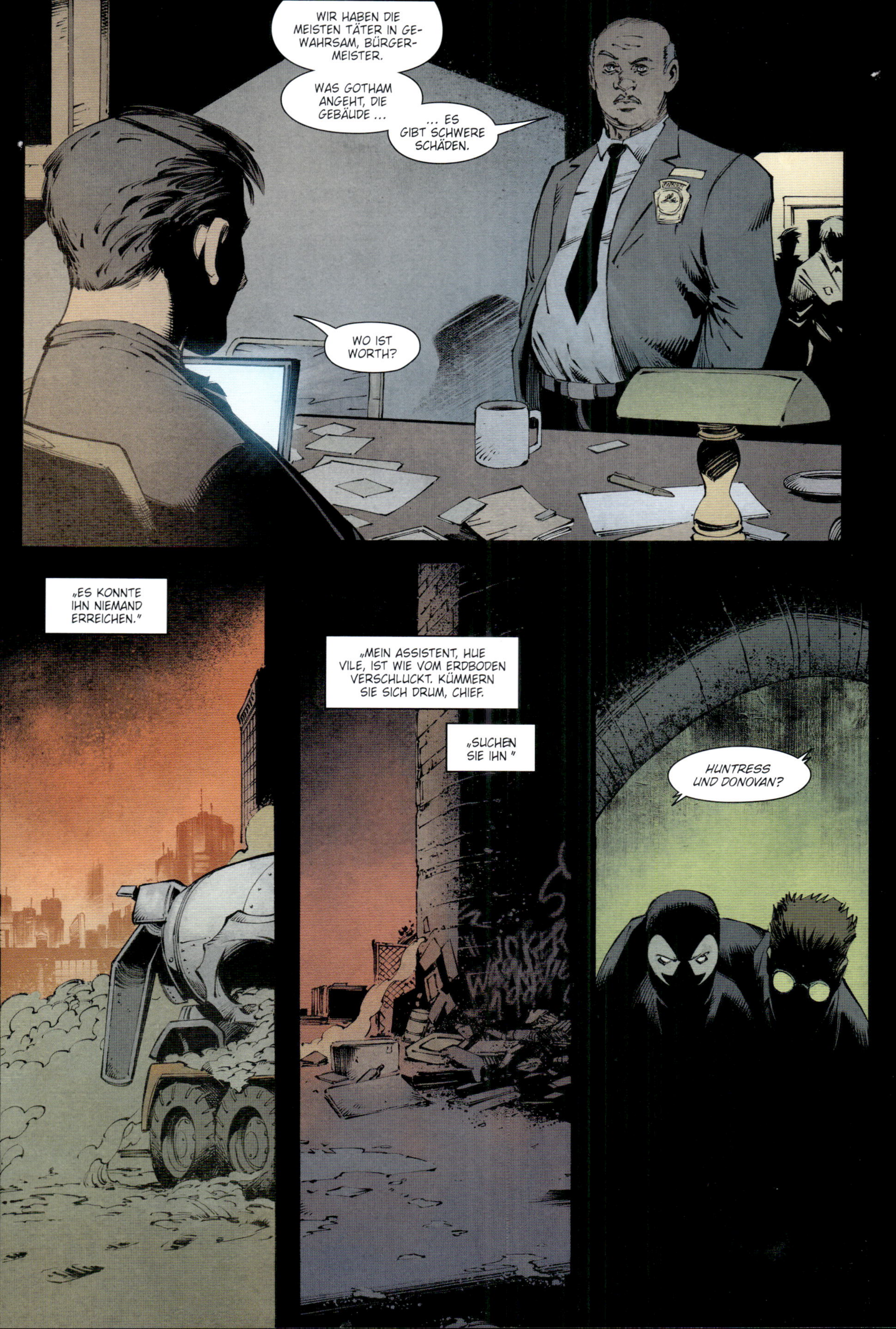

WIR HABEN DIE MEISTEN TÄTER IN GEWAHRSAM, BÜRGERMEISTER.
WAS GOTHAM ANGEHT, DIE GEBÄUDE ...
... ES GIBT SCHWERE SCHÄDEN.
WO IST WORTH?

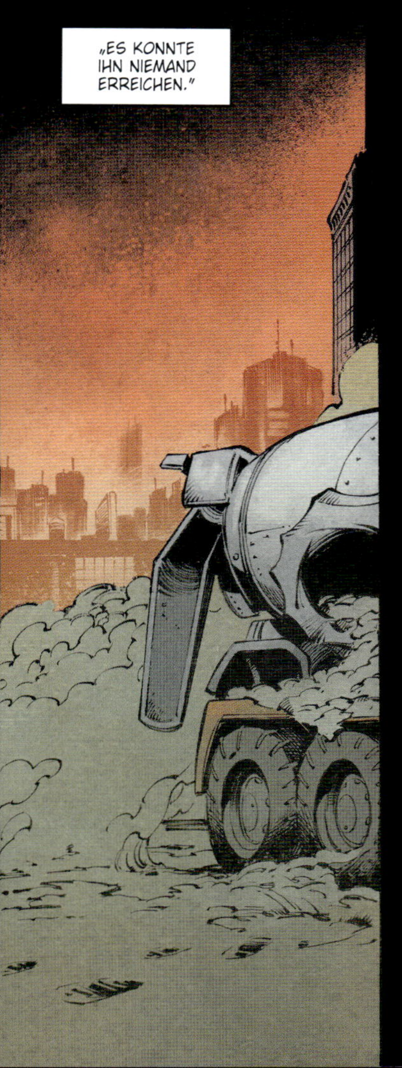

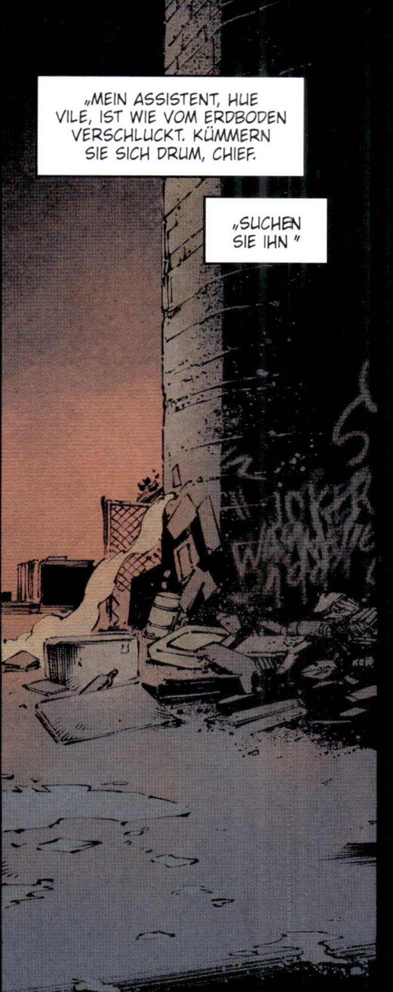

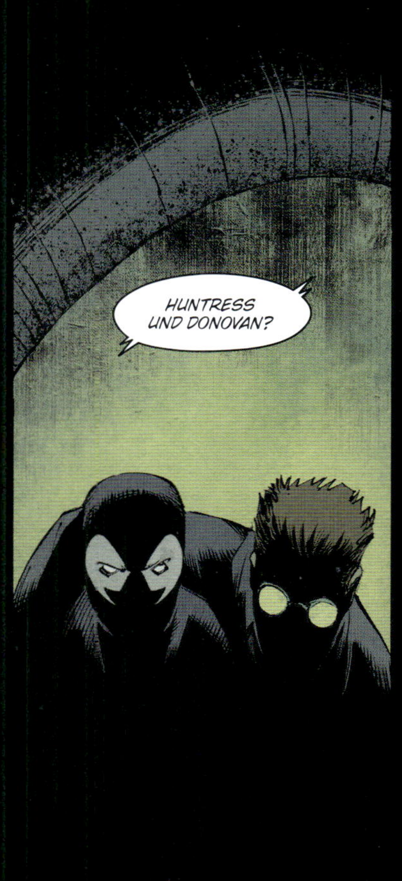

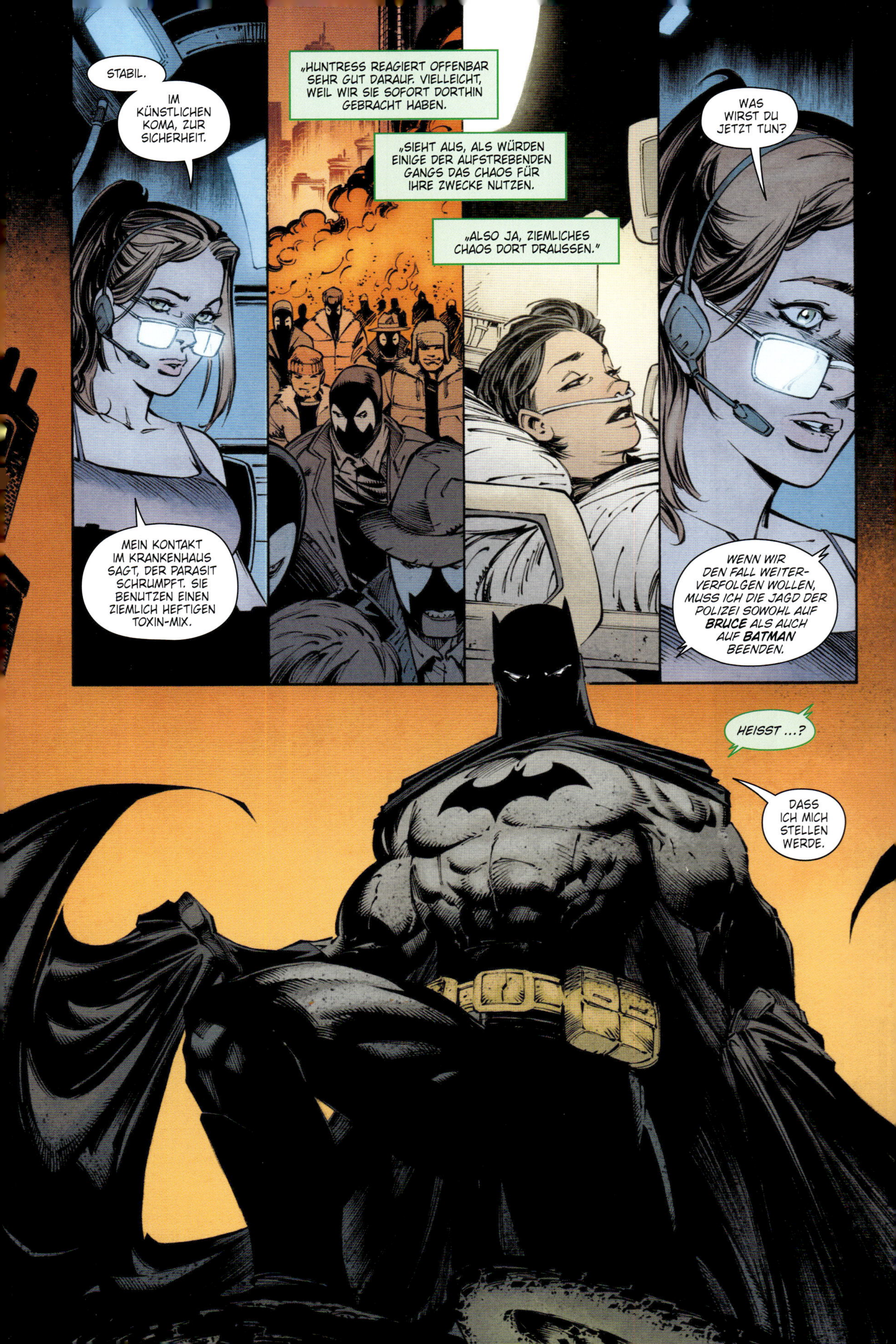
STABIL.
IM KÜNSTLICHEN KOMA, ZUR SICHERHEIT.
MEIN KONTAKT IM KRANKENHAUS SAGT, DER PARASIT SCHRUMPFT. SIE BENUTZEN EINEN ZIEMLICH HEFTIGEN TOXIN-MIX.
„HUNTRESS REAGIERT OFFENBAR SEHR GUT DARAUF. VIELLEICHT, WEIL WIR SIE SOFORT DORTHIN GEBRACHT HABEN.
„SIEHT AUS, ALS WÜRDEN EINIGE DER AUFSTREBENDEN GANGS DAS CHAOS FÜR IHRE ZWECKE NUTZEN.
„ALSO JA, ZIEMLICHES CHAOS DORT DRAUSSEN."
WAS WIRST DU JETZT TUN?
WENN WIR DEN FALL WEITER-VERFOLGEN WOLLEN, MUSS ICH DIE JAGD DER POLIZEI SOWOHL AUF **BRUCE** ALS AUCH AUF **BATMAN** BEENDEN.
HEISST ...?
DASS ICH MICH STELLEN WERDE.

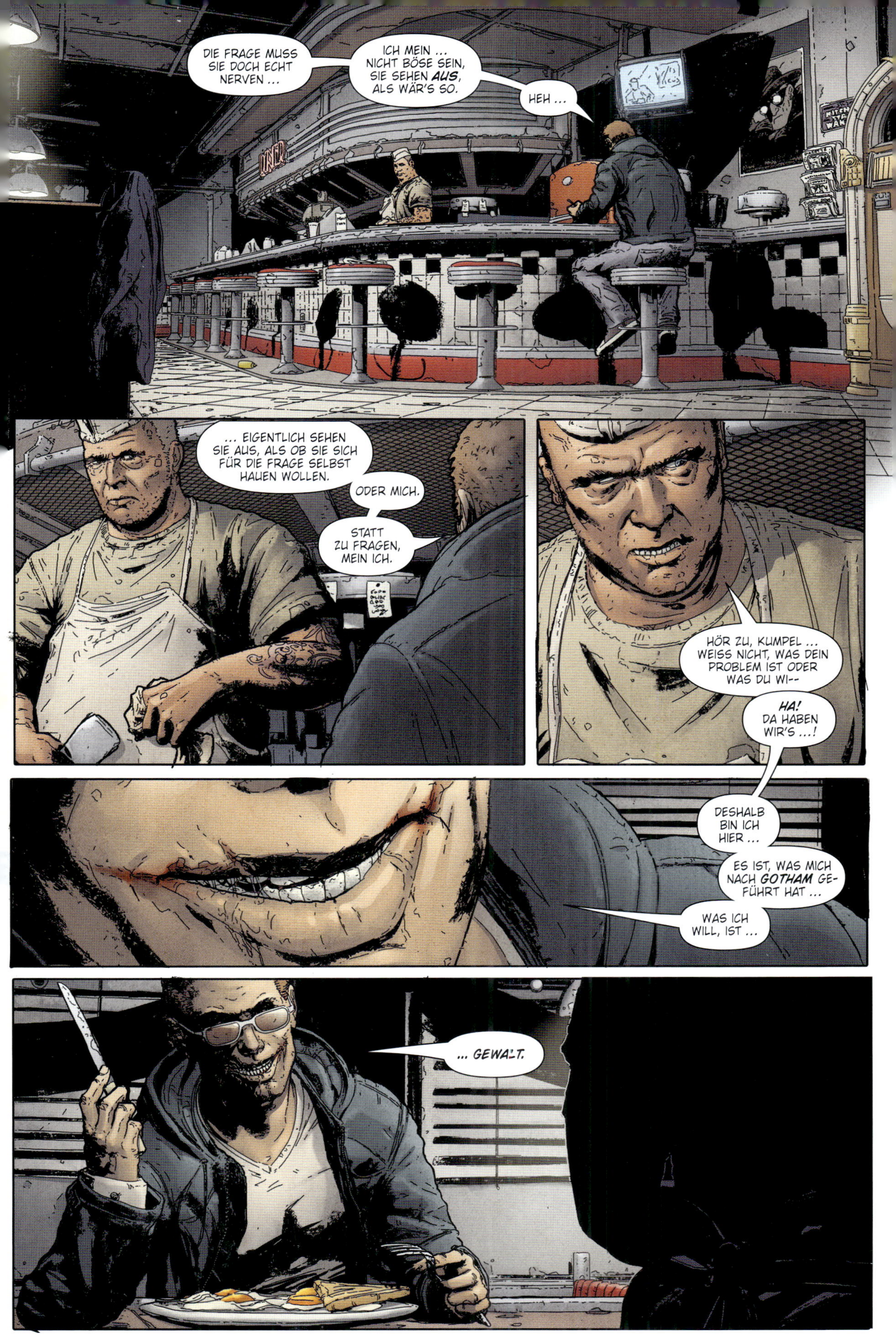

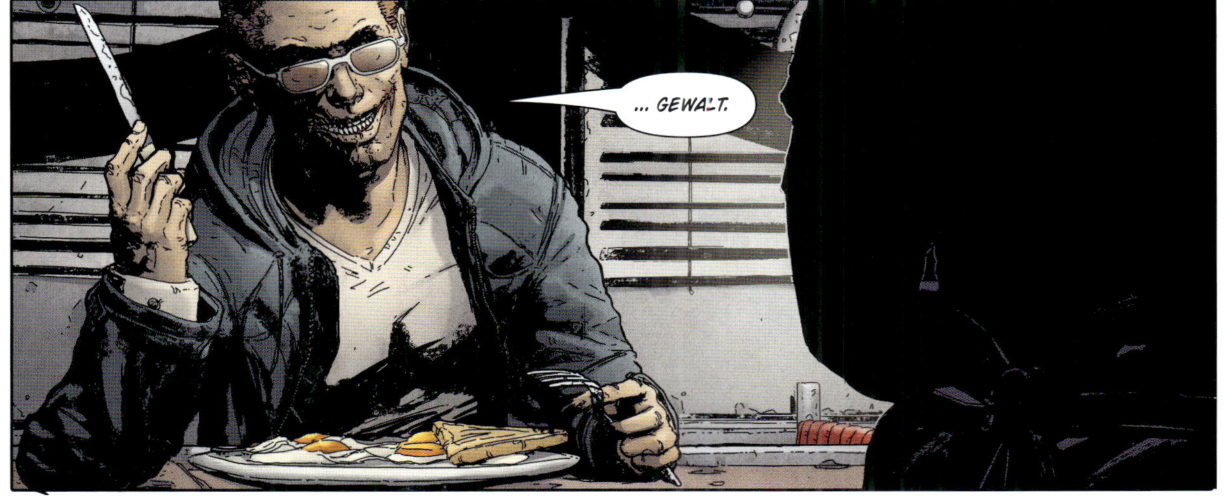
DIE FRAGE MUSS SIE DOCH ECHT NERVEN ...
ICH MEIN ... NICHT BÖSE SEIN, SIE SEHEN AUS, ALS WÄR'S SO.
HEH ...
... EIGENTLICH SEHEN SIE AUS, ALS OB SIE SICH FÜR DIE FRAGE SELBST HAUEN WOLLEN.
ODER MICH.
STATT ZU FRAGEN, MEIN ICH.
HÖR ZU, KUMPEL ... WEISS NICHT, WAS DEIN PROBLEM IST ODER WAS DU WI--
HA! DA HABEN WIR'S ...!
DESHALB BIN ICH HIER ...
ES IST, WAS MICH NACH GOTHAM GEFÜHRT HAT ...
WAS ICH WILL, IST ...
... GEWALT.

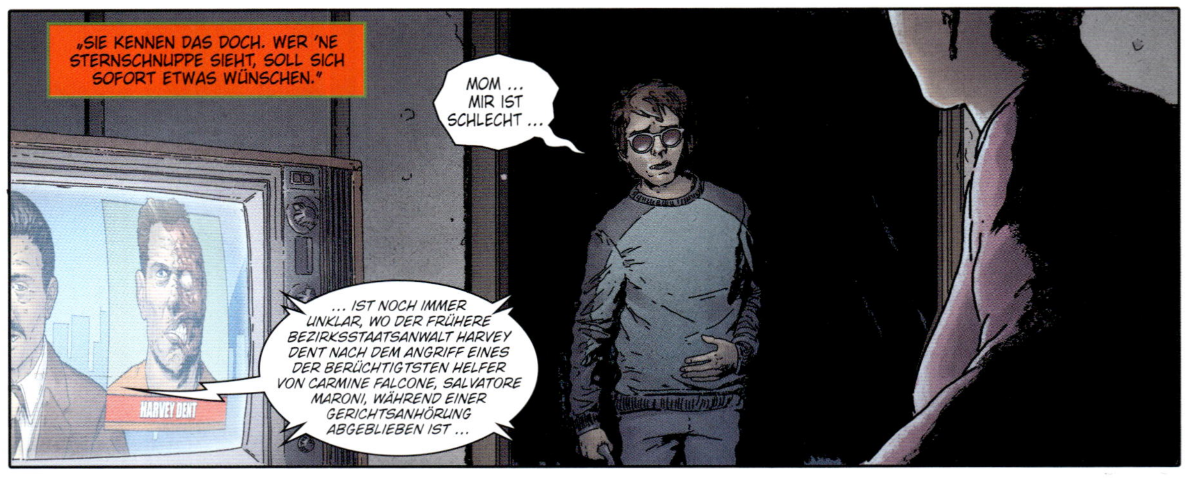
„SIE KENNEN DAS DOCH. WER 'NE STERNSCHNUPPE SIEHT, SOLL SICH SOFORT ETWAS WÜNSCHEN."
MOM ... MIR IST SCHLECHT ...
HARVEY DENT
... IST NOCH IMMER UNKLAR, WO DER FRÜHERE BEZIRKSSTAATSANWALT HARVEY DENT NACH DEM ANGRIFF EINES DER BERÜCHTIGTSTEN HELFER VON CARMINE FALCONE, SALVATORE MARONI, WÄHREND EINER GERICHTSANHÖRUNG ABGEBLIEBEN IST ...

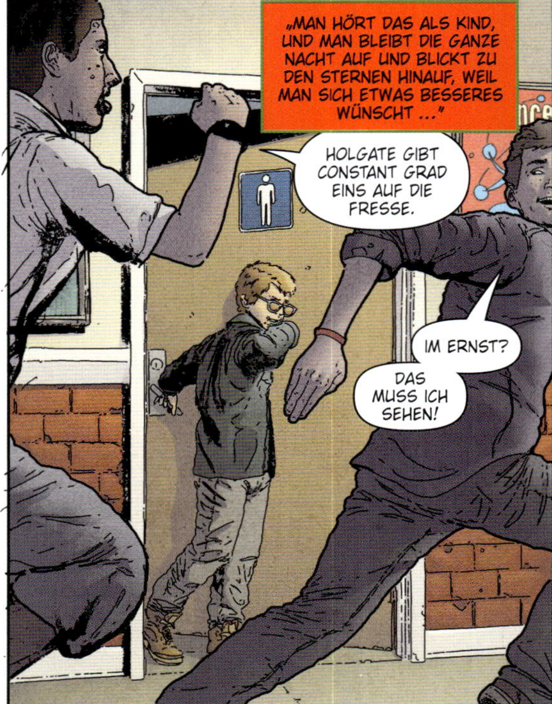
„MAN HÖRT DAS ALS KIND, UND MAN BLEIBT DIE GANZE NACHT AUF UND BLICKT ZU DEN STERNEN HINAUF, WEIL MAN SICH ETWAS BESSERES WÜNSCHT ..."
HOLGATE GIBT CONSTANT GRAD EINS AUF DIE FRESSE.
IM ERNST?
DAS MUSS ICH SEHEN!

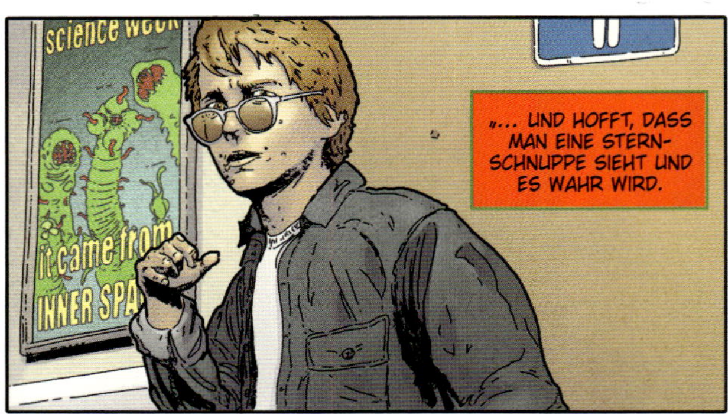
science week
it came from INNER SPACE
„... UND HOFFT, DASS MAN EINE STERNSCHNUPPE SIEHT UND ES WAHR WIRD.

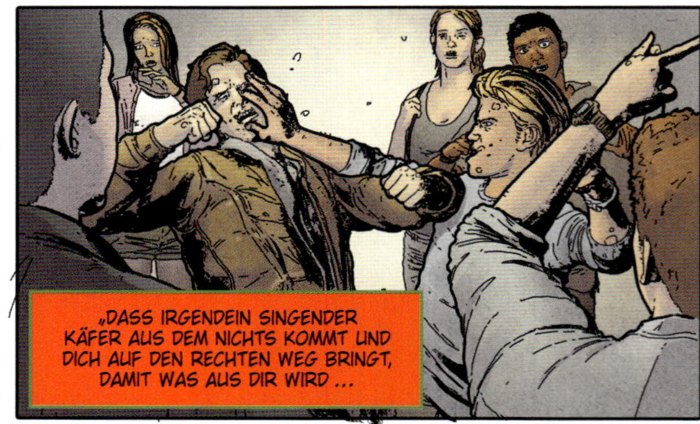
„DASS IRGENDEIN SINGENDER KÄFER AUS DEM NICHTS KOMMT UND DICH AUF DEN RECHTEN WEG BRINGT, DAMIT WAS AUS DIR WIRD ...

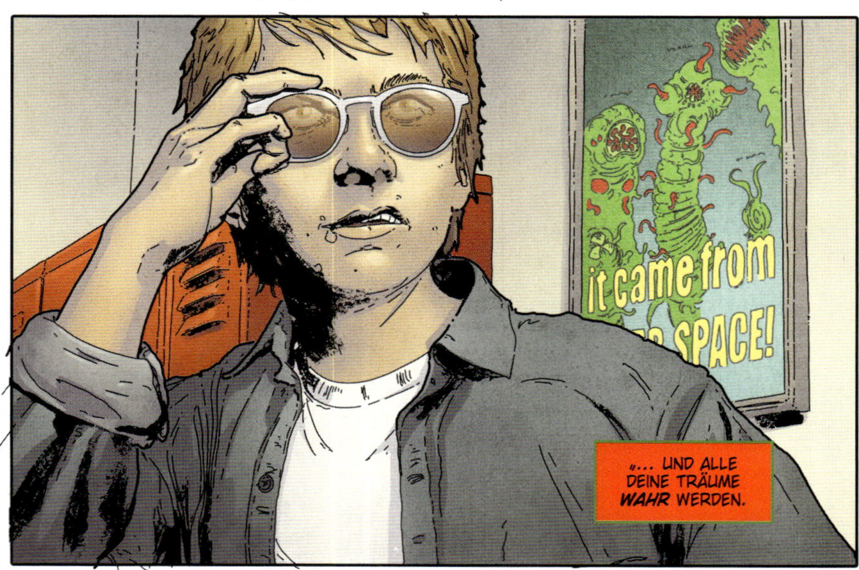
it came from
SPACE!
„... UND ALLE DEINE TRÄUME *WAHR* WERDEN.

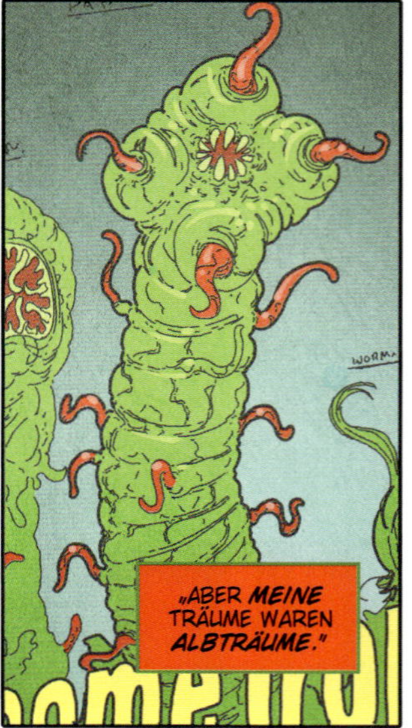
„ABER *MEINE* TRÄUME WAREN *ALBTRÄUME*."

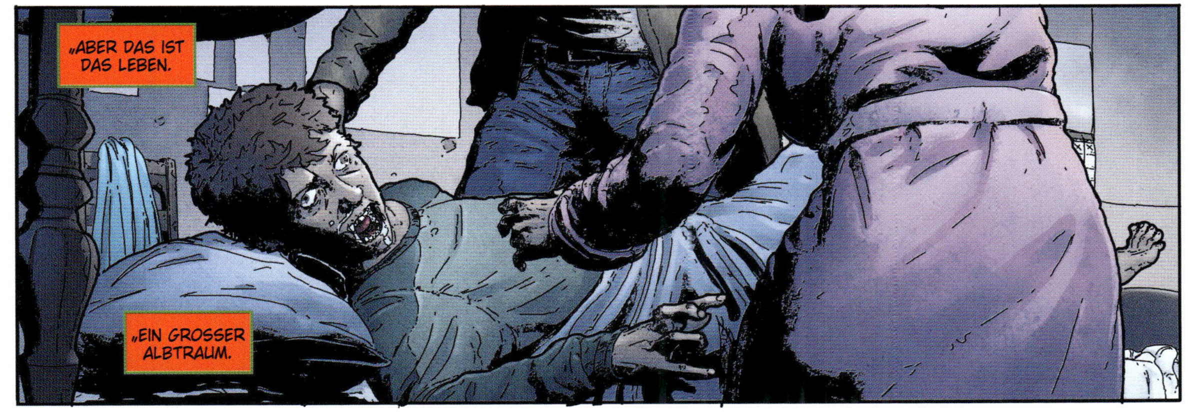
„ABER DAS IST DAS LEBEN.
„EIN GROSSER ALBTRAUM.

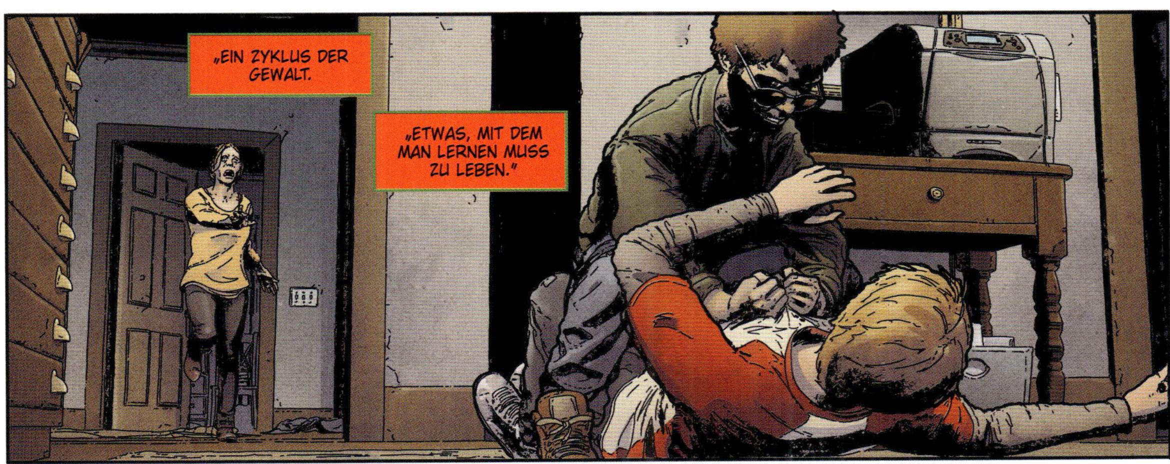
„EIN ZYKLUS DER GEWALT.
„ETWAS, MIT DEM MAN LERNEN MUSS ZU LEBEN."

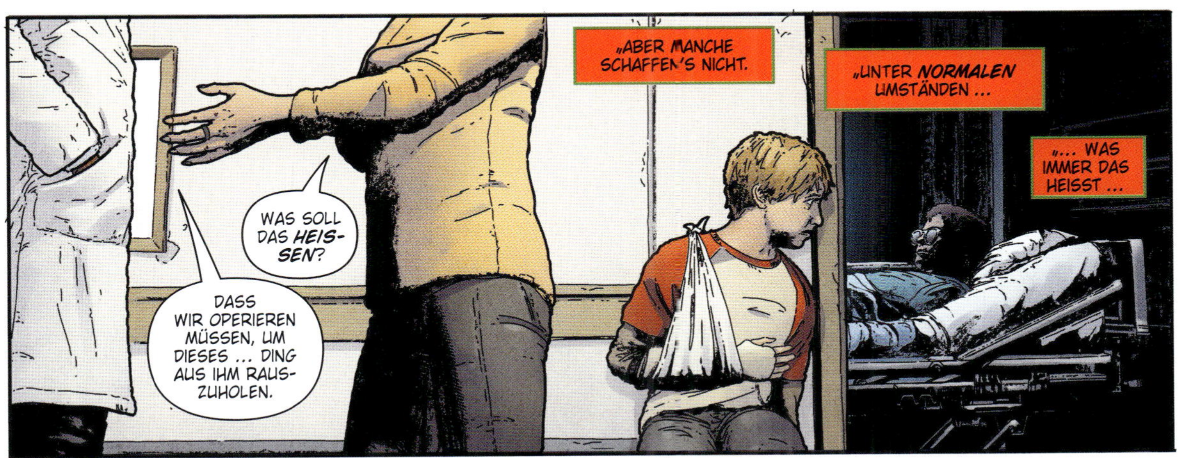
WAS SOLL DAS HEISSEN?
DASS WIR OPERIEREN MÜSSEN, UM DIESES ... DING AUS IHM RAUSZUHOLEN.
„ABER MANCHE SCHAFFEN'S NICHT.
„UNTER NORMALEN UMSTÄNDEN ...
„... WAS IMMER DAS HEISST ...

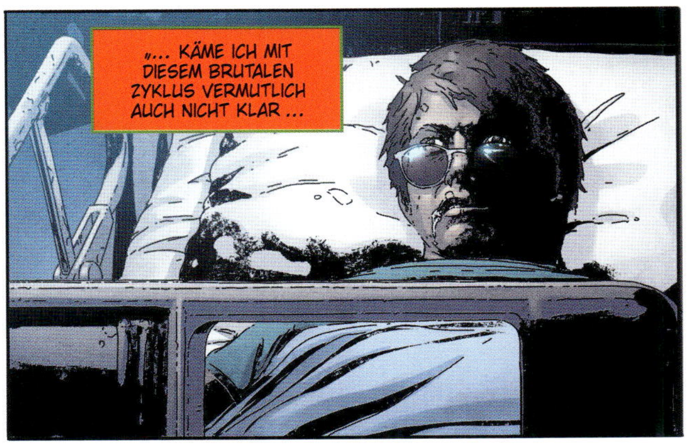
„... KÄME ICH MIT DIESEM BRUTALEN ZYKLUS VERMUTLICH AUCH NICHT KLAR ...

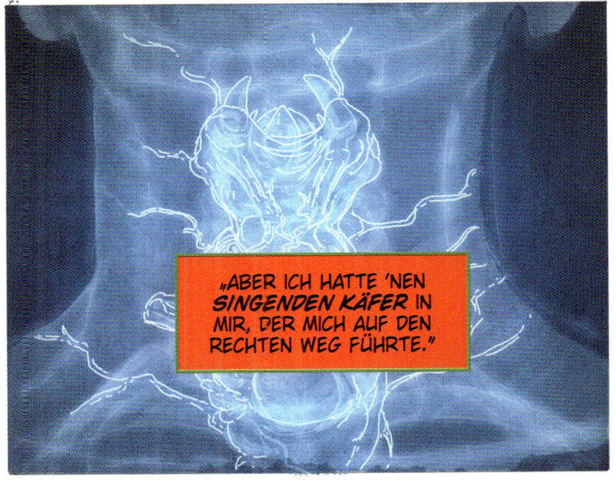
„ABER ICH HATTE 'NEN SINGENDEN KÄFER IN MIR, DER MICH AUF DEN RECHTEN WEG FÜHRTE."

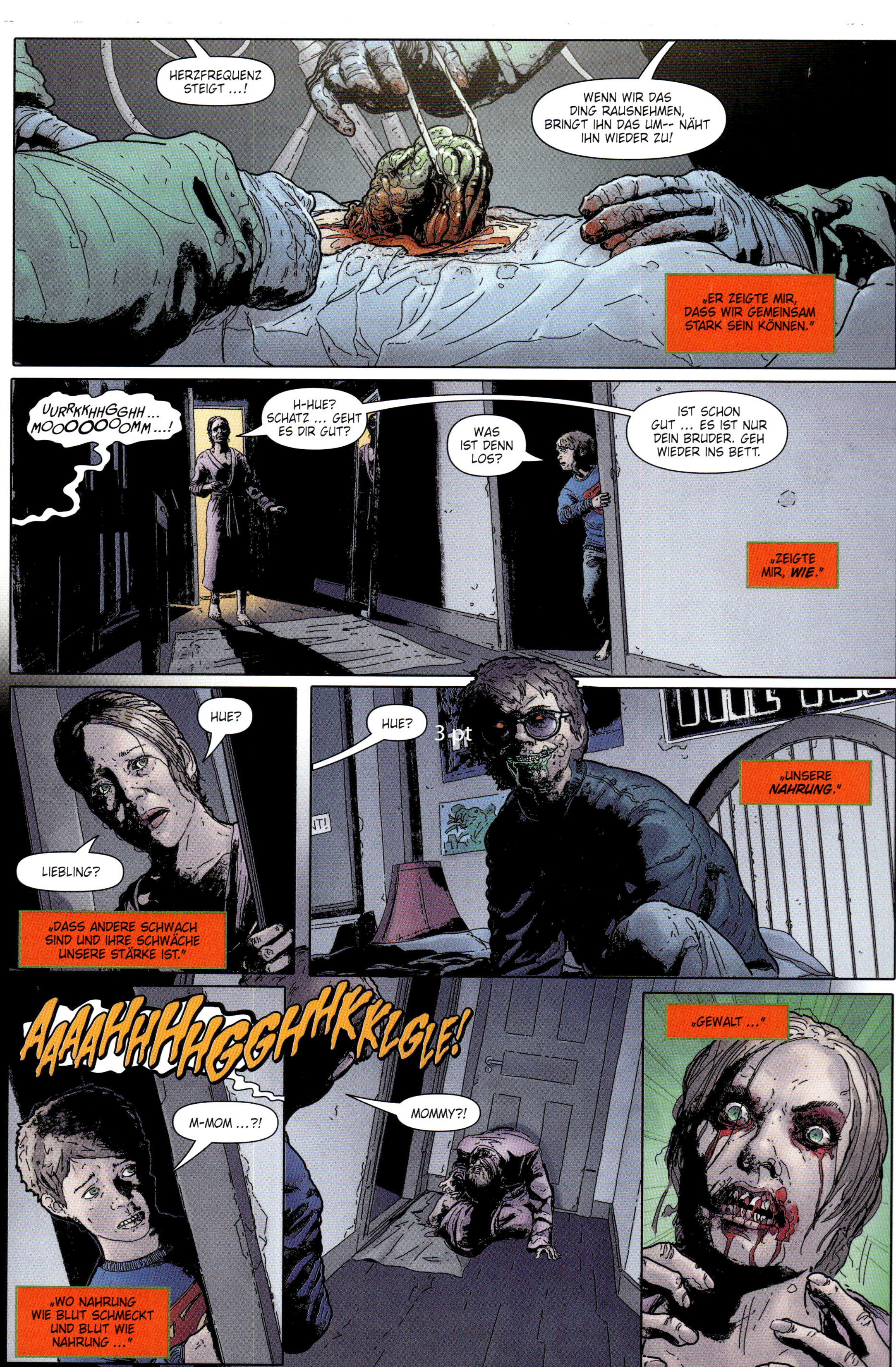

HERZFREQUENZ STEIGT …!
WENN WIR DAS DING RAUSNEHMEN, BRINGT IHN DAS UM-- NÄHT IHN WIEDER ZU!
„ER ZEIGTE MIR, DASS WIR GEMEINSAM STARK SEIN KÖNNEN."
UURRKKHHGGHH … MOOOOOOOOMM …!
H-HUE? SCHATZ … GEHT ES DIR GUT?
WAS IST DENN LOS?
IST SCHON GUT … ES IST NUR DEIN BRUDER. GEH WIEDER INS BETT.
„ZEIGTE MIR, *WIE*."
HUE?
LIEBLING?
„DASS ANDERE SCHWACH SIND UND IHRE SCHWÄCHE UNSERE STÄRKE IST."
HUE?
„UNSERE *NAHRUNG*."
AAAAHHHHGGGHHKKKLGLE!
M-MOM …?!
MOMMY?!
„WO NAHRUNG WIE BLUT SCHMECKT UND BLUT WIE NAHRUNG …"
„GEWALT …"

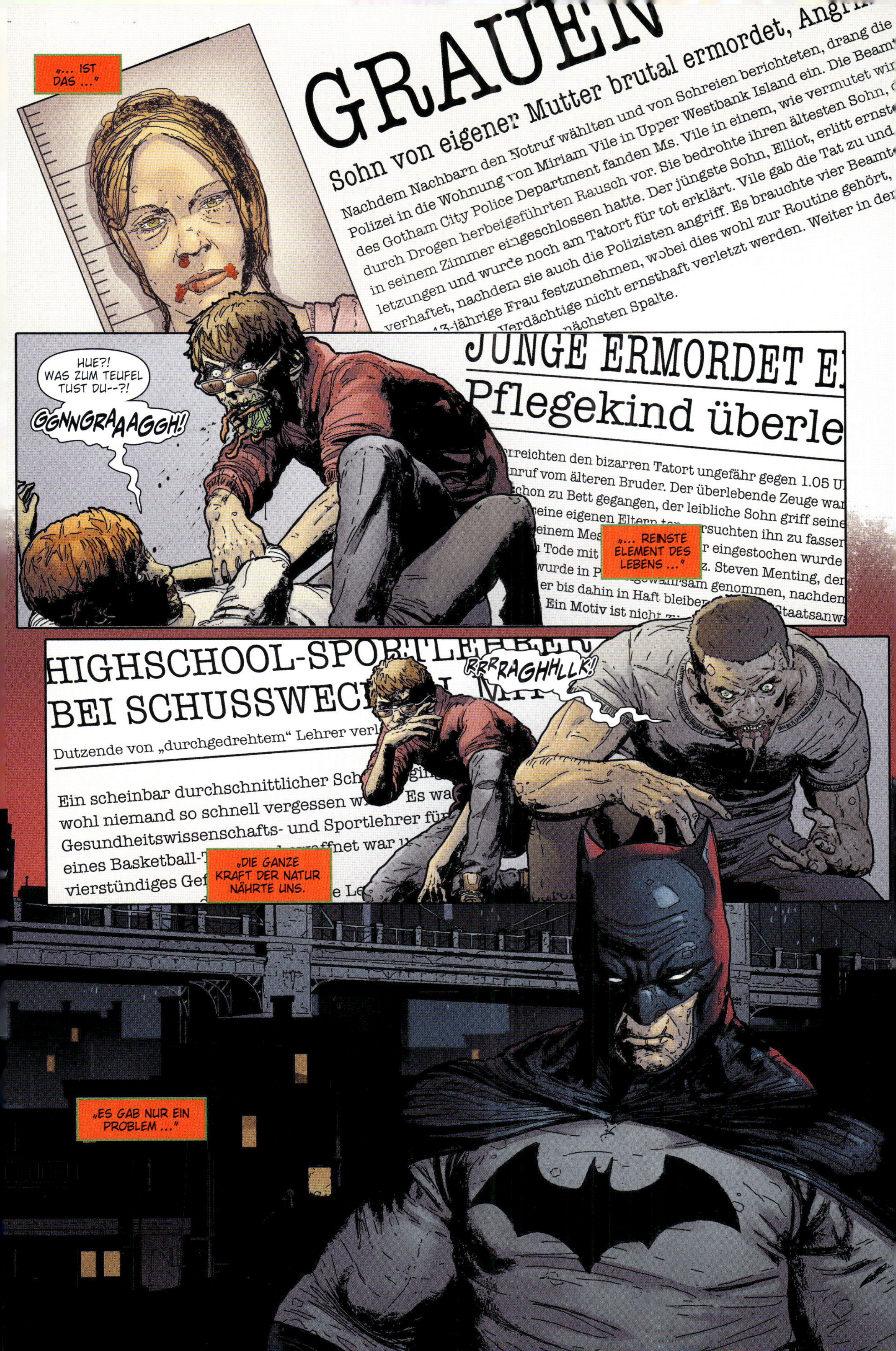
„… IST DAS …"
GRAUEN
Sohn von eigener Mutter brutal ermordet, Angr
Nachdem Nachbarn den Notruf wählten und von Schreien berichteten, drang die
Polizei in die Wohnung von Miriam Vile in Upper Westbank Island ein. Die Beam
des Gotham City Police Department fanden Ms. Vile in einem, wie vermutet wir
durch Drogen herbeigeführten Rausch vor. Sie bedrohte ihren ältesten Sohn,
in seinem Zimmer eingeschlossen hatte. Der jüngste Sohn, Elliot, erlitt ernst
letzungen und wurde noch am Tatort für tot erklärt. Vile gab die Tat zu und
verhaftet, nachdem sie auch die Polizisten angriff. Es brauchte vier Beamt
43-jährige Frau festzunehmen, wobei dies wohl zur Routine gehört,
Verdächtige nicht ernsthaft verletzt werden. Weiter in der
nächsten Spalte.
HUE?! WAS ZUM TEUFEL TUST DU--?!
GGNNGRAAAGGH!
JUNGE ERMORDET E
Pflegekind überle
erreichten den bizarren Tatort ungefähr gegen 1.05 U
nruf vom älteren Bruder. Der überlebende Zeuge war
chon zu Bett gegangen, der leibliche Sohn griff seine
eine eigenen Eltern
„… REINSTE ELEMENT DES LEBENS …"
z. Steven Menting, der
er bis dahin in Haft bleiben
Ein Motiv ist nicht
HIGHSCHOOL-SPO
BEI SCHUSSWEC
RRRRAGHHLLK!
Dutzende von „durchgedrehtem" Lehrer verl
Ein scheinbar durchschnittlicher Sch
wohl niemand so schnell vergessen w
Gesundheitswissenschafts- und Sportlehrer für
eines Basketball-T
vierstündiges Gef
„DIE GANZE KRAFT DER NATUR NÄHRTE UNS.
„ES GAB NUR EIN PROBLEM …"

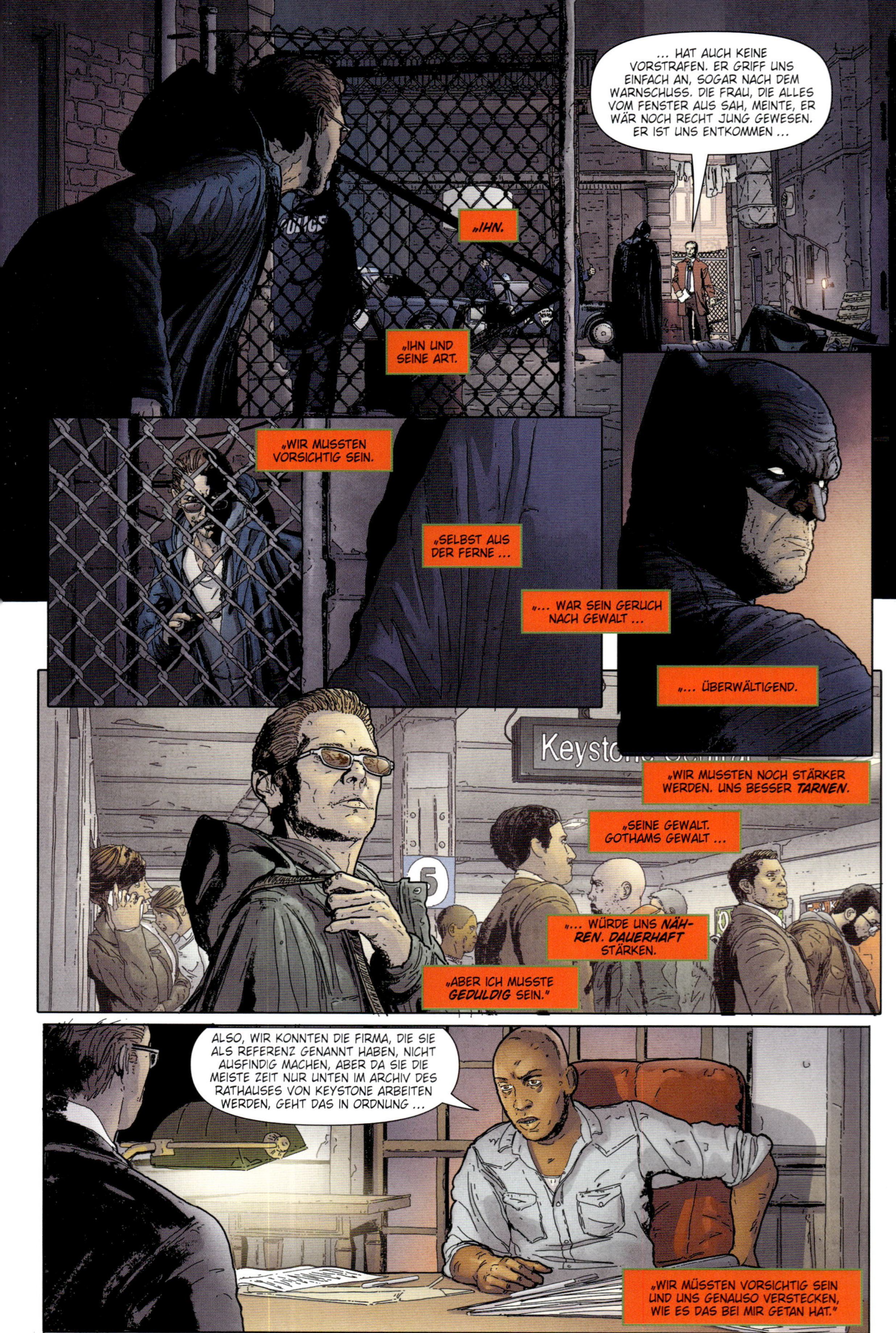
... HAT AUCH KEINE VORSTRAFEN. ER GRIFF UNS EINFACH AN, SOGAR NACH DEM WARNSCHUSS. DIE FRAU, DIE ALLES VOM FENSTER AUS SAH, MEINTE, ER WÄR NOCH RECHT JUNG GEWESEN. ER IST UNS ENTKOMMEN ...
„IHN.
„IHN UND SEINE ART.
„WIR MUSSTEN VORSICHTIG SEIN.
„SELBST AUS DER FERNE ...
„... WAR SEIN GERUCH NACH GEWALT ...
„... ÜBERWÄLTIGEND.
Keystone
„WIR MUSSTEN NOCH STÄRKER WERDEN. UNS BESSER TARNEN.
„SEINE GEWALT. GOTHAMS GEWALT ...
„... WÜRDE UNS NÄHREN. DAUERHAFT STÄRKEN.
„ABER ICH MUSSTE GEDULDIG SEIN."
5
ALSO, WIR KONNTEN DIE FIRMA, DIE SIE ALS REFERENZ GENANNT HABEN, NICHT AUSFINDIG MACHEN, ABER DA SIE DIE MEISTE ZEIT NUR UNTEN IM ARCHIV DES RATHAUSES VON KEYSTONE ARBEITEN WERDEN, GEHT DAS IN ORDNUNG ...
„WIR MÜSSTEN VORSICHTIG SEIN UND UNS GENAUSO VERSTECKEN, WIE ES DAS BEI MIR GETAN HAT."

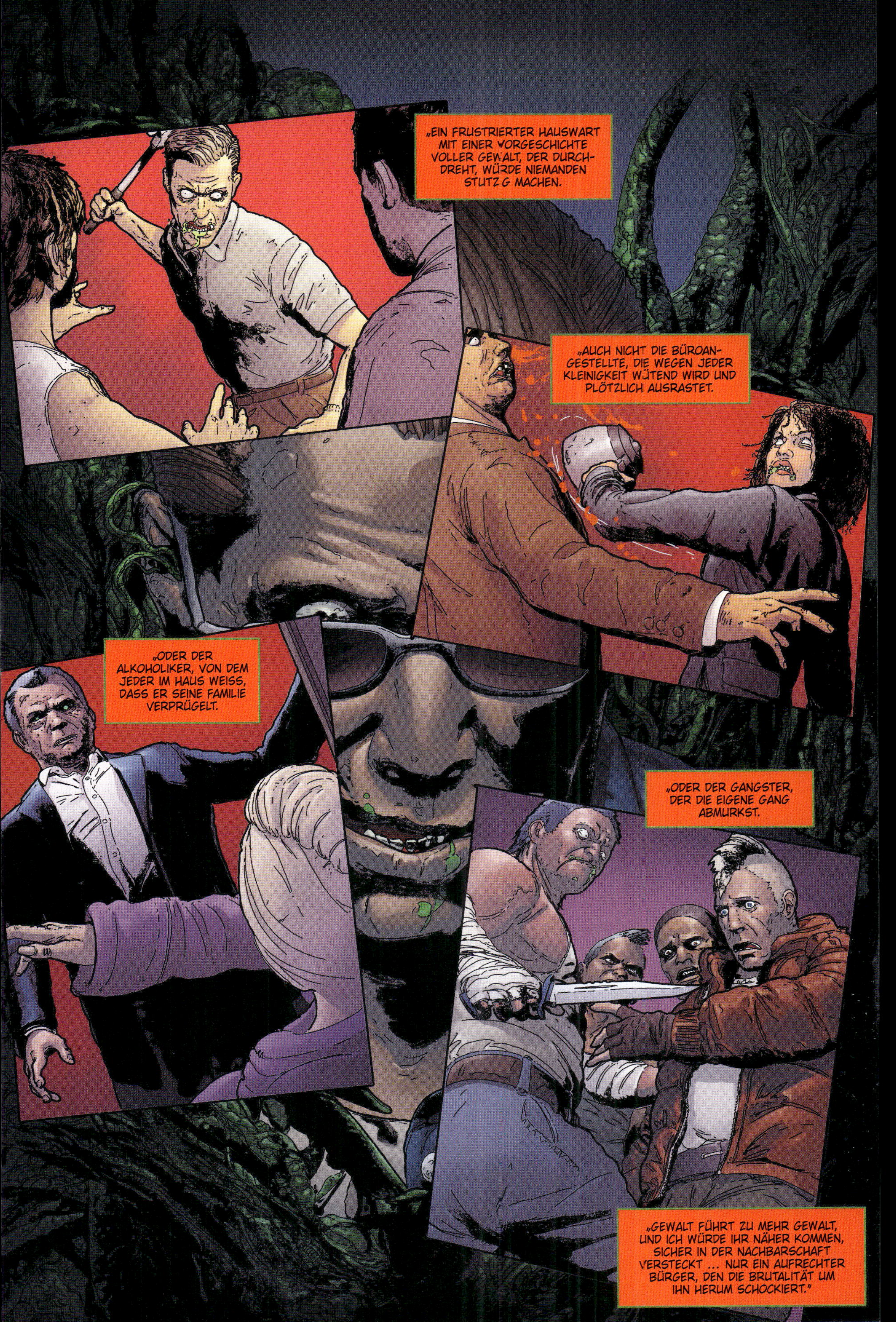
„EIN FRUSTRIERTER HAUSWART MIT EINER VORGESCHICHTE VOLLER GEWALT, DER DURCHDREHT, WÜRDE NIEMANDEN STUTZIG MACHEN.
„AUCH NICHT DIE BÜROANGESTELLTE, DIE WEGEN JEDER KLEINIGKEIT WÜTEND WIRD UND PLÖTZLICH AUSRASTET.
„ODER DER ALKOHOLIKER, VON DEM JEDER IM HAUS WEISS, DASS ER SEINE FAMILIE VERPRÜGELT.
„ODER DER GANGSTER, DER DIE EIGENE GANG ABMURKST.
„GEWALT FÜHRT ZU MEHR GEWALT, UND ICH WÜRDE IHR NÄHER KOMMEN, SICHER IN DER NACHBARSCHAFT VERSTECKT ... NUR EIN AUFRECHTER BÜRGER, DEN DIE BRUTALITÄT UM IHN HERUM SCHOCKIERT."

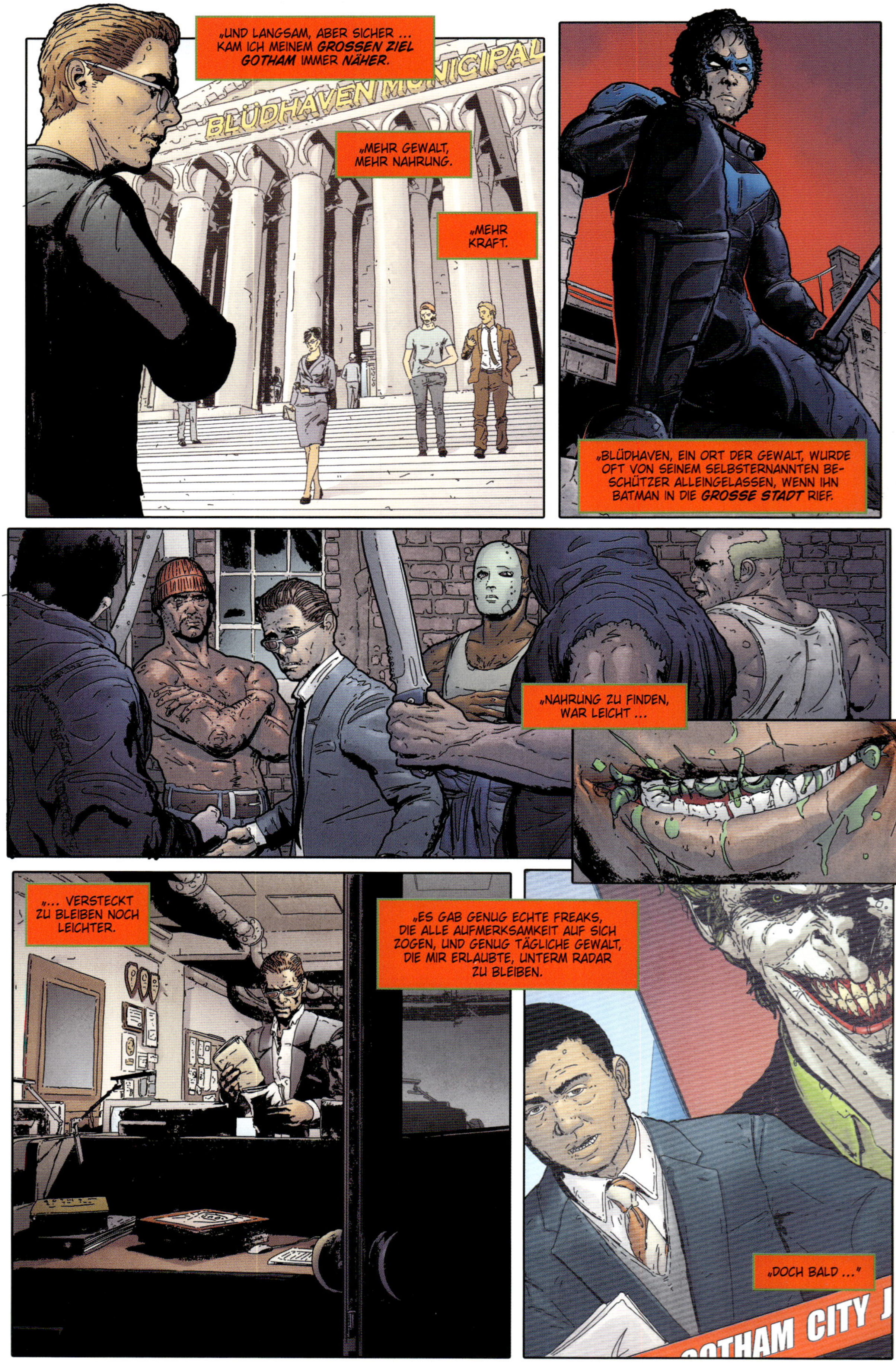

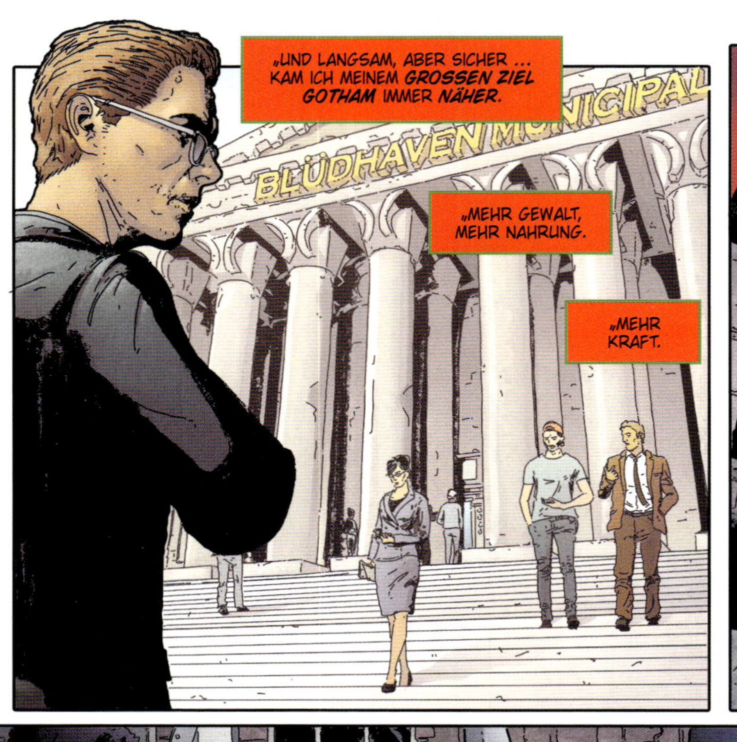
„UND LANGSAM, ABER SICHER … KAM ICH MEINEM *GROSSEN ZIEL GOTHAM* IMMER *NÄHER*.
BLÜDHAVEN MUNICIPAL
„MEHR GEWALT, MEHR NAHRUNG.
„MEHR KRAFT.

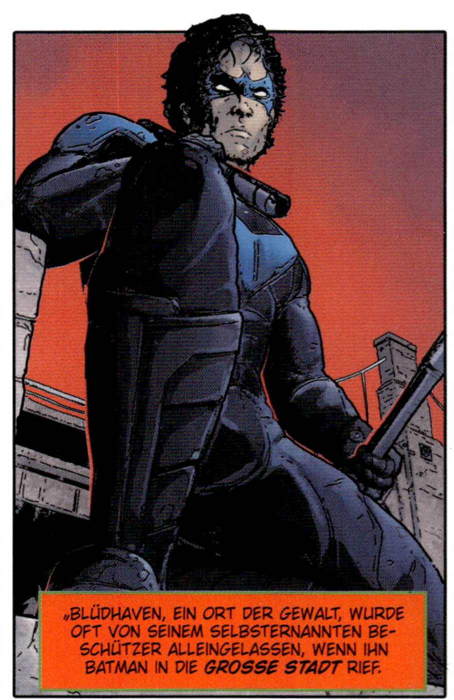
„BLÜDHAVEN, EIN ORT DER GEWALT, WURDE OFT VON SEINEM SELBSTERNANNTEN BESCHÜTZER ALLEINGELASSEN, WENN IHN BATMAN IN DIE *GROSSE STADT* RIEF.

„NAHRUNG ZU FINDEN, WAR LEICHT …
„… VERSTECKT ZU BLEIBEN NOCH LEICHTER.
„ES GAB GENUG ECHTE FREAKS, DIE ALLE AUFMERKSAMKEIT AUF SICH ZOGEN, UND GENUG TÄGLICHE GEWALT, DIE MIR ERLAUBTE, UNTERM RADAR ZU BLEIBEN.
„DOCH BALD …"
OTHAM CITY J

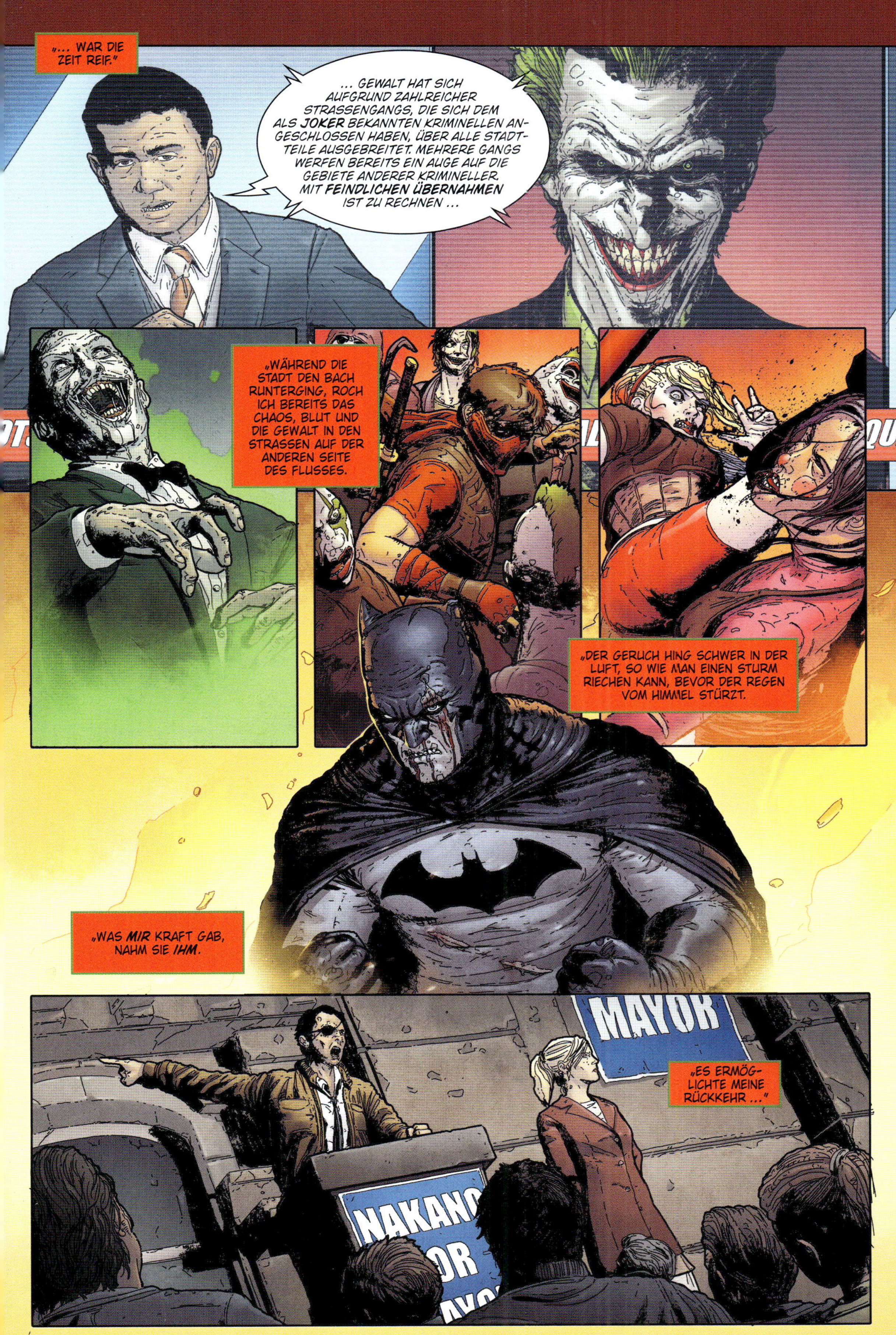
„… WAR DIE ZEIT REIF."
… GEWALT HAT SICH AUFGRUND ZAHLREICHER STRASSENGANGS, DIE SICH DEM ALS JOKER BEKANNTEN KRIMINELLEN ANGESCHLOSSEN HABEN, ÜBER ALLE STADTTEILE AUSGEBREITET. MEHRERE GANGS WERFEN BEREITS EIN AUGE AUF DIE GEBIETE ANDERER KRIMINELLER. MIT FEINDLICHEN ÜBERNAHMEN IST ZU RECHNEN …
„WÄHREND DIE STADT DEN BACH RUNTERGING, ROCH ICH BEREITS DAS CHAOS, BLUT UND DIE GEWALT IN DEN STRASSEN AUF DER ANDEREN SEITE DES FLUSSES.
„DER GERUCH HING SCHWER IN DER LUFT, SO WIE MAN EINEN STURM RIECHEN KANN, BEVOR DER REGEN VOM HIMMEL STÜRZT.
„WAS MIR KRAFT GAB, NAHM SIE IHM.
MAYOR
„ES ERMÖGLICHTE MEINE RÜCKKEHR …"
NAKANO
OR
AYO

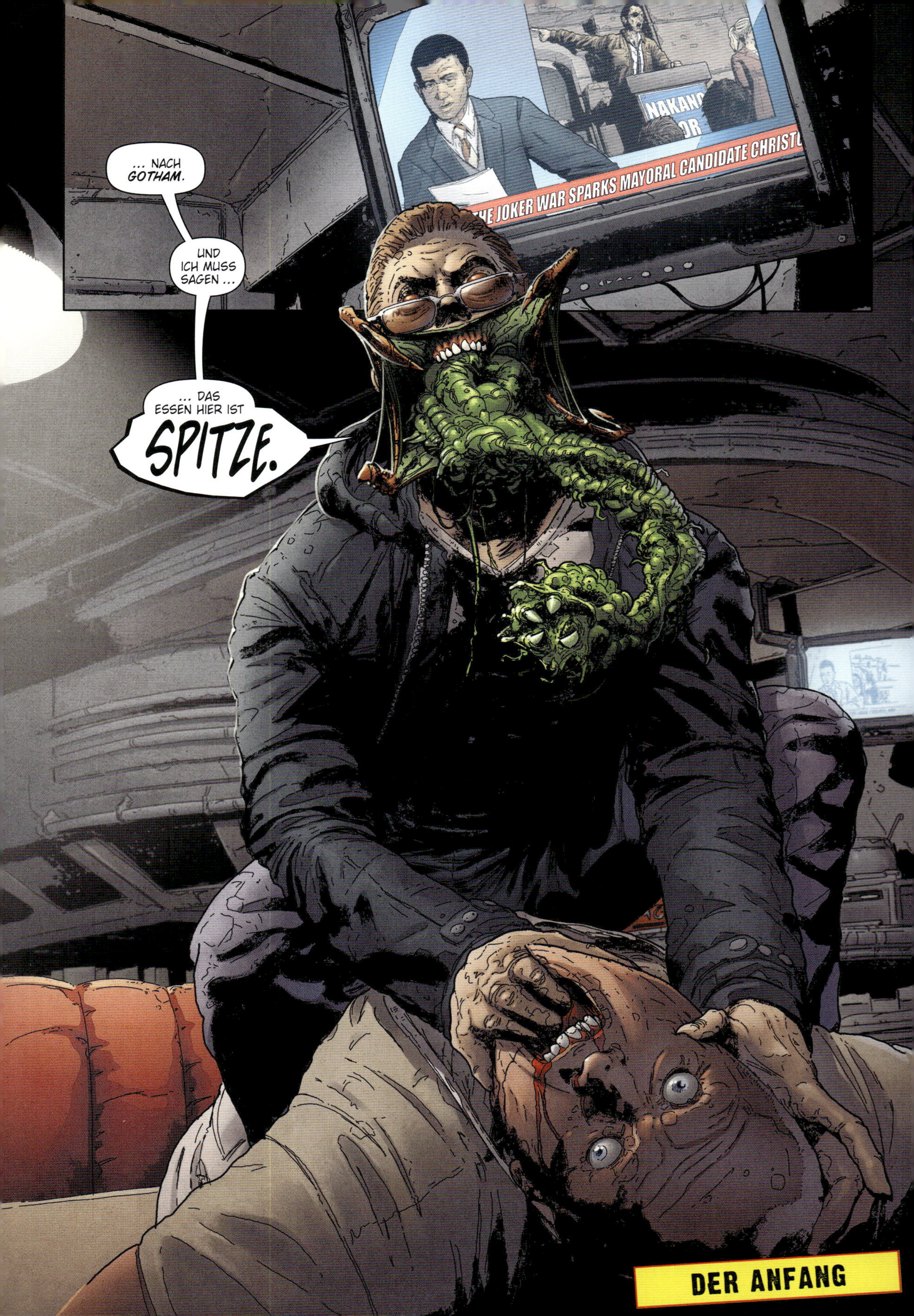
THE JOKER WAR SPARKS MAYORAL CANDIDATE CHRISTO
... NACH GOTHAM.
UND ICH MUSS SAGEN ...
... DAS ESSEN HIER IST SPITZE.
DER ANFANG

NACHWORT
VON MARIKO TAMAKI

Wenn Leute erfahren, dass man BATMAN schreibt, fragen sie meistens, was man glaubt, in die Serie einbringen zu können, was **neu** an deiner Interpretation des Dunklen Ritters sein wird. Ich habe oft das Gefühl, dass es sich um eine Fangfrage handelt, mit der sie dein Wissen über Batman testen wollen. Jeder, der sie beantwortet, tut dies mit der Last von tausend Batman-Geschichten auf seinen Schultern. Es gibt echt nicht mehr viel unter der Sonne (oder unter dem Mond), das noch nicht thematisiert wurde, wenn es um den Dunklen Ritter geht. Da stellt sich wirklich die Frage, **warum** man **noch mehr** Batman-Geschichten schreiben sollte.

Ich denke, wir kehren immer wieder zu ihm zurück, weil er eine so vielschichtige Figur ist. Man kann ihn in einfach jede beliebige Situation werfen, und es kommt eine coole Geschichte dabei heraus. Er ist ängstlich und mutig, prinzipientreu und frustriert, ein Mann voller Geheimnisse, und nur seine Vergangenheit lässt uns ein wenig verstehen, was in ihm vorgeht. Er ist ein Held, der aus einer Tragödie entstanden ist, dessen Gestalt durch seine ganz spezielle Reaktion auf diese Tragödie bestimmt wurde. Und ich denke, dieser Hintergrund ist es wert, in jeder Ära neu thematisiert zu werden, da wir dadurch mehr über die Auswirkungen von Tragödien auf einen Menschen lernen. Was passiert, wenn man verliert, was einem ein Gefühl der Sicherheit gibt? Welche Art Welt und welche Art Kampf haben Gewalt als Ursprung? Was geschieht als Nächstes?

Den Grundstein für diesen Teil der Serie bildeten für mich Bruce Waynes veränderte finanzielle Verhältnisse, vor allem, dass er zu Beginn der Geschichte nicht mehr über sein Vermögen, sein Anwesen und die Ressourcen verfügt, die bisher für beide Persönlichkeiten wichtig waren. (Um es deutlich zu sagen: Bruce ist nicht auf einmal **arm**; niemand, der ein Reihenhaus hat, ist arm, aber es war eine **Veränderung**).

Als wir in die Planungsphase eintraten, begann ich, mit meinen Redakteuren Paul Kaminski und Dave Wielgosz über einen Bruce Wayne zu sprechen, der **in** Gotham City lebt. In einer netten Nachbarschaft, doch definitiv ohne die Abgeschiedenheit, die es ihm bisher leichtgemacht hat, in den Schatten zu verschwinden. Das eröffnete die Möglichkeit, nicht nur über Batman, sondern auch über Bruce Wayne und die Menschen zu sprechen, die ihm plötzlich sehr nahestehen, und das nicht nur, wenn er ihnen das Leben rettet. Außerdem schuf es Raum für Gespräche über Gotham City als einen Ort mit Menschen, die in Cafés arbeiten, Menschen, die sich von der Gewalt in der Stadt distanzieren. Menschen, die dennoch dem Chaos dieser dunklen Metropole ausgeliefert sind. Eine andere Idee, die wir hatten, war, eine weitere Reporterin in die Handlung einzubauen, Deb Donovan, eine knallharte, Trenchcoat-tragende, oft genervte, aber unbestechliche Kolumnistin.

Und weil es sich um Batman handelt, fügten wir ein Monster hinzu: Vile. Eine Kreatur, die im Chaos von Gotham City gedeiht, während sie sich zwischen den konservativsten Bürgern versteckt.

Hier kommen der Zeichner Dan Mora und die Koloristin Jordie Bellaire ins Spiel, sowie später die Zeichner Viktor Bogdanovic, Jonathan Glapion, Daniel Henriques und Norm Rapmund, die alle unglaubliche Arbeit geleistet haben, um diese beiden Geschichten unter einen Hut zu bringen. Die Künstler, die an diesen Comics arbeiten, haben die unglaubliche Fähigkeit, Bilder zu schaffen, auf denen Batmans atemberaubende Bewegungen ebenso lebensecht und detailliert aussehen wie die Stadtlandschaften. Und sie können **auch** etwas zeichnen wie einen unbeholfenen Bruce auf einer Cocktailparty in der Stadt, der sich ärgert, als er beobachtet, wie Deb Donovan eine sehr teure Flasche Scotch verschwinden lässt.

Diese Künstler haben der Geschichte, den Straßen, Gebäuden und Charakteren unglaublich viel Tiefe verliehen.

Ich liebe dieses Team so sehr. Alle, die mit mir an dieser Serie arbeiten, haben unglaubliches Talent. Ich bin ihnen für immer dankbar, dass sie dieses kleine Stück des Bat-Universums und der Geschichte von Gotham City mit mir erschaffen haben. Ich hoffe, dass die Leser diese Vignetten des Lebens in Gotham unterhaltsam finden, und entschuldige mich im Voraus für das Übermaß an Käfern. Ich mag Käfer einfach sehr.

(Ins Deutsche übersetzt von Frank Rehfeld)

MARIKO TAMAKI

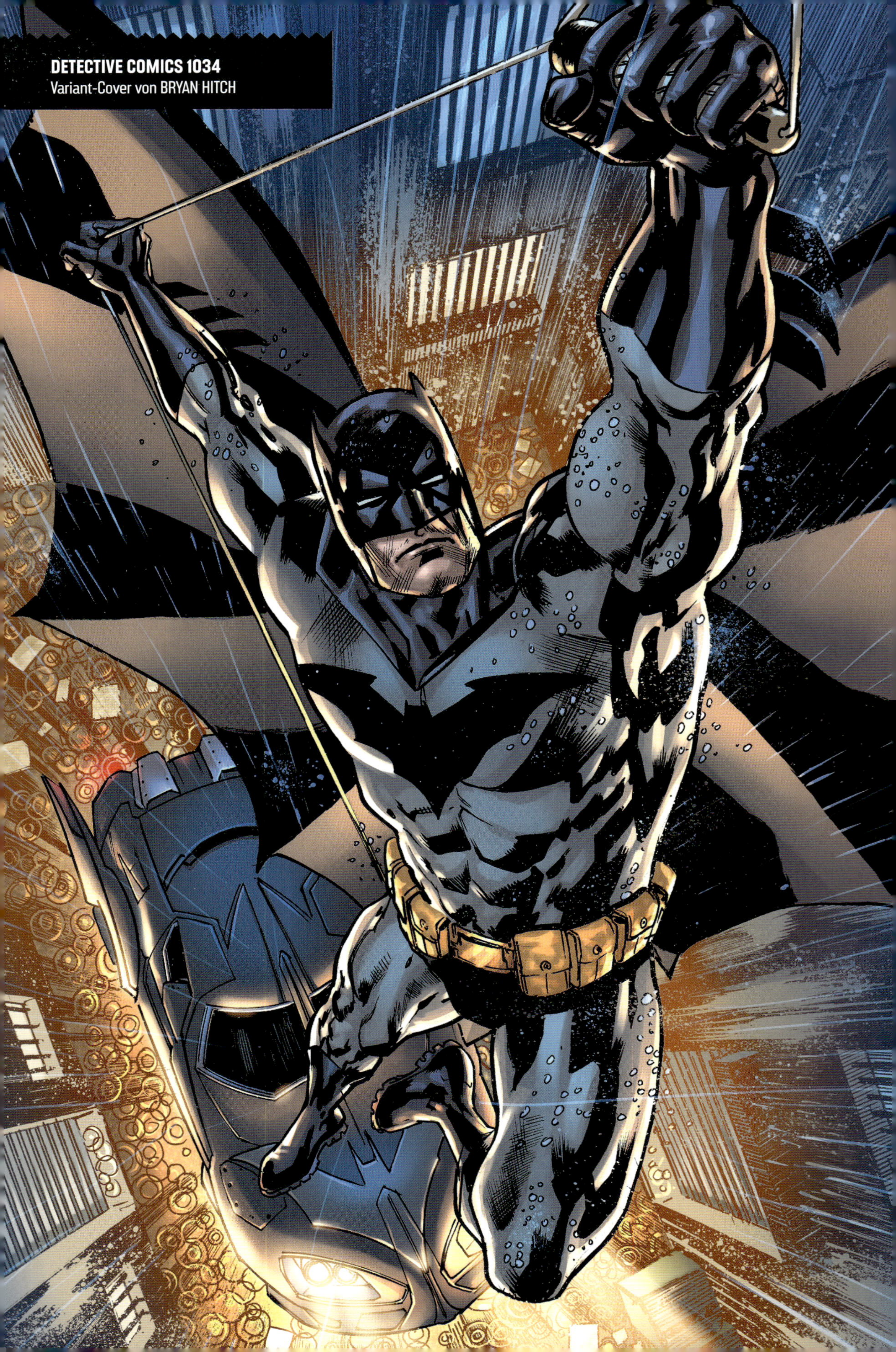

DETECTIVE COMICS 1034
Variant-Cover von BRYAN HITCH

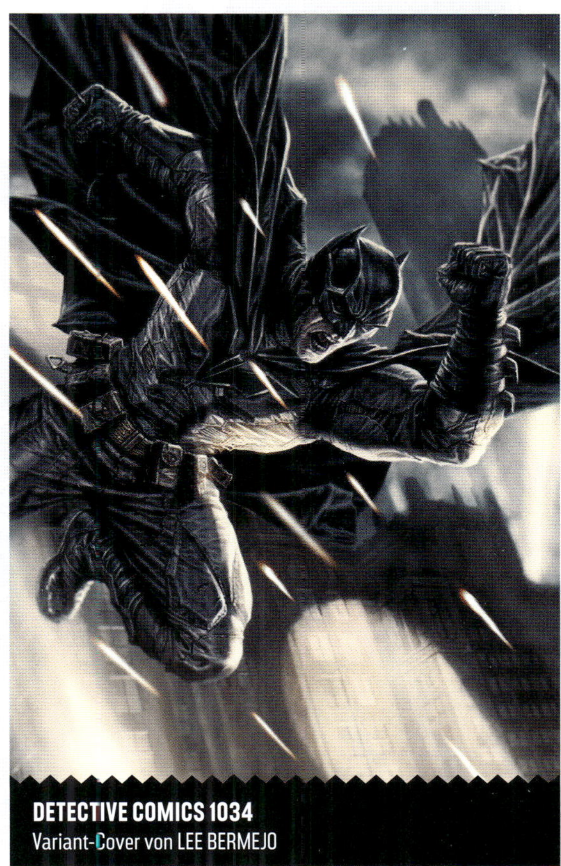

DETECTIVE COMICS 1034
Variant-Cover von LEE BERMEJO

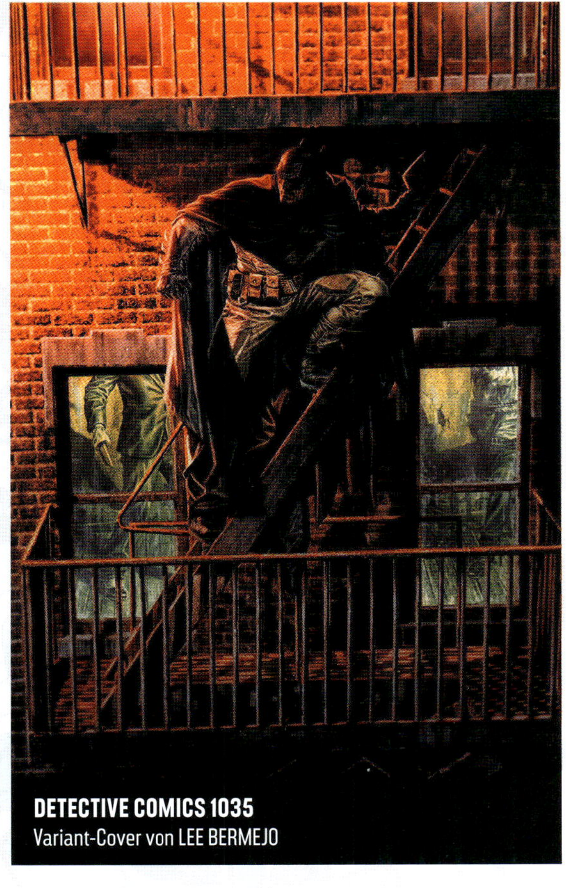

DETECTIVE COMICS 1035
Variant-Cover von LEE BERMEJO

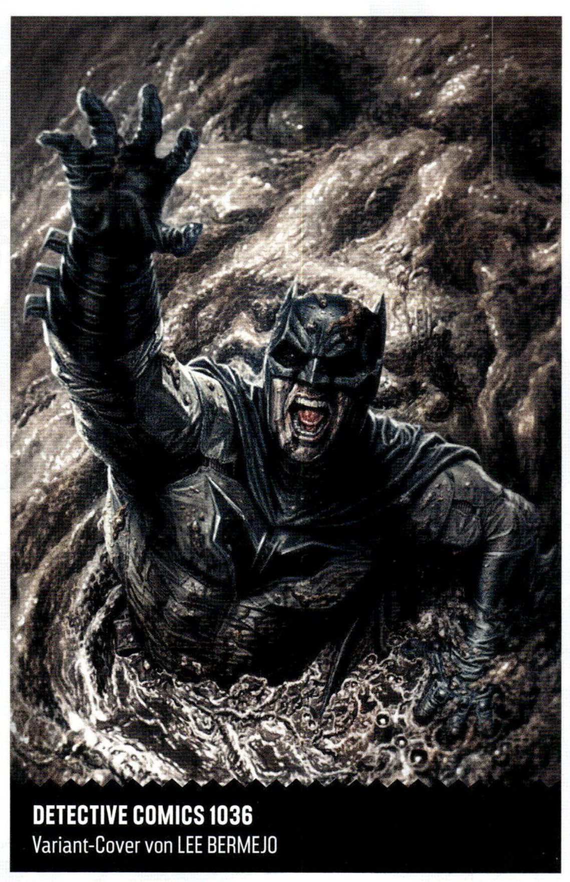

DETECTIVE COMICS 1036
Variant-Cover von LEE BERMEJO

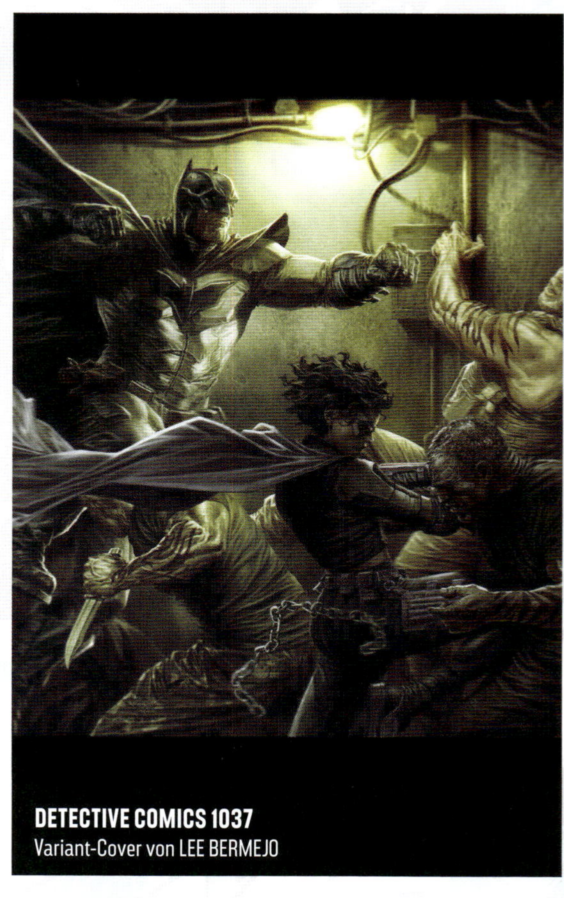

DETECTIVE COMICS 1037
Variant-Cover von LEE BERMEJO

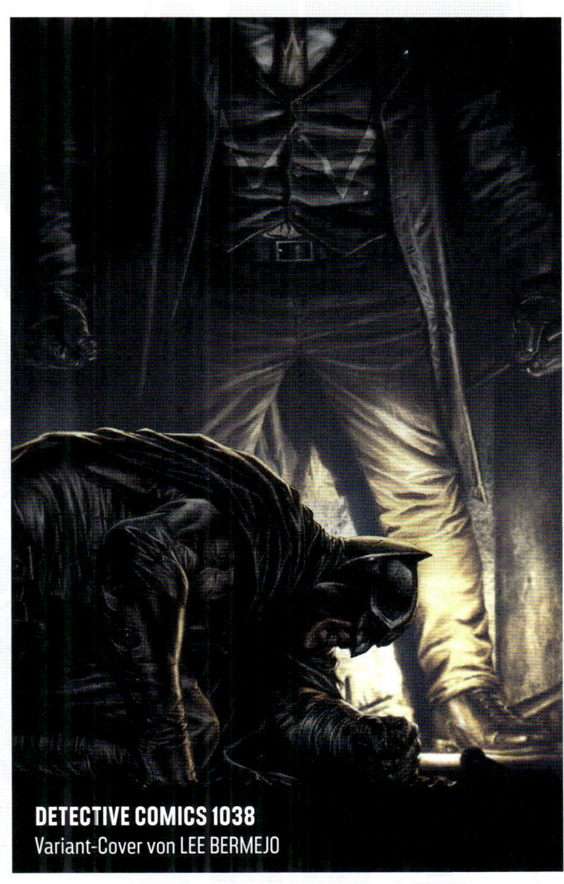

DETECTIVE COMICS 1038
Variant-Cover von LEE BERMEJO

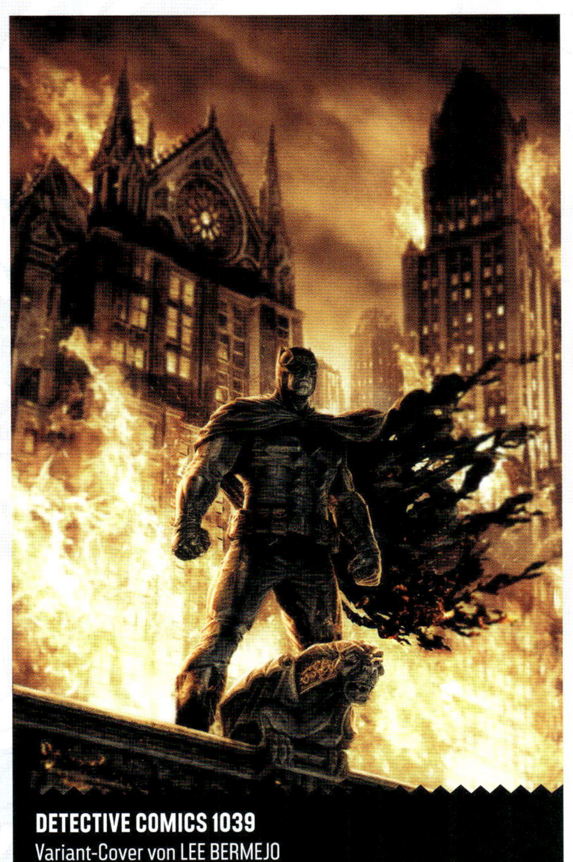

DETECTIVE COMICS 1039
Variant-Cover von LEE BERMEJO

DETECTIVE COMICS SPECIAL:
DER AUFSTIEG NAKANOS

BÜRGERMEISTER

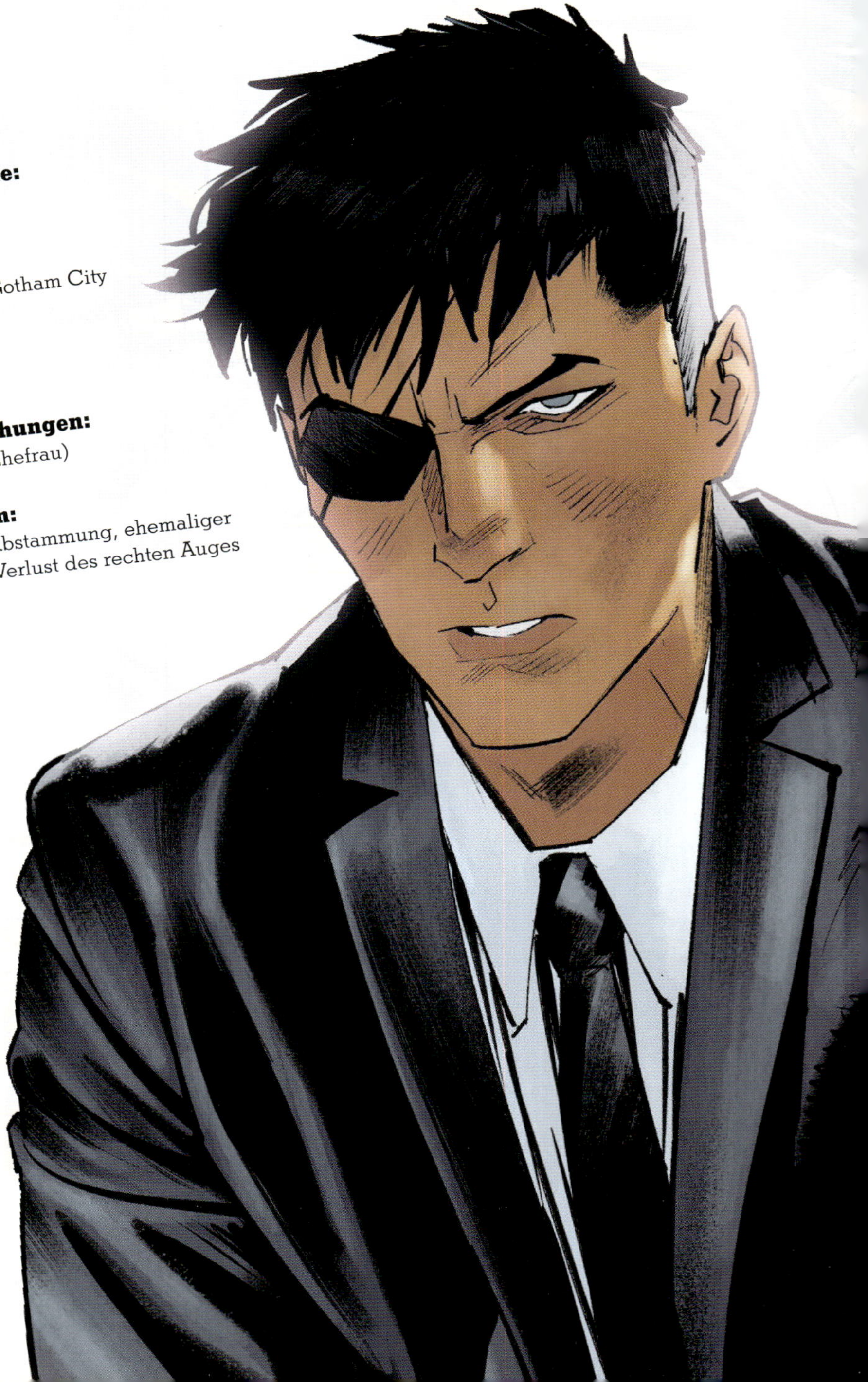

Vollständiger Name:
Christopher Nakano

Beruf:
Bürgermeister von Gotham City

Kräfte:
Keine

Bekannte Beziehungen:
Koyuki Nakano (Ehefrau)

Besonderheiten:
US-japanischer Abstammung, ehemaliger Polizeibeamter, Verlust des rechten Auges

NAKANO

Biografie:

Als der junge Polizist Christopher Nakano und sein Partner Bart während des Joker-Kriegs zu einem Gebäude von Wayne Enterprises gerufen wurden, gerieten die beiden in eine Explosion, die Chris ein Auge und Bart das Leben kostete.

Nakano gab den „maskierten Rächern" von Gotham City die Schuld dafür. Er kandidierte für das Amt des Bürgermeisters und gewann mit seiner Kampagne, die sich gegen Maskierte richtete. Er glaubt aufrichtig an seine Sache, weil er überzeugt ist, auf diese Weise anderen das Schicksal seines Partners Bart ersparen zu können. Das macht ihn zu einem Gegner Batmans und anfällig für den Einfluss von Männern wie Simon Saint und Roland Worth.

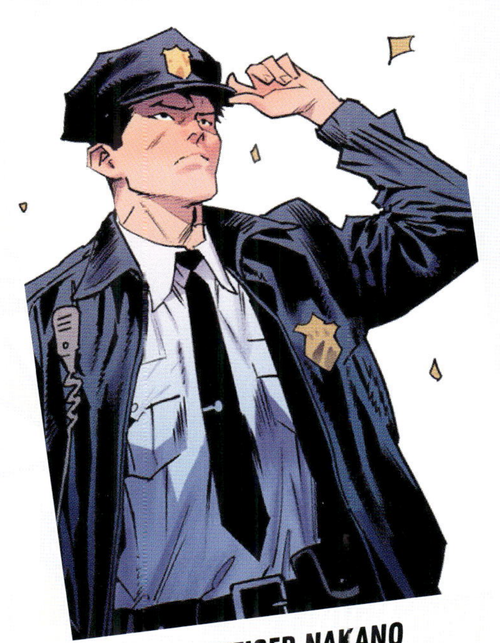

OFFICER NAKANO

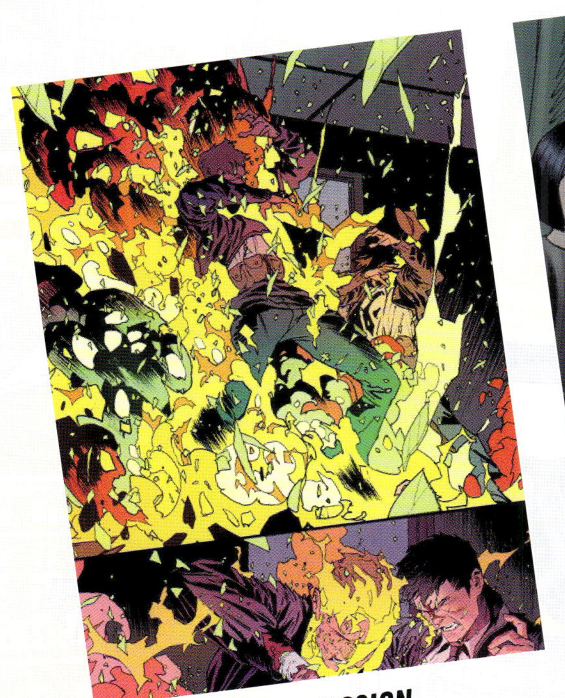

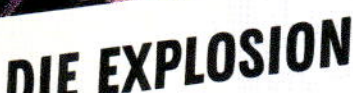

DIE EXPLOSION

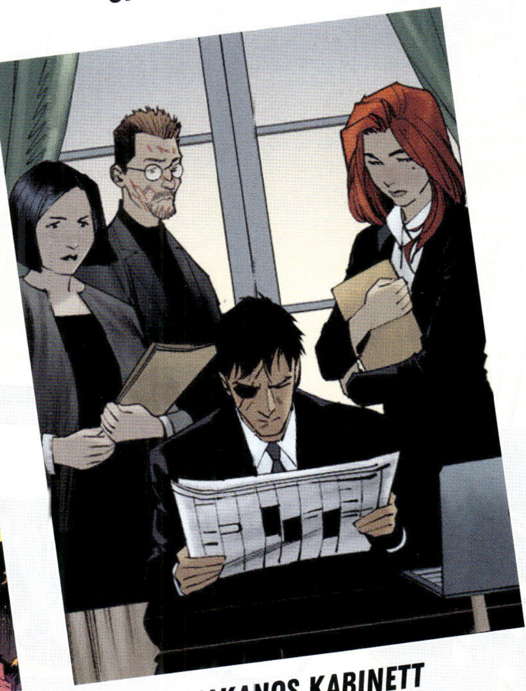

NAKANOS KABINETT

Huntress' Kostüm, neues Design von DAN MORA

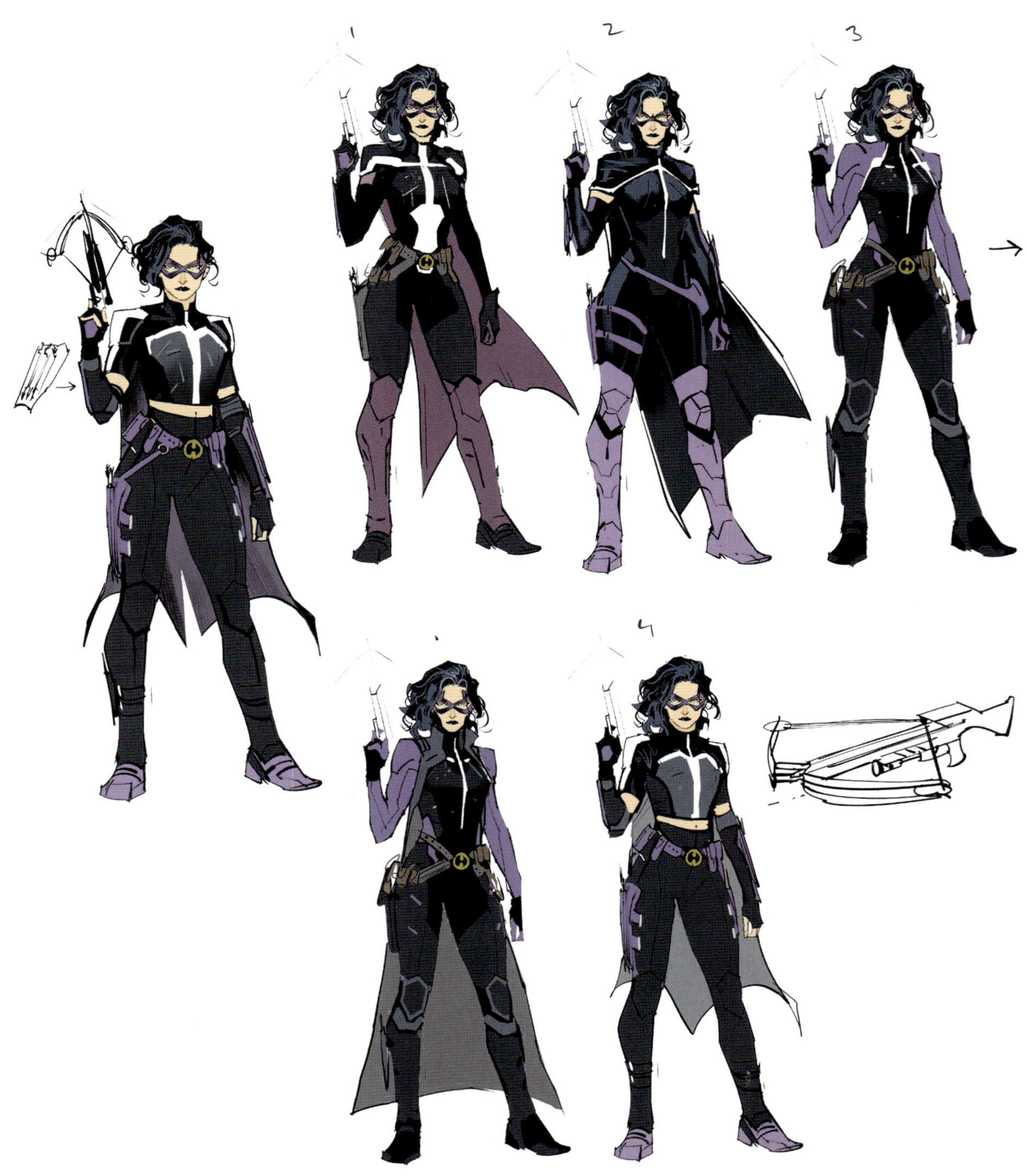

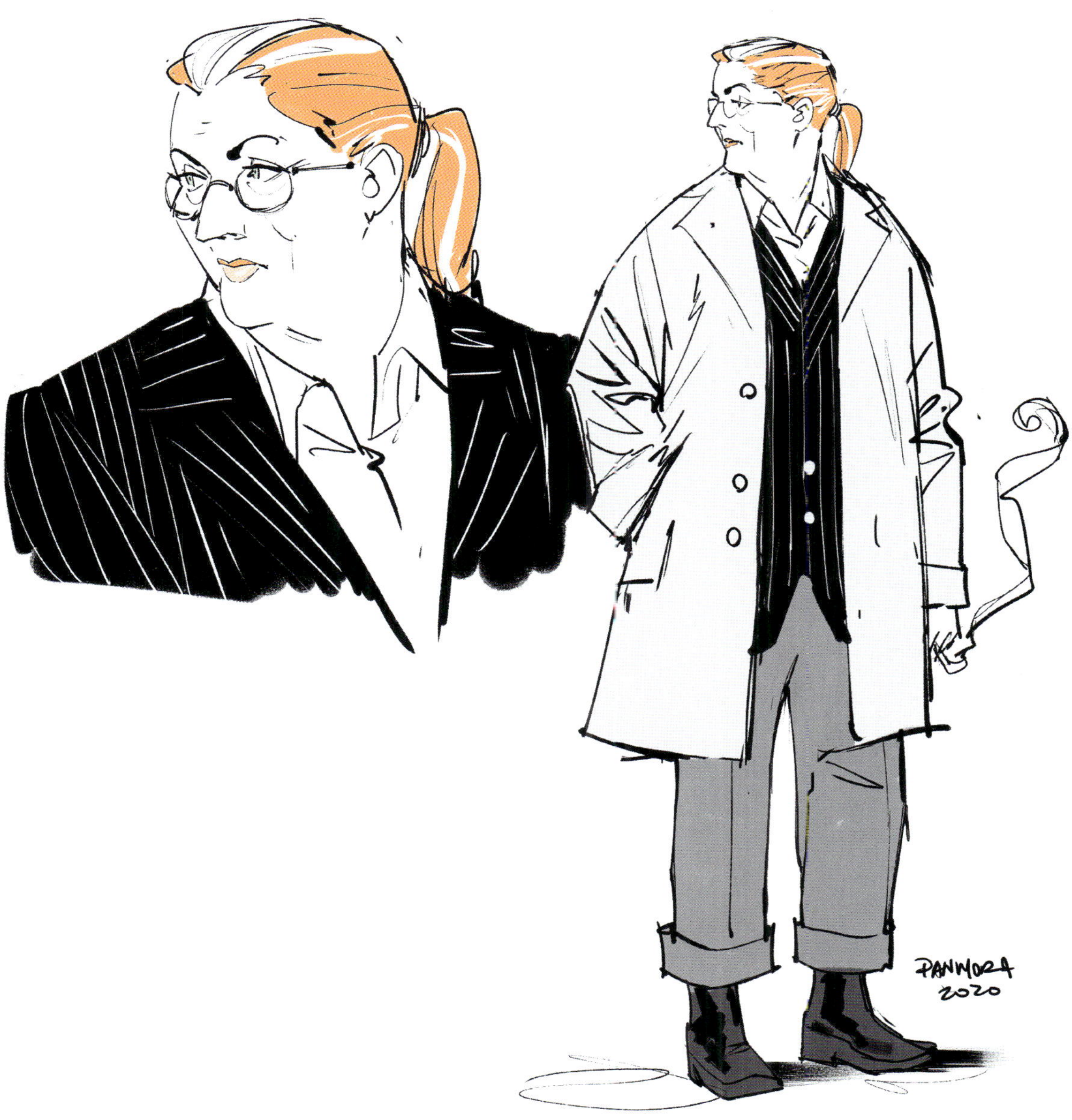
DEB DONOVAN
DANMORA
2020

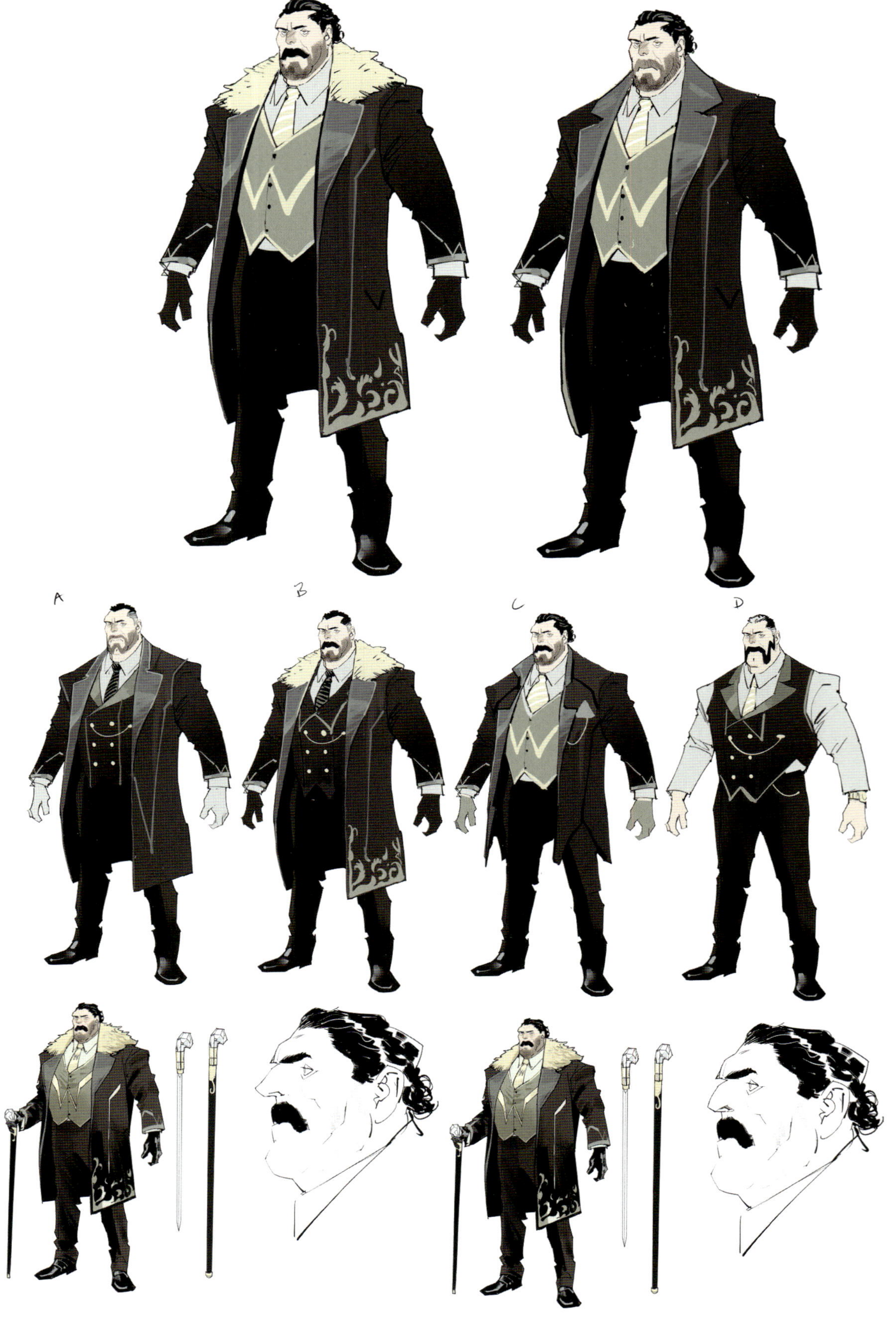
A
B
C
D

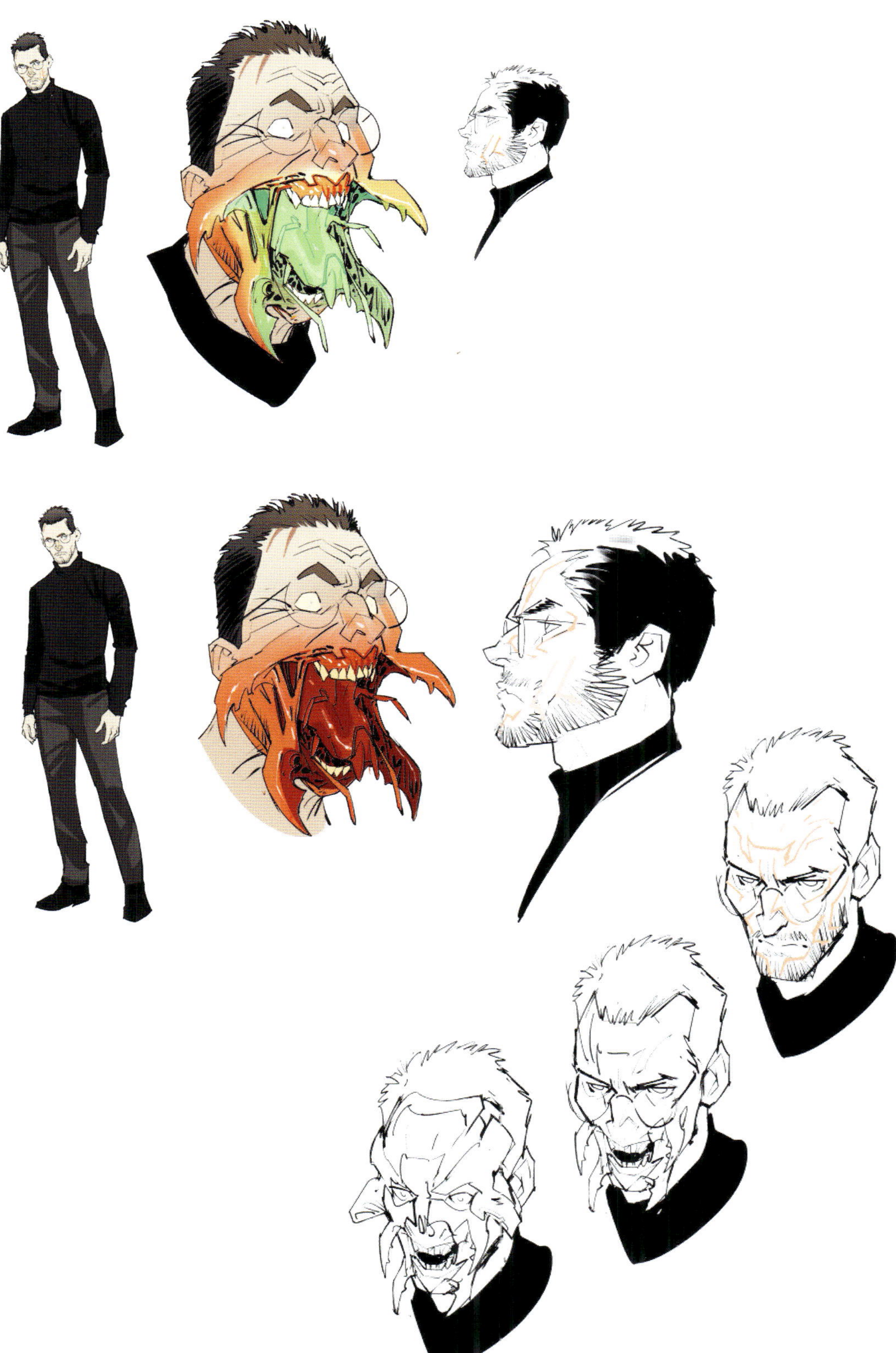

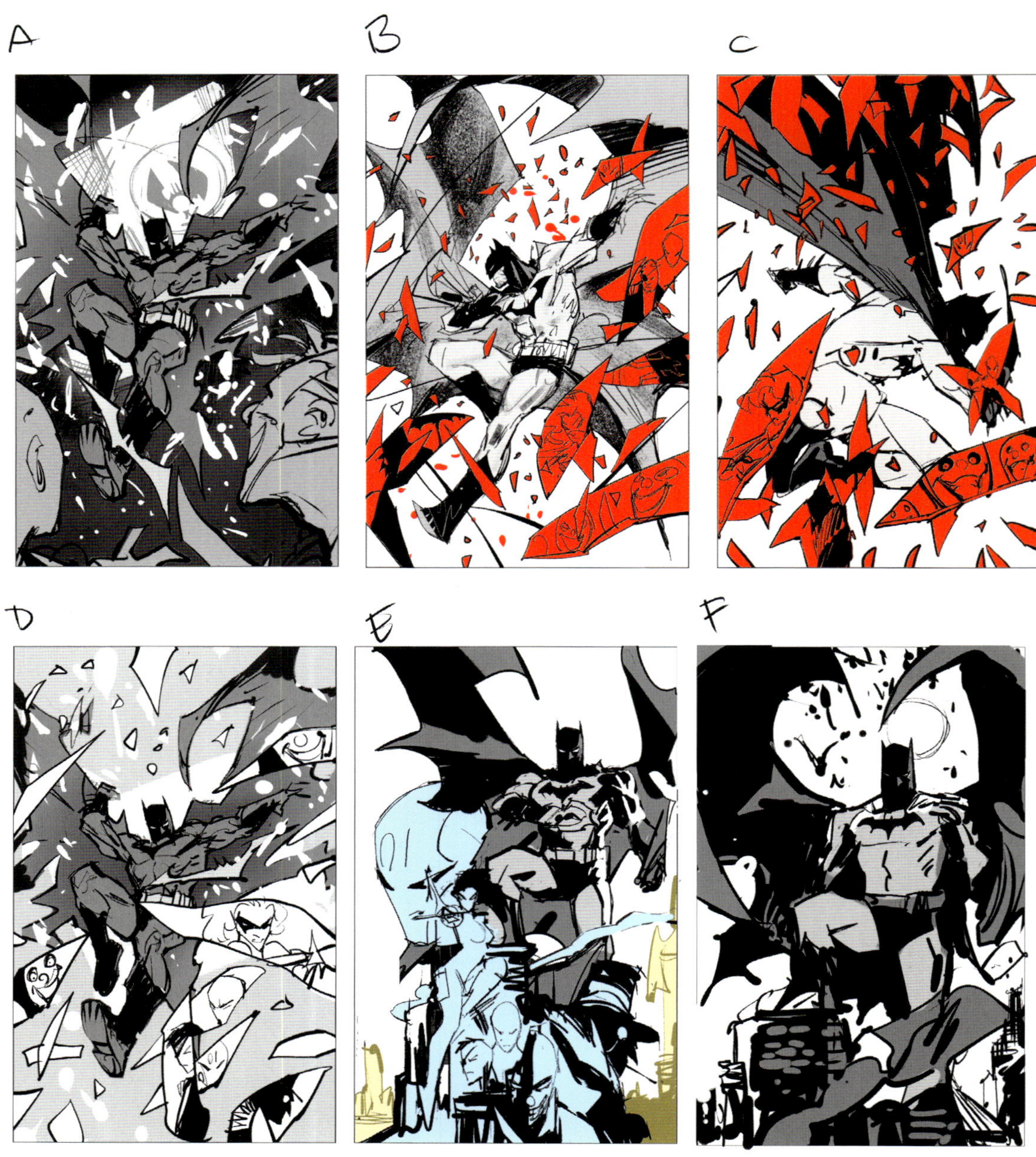
A
B
C
D
E
F

DAS KREATIV-TEAM

MARIKO TAMAKI wurde 1975 in Toronto geboren. Für die Graphic Novel *Ein Sommer am See* erhielten sie und ihre Cousine den Eisner Award, den Ignatz Award und den Max-und-Moritz-Preis. Darüber hinaus schrieb Tamaki SUPERGIRL: EINFACH SUPER!?, HARLEY QUINN: BREAKING GLASS – JETZT KRACHT'S!, CRUSH & LOBO und WONDER WOMAN. Hinzu kommen *She-Hulk*, *X-23*, *Spider-Man & Venom: Geballte Ladung*, *Tomb Raider* und *Archie*.

DAN MORA stammt aus Costa Rica und wurde 2016 bei den Eisner Awards als bester Newcomer ausgezeichnet. Er brillierte bereits an *Klaus* von Grant Morrison, *Buffy* von Jordie Bellaire, *Once & Future* von Kieron Gillen, *Hexed* von Michael Alan Nelson und WORLD'S FINEST von Mark Waid. Zudem zeichnete er Storys mit den Power Rangers und den Wrestlern der WWE.

VIKTOR BOGDANOVIC ist ein Schweizer Künstler, der in Belgrad studierte und heute in Berlin lebt und arbeitet. Für die US-Verlage bebilderte er BATMAN: ARKHAM KNIGHT, SUPERMAN, AQUAMAN, THE SILENCER, NEW SUPER-MAN, SUICIDE SQUAD MOST WANTED: DEADSHOT, *Marvel 2099* und *Wolverine.*

CLAYTON HENRY illustrierte bereits BLACK LIGHTNING: FINGER AM ABZUG, FLASH: DER SCHNELLSTE HELD DER WELT, *Exiles*, *Alpha Flight*, *Archer & Armstrong*, *Spider-Girl* und *X-Men: Apocalypse/Dracula*.

KARL MOSTERT lebt als Konzept-Künstler, Illustrator und Designer in Kapstadt. Er zeichnete DC-HORROR: SCHURKEN GEGEN ZOMBIES, DAS DUNKLE MULTIVERSUM – DIE CHRONIK DER FINSTERNIS 2 und *The Man Who F#&%ed up Time.*

JOHN RIDLEY verfasst Romane, TV-Serien wie *American Crime* und Filme wie *12 Years a Slave,* für den er einen Oscar erhielt. Ridleys Comic-Schaffen umfasst BATMAN und ICH BIN BATMAN mit Jace Fox als nächstem Batman, THE AMERICAN WAY und *Black Panther.*

DUSTIN NGUYEN visualisierte schon DETECTIVE COMICS, aber auch BATMAN: DIE STRASSEN VON GOTHAM und BATMAN: LITTLE GOTHAM. Mit Jeff Lemire realisierte er *Descender* sowie ROBIN UND BATMAN: DER WEG ZUM HELDEN.

T.REX ist das Pseudonym des Australiers Tristan Jones, der Comics zu *Ghostbusters*, *Teenage Mutant Ninja Turtles*, *Sonic*, *Mad Max: Fury Road* und *Aliens* in Szene setzte.

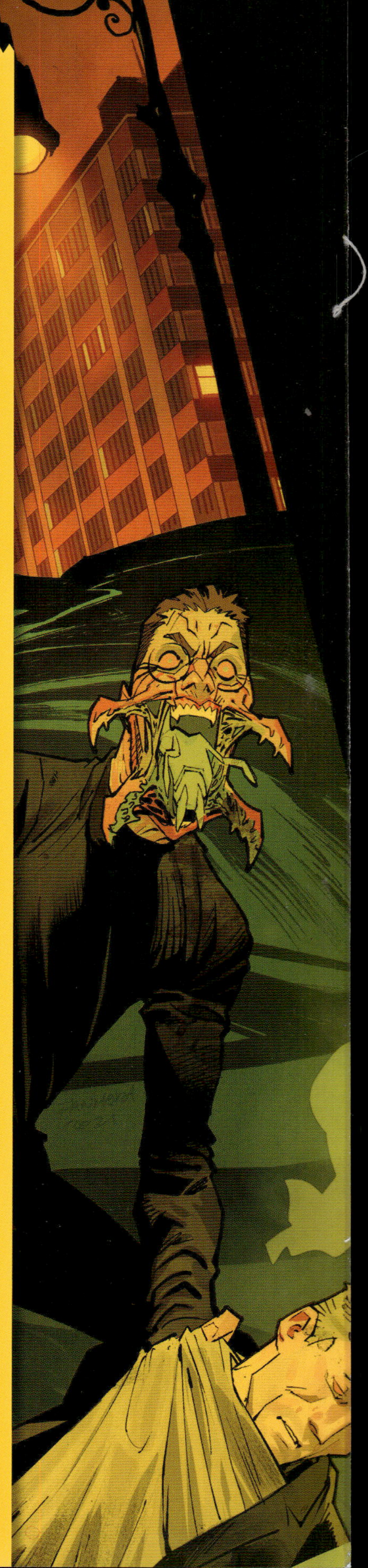